MANUAL DE
HECHOS & LAS
CARTAS PAULINAS

PANAYOTIS COUTSOUMPOS

Biblical Studies Institute

CT Printing & Graphics
10218 New Hampshire Ave
Silver Spring, MD 20903

Título del libro:
MANUAL DE HECHOS Y LAS CARTAS PAULINAS

Autor de la obra: Panayotis Coutsoumpos
Dirección: Panayotis Coutsoumpos
Traducido por: Benedicto Romero
Diseño de interiores y carátula: Elizabeth Valoyes Salas
Foto de portada: Pablo el Apóstol, de Rembrandt.
Óleo sobre lienzo ubicado en el Museo de Historia
del Arte de Viena. es.wikipedia.org

Dedicatoria

A mis estudiantes del
pasado, presente y futuro.

Contenido

PARTE II
LAS CARTAS DEL APÓSTOL PABLO Y SUS MENSAJES

Prefacio

El apóstol Pablo es reconocido no solo como maestro, pastor, predicador pero también como un misionero incansable. Lucas, en el libro de Hechos hace referencia a cuatro de los viajes misionero del apóstol a través de Asia Menor. Sus cartas también revelan que su itinerario misionero se guió por tres preocupaciones o motivos principales: (1) Su vocación por evangelizar territorios aún no hollados por otros evangelistas cristianos, de ahí sus planes para dirigirse por el oeste hasta España (Romanos 1:14 y 15:24—28). (2) Su interés por volver a visitar sus propias congregaciones cuando surgieron problemas, como, por ejemplo, sus diversas visitas a la ciudad de Corinto; y (3) Su inquebrantable determinación por entregar él mismo en la Iglesia judeocristiana de Jerusalén el dinero recolectado en sus iglesias gentiles. Aunque los eruditos no captan de forma convincente los motivos de Pablo en este empeño, lo cierto es, que abrigaba el propósito de unificar las iglesias de su misión gentil con las de los judíos cristianos de Palestina. En otras palabras, sin embargo, ambas fuentes (hechos y las cartas paulinas) son importantes para poder delinear y tener un mejor cuadro de su vida y de sus viajes misioneros que el efectuó por todo el Imperio Romano.

Escribir este libro sobre Pablo ha tomado tiempo para desarrollarlo. Hoy en día se escriben más libros sobre Pablo; de hecho, se han multiplicado cada día. Sus cartas, sin embargo, comprenden una gran parte de los libros del Nuevo Testamento. Pablo fue un hombre de mucha influencia en la formación de la Iglesia cristiana primitiva. Siendo escritor, predicador, teólogo y misionero entre los gentiles, a la vez, ha sido mal interpretado y polémico desde el principio de su ministerio. Este libro lleva al lector desde los primeros días del cristianismo, hasta el momento antes de que se escribieran los Evangelios. Comienzo estableciendo un marco general de la vocación, misión y mensaje de Pablo. Pensar en el texto paulino me ha llevado a estudiar algunas características que no había apreciado antes.

La lista de libros citados muestra mi agradecimiento al grupo de eruditos paulinos sobre cuyos hombros descanso. Cinco merecen ser mencionados debido a la influencia que tienen en mis escritos. Ellos son C. K. Barret, Charles B. Puskas, Eugene Boring, Udo Schenelle y Stanley E. Porter. De manera particular, quiero mencionar la amistad y el ejemplo personal de Porter como académico. También debo expresar mi gratitud a estudiantes en el pasado y presente que me animaron a escribirlo, a ellos dedico este libro. Cristian Cardozo merece mi gratitud por estar siempre dispuesto a ayudar. Un libro como este tiene muchas deudas visibles de gratitud y apoyo. Deseo agradecer a Ben Romero Ozuna por el esfuerzo especial en traducir el texto al español. Pablo de Tarso está escrito con claridad. Sin duda resultará de gran ayuda para todos los estudiantes, principiantes y expertos, así como para alumnos. El deseo del autor es que traiga a vida, tanto la vida del apóstol Pablo, como su mensaje y su misión.

Panayotis Coutsoumpos
Abril 2020

Abreviaciones

ABD	Anchor Bible Dictionary, ed. D. N. Freedman, 6 vols, New York
ANEW	Aufstieg und Niedergang der römis chen Welt
ANTC	Abingdon New Testament Commentaries
BECNT	Baker Exegetical Commentary on the New Testament
BAR	Biblical Archaeology Review
BBR	Bulletin for Biblical Research
BTB	Biblical Theology Bulletin
BZ	Biblische Zeitschrift
CBQ	Catholic Biblical Quarterly
CBQMS	CBQ Monograph Series
CRBS	Current Research in Biblical Studies
EDNT	Exegetical Dictionary of the New Testament
Exp Tim	Expository Times
DPL	Dictionary of Paul and His Letters
DNTB	Dictionary of New Testament Background
HTR	Harvard Theological Review
ICC	International Critical Commentary
INT	Interpretation
JBL	Journal of Biblical Literature
JGRCh	Journal of Greco-Roman Christianity and Judaism
JSNT	Journal for the Study of the New Testament

JSNT	Sup Journal for the Study of the New Testament: Supplement
JSPL	Journal for the Study of Paul and his Letters
JTS	Journal of Theological Studies
LNTS	Library of New Testament Studies
LPS	Library of Pauline Studies
LCL	Loeb Classical Library
LXX	Septuagint
NTTS	New Testament Theology Series
NICNT	New International Commentary on the New Testament
NIGTC	New International Greek Testament Commentary
Nov T	Novum Testamentum
NovTSup	Supplements to Novum Testamentum
NTL	New Testament Library
NTS	New Testament Studies
NTTh	New Testament Theology
PAST	Pauline Studies
SBL	Society of Biblical Literature
SBibL	Studies in Biblical Literature
SBL	Society of Biblical Literature Resources for Biblical Study
SBL	Society of Biblical Literature Symposium Series
SNTSMS	Society for New Testament Studies Monograph Series
SNTW	Studies of the New Testament and Its World
TDNT	Theological Dictionary of the New Testament
TynBul	Tyndale Bulletin
WBC	Word Biblical Commentary
WGRWSup	Writings from the Greco-Roman World Supplement Series
WUNT	Wissenschaftliche Untersuchungen zum Neuen Testament
ZECNT	Zondervan Exegetical Commentary on the New Testament
ZNW	Zietschrift für die neutestamentliche Wissenschaft

PARTE I

Hechos
— y los —
Viajes Misioneros
de Pablo

CAPÍTULO I

Hechos
y los viajes misioneros
del apóstol Pablo

INTRODUCCIÓN

Se considera el primer teólogo y el misionero más grande de la cristiandad, también llamado el Apóstol de los Gentiles. Brad Young claramente observa que Pablo fue Judío pero que también fue un teólogo, sin embargo, la pregunta es: ¿es posible describir a Pablo como un teólogo Judío? (Young 1997, 6-18). Nació en Tarso (hoy Turquía) y sus padres, fieles cumplidores de la religión judaica, lo llamaron Saulo como al antiguo rey hebreo y al octavo día fue circuncidado como estipulaba la Ley judía, además en Hechos. 23:16 se menciona que tenía una hermana (Ver Barrett 1994, 55 y a Schnelle 2003, 58-60).

Se educó con el máximo rigor de acuerdo con la interpretación farisaica de la Ley y como judío joven de la Diáspora (la dispersión de los judíos en el mundo grecorromano), escogió el nombre latino de Pablo, por su similitud fonética con el suyo. Sus cartas reflejan un conocimiento profundo de la retórica griega, algo que sin duda aprendió de joven en Tarso, pero sus modelos de pensamiento reflejan también una educación formal en la Ley Mosaica quizá recibida en Jerusalén del famoso maestro Gamaliel el Viejo durante la preparación para convertirse en rabino (Coutsoumpos 2008, 42). Destacado estudioso de la Ley y defensor acérrimo de la ortodoxia judía (ver Gal.1:14; Fil.3:6), su celo lo llevó a perseguir a la Iglesia Cristiana en sus inicios por considerarla una secta hebrea contraria a la Ley y que debía ser destruida (ver Gal.1:13). En los Hechos de los Apóstoles se relata su participación como testigo en el lapidamiento del joven Esteban, el primer mártir cristiano. Se convirtió al cristianismo tras experimentar una visión de Cristo durante un viaje de Jerusalén a Damasco (Hechos 9:1—19; 22:5—16; 26:12—18), que implica para algunos estudiosos un cambio de una a otra religión. No necesariamente existen en este punto un conceso entre los eruditos. Sin embargo, al parecer el debate continúa hasta el presente. Para él, esta revelación de Jesucristo suponía la señal del fin de todos los credos y, por tanto, de todas las diferencias religiosas (ver Gal. 3:28). En cambio habla con reiterativa insistencia de que Dios "lo llamó" al cristianis-mo y a la evangelización de los gentiles. Aunque reconoció la legitimidad de su misión entre los judíos, como la llevada a cabo por Pedro, estaba convencido de que el cristianismo era una llamada que Dios hacía a todas las personas al margen de los requerimientos de la Ley judía. Según el conocido relato contenido en los Hechos de los Apóstoles, Pablo llevó a cabo tres viajes misioneros definidos de forma clara (Gill and Gempf 1994, 6).

Sus cartas revelan que su itinerario misionero se guió por tres preocupaciones principales: (1) su vocación por evangelizar territorios aún no hollados por otros evangelistas cristianos, de ahí sus planes para dirigirse por el oeste hasta España (Rom. 1:14 y 15:24—28). (2) su interés por volver a visitar sus propias congregaciones cuando surgieron problemas, como, por ejemplo, sus diversas visitas a Corinto, y (3) su inquebrantable

determinación por entregar él mismo en la Iglesia judeocristiana de Jerusalén el dinero recolectado en sus iglesias gentiles.
Aunque los eruditos no captan de forma convincente los
motivos de Pablo en este empeño, lo cierto es que abrigaba el
propósito de unificar las iglesias de su misión gentil con las de
los judíos cristianos de Palestina.

Por los Hechos de los Apóstoles sabemos que fue preso en
Jerusalén tras los disturbios provocados por sus antagonistas
judíos, y que fue conducido a Roma. En el mismo texto se
refiere también a la posibilidad de su muerte (ver Hechos.
20:24; 20:38). Lo más probable es que fuese ejecutado en Roma
entre los año 62-64 CE en el tiempo del emperador romano
Nerón (Schnelle 2003, 381-386). El Nuevo Testamento contiene
trece epístolas que llevan el nombre de Pablo como autor,
siete de ellas escritas por él casi con toda certeza: 1 primera
y 2 segunda. a los Tesalonicenses, a los Gálatas, 1 primera y 2
segunda a los Corintios, carta a los Romanos, a los Filipenses y
a Filemón (Dunn 2003, 3). Estas cartas, en las que a veces habla
de su experiencia personal y su obra, son la principal fuente de
noticias concretas sobre su vida y la mayoría de los eruditos se
concentran en ellas, consultando los Hechos de los Apóstoles
como una fuente subsidiaria.

En otras palabras, ambas fuentes (las epístolas y hechos)
son importantes para poder delinear y tener un mejor cuadro
de su vida y de sus viajes misioneros que el efectuó por todo
el imperio Romano. A continuación, mapa de las ciudades en
donde Pablo mando las cartas y mapa de sus viajes misioneros:

I. LOS VIAJES MISIONEROS DEL APÓSTOL PABLO

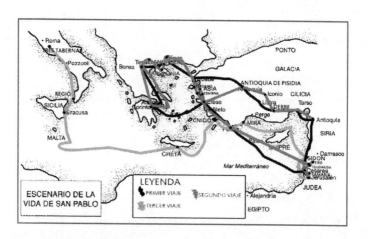

En el mundo de Pablo, la religión era una parte integral de la vida de todos. Los cultos auspiciados por el estado eran una expresión religiosa en la que todos participaban. El estado a la vez financiaba y se beneficiaba de estos cultos. Cada ciudad tenía su santo patrono. De acuerdo a Jerome Murphy-O'Connor, la ciudad de Éfeso honraba a Artemisa (o Diana), la diosa de la naturaleza y del nacimiento. La estatua de Artemisa estaba en un templo magnífico, cuatro veces el tamaño del Partenón de Atenas. Las deidades como Artemisa eran honradas con festivales, oraciones y sacrificios (Murphy-O'Connor, *Ephesus*, 2008, 6-7).

Pablo llevó su mensaje a un mundo que tenía una multitud de creencias religiosas, y el mensaje que proclamó mostró su poder sobre ellos Cuando miramos a nuestra cultura con su espectro religioso cada vez más pluralista, debemos recordar que nosotros también llevamos el mismo evangelio con el mismo poder. Conozcamos estos lugares donde predico Pablo, e imitemos este esfuerzo en medio de un mundo hostil, obstinado y duro de aquel entonces (Grant 2001, 9).

Para entender bien el Nuevo Testamento (particularmente la vida de Pablo), hace falta estudiar la cultura Greca-Romana. Hoy día vivimos en una cultura del Oeste que no es como la cultura en el siglo primero. Sin embargo, su mundo estaba lleno de dioses de diferentes tipos (el politeísmo) y la mayoría estaban relacionados con la creencia en la mágica o el mundo oscuro de demonios. Robert Banks correctamente hace la consulta: ¿Cuanto contacto tuvo Pablo con estos diferentes grupos? Sin lugar a dudas, el apóstol nunca perteneció a ninguno de estos grupos, porque como ese conocido el era un fariseo (Banks 2007, 12-13). Por ejemplo, se ve esto cuando Pablo visito la ciudad de Atenas en Hechos 17:16-23. Habían dioses de los viajeros, los cazadores, los marineros, los guerreros, los amantes, los poetas, los del parto, los cocineros, y un sin fin más. Esto se ve a través de leer las cartas de Lucas o Pablo.

El apóstol Pablo ha sido reconocido como una (después de nuestro Señor Jesús) de la figura más importante en el Nuevo Testamento. No solo se le reconoce como uno de los más grandes teólogos sino también un misionero incansable y sobre todo un pastor ejempla (Sanders 1991, 6). Ha habido bastante especulación acerca de por qué en medio de Hechos se comienza a llamar Pablo a Saulo, y de allí en adelante sólo se lo nombra como Pablo, excepto el relato que él mismo hace de su conversión (Hechos 22:7, 13; 26:14). Una respuesta sencilla y plausible sería que él, como otros (Hechos 1:23; 13:1; Colosenses 4:1 1), tuviera más de un nombre: un nombre hebreo, Saulo, y un nombre romano grecizado, Paulos; que es el equivalente en griego del Latín Paulus (Schnabel 2008, 42; Witherington 1998, 72). Quizás usara el nombre hebreo en su hogar y en sus contactos con los judíos, pero su nombre greco-romano estaría en armonía con la influencia y el ambiente helenísticos de la ciudad donde nació, y con su envidiable estatus de ciudadano romano (Carter 2006, 85-92).

Más tarde, cuando comenzó su obra entre los gentiles, era ventajoso para él que se lo conociera como Pablo. Es interesante notar que hasta Hechos 13 se menciona a Pablo sólo en relación con su contacto con los judíos. Pero en ese capítulo comienzan sus actividades entre los gentiles, como también el uso de su nombre gentil, Pablo. Además, el apóstol Pablo entendió bien claramente su misión hacia los gentiles (Koester 2007, 8). Pablo fue hebreo por nacimiento, educación y sentimientos; tal es así que, a pesar de sus contactos tempranos con la cultura y las filosofías griega y romana, se pudo llamar "hebreo de hebreos" (Filipenses 3:5). Era de la tribu de Benjamín (Romanos 11:1), y tal vez le pusieron el nombre por Saúl, el primer rey de Israel, quien también era benjamita (1 Samuel 9:1, 2; Hechos 13:21). Poco se sabe de su familia. Su padre era un ciudadano romano (Hechos 22:28), y quizá fariseo (Hechos 23:6).

No se sabe cómo el padre obtuvo su ciudadanía romana, pero había ciertos procedimientos mediante los cuales un destacado judío podía llegar a ser ciudadano romano. Presumiendo que la lograra de esa manera, entonces podemos suponer que Pablo procedía de una familia de cierta importancia. Tenía por lo menos una hermana (Hechos 23:16). En Romanos 16:7, 21 se refiere a varios hombres como sus "parientes", pero este término (del griego *sunguenes*) puede significar sencillamente "conciudadano," de modo que no es seguro si realmente hace referencia a parientes de sangre. Pablo pudo haber sido desheredado por su familia cuando se convirtió al cristianismo (Filipenses 3:8), pero si fue así, no lo menciona. Pablo nació en el Asia Menor, en la próspera metrópolis de Tarso (Hechos 21:39; una ciudad notable por su filosofía, ciencia, educación y cultura; una cultura donde se mezclaban elementos griegos, romanos y judíos. La fecha del nacimiento del apóstol Pablo no se puede determinar con precisión.

De acuerdo con una tradición del siglo II d.C., la familia de Pablo había vivido originalmente en Giscala de Galilea, pero la ciudad fue capturada por los romanos y los miembros de su familia llevados como esclavos a Tarso el año 4 a.C., donde más tarde obtuvieron su libertad y la ciudadanía romana. Si es así, Pablo nació después de esos acontecimientos, porque era romano de nacimiento (Hechos 22:28). Cuando aparece por primera vez (Hechos 7:58) se lo califica como "un joven" (griego neanías). Sin embargo, este término, que se usaba para hombres que tuvieran entre 20 y 40 años de edad, poca ayuda nos ofrece para determinar la edad de Pablo. Un aspecto también importante en el estudio de la vida del apóstol Pablo es su educación, la pregunta lógica es: ¿era él un hombre educado en los estándares y sistema educativo del mundo Greco-Romano?

II. LA EDUCACIÓN DE PABLO

Jerome Murhphy-O'Connor (1996, 47) observa que Pablo fue educado en el hogar y también en la escuela con una educación solidad basada en las Escrituras, con la Septuaginta (versión de los setenta) primero y luego las Escrituras Hebreas.

El tema de la educación de Pablo ha sido un punto debatido entre los eruditos en estos últimos días. Existen dos punto de vista: 1) que Pablo fue influenciado por la educación que recibió en Tarso 2) ó en Jerusalén bajo la guía del famoso Rabino Gamaliel (Coutsoumpos, *Comunidad*, 2010, 78). Probablemente, Pablo asistiera a una escuela en relación con la sinagoga de Tarso. La ciudad de Tarso era una ciudad políglota; aprendió no sólo el hebreo y la lengua que hablaba su pueblo, el arameo (Hechos 21:40; 22:2), sino también el griego (Hechos 21:37) y tal vez el apóstol también aprendió el idioma latín que era el idioma oficial en todo el imperio Romano en el primer siglo de la era Cristiana.

También aprendió a hacer carpas o tiendas, quizá de su padre, con lo que más tarde se pudo sostener (Hechos 18:1, 3; 20:34; 1 Corintios 4:12; 1 Tesalonicenses 2:9; 2 Tesalonicenses 3:8). Siendo joven fue a Jerusalén (Hechos 26:4) y se sentó a los pies del rabino y fariseo más renombrado de sus días: Gamaliel (Hechos 22:3; 5:34). Bajo su instrucción, Pablo fue enseñado "estrictamente conforme a la ley de nuestros padres" (Hechos 22:3; 24:14), y como resultado vivió "conforme a la más rigurosa secta de nuestra religión:" los fariseos (Hechos 26:5). Fue un estudiante tan brillante y un defensor tan ardiente de las doctrinas y tradiciones del judaísmo que aventajaba a muchos de sus pares en el aprendizaje y el celo (Gálatas 1:14); y en su odio fanático por los cristianos aventajó por lo menos a su maestro (Hechos 8:3; 9:1; 5:34-39). Puede haber poca duda de que los líderes de la nación judía esperaban grandes realizaciones de él.

A pesar de la fuerte mentalidad judía de Pablo, factores como el uso de un nombre romano, el uso del AT en griego y el que compusiera sus cartas en griego muestran que era un judío de la diáspora. Al parecer intentos por encontrar aramaísmos en el griego de Pablo no han tenido éxito, aun cuando Pablo se llame a sí mismo "hebreo" (Fil. 3:5), porque eso quede significar que también hablaba arameo, un idioma semítico hablado ampliamente en Siria y Asia Menor. Pablo nació y creció en una ciudad greco-romana, Tarso, capital de la provincia romana de Cilicia. El helenismo fue el ambiente cultural en que vivió Pablo. Además Pablo era ciudadano del imperio romano quien ejercía poder en todo el mundo Mediterráneo (Schnelle, 2003, 81). Sabía hablar correctamente el griego y conocía los cánones estilísticos de la literatura helenista, concretamente, la retórica. Si bien Pablo no recibió formación de retorica profesional, su modo de expresarse muestra la influencia de la retórica griega. Interesante es el hecho de que en el campo de la erudición, se ha debatido es punto y no se ha llegado a ningún consenso, las conclusión son diferentes y variadas. Aunque en la época en que nació Pablo, Tarso estaba bajo el dominio romano, el trasfondo cultural era eminentemente helenístico.

El historiador Horacio tiene una célebre frase al respecto: "Graecia capta ferum victorem coepit artes intulit agresti Latio." La Grecia conquistada militarmente por los romanos, supo a su vez conquistar con el esplendor de su cultura a los incultos conquistadores. El imperio era públicamente romano y culturalmente griego. El idioma que se hablaba era el griego de la koiné, que carecía de la pureza del griego clásico, dada su evolución natural y su adaptación a las lenguas de los otros pueblos. La lengua escrita tenía dignidad artística reconocida, mientras que la hablada era considerada vulgar (Bruce 1968, 28).

Lo mismo se podía decir de la gente: la gente instruida que se distinguía del era distinta del vulgo que no tenía formación griega (paideia); quien no hablaba griego era considerado entre los bárbaros. En Roma la lengua griega era común en las clases altas y medias de la sociedad Greco-Romana en el primer siglo. Además se cree que Pablo fue influenciado por los movimientos filosóficos de la época, en particular los filósofos moralista estoicos. El pensamiento filosófico estaba dominado por la filosofía estoica con su acentuado interés ético y humanista. En Roma Séneca gozaba de gran prestigio (4 a.C - 66 d.C.) y Musonio Rufo (30-101 d.C.). En otros lugares los filósofos estoico-cínicos hablaban y enseñaban directamente en lugares públicos, con un lenguaje directo entretejido de preguntas y respuestas que pasó a la historia con el nombre de diatriba. Llevaban un estilo de vida caracterizado por su desapego del dinero y del confort, el recurso a la limosna o al trabajo manual para ganarse la vida, el testimonio de los valores espirituales y morales.

Ejemplo: Dio Crisóstomo de Prusa (40-115 d.C.) y Epicteto (50-135 d.C.), maestro de diatriba. Polemizaban con los representantes de escuelas filosóficas clásicas (platónicos, socráticos, aristotélicos y epicúreos) que preferían las sedes académicas o los palacios de ricos y mecenas. Pablo y el cristianismo primitivo entraron en contacto con la filosofía popular estoica y cínica. En las cartas de Pablo algunos intérpretes encuentran huellas del modo de argumentar cínico-estoico de la diatriba, un tipo de discurso de tipo familiar y de conversación que desarrolla un vivo debate con el interlocutor ficticio; la estructura de las frases es breve y en ellas a menudo se intercala preguntas que era normales es este estilo del lenguaje que aparentemente el apóstol uso.

Recorrían el imperio los propagandistas de nuevas creencias religiosas y éticas, como Apolonio de Tiana, mencionado por Filóstrato (Vida de Apolonio), y charlatanes que se aprovechaban del pueblo sencillo. Desde la perspectiva religiosa, estaban en profunda crisis los cultos tradicionales de los dioses del Olimpo y de la Roma monárquica y republicana. El culto imperial y el de la diosa Roma, instrumento de poder, no podía saciar las profundas exigencias del alma humana. Había un gran vacío espiritual, la gente se refugiaba de manera supersticiosa en la diosa Fortuna (Tyché), irrumpieron el Judaísmo y las religiones místicas de oriente, que prometían la inmortalidad y salvación mediante ritos de iniciación cargados de simbolismo y que congregaban a pobres y ricos, amos y esclavos, bárbaros y griegos, extranjeros y nativos. En este ambiente y marco de referencia se encontraba Pablo cuando el Señor lo llamo para que ministre (misionero) a los Gentiles en todo el mundo Greco-romano del primer siglo de la era cristiana.

III. Conversión y llamamiento de Pablo

De perseguidor Pablo fue llamado a proclamar el evangelio, especialmente a aquellos paganos que no conocían a Jesucristo quien se rebeló a él en camino a Damasco. La inquietud que se ha formulado entre los eruditos es que si Pablo en camino a Damasco fue convertido o fue llamado. Algunos arguyen que fue lo primero otros debaten la idea de un llamamiento más que conversión. ¿De qué manera Dios utilizo a Pablo como misionero? ¿Qué factores propiciaron la conversión y el llamamiento de Pablo? ¿Cuáles son las evidencias de una persona convertida? ¿De qué manera podemos ser agentes de esperanza? (Horrell 2006, 29-32).

1) Primeros contactos con el cristianismo

El primer contacto de Pablo con el cristianismo que se conoce tuvo relación con la muerte de Esteban. Algunos suponen que Pablo fue uno de los de Cilicia que, con otros, no pudo vencerlo en el debate (Hechos 6:9, 10; 21:39). Aparentemente no arrojó piedra alguna sobre Esteban, pero "consentía en su muerte" (Hechos 8:1) y cuidó la ropa de los testigos (Hechos 7:58). La acción de masas que resultó en el apedreamiento de Esteban señaló el comienzo del primer período de persecución que devastó a la iglesia naciente; y Pablo, según parece, se destacó en esta persecución. En un arranque de odio fanático contra los cristianos (Hechos 26:11), intensificado por una conciencia acusadora (Hechos 26:14), los arrancaba de las casas donde los encontraba y los arrojaba a la cárcel (Hechos 8:3); los castigaba en las sinagogas (Hechos 22:19; 26:11) y daba su consentimiento para su muerte (Hechos 22:4; 26:10). Pablo cumplió esta tarea primero en Jerusalén (Hechos 8:1, 3; 26:10), pero luego siguió a los creyentes esparcidos hasta otras ciudades y los "perseguía sobremanera" (Hechos 8:4; 26:11; Gálatas 1:13). Pablo se dirigió a Damasco y allí se encontró con Jesucristo (Hengel y Schwemer 1997, 38).

2) Su conversión

Hablar de la conversión de Pablo es un tema que ha sido bastante discutido en los círculos de la erudición. Además, existen cuestionamientos y preguntas que son importantes que deben ser tomadas seriamente. Por ejemplo: ¿En qué consistió la conversión del apóstol Pablo? Esencialmente en el encuentro con Cristo Resucitado. Un acontecimiento que cambió radicalmente su vida, haciendo que de perseguidor de Cristo, de la Iglesia de Cristo, pasase a ser apóstol: "el Resucitado habló a san Pablo, lo llamó al apostolado, hizo de él un verdadero apóstol, testigo de la Resurrección, con el encargo específico de anunciar el evangelio a los paganos, al mundo greco-romano"

Podemos decir que San Pablo experimentó una auténtica muerte y una auténtica resurrección: muere a todo lo que era hasta entonces para renacer como una criatura nueva en Cristo: "Todo lo que para mí era ganancia lo consideré pérdida comparado con Cristo; más aún, todo lo estimo pérdida comparado con la excelencia del conocimiento de Cristo Jesús, mi Señor. Por él lo perdí todo, y todo lo estimo basura con tal de ganar a Cristo y existir en él" (Fil. 3:7-8). El encuentro con Cristo se traduce existencialmente en testimonio y en apostolado. San Pablo fue escogido "para anunciar el Evangelio de Dios" (Rom. 1:1) y respondió con una entrega total a esta misión, sin ahorrarse peligros, dificultades o persecuciones: "Ni la muerte ni la vida —escribió a los Romanos—ni los ángeles ni los principados ni lo presente ni lo futuro ni las potestades ni la altura ni la profundidad ni otra criatura alguna podrá separarnos del amor de Dios manifestado en Cristo Jesús Señor nuestro" (Rom. 8: 38-39).

En una de esas campañas de persecución el curso de la vida de Pablo cambió completa y espectacularmente. Al oír que había cristianos en Damasco, pidió cartas del sumo sacerdote -cartas de extradición- que lo autorizaran a arrestar y llevar a Jerusalén a cualquier cristiano que encontrase en dicha ciudad (Hechos 9:1, 2). Hay tres informes de la experiencia que tuvo en ese viaje (Hechos 9:1-9; 22: 4-11; 26:9-18); el primero está en tercera persona, los otros dos en primera persona (fueron contados por Pablo: uno a la multitud judía en Jerusalén; los otros, al rey Agripa y a su hermana Berenice). Mientras Pablo se acercaba a Damasco a mediodía con un grupo de hombres para ayudarlo en sus planes asesinos, lo rodeó una luz enceguecedora, más brillante que el Sol. Pablo y sus compañeros cayeron a tierra (Hechos 26:14), y una voz, que se identificó como Jesús de Nazaret, le preguntó: "Saulo, Saulo, ¿por qué me persigues?", y añadió: "Dura cosa te es dar coces contra el aguijón". Abrumado por esta manifestación del Cielo, preguntó qué debía hacer. La voz le ordenó ser testigo para Cristo entre los gentiles (Hechos 26: 16, 17). Se le instruyó que entrara en Damasco, donde recibiría instrucción adicional. Entretanto, sus sorprendidos y atemorizados compañeros de viaje se habían levantado del suelo (Hechos 9:7), pero no entendían lo que pasaba, porque aunque veían la luz y oían la voz, no podían comprender lo que ella decía (Hechos 9:7; 22:9). Al incorporarse, Pablo descubrió que estaba ciego. En esas condiciones, fue conducido por sus compañeros al hogar de un cierto Judas, en Damasco, donde estuvo tres días sin comer ni beber (Hechos 9:8, 9, 11).

Mientras oraba, Jesús se le apareció en visión a un cristiano llamado Ananías y le indicó que fuera a la casa de Judas, en la calle llamada "la Derecha", donde encontraría a Pablo, quien había recibido una visión acerca de su visita. Ananías, con todo respeto, le recordó a Jesús las persecuciones de Saulo, pero se le informó que el anterior perseguidor había sido elegido por Dios (Hechos 9:11-16). Siguiendo las instrucciones, Ananías encontró a Saulo y al imponerle las manos recuperó la vista en forma inmediata, recibió el don del Espíritu Santo y fue bautizado (Hechos 9:17, 18). No se sabe cuánto tiempo permaneció en Damasco. El informe parece indicar que fue breve (Hechos 9:19). Sabemos que allí se asoció con los cristianos. También, en armonía con su carácter -y para asombro de quienes lo conocían- comenzó a predicar en las sinagogas al Cristo que había vilipendiado, pero que ahora adoraba (Hechos 9: 19-21). Tan poderosa y convincente era su predicación que ninguno podía derrotar su lógica o negar su poder (Hechos 9:22). Sin lugar a dudas, esto sirvió de plataforma para el futuro comienzo del apóstol Pablo a la misión y la predicación del evangelio a los Gentiles. Además, Pablo se consideraba el apóstol llamado por Dios a los Gentiles.

La misión de Pablo

IV. Preparación y comienzo de la misión de Pablo

Eckhard J. Schnabel en su libro en inglés: *Paul the Missionary* (*Pablo el Misionero*) explica claramente que, sin lugar a dudas el apóstol Pablo fue llamado para evangelizar (misionero) a los gentiles. Sin embargo, hay dos preguntas que debemos considerar seriamente: ¿Por qué Pablo se retiro después de una breve campaña de evangelización? ¿Por qué se observa un tiempo de aparente inactividad? En el relato de Hechos se omite el siguiente acontecimiento de la vida de Pablo, pero él lo menciona en Gálatas: allí cuenta que después de su conversión y su primera breve campaña de evangelización, se fue a Arabia (Gálatas 1:17) antes del viaje a Jerusalén (Hechos 9:26; Gálatas 1:18). La región exacta identificada como Arabia es desconocida (aunque muy probablemente haya sido el país de los nabateos), y tampoco se sabe cuánto tiempo estuvo allí (Hengel y Schwemer 1997, 106-113; Schnabel 2008, 60).

Este período de retiro le dio tiempo para meditar acerca del gran cambio que había ocurrido en su vida, y la soledad le permitió reexaminar, con oración y cuidado, todo el fundamento de su nueva convicción a la luz de las Escrituras, y así afirmar para siempre su fe en Cristo y su evangelio. Después de este tiempo de aparente inactividad, regresó otra vez a Damasco (Gálatas 1:17), donde se retoma la narración de Hechos 9. Parece que reanudó la predicación en las sinagogas con el mismo resultado de antes (Hechos 9:22). En consecuencia, los judíos hicieron planes para asesinarle (Hechos 9: 23, 24). En este intento fueron apoyados por el gobernador de la ciudad, quien servía bajo el rey nabateo Aretas (2 Corintios 11:32, 33). Como éste gobernaba esa región, tal vez entre el 37 d.C. y c 54 d.C., el incidente debió haber ocurrido en algún momento dentro de ese período. Sin embargo, los soldados que vigilaban las puertas para impedir que escapara de la ciudad vieron frustrados sus propósitos, porque algunos creyentes bajaron a Pablo en una gran canasta desde una ventana de una casa construida sobre el muro, permitiéndole así escapar de sus enemigos (Hechos 9:25; 2 Corintios 11:33).

1) La Visita a los Apóstoles en Jerusalén

Habiéndosele terminado la oportunidad de trabajar en Damasco, Pablo se dirigió a Jerusalén. Ya habían pasado tres años desde su conversión, pero hasta entonces no había tenido contacto alguno con los dirigentes de la iglesia (Gálatas 1:17, 18), hecho que más tarde ofreció como prueba de que su evangelio no se había originado con los discípulos de Cristo sino con Cristo mismo (Gálatas 1:10-12; 1 Corintios 15:3-8). Su razón básica para ir allá era ver a Pedro (Gálatas 1:18). Al llegar a la ciudad quiso unirse a Pedro y a los hermanos, pero pronto descubrió que tres años no habían sido tiempo suficiente para borrar el recuerdo de su persecución anterior, o para eliminar las dudas y las sospechas (Hechos 9:26). La situación fue resuelta por Bernabé, natural de Chipre, quien confió en el informe de Pablo acerca de su experiencia al contarlo a los demás en presencia del apóstol (Hechos 9: 27). Pablo demostró que su experiencia era genuina al predicar a Jesús en la ciudad de Jerusalén. Su lógica incontrovertible despertó la ira de ciertos judíos helenistas que decidieron quitarle la vida (Hechos 9:29). En un informe posterior de su experiencia (Hechos 22:17-21), contó cómo Dios le había aparecido en visión en el templo y, a pesar de sus protestas, le indicó que saliera de Jerusalén, porque los judíos no recibirían su mensaje, y que sería enviado a los gentiles. Sus hermanos de inmediato lo acompañaron al puerto de Cesárea (Hechos 9:30), a unos 85 km al noroeste de Jerusalén. Probablemente lo pusieron a bordo de un barco para asegurarse de que escaparía de sus enemigos.

2) En las Regiones de Siria y Cilicia, y en Antioquía

De Jerusalén, donde había estado 15 días (Gálatas 1:18), Pablo fue "a las regiones de Siria y de Cilicia" (Gál 1: 21). Sus actividades durante los siguientes años no aparecen en las Escrituras. Bien podemos imaginar que estuvo activo en el ministerio en Tarso y las regiones circundantes (Hechos 11:25; Gálatas 1:21-23). Habría sido durante este período que tuvo las visiones referidas en 2 Corintios 12:2-4, que, según el verso 2, vio 14 años antes de escribir 2 Corintios. Esta epístola fue redactada en el año 57 d.C., lo que apuntaría al año 43 como la fecha de la visión.

Pablo estuvo en Tarso o las regiones vecinas desde el 38 hasta el 44. Mientras estuvo en Cilicia, el cristianismo avanzó en otras áreas. Un interés creciente había surgido en Antioquía de Siria, y Bernabé fue enviado desde Jerusalén para desarrollarlo (Hechos 11:19-24). Como vio que necesitaba ayuda, viajó a Tarso, encontró a Pablo y lo llevó consigo a Antioquía (Hechos

11:25, 26). Pablo y Bernabé trabajaron juntos por un año entero, con éxito notable. Mientras estaban en Antioquía, vinieron de Jerusalén ciertas personas con don profético (Hechos 11:27). Uno de ellos, Agabo, fue inspirado divinamente para predecir una hambruna mundial (Hechos 11:28). Como resultado, los creyentes de Antioquía decidieron enviar ayuda a los cristianos de Judea, y para ello eligieron a Pablo y Bernabé (Hechos 11: 29, 30). Habiendo cumplido su misión, regresaron a Antioquía trayendo consigo a Juan Marcos, sobrino de Bernabé (Hechos 12:25; Colosenses 4:10).

CAPÍTULO 3

Viajes misioneros del apóstol Pablo

V. PRIMER VIAJE MISIONERO
HECHOS 13:1-14:28

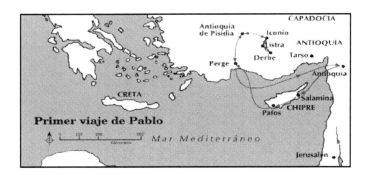

El Imperio Romano

De acuerdo a Warren Carter la extensión del Imperio Romano facilitó grandemente la preparación del mundo para la Venida de Cristo y la extensión del Evangelio (Gálatas 4:4). La unión de tantas razas y pueblo bajo un Imperio ayudó a derribar las barreras raciales y culturales y a unificar la raza humana; en estas condiciones el mundo habría de escuchar la predicación de la doctrina de que en Cristo "no hay griego ni judío" (Gálatas 3:28; Colosenses 3:11). Además, como ciudadano de este gran Imperio que abarcaba la tercera parte de la raza humana, Pablo pudo viajar por todas partes sin dificultades diplomáticas (Carter 2006, 45-53).

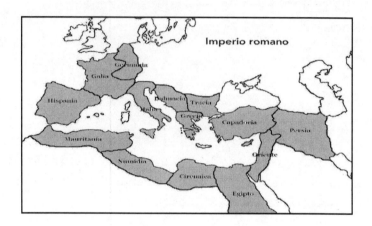

La historia de Roma puede dividirse en tres períodos:

1. La Monarquía – 753-509 aC (el año 753 aC es la fecha tradicional de la fundación de la ciudad de Roma por Rómulo y Remo)

2. La República – 509-27 aC (Con la República, la nación se extendió ocupando primero toda la Península y luego yendo hacia Occidente y Oriente)

3. El Imperio – 27aC-476dC

En el Imperio Romano se hablaba como lengua oficial el griego, lo que fue otro factor favorable para la difusión del Evangelio. Otro aspecto importante era la perfecta red de carreteras que facilitaba la movilización de aquellos que llevaron el Evangelio de Cristo en toda su extensión. Además, la paz y el orden que eran la moneda corriente a lo largo y ancho de todo el Imperio fueron una gran ayuda para el desarrollo del ministerio cristiano en sus comienzos. Refiriéndose a este hecho Ireneo (Siglo II) dijo: "Por su instrumentalidad el mundo está en paz y podemos caminar por carreteras sin temor y navegar adonde queramos."

A pesar de toda su prosperidad y opulencia, la sociedad romana estaba corrompida. Existían dos clases: aquellos que gozaban de riquezas exageradas y otros que vivían en una miseria total. Se calcula que entre el 30 y el 50% de la población estaba compuesta de esclavos... además a quienes estaban en la indigencia el gobierno los apaciguaba con pan y circo. Séneca se lamentaba de su época: El mundo está lleno de crímenes y vicios... más de los que se puede curar con la fuerza... Los crímenes ya no se cometen a escondidas, sino ante nuestros ojos. La inocencia no solo es rara, sino más bien no existe.

Sumada a esta degradación social y en consecuencia moral, estaba la idolatría en su extremo más alto llegando a considerar por iniciativa de Augusto (Octavio 27ª.C-14d.C) al César como un verdadero dios y en consecuencia rindiéndole la adoración correspondiente. En tiempos de Nerón (64d.C) se declaró al cristianismo como una religión ilícita y comenzó la primera persecución imperial contra los cristianos. Con muchos aspectos ventajosos y otros negativos aquellos fieles creyentes iniciaron un ministerio que implicaba un desafío gigante... y este era llevar la Luz del Evangelio a todo ese Imperio tan necesitado de esperanza.

Antioquía Nuevo Centro Misionero... ¿Por qué?

En "El Mensaje de La Biblia" encontramos el siguiente cuadro en referencia al libro de Los Hechos representando la extensión del Evangelio a los Gentiles:

Hechos 1-12	Centro: JERUSALÉN	Persona Prominente: PEDRO	El Evangelio a: Judea y Samaria
Hechos 13-28	Centro: Antioquía	Persona Prominente: PABLO	El Evangelio a: Hasta lo último de la Tierra

Este gráfico presenta una división clara y definida que encontramos en Los Hechos, lo que debemos considerar es porque ocurre un cambio tan drástico en la Segunda Parte respecto a la Primera, pero antes de hacerlo es necesario aclarar un concepto erróneo que surge al mirar fríamente esta separación. Existía la idea que durante el período comprendido por los capítulos 1 a 12 la Iglesia debía evangelizar solo a los judíos y que a partir del capítulo 13 comienza una etapa donde los creyentes debían evangelizar a los gentiles. Es importante aclarar estos conceptos por separado:

1. Primera Parte de Los Hechos (Capítulos 1 a 12): Es cierto que se predicó mayormente a los judíos pero hay dos razones básicas:

    a. La Iglesia se movía en un ambiente totalmente (en su trasfondo e idiosincrasia) judío, por lo cual esta tendencia era absolutamente lógica.

    b. Dios preparó a Pedro para llevar el Evangelio a un gentil recién en Capítulo 10... era necesario que se vencieran innumerables prejuicios raciales.

Pero a pesar de este enfoque debemos considerar que en esta Primera Sección se predicó el Evangelio también a *no judíos* (Samaritanos, Hech. 8:4-12; Un etíope, Hech. 8:25-40; Gentiles, Hech. 10:1-48; 11:20), de la misma manera como se hizo lo propio con los israelitas (Hech. 2:14-38; 3:11-26; 4:8-12; 5:29-32; 7:1-53).

2. Segunda Parte de Los Hechos (Capítulos 13 a 28): Es cierto que Pablo tuvo un ministerio especial con las naciones gentiles, pero también es imposible de negar que él predicó a los judíos cada vez que tuvo oportunidad (Hech.13:5; 14-43; 14:1; 16:13-14; 17:1-4, 10-12, 17; 18:5, 7-8; 19-20; 19:1-5, 8; 20:21; 22:1-21; 23:1-11; 26:1-32 –Agripa era judío -; 28:17-31).

Este punto de vista surge una posición doctrinal llamada ultradispensacionalismo la cual no es correcta, pero debemos decir que confunde la interpretación de Los Hechos y su valor desde el punto de vista doctrinal para la Iglesia contemporánea. La división tan marcada entre la Primera y la Segunda Parte de Los Hechos es uno de sus argumentos principales, pero es obvio que existen motivos para que esto suceda sin necesidad de considerar que la Iglesia comenzó en un momento indefinido colocando al libro entero bajo el rótulo de libro de transición, y por lo tanto sin valor teológico. A continuación veremos algunas razones por las cuales podemos comprender porque se produce este cambio tan abrupto entre estas dos secciones:

1. Porque estaba en el propósito de Lucas como autor el mencionar como había progresado el Evangelio desde Jerusalén hasta llegar a todo el Imperio Romano. El Programa de Dios es de alcance mundial pues comienza en Jerusalén (Hech.1-7) continua por Judea y Samaria (Hech.8-12) y se proyecta hasta lo último de la Tierra (Hech.13-28).

2. Porque la Iglesia de Jerusalén se encontraba en graves problemas económicos (por causa de la convulsión social en Judea) por lo cual no estaba en condiciones de afrontar y financiar un proyecto tan ambicioso como implicaba llevar el Evangelio a cada rincón del Imperio Romano (Hech.11:27-30; 1 Cor. 16:1-3; 2 Cor. 8:1-4, 9:1-2)

3. Porque toda Judea estaba convulsionada política y socialmente. Después de la muerte de Herodes Agripa I, mencionada por Lucas en Hechos 12:20-23 comenzó un tiempo de grandes conflictos que desencadenó en la insurrección contra el Imperio Romano del año 66 d.C, la cual trajo como consecuencia final la destrucción de Jerusalén en el año 70 d.C. El Imperio Romano por la ineptitud del hijo de Agripa I para encargarse del gobierno de Judea nombró diferentes procuradores que causaron descontento popular y la posterior rebelión:

a. Fadus (44-48 d.C): Este hombre ahogó cruelmente todo el anhelo de libertad de los hebreos. Se inmiscuía en los asuntos espirituales de los judíos, designaba al sumo sacerdote y conservaba bajo su poder las vestiduras de gala de los sacerdotes, todo esto era considerado una grave ofensa para los religiosos judíos.

b. Cumano (48-52 d.C): Distribuía legionarios romanos alrededor del Templo durante las festividades. Esta presencia de paganos en su lugar Santo ofendía a los israelitas. En cierta ocasión uno de estos soldados cometió un acto indecente al lado del Templo y a la vista de la multitud que estaba reunida para festejar la Pascua. Los judíos apedrearon a los soldados por lo cual el procurador envió una compañía que se lanzó sobre la turba que huía atropelladamente lo cual produjo la muerte de una cantidad considerable de personas (los historiadores dicen millares). Según F. Scott Spencer este tipo de choques eran frecuentes durante el período de los procuradores.

c. Marco Antonio Félix (52-59 d.C): En su cargo hizo ejecutar al sumo sacerdote Jonatán y sometió varias rebeliones judías. El historiador Tácito condenó su actividad con palabras muy severas.

d. Festo (Porcius Festus) (60-62 d.C): Según el Diccionario del Nuevo Testamento y su Contexto, de Evans y Porter, Festo era un hombre noble que no vivió bastante tiempo para reparar todo el daño causado por Félix.

e. Gesius Florus (64-66 d.C): Durante su gobierno que fue demasiado duro contra los judíos se produjo el levantamiento comandado por los zelotes quienes fueron liderados por Simón Ben Gura. Esta insurrección tuvo como resultado una victoria parcial de los zelotes contra las tropas romanas quedando en consecuencia Jerusalén en manos de los judíos hasta el año 70 d.C.

Influyó también en el ambiente conflictivo de toda Judea el despótico gobierno de Nerón (54-68 d.C) durante el cual surgieron en su mayor apogeo los zelotes y los sicarios que no dudaban en matar aún a judíos por considerar que fraternizaban con los romanos. Esta actitud belicosa generó la división de la sociedad israelita en dos partidos, siendo finalmente el que podríamos llamar pacifista el que perdió favor popular al ser considerado Agripa II, quien lo comandaba, un traidor que pretendía relacionarse con los romanos. Todo este trasfondo de violencia era desfavorable como para que desde Jerusalén se emprendiera una actividad misionera a gran escala, por lo cual El Señor usó la Iglesia de Antioquía para ese fin. Porque la situación geográfica de Antioquía era mejor para llegar desde allí a todo el Imperio Romano. Recordemos que Jerusalén se encontraba a 480 km al Sur de Antioquía y esta se encontraba en una situación sumamente favorable en cuanto a las comunicaciones marítimas y terrestres.

1. Porque Jerusalén era el centro de los judaizantes (Hech. 15:1,5). Estos judaizantes no hubieran favorecido un ministerio hacia las naciones gentiles porque ellos pretendían que se les obligara a cumplir la Ley.

2. Porque Pablo tenía más libertad para transitar dentro del Imperio por ser ciudadano romano. Él, y no Pedro, era la persona más idónea para realizar un ministerio en toda la extensión de este Imperio. Además, comprendiendo entre otras cosas esta situación, ese fue el acuerdo ministerial que tuvieron Pedro y Pablo (Gal. 2:7-9).

3. Porque Lucas estaba presente durante gran parte del ministerio de Pablo ya que era uno de sus ayudantes y su médico personal. Es lógico que él relatara en cuanto a la extensión del Evangelio la información que tenía de primera mano, pues seguramente durante el mismo tiempo se realizaron otros viajes misioneros, pero El Señor lo guió a escribir sobre los que El quiso que escribiera.

Es verdadero que encontramos una división muy marcada en el libro de Los Hechos, pero como hemos considerado, esta se debe a hechos concretos.

El Inicio en Antioquía – Hechos 13:1-3

A. Personas – Un Ministerio Especial

"Había entonces en la Iglesia..." Hech.13:1

- Devoción – En el sentido de Fidelidad – en la Iglesia (Hech.11:26)

- *Dones – profetas y maestros* – Efesios 4:11 – Estos ministerios son instituidos por El Señor como su regalo o don a la Iglesia. Según algunos comentaristas los *maestros* son aquellos hermanos que tienen la responsabilidad de permanecer en las Iglesias locales dando crecimiento a la congregación por medio de la enseñanza de la Palabra, mientras que los *profetas* realizaban continuas giras hablando a diferentes congregaciones las revelaciones que El mismo Señor les comunicaba (Ver Hechos 11:27). Evidentemente Pablo desarrolló ambos servicios, ya que fue maestro (Hech. 11:26; 15:35; 18:11; 20:20; 28:31; 1 Tim. 2:7; 2 Tim. 1:11) y profeta (2 Cor. 12:1-7).

- Diversidad – Los siervos de Dios en Antioquía eran:

  » Bernabé de Chipre

  » Simón o Simeón *el negro* (Níger = Negro). Es posible que este Simón fuera africano, algunos creen que se trata de Simón de Cirene, quien cargó la cruz del Señor (Mt. 27:32; Lc. 23:36)

  » Lucio de Cirene. Esta localidad se encontraba al Norte de África.

  » Mánaem, criado junto a Herodes Antipas en consecuencia era de la aristocracia de Galilea. Se lo identifica con el funcionario real a cuyo hijo sanó Jesús en Juan 4:46-54

B. Preparación – Un Servicio Santo

"Ministrando estos al Señor..." Hech. 13:2.

- Dedicación – *Ministrando...* - Ellos estaban realizando un *servicio público* totalmente relacionado con la Obra de la Iglesia y El Señor. La palabra *ministrando* es *Leitourgeo* en griego, la cual implica servicio público y de la cual proviene la forma castellana Liturgia que significa: *Orden y forma en que debe observarse un oficio divino.*

- Dependencia – *Ayunando...dijo el Espíritu Santo* – Este ayuno era el resultado del asunto tan importante que estaban considerando y por la espera en El Señor para conocer Su Voluntad en referencia al futuro de Bernabé y Pablo.

- Disposición – *Apartadme a Bernabé y a Saulo* – En la versión católica de La Biblia leemos: *Separadme a Saulo y a Bernabé para la obra a que los tengo destinados.* Es evidente que no fue en esta ocasión cuando Dios llamó a Bernabé y Saulo para que fueran a predicar por el Imperio Romano, sino que ellos sabían que El había determinado eso para sus vidas, solo necesitaban conocer el tiempo en que comenzaría la labor. Un aspecto importante es que Dios usó a sus siervos como consecuencia de su trabajo fiel en una Iglesia Local y siendo parte fundamental de la misma.

C. Participación – El Respaldo de la Iglesia

"...les impusieron las manos..." Hech. 13:3

- Decisión – *habiendo ayunado y orado* – Pablo escribe en 1 Tim. 5:22ª: *No impongas con ligereza las manos a ninguno* y este fue el principio que aplicaron los líderes de Antioquía. Ellos buscaron la comunión con Dios antes de encomendar a sus hermanos a la Obra, aún teniendo pruebas fehacientes de que El Señor quería usarlos para la fundación de nuevas Iglesias en el campo misionero.

- Distinción – *les impusieron las manos* – La imposición de manos indicaba una asociación de parte de la Iglesia con la Obra que habían de emprender sus hermanos, y esta ceremonia era común cuando se nombraba a alguien para cumplir un oficio o una nueva responsabilidad.

- Diligencia – *los despidieron* – Sencillamente una vez que dieron los pasos adecuados no se detuvieron más... si El Señor está detrás del asunto no hay razón para dilatarlo en el tiempo. Ellos usaron una *urgencia solemne*, es decir entendieron que la situación ameritaba diligencia, la cual aplicaron al comprender exactamente la Voluntad del Señor.

VI. SEGUNDO VIAJE MISIONERO:
El ministerio en Chipre – Hechos 13:4-12

El comienzo – La llegada a Salamina

El Puerto: *descendieron a SELEUCIA*. Esta ciudad era el *puerto marítimo de Antioquía en la boca del río Orontes y a 25 kms de dicha ciudad.*

- El destino: *y de allí navegaron a CHIPRE*. El nombre de esta isla significa *cobre* (de KUPROS en griego) debido a las minas de ese mineral que había en ella. Es una isla montañosa que se encuentra situada en el Nordeste del Mar Mediterráneo.

- La ciudad: *Y llegados a SALAMINA*. Su nombre significa PAZ. Fue fundada por los fenicios y se hallaba situada en la costa Oriental de Chipre. A partir del año 59 a.C estuvo bajo el dominio del Imperio Romano. Era un centro importante de la comunidad judía en los días de Pablo. También era un puerto comercial de renombre. El nombre de la ciudad cambió posteriormente a Constancia y en la actualidad se llama Famagusta.

- El ministerio: *anunciaban la palabra de Dios en las sinagogas de los judíos*. Era costumbre de Pablo predicar en primer lugar en las sinagogas o lugares de reunión de los judíos. Evidentemente lo que expresó en Romanos 1:16 (*al judío primeramente*) era una filosofía ministerial además de una enseñanza teológica para el Apóstol.

A. La Sinagoga

La Sinagoga (del griego SYNAGOGE, *reunión o asamblea*) evidentemente tuvo su origen en los hogares de Babilonia (Ezequiel 8:1; 20:1-3). La *sinagoga en la casa*, como las primeras iglesias cristianas que se reunían en los hogares, gradualmente se transformó después del exilio, en asambleas formales para instrucción, el culto público y la oración.

Reemplazaban al culto en el Templo, ya que no era posible para los judíos que estaban dispersos fuera de Palestina. Cada localidad que contaba con un número suficiente de judíos en el mundo greco-romano entre el 300 a.C y el 300 d.C tenía su sinagoga para el culto y la instrucción de la Ley y los Profetas (Lc. 4:16-30). Estas eran los depositarios de las Escrituras hebreas y cuentan entre los primeros lugares donde se proclamó el Evangelio. Debido al hecho de que la dispersión era amplia, la sinagoga era una institución muy común en el Mundo Romano.

- El ayudante: *Tenían también a Juan de ayudante.* Este Juan era Marcos (Hech. 12:25), el autor del Evangelio que lleva su nombre

- La frase: *Ellos, entonces, enviados por el Espíritu Santo* (Hech. 13:4). Esta frase es muy destacable porque implica que:

  » Dios estaba dirigiendo los movimientos de aquellos misioneros.

  » Los misioneros estaban dependiendo de la Guía del Señor.

El mismo sentir que tenían en Antioquía era el que estaban practicando en el Campo Misionero. Es muy común hacer la Obra de Dios sin esperar su Guía y Dirección, pero el modelo bíblico es muy concreto... aquella labor que se hace de esta manera no sufrirá las consecuencias de la debilidad humana...

a. El Conflicto – La Resistencia Satánica
Hechos 13:6-12

- La ciudad: *Y habiendo atravesado toda la isla hasta PAFOS.* Este era la capital de Chipre y también la residencia del Procónsul (Gobernador de la provincia nombrado por el Senado Romano). Era una ciudad sumamente supersticiosa y estaba consagrada a Venus, la diosa del amor, cuyo culto se caracterizaba por el libertinaje y la depravación. Pafos estaba a unos 130 kms de Salamina, ciudad que habían visitado anteriormente y en la actualidad se la conoce como Baffo. En este servicio en Chipre vemos un principio que caracterizó el ministerio de Pablo: El trataba de alcanzar en primer lugar las ciudades importantes para que desde allí se propagara el Evangelio a las ciudades vecinas.

- El falso profeta: *hallaron a cierto mago, falso profeta, judío, llamado Barjesús* (Hech.13:6). Este es un caso similar al de Simón (Hech.8:9-11). Aparentemente era común que en aquellos tiempos los hombres de importancia como Sergio Paulo tuvieran en el servicio de consejeros a magos como Elimas. El nombre de este falso profeta era Barjesús (*Hijo de Jesús*) o Elimas (*Sabio, Hábil, Entendido o Poderoso*, viene del árabe *Alium*).

- El Procónsul: *El procónsul Sergio Paulo, varón prudente* (Hech.13:7). El nombre de Sergio y/o Paulo es también mencionado por Plinio y en varias inscripciones. Con frecuencia se identifica al Paulos Antypatos (*Bajo Paulus el procónsul*), mencionado en la inscripción descubierta en Solos o Soli (Chipre) con el procónsul de Hechos Capítulo 13. Basándose en este descubrimiento, la época en que Sergio Paulo cumplió funciones se calcula en los años 46-47 d.C o 49-50 d.C. Algo importante en este hombre era que estaba buscando la Verdad pues *llamando a Bernabé y a Saulo deseaba oír la palabra de Dios.*

- La lucha por un alma: (Hech. 13:8-12) El propósito de Elimas era *apartar de la fe al procónsul*, por lo cual Saulo o Pablo le reprendió duramente y Dios provocó al mago una ceguera parcial. Esta manifestación del Poder de Dios produjo una recapacitación en Sergio Paulo acerca de Barjesús y de la Verdad del Señor... *Entonces el procónsul... creyó maravillado en la doctrina del Señor.*

Algo llamativo en este pasaje es que por primera vez se menciona el nombre griego de Saulo que era Pablo (*Pequeño*). Era común en esos tiempos que los judíos llevaran dos nombres. Uno era judío, con el cual se lo conocía en su círculo de acción, y el otro griego, con el cual se presentaba en los asuntos referentes al Imperio Romano. En algunas ocasiones el nombre griego era simplemente una traducción del hebreo. Por ejemplo Cefas y Pedro significan Roca; Tomás en hebreo y Dídimo en griego significan *Mellizo*. A veces se imitaba el sonido, por ejemplo Josué se convierte en Jesús. Pablo para identificarse con el medio en que debía desarrollar su ministerio y para tratar ante autoridades romanas (como el caso de Sergio Paulo) optó por usar su nombre griego.

B. El Ministerio a Galacia – Hechos 13:13-14:21a

1) La Crisis entre los Misioneros– La Deserción de Juan Marcos – Hechos 13:13

- La ciudad: *Habiendo zarpado de Pafos, Pablo y sus compañeros arribaron a PERGE de Panfilia.* PERGE estaba a unos 260 kms de Pafos; era la ciudad capital de Panfilia (la región de la Costa Sur del Asia Menor). Esta ciudad estaba edificada a orillas del Río Cestro, a unos 11 kms de su desembocadura en el Mar Mediterráneo. Atalía, construida en el Siglo II a.C, le servía como puerto principal. En Perge había un templo de Diana, lo cual la constituía en el centro religioso de aquella zona.

- El líder: Algo muy importante sucede en este versículo... a partir de este momento es mencionado Pablo al frente del grupo misionero. Hasta entonces siempre Bernabé estaba en primer lugar (Ver Hech. 11:30; 12:25; 13:1, 2, 7), pero ahora mostrando verdadera humildad dejó a quien en cierta manera era su discípulo la dirección y el liderazgo. Cuál es la razón que motivó este cambio no lo sabemos, pues no hay información bíblica ni extra bíblica que nos den la pauta de lo sucedido, solo podemos comprender independientemente de las razones, que esta era la Voluntad de Dios para Pablo y Bernabé.

- La deserción: *pero Juan apartándose de ellos volvió a Jerusalén.* Otro interrogante que nos deja este versículo es que motivos tuvo Juan Marcos para no continuar en el Viaje Misionero. Muchos autores han presentado diferentes posibilidades, pero estas son meras especulaciones. Lo único concreto que nos presenta la Escritura es que Pablo consideraba esta actitud como errónea (Ver Hech. 15:38). Esta fue la razón por la cual finalmente Pablo y Bernabé se separaron cuando se iniciaba el Segundo Viaje Misionero (Hech. 15:36-41).

- Después de ese evento Juan Marcos desaparece de la escena; la tradición dice que fue a Alejandría y Egipto donde plantó una Iglesia. Mucho tiempo después aparece nuevamente y el mismo Pablo lo considera su ayudante y *útil para el ministerio* (Col. 4:10-11; 2 Tim. 4:11; Flm.24). También Pedro menciona a Marcos (1 Pedro 5:13).

- Es muy posible que Juan Marcos haya acompañado a Pedro en diferentes viajes y algunos comentaristas creen que era el traductor del Apóstol al griego. Concretamente, más allá de esta etapa de debilidad Juan Marcos llegó a transformarse en un personaje muy importante dentro de la Iglesia del Primer Siglo, lo cual nos habla de la Misericordia del Señor pues fue más abundante que sus errores y lo capacitó para llegar a ser un verdadero siervo de Dios.

2) La Convicción – Las Bendiciones en Antioquía de Pisidia – Hechos 13:14-52.

Antioquía de Pisidia

Para llegar a esta ciudad desde la costa del Mediterráneo había que cruzar los Montes Tauro (cadena montañosa de la costa Sur del Mediterráneo) por medio de estrechos desfiladeros. Este camino era muy peligroso, pues era famoso porque estaban al acecho en él pandillas de ladrones que robaban a los viajeros, según inscripciones encontradas por William Ramsey. Esta fue una de las dieciséis ciudades fundadas por Seleuco I Nicanor (312-380 a.C) juntamente con Antioquía de Siria. En los días de Pablo formaba parte de la provincia romana de Galacia en el distrito de Frigia. Cuando Roma constituyó provincia a Galacia en el 25 a.C, esta ciudad pasó a formar parte del Imperio.

En ese tiempo Augusto reconoció su ubicación estratégica y la transformó en una de sus principales colonias militares, dándole el nombre oficial de Colonia Cesárea Antioquía. Su población estaba compuesta por un nutrido personal militar, numerosos griegos y un buen grupo de judíos y prosélitos (Hech. 13:14, 16, 26, 43, 50). La clase militar (*coloni*) incluia a mujeres devotas y hombres principales mencionados en Hech.13:50. Se la conocía como *Antioquía de Pisidia* para diferenciarla de *Antioquía de Siria*, y porque ese nombre le había sido dado en el Siglo III a.C al ser declarada capital de Pisidia (Schnabel 2008, 80-85).

C. El Mensaje de Pablo – Hechos 13:14-41

Es llamativo el hecho de que Pablo y Bernabé no continuaran su viaje siguiendo la costa del Mediterráneo; en lugar de ello se dirigieron hacia Antioquía de Pisidia, lo que significaba complicaciones y peligros, entre otras razones porque Antioquía se encontraba a mil doscientos metros sobre el nivel del mar y el camino además de ser escarpado estaba plagado de ladrones. Debemos tener en cuenta que durante este viaje visitaron la provincia de Galacia, plantando Iglesias en cuatro ciudades (Antioquía, Iconio, Listra y Derbe); pasado el tiempo al escribir Pablo la carta a los Gálatas les decía: *Pues vosotros sabéis que a causa de una enfermedad del cuerpo os anuncié el evangelio al principio* (Gal. 4:13). Por lo que podemos entender, cuando el Apóstol llegó a esa zona estaba enfermo.

Se ha especulado mucho acerca de cuál era la dolencia que lo afectaba; la tradición más antigua dice que sufría terribles dolores de cabeza, por lo cual se supone que posiblemente era víctima de una fiebre malaria virulenta que se propagaba en las costas del Asia Menor. De ser este el caso, quizás, para librarse de los síntomas de esta enfermedad Pablo debió dirigirse a la meseta, lejos de los climas húmedos del Mediterráneo. Otro aspecto para tener en cuenta en referencia al servicio en Antioquía es que podemos ver que Pablo y Bernabé desarrollaron una estrategia misionera igual a la de Chipre, y que sería una constante en el ministerio de Pablo en sus diferentes viajes:

a. Siempre evangelizaba ciudades de influencia, lugares estratégicos para llegar desde allí a los pueblos vecinos.

b. Siempre empezaba su trabajo en las sinagogas

c. Siempre establecía iglesias y liderazgo local para dar continuidad a la Obra

En esta ciudad Pablo fue a la Sinagoga, y allí ante la oportunidad concedida (vs.15) les compartió el mensaje mencionado en Hech. 13:16-41. Este es el bosquejo que podemos extraer de ese mensaje:

1) Introducción – Dios en la Historia de Israel
   Hech. 13:16-23

   - Dios eligió a Israel como pueblo suyo (Dt. 6:7-8) – v17a

   - Dios libertó a Israel de la cautividad en Egipto (Ex. 12:51) – v17b

   - Dios soportó a Israel en el desierto durante 40 años (Ex. n16:35; Dt. 1:31) – v18

   - Dios dio a Israel la tierra de Canaán (Dt.17:1; Jos. 19:51) – v19

   - Dios dio a Israel jueces para que les gobernaran (Jue. 2:16; 1 Sam. 3:20) – v.20

   - Dios dio a Israel un rey como pedían (1 Sm. 8:5; 10:1) – v.21

   - Dios dio a Israel un rey conforme a Su Corazón (1 Sm.13:14-15; 23-26) – v.22

   - Dios dio a Israel un Salvador, el Mesías Prometido, que es Jesús (Mt.1:21; Lc. 2:11) – v.23.

2) Desarrollo – Hechos 13:24-37

   - El Testimonio de Juan el Bautista – v.24-25 (Mt.3:1-3; Jn.1:19-28)

     » Predicó el arrepentimiento a Israel – v.24

» Anunció la Venida del Mesías tras él – v.25

- El Testimonio de los Profetas – v.26-29 (1 Ped. 1:10-11)

  » Jesús fue condenado conforme a las Profecías (Is.53:3-8)

  » Jesús fue sepultado conforme a las Profecías (Is.53:9)

- El Testimonio de los Apóstoles – vs.30-31 (Hech. 10:39-41)

  » Dios le levantó de los muertos (Mt. 28:6)

  » Se manifestó a los Apóstoles (Mt. 28:16; Lc. 24:48)

  » Los Apóstoles tienen un testimonio fidedigno (1 Jn.1:1-4)

- El Testimonio de las Escrituras – vs.32-37

  » El Evangelio es el cumplimiento de la Promesa – v.32

  » El Salmo 2:7 nos confirma la procedencia de Jesús – v.33

  » Por la Resurrección de Cristo se alcanza la Misericordia de Dios – v.34 (Is.56:3)

  » El Salmo 16:10 anticipa la Resurrección – v.35

  » La Resurrección supera a la corrupción – vs.36-37

3) Conclusión – Hechos 13:38-41

- La Obra de Cristo nos da el perdón de pecados – v.38

- La Obra de Cristo ofrece la justicia que no puede dar la Ley – v.39

- La Obra de Cristo no debe ser menospreciada – v.40-41

Uno de los puntos más importantes de este mensaje está mencionado en los versículos 38 y 39 donde dice: "Sabed, pues esto, varones hermanos: que por medio de Él se os anuncia perdón de pecados, y que todo aquello de que por la Ley no pudisteis ser justificados, en El es justificado todo aquel que cree. Este es uno de los aspectos fundamentales de doctrina que enseñaba Pablo y que era un concepto absolutamente revolucionario en aquellos días; **el hombre es justificado por la fe, sin la necesidad de cumplir con las obras demandadas por la Ley de Moisés.**"

La experiencia y el profundo conocimiento de Las Escrituras que tenía Pablo han hecho que sea el maestro de esta verdad bíblica que elabora y profundiza especialmente en sus epístolas a los Gálatas y Romanos. Este judío convertido a Cristo en el camino a Damasco hace de la justificación el tema central de su doctrina de la Salvación. La justicia de Dios es *por la fe* (Rom. 4:11, 13; Gal. 2:16; 3:8), *la justicia de Dios por medio de la fe en Jesucristo* (Rom. 3:22; Fil. 3:9). Pablo contrasta constantemente esta justificación evangélica con *la justicia por las obras de la ley* (Rom. 9:31ss; 10:5) y con *mi propia justicia* (Rom. 10:3; Fil.3:9). El principio de la *justicia legal* (por medio de cumplir la Ley) es *haced esto y viviréis* (Rom. 10:5; Gal. 3:10-12), el principio de la *justificación evangélica* es: *creed, confesad y seréis salvos* (Rom. 10:9ss; Gal. 3:6-9).

D. El Ministerio a los Gentiles – Hechos 13:42-49

El impacto en la Sinagoga (vs.42-43): Por lo que leemos en este pasaje en la sinagoga había tres tipos de personas que escucharon el mensaje de Pablo y todos fueron conmovidos por la Palabra de Dios:

1. Los gentiles (v.42): Estas personas al igual que Cornelio (Hech.10) podían considerarse como *prosélitos de la puerta*, ya que el mismo Lucas los diferencia de los *prosélitos* (v.43). Estas personas adoraban al Dios de Israel pero no habían cumplido con los ritos que los convertían en un verdadero prosélito, de ahí la diferencia entre ambos grupos. Estos *gentiles* quedaron tan impactados por la predica de Pablo que *les rogaron que el siguiente día de reposo les hablasen de estas cosas.*

2. Los judíos (v.43): *muchos de los judíos siguieron a Pablo y Bernabé.* Estas personas creyeron el mensaje de Pablo, porque él, junto con Bernabé, *los persuadían a que permaneciesen en la gracia de Dios.* Ya no debían seguir la Ley, sino confiar en la Gracia de Dios que era suficiente para darles Vida Eterna.

3. Los prosélitos piadosos (v.43): *muchos... de los prosélitos piadosos.* Estos eran gentiles que habían adoptado el judaísmo y ahora comprendían que la Gracia de Dios se obtiene a través de la Obra de Jesucristo.

E. El Impacto en la Ciudad – Hechos 13:44-45

Tan notorio fue el ministerio de Pablo y Bernabé que casi todos los habitantes de Antioquía *se juntaron para oír la Palabra de Dios*. Esta situación generó una reacción desfavorable en los religiosos de la Sinagoga quienes:

- Refutaban con argumentos lo que Pablo decía
- Contradecían su enseñanza
- Blasfemaban contra el Apóstol

» El Impacto a los gentiles – Hechos 13:46-49

- La decisión de Pablo y Bernabé (v.46) – Los misioneros debido a las circunstancias y a la actitud de los judíos religiosos se vieron en la obligación de ministrar solamente a los gentiles de aquella ciudad.

1. *A vosotros a la verdad era necesario que se os hablase primero la Palabra de Dios* – Cuando llegaron a Antioquía predicaron en primer lugar en la sinagoga (v.14), porque ese era el principio que Pablo tenía en su estrategia misionera.

2. *Más puesto que la desecháis y no os juzgáis dignos de la vida eterna* – En un principio los judíos no desecharon el mensaje, pero según el versículo 45 (*pero viendo los judíos la muchedumbre se llenaron de celos*), Satanás usó los celos contra los misioneros para generar un rechazo del evangelio. Pablo les enseñaba que obtendrían la Vida Eterna por medio de la fe en Cristo y no por cumplir la Ley (v.39 – *y que de todo aquello de que por la ley de Moisés no pudisteis ser justificados, en el es justificado todo aquel que cree*). Pero ellos prefirieron considerar que el medio era la Ley y no la Gracia, por eso el Apóstol les decía *no os juzgáis dignos de la vida eterna.*

3. *He aquí nos volvemos a los gentiles* – La consecuencia lógica fue que Pablo y Bernabé dedicaran su atención a quienes estaban dispuestos para escuchar el evangelio, pues ya habían dado la oportunidad a los judíos y estos decidieron rechazar el mensaje.

- **La profecía de Isaías – Hechos 13:47**

Ellos citaron el pasaje de Isaías 49:6. Por el contexto vemos que Isaías 49:1-6 se refiere al mismo profeta puesto como *luz de las naciones* (vs.1, 2, 4,5). El tenía el ministerio de hacer volver al pueblo de Israel a Dios (v.5 *para hacer volver a Él a Jacob, y para congregarle a Israel*), pero Dios quería usarlo para un servicio más amplio aún (v.6 *Poco es para mí que tú seas mi siervo para levantar las tribus de Jacob... también te di por luz de las naciones*). Pablo y Bernabé aplicaron este pasaje a sí mismos (*Porque así nos ha mandado el Señor*); ya habían cumplido en Antioquía su ministerio con los judíos, ahora obedecían al Señor predicándole a los gentiles.

En Isaías 42:6 estaba profetizado que el Mesías de Israel también sería *luz a los gentiles*, por lo tanto el mensaje del Evangelio no era exclusivo para una raza o nación, era un nuevo concepto para la época, ya que por medio del había esperanza para judíos y gentiles por igual.

- ## La Salvación de los Gentiles – Hechos 13:48-49

Vemos en aquellas personas dos actitudes:

1. *Se regocijaban y glorificaban la palabra del Señor* – El pasaje de Isaías citado por Pablo trajo verdadero gozo a sus corazones porque entendieron que Dios quería darles luz y salvación (v.47)

2. *Creyeron todos los que estaban ordenados para vida eterna* Por este pasaje podemos ver que Dios ya conocía a quienes habrían de creer. Scott Spencer (140) dice que una de las declaraciones más patentes de las Escrituras sobre la soberanía de Dios, es la salvación. Dios es el que escoge al hombre para salvación, no lo contrario (Jn. 6:65; Ef. 1:4; Col. 3:12; 2 Tes. 2:13). La fe misma es un regalo de Dios (Ef. 2:8, 9).

En el Mensaje de La Biblia, Merril Unger dice lo siguiente: Es el acto soberano según el cual Dios, en gracia, ha escogido, desde la eternidad, a ciertas personas para sí mismo (Jn. 15:19; Ef. 1:4). La elección comprende solamente al pueblo de Dios, no a los perdidos. Los hombres no son escogidos para perdición. Cristo es el elegido de Dios por excelencia (Is. 42:1-7). Dios el Padre nos eligió en El, desde la eternidad pasada. Todos los elegidos han sido escogidos para una vida santa, apartados para Dios (Jn. 17:17; Ef.1:5). La elección puede ser corporativa, como es el caso de la Nación de Israel (Is. 45:4) o de la Iglesia (Ef. 1:4) o individual (1 Pedro 1:2) y se basa en lo decretado divinamente.

Lo concreto es que Dios obró de tal forma que muchos fueron salvos y de esa manera el Evangelio se extendiera a toda la zona de influencia. Y *la palabra del Señor se difundía por toda aquella provincia* (Se refiere sin dudas a la provincia romana de Galacia. En este versículo se nota como se cumplía uno de los principios misioneros de Pablo, quien evangelizaba primero a las ciudades importantes para de esa manera llegar fácilmente a las zonas vecinas).

F. El Gozo en las Pruebas – Hechos 13:50-52

Los judíos que habían rechazado el Evangelio iniciaron una persecución contra Pablo y Bernabé fomentando animosidad contra ellos entre la clase alta de la ciudad (*mujeres piadosas y distinguidas, y a los principales de la ciudad*). Las mujeres, que eran simpatizantes del judaísmo, probablemente eran las esposas de los principales de la ciudad. Por eso se recurrió a estas personas quienes podían decretar oficialmente a Pablo y Bernabé como personas no gratas en Antioquía (*los expulsaron de sus límites*). Al ser expulsados de la ciudad ellos hicieron conforme a la enseñanza del Señor Jesucristo en referencia a este tipo de situaciones (*Ellos entonces, sacudiendo contra ellos el polvo de sus pies* v.51 – Ver. Mt. 10:14; Mr. 6:11; Lc. 9:5; 10:11)

A pesar de la persecución, Pablo y Bernabé demostraron una genuina espiritualidad manifestando gozo (Ver. Hech.5:41). Pablo, quien desde la prisión en Roma escribió: *"Regocijaos en el Señor siempre. Otra vez digo: ¡Regocijaos!* (Filipenses 4:4), estaba mostrando que esa cualidad era algo constante en su vida y ministerio.

Y los discípulos estaban llenos de gozo y del Espíritu Santo.

La Constancia – La Fidelidad en Iconio
Hechos 14:1-7

G. La Ciudad: *Aconteció en ICONIO* – Hechos 14:1

Esta ciudad estaba a 96 km en dirección Este de Antioquía de Pisidia. Se hallaba sobre el camino real romano que unía Éfeso con Tarso, Antioquía y el Oriente. Iconio, que en la actualidad se llama Konia, era una ciudad racialmente frigia, pero administrativamente gálata. En aquellos tiempos era la capital del distrito de Licaonia y una de las ciudades más importantes de la provincia romana de Galacia. Allí residían muchos judíos ya que era un próspero centro de la industria textil.

H. Las Bendiciones – Hechos 14:1b, 3

Pablo y Bernabé continuaban con el principio de predicar el Evangelio primero en la sinagoga de la ciudad. En este lugar El Señor los utilizó grandemente, pues *creyó una gran multitud de judíos y asimismo de griegos.* Tanta fue la repercusión que ellos se vieron obligados a detenerse *mucho tiempo* en Iconio.

El versículo 3 muestra algunas características del ministerio de Pablo y Bernabé:

- Denuedo: Ellos tenían valor o intrepidez al ministrar la Palabra de Dios. Pablo sabía de la importancia del coraje en la Obra Misionera (Ef. 6:19-20) y que Dios nos demanda vivir sin temor (2 Tim.1:7), especialmente cuando las circunstancias eran difíciles como en Iconio (Hech. 14:2, 5).

- Descanso: Ellos tenían su confianza puesta en El Señor y no en su propia habilidad para manejar las circunstancias, por ese motivo Dios *daba testimonio a la palabra de su gracia.*

- Demostración: Para que fuese evidente que el Mensaje de Cristo como Resucitado era real, el Señor concedió *que se hiciesen por las manos de ellos señales y prodigios.* Es evidente que Dios concedió esta capacidad especial para autenticar su ministerio. En versículo 4 Pablo y Bernabé son nombrados como apóstoles por primera vez en la Escritura. En segunda Corintios 12:12 leemos: *Con todo, las señales de apóstol han sido hechas entre vosotros con toda paciencia, por señales, prodigios y milagros.* Concretamente, esta capacidad especial era la credencial apostólica que Pablo podía mostrar de allí en adelante.

I. La Persecución – Hechos 14:2, 5-7

Los incrédulos crearon una división en la ciudad poniendo a una gran cantidad de personas en contra de los creyentes. Tal fue el problema, que judíos, gentiles y gobernantes *se lanzaron a afrentarlos y apedrearlos.* En Iconio las cosas eran más complicadas que en Antioquía, pues en aquel lugar solo los habían expulsado, pero ahora querían matarlos por medio de la lapidación (como el caso de Esteban en Hech. 7:57-8:1ª). Pablo hace mención de esta persecución junto con las que sufrió en Antioquía y Listra, y él dando una visión victoriosa a lo sucedido afirmaba *de todas me ha librado El Señor*. Esta persecución los obligó a dirigirse rumbo a Listra y Derbe, pero a pesar de todo no perdieron el ánimo pues *allí predicaban el Evangelio*.

J. La Contienda – Las Pruebas en Listra
Hechos 14:8-20

1. La Ciudad: LISTRA – Era una colonia romana en la parte oriental de Licaonia a 35 km de Iconio. En 1885 se pudo fijar la ubicación de esta ciudad por un altar existente que aún tiene grabado el nombre de la ciudad, *Lustra* en latín. Esa misma inscripción sigue diciendo que había una colonia romana en la época de Augusto. Era una ciudad con muy poco movimiento comercial en los días de Pablo, por lo tanto había pocos judíos. Los habitantes eran supersticiosos e ignorantes (no eran griegos, ni romanos).

- El Milagro – Hechos 14:8-10: La situación es muy similar a lo sucedido con Pedro en Hech.3:1-10. Este hombre era *cojo de nacimiento*, pero escuchó el mensaje de Pablo y tuvo fe para ser sanado. De la misma manera que el lisiado de Jerusalén *saltó y anduvo*. Dios seguía avalando el ministerio apostólico de Pablo dándole la capacidad para desarrollar un ministerio con señales poderosas (Ver Rom. 15:18-19; 2 Cor. 12:12).

K. La Idolatría de Listra – Hechos 14:11-18:

- La confusión (vs.11-13) – Los habitantes de Listra al ver el milagro dijeron: *dioses bajo la semejanza de hombres han descendido a nosotros*. En esa región había una leyenda que decía que Zeus y Hermes habían descendido en cierta ocasión a la tierra disfrazados de hombres para pasar inadvertidos. Nadie en todo el territorio quiso brindarles hospitalidad excepto dos viejos campesinos llamados Filemón y su esposa Baucis.

- Por esta causa los dioses mataron a toda la población excepto el matrimonio a quienes hicieron guardianes de un templo espléndido, quienes al morir se convirtieron en dos grandes árboles.

- Por ese motivo llamaban Júpiter (o Zeus) a Bernabé y Mercurio (o Hermes) a Pablo, ya que no querían cometer el error en el que supuestamente habían caído sus antecesores. Inclusive estaban dispuestos a ofrecer sacrificios en honor a ellos.

- El Mensaje (vs.14-18)

    a. La reacción de Pablo y Bernabé (v.14) – *Cuando lo oyeron los apóstoles, Bernabé y Pablo, rasgaron sus ropas.* El desgarrar los vestidos era una señal de luto (Gn.37:24; 2 Sm.3:31; Job 1:20) de estar padeciendo una desgracia (2 Sam. 13:19) o haber escuchado una blasfemia (Jer. 36:24; Mr.14:63). Cuando ellos comprendieron lo que estaba sucediendo lo consideraron una blasfemia. Ellos no reaccionaron inmediatamente porque la gente se expresaba en el dialecto de su zona (*lengua licaónica* v.11).

    b. El Desarrollo del Mensaje (v.15-18) – Pablo y Bernabé aprovecharon la situación para dar testimonio del Verdadero Dios:

1. *Nosotros también somos hombres semejantes a vosotros* – Reprendieron la idolatría del pueblo haciéndoles notar que no debían adorar al hombre. Era muy común que aquellos pueblos paganos adoraran imágenes humanas. Pablo en la carta a los Romanos hacía mención a

esta actitud que era manifestación de la depravación humana (*y cambiaron la gloria del Dios incorruptible en semejanza de hombre corruptible* – Rom. 1:23)

2. La adoración pagana es vanidad: *Os anunciamos que de estas vanidades...* (Is.41:29) En el Nuevo Testamento el hecho de decir que algo es vano implica que es *sin valor o sin resultado* (Mataios en griego) como en 1 Cor. 3:20; Tit.3:9; 1 Ped. 1:18. Por ese motivo las cosas vanas (entre ellas la idolatría) no pueden generar nada bueno y deben ser desechadas.

3. El Creador es un Dios Vivo: *Os anunciamos que... os convirtáis al Dios vivo que hizo el cielo y la tierra, el mar y todo lo que en ellos hay.* Evidentemente ellos ya habían predicado el Evangelio en esa ciudad (v6-7) y estaban haciendo referencia a ese mensaje al decirles: *os anunciamos que... os convirtáis...* (Ver Sal.146:5-6).

4. La Creación da testimonio de la existencia de Dios (v16-17): Ellos no tenían excusa para no adorar al Dios Verdadero, pues siempre El dio testimonio de su existencia por medio de las cosas creadas (Rom. 1:20). También hacían reflexionar a la multitud que Dios es Quien les brindaba los beneficios de la naturaleza y no los ídolos que ellos adoraban (*dándonos lluvias del cielo y tiempos fructíferos*). Ver Jer.14:22.

a. Un aspecto llamativo de este capítulo como hemos mencionado anteriormente, se encuentra en los versículos 4 y 14, pues por primera vez se da el título de *apóstol* a personas que no pertenecían al grupo de los Doce. La razón para esto se encuentra en el versículo 3 donde vemos que ellos recibieron la concesión especial de realizar *señales y prodigios* que eran la señal de un *apóstol* según 2 Cor. 12:12.

L. Pablo es Apedreado – Hechos 14:19-20

1. *Vinieron unos judíos de Antioquía e Iconio* – Los apóstoles dejaban huellas por donde iban; muchos creían y con ellos se iniciaban Iglesias Locales, pero otros se transformaban en encarnizados enemigos de la Fe Cristiana. Aparentemente esto judíos estaban detrás de Pablo y Bernabé deliberadamente para entorpecer su labor, aunque es posible que se tratara de comerciantes de cereales que por causa de su negocio recorrían aquella zona de ciudad en ciudad. Sin importar cual haya sido la razón lo cierto es que persuadieron a aquellos que hasta poco tiempo atrás consideraba a los misioneros como dioses y los pusieron en contra de ellos hasta el punto de procurar su muerte.

2. Habiendo apedreado a Pablo – El ministerio de Pablo y Bernabé en Galacia se fue convirtiendo cada vez más peligroso. En Hechos 13:45 los judíos los *rebatían, contradecían y blasfemaban;* en Hechos 13:50 *levantaron persecución... y los expulsaron,* en Hechos. 14:5 *se lanzaron a afrentarlos y apedrearlos,* y en este versículo vemos que cumplieron su cometido apedreando a Pablo y dándolo por muerto.

   Pablo hace referencia a este evento en 2 Cor.11:25 y 2 Tim.3:11. Algunos comentaristas consideran que también en 2 Cor. 12:1-6 habla sobre lo padecido en Listra, pues inclusive algunos creen que Pablo verdaderamente murió y fue resucitado por El Señor. No hay manera de saber si esa posición es correcta porque la Escritura no da mayores indicios, aunque es posible que ambos pasajes estén relacionados.

- *Pero rodeándole los discípulos, se levantó y entró en la ciudad* (v.20) – Más allá de lo que haya ocurrido concretamente con Pablo, este versículo nos habla de su tremenda fortaleza espiritual. Ser apedreado era terriblemente doloroso, tanto en lo físico como en lo moral, pero él obvió su sufrimiento y regresó a Listra. Y al día siguiente salió con Bernabé para la ciudad de Derbe.

La Cosecha – Los Frutos de Derbe
Hechos 14:20b-21

La Ciudad: DERBE – Era la última ciudad del territorio romano sobre el camino que iba hacia el Este en la zona Sur de la provincia de Galacia. Allí funcionaba una *oficina de la aduana*. Era una ciudad sumamente estratégica para plantar una Iglesia ya que se encontraba junto a un gran camino militar que corría de Este a Oeste y que servía a los fines comerciales. Al Este de Derbe se encontraba Comagene que era un territorio independiente pero gobernado por un vasallo de Roma.

- En esta ciudad prevalecía el culto a Mitra, que era una divinidad de origen persa que llegó a ser uno de los dioses principales de las religiones de misterio que se hicieron populares en todo el Imperio Romano gracias a la difusión que hacían de ellas los soldados. Era la encarnación de la conciencia y se presentaba como mediador que luchaba de noche con las sombras y de día con las nubes. Los ritos de iniciación se celebraban en lugares llamados mitreos y en ellos se sacrificaba un toro cuya sangre servía para bañar al iniciado.

Un Ministerio Efectivo – Hechos 14:20b-21

- La firmeza (v.20b) – *al día siguiente salió para Derbe* – Pablo no se detuvo para considerar la gravedad de sus heridas, pues sabía de la importancia de aprovechar bien su tiempo en el ministerio que El Señor le había encomendado (*aprovechando bien el tiempo* Ef.5:15-16; *la noche viene cuando nadie puede trabajar* Jn 9:4; 2 Tim. 4:1-4).

• El Evangelio – *anunciar el Evangelio a aquella ciudad* – Ellos predicaron en Derbe el mismo mensaje que estaban presentando por toda la provincia romana de Galacia (Ver Hech. 13:38-39; 14:6-7).

• El discipulado –*y de hacer muchos discípulos* - En Mt. 28:19-20 vemos que el mensaje completo incluye enseñar a los que creen *todas las cosas que os he mandado*. Este aspecto fue fundamental en el ministerio apostólico para desarrollar las bases de una Iglesia firme en Cristo. En 2 Tim. 2:2 dice: *Lo que has oído de mí ante muchos testigos, esto encarga a hombres fieles que sean idóneos para enseñar también a otros.* Esta ¨cadena¨ es la clave para impactar positivamente a una sociedad, ya que unos enseñando a otros permiten que el mensaje del Evangelio sea una realidad práctica que se transmite no solo desde los púlpitos, sino a través de la vida de los discípulos.

La Conclusión – El Regreso a Antioquía
Hechos 14:21b-28

La Exhortación – Hech. 14:21b-22 – Pablo y Bernabé podrían haber continuado su viaje hacia el Este pasando por Cilicia y por tierra llegar a Antioquía de Siria, pero decidieron emprender el regreso por el mismo camino que habían usado para llegar a Derbe, pues querían completar el ministerio que habían iniciado en las diferentes ciudades que visitaron. En cada ciudad según leemos su ministerio tuvo como resultado que quedaran *discípulos* los cuales necesitaban algo más de instrucción.

Es posible que además de los apóstoles las persecuciones se hayan extendido a los nuevos creyentes por ese motivo:

- Confirmaron los ánimos de los discípulos (lo que indica que estaban desanimados)

- Los exhortaron a permanecer en la fe

- Los instruyeron en cuanto a las tribulaciones – *Es necesario que a través de muchas tribulaciones entremos en el reino de Dios*

El Liderazgo – Hechos 14:23

- *Y constituyeron ancianos en cada ciudad*

Debido a que aquellas iglesias eran Obras Nuevas, Pablo y Bernabé se vieron en la responsabilidad de dejar establecido un liderazgo firme en cada ciudad. El título *anciano* era muy utilizado dentro de la comunidad judía. El Diccionario Bíblico Ilustrado CLIE da la siguiente definición: Los ancianos de Israel (Ex.3:16; Nm.11:16; 1Sm.4:3) o de una tribu (Jue.11:5; Nm.22:4,7; 1Sm.30:26) constituían la nobleza del pueblo o de la tribu. Guiaban a la guerra a sus compañeros de tribu o de clan y administraban justicia en tiempos de paz (Ex.3:18; 12:21; 19:7; 24:14). Incluso en las colonias judías de la Diáspora, el gobierno de las comunidades judías o por lo menos de la sinagoga (según atestiguan inscripciones) se hallaba en poder de los ancianos, cuyo principal derecho debe de haber sido el admitir o excluir a los miembros de la comunidad en orden al culto (Jn. 9:22; 12:42; 16:2).

Básicamente este título habla de una posición de respeto y madurez. Por este pasaje y otros podemos considerar que el liderazgo de la Iglesia Local debe estar formado por un consejo plural y no por una sola persona en autoridad. Es importante tener en cuenta también otros textos del Nuevo Testamento:

A. Efesios 4:11 nos da una lista de oficiales de la Iglesia (*apóstoles, profetas, evangelistas y pastores maestros*). Estos son dones de Cristo, es decir hombres que El mismo Cristo establece para el beneficio del ministerio de la Iglesia. Como mencionamos en referencia a Hech. 13:1, *los pastores maestros* eran quienes tenían la responsabilidad de permanecer en la Iglesia local para brindar instrucción. En la actualidad sabemos que no está vigente el don apostólico, ni la función sobrenatural del profeta, pero tanto evangelistas como pastores maestros continúan en sus funciones para el beneficio de la Iglesia del Señor.

B. En Hechos 20:17 y 28 vemos que Pablo convocó a los Ancianos de la Iglesia en Éfeso y les indicó que estaban sobre *el rebaño del Señor*, es decir que tenían que cumplir un ministerio pastoral. En este mismo pasaje les dice que el Espíritu Santo los ha puesto como *obispos*. Por lo tanto encontramos en este pasaje tres títulos para definir un mismo oficio, es decir: Pastor, Anciano y Obispo (Ver 1 Tim. 3:2; Tit.1:5-7; 1 Ped. 5:1-4).

C. Es evidente también que dentro de estos cuerpos pastorales suele existir un hermano que se destaca como líder del grupo. En Hechos 15:13-22; 21:18; Ga.1:19 se puede ver a Jacobo cumpliendo un rol principal dentro de la Iglesia en Jerusalén. Esto no cambia el concepto del liderazgo múltiple, sino que tiene que ver con funciones que se establecen y que Dios mismo permite en su Voluntad.

- *Habiendo orado con ayunos* – Pablo y Bernabé recordaban cual era el método que habían seguido con el liderazgo de Antioquía cuando ellos fueron enviados a la Obra Misionera. De la misma manera dedicaron un tiempo especial para buscar la Guía del Señor antes de nombrar a los Ancianos (Hech. 13:3). En 1 Timoteo 5:22 dice claramente: *No impongas con ligereza las manos a ninguno*, este era el principio que mantuvo Pablo al establecer obras y liderazgo nuevo durante su ministerio.

- *Los encomendaron al Señor en quien habían creído* – También en este caso estaban siguiendo el mismo método por el cual ellos mismos habían pasado cuando fueron enviados al Viaje Misionero (Hech. 13:3 – *les impusieron las manos y los despidieron.*

  El ministerio de Pablo y Bernabé en Galacia pues se cumplieron los objetivos que establecieron desde el principio, es decir, comenzando por las sinagogas, evangelizaron cuatro ciudades importantes y dejaron establecidas Iglesias en cada lugar con un liderazgo firme y muchos discípulos.

El Regreso – Hechos 14:24-28

- Ministerio en Perge (vs.24-25ª) – Cuando llegaron a Perge aprovecharon la oportunidad para predicar el evangelio, ya que su estadía anterior había sido muy breve y en ese lugar habían sufrido el conflicto con Juan Marcos, lo cual seguramente no les permitió dedicar todo el esfuerzo que merecía la labor misionera (Ver Hech. 13:13-14ª)

- La partida desde ATALIA (vs.25b-26ª) – Esta ciudad era el puerto de Panfilia en la desembocadura del río Cataraktes (hoy Absu). Fue fundada por el rey Atalo

II de Pérgamo. Hoy se llama Aralía. Desde allí viajaron rumbo a Antioquía de Siria.

- La llegada a Antioquía (vs.25-28) – El Viaje Misionero había durado 3 años (47 a.C a 49 a.C) y al regresar ellos dieron un informe completo a la Iglesia donde contaron *cuan grandes cosas había hecho Dios con ellos y como había abierto la puerta de la fe a los gentiles.*

- Es evidente que Pablo y Bernabé no consideraron su retorno a Antioquía como un tiempo de vacaciones ya que la frase *se quedó allí mucho tiempo con los discípulos* implica un servicio en medio de la Iglesia Local. Este Viaje Misionero nos deja muchas lecciones para nuestras vidas y ministerio, pero las más destacables son: la constancia a pesar de las pruebas, la pasión por las almas y el trabajo con una visión clara de parte de Pablo y Bernabé.

CAPÍTULO 4

Concilio histórico
en Jerusalén

El Concilio de Jerusalén – Hechos 15:1-35

A. La Disensión – Hechos 15:1-6

El Conflicto en Antioquía – Hechos 15:1-2

- Los Judaizantes: Eran aquellos que habiéndose convertido del judaísmo a la fe cristiana (Hech. 15:5) continuaban practicando algunas de las tradiciones de la Ley de Moisés y pretendían imponérselas a los nuevos creyentes fueran estos judíos o no. El sustantivo *judaizante* no aparece en La Biblia, pero sí el verbo IOUDAIZEIN en Gálatas 2:14, que significa *vivir como judío*. Según esta definición cualquier judío sería un judaizante, pero en el sentido técnico solo son *judaizantes* aquellos judeocristianos que enseñaban que era imprescindible el cumplimiento de la Ley, especialmente admitir la circuncisión. Pablo enseñó mucho contr a esta doctrina que rebajaba la Verdad de que la Salvación es solo por Gracia.

- El trató este tema en las epístolas a los Romanos, Corintios, Filipenses y especialmente a los Gálatas (Ver Gal. 3:10-14; 5:1-12). Estas personas llegaron a Antioquía donde la mayoría de los creyentes eran de origen gentil y en consecuencia no circuncidados (Hech. 11:20-21), por lo tanto comenzaron a enseñar: *Si no os circuncidáis conforme al rito de Moisés, no podéis ser salvos* (Hech. 15:1; Lv.12:3). Ellos venían de la Iglesia en Jerusalén, pero no habían sido enviados por esta congregación a Antioquía, sino que fueron por su cuenta, por lo tanto no tenían ninguna autoridad (v.24; comparar con Hech. 11:22; 15:27).

- La autonomía de la Iglesia (v.2): Pablo y Bernabé no permitieron que ningún agente externo influenciara en la autonomía de aquella Iglesia Local, por lo tanto se generó *una discusión y contienda no pequeña*. Como estas personas provenían de Jerusalén se dispuso llegar hasta ese lugar para solucionar el problema desde su raíz. Es interesante notar la consideración y el respeto que había en Antioquía por el liderazgo de la Iglesia en Jerusalén que no se tomó ninguna decisión sin consultar con ellos.

El Conflicto en Jerusalén – Hechos 15:3-6

- Fenicia y Samaria (v.3) – En su viaje a Jerusalén visitaron algunas Iglesias que habían sido plantadas después de la muerte de Esteban (Hech. 8:4-5; 11:19). La noticia de la conversión de los gentiles no inquietaba a aquellos hermanos, sino que les causaba gozo, lo cual manifiesta que no estaban influenciados por el trasfondo judaico y legalista que había en Jerusalén.

- Jerusalén (vs.4-6) – El informe de Pablo y Bernabé produjo una reacción inmediata en los judaizantes (*algunos de la secta de los fariseos que habían creído...*). Posiblemente eran las mismas personas que se opusieron a Pedro en Hechos 11:1-3. Estas personas tenían una posición muy firme en cuanto a lo que suponían que se debía hacer, pues al oír sobre la conversión de los gentiles dijeron: *Es necesario circuncidarles y mandarles que guarden la ley de Moisés.* Este conflicto generó la necesidad de formar una comisión o grupo que se dedicara a estudiar el problema y encontrar una solución adecuada.

B. La Discusión – Hechos 15:7-21

El Testimonio de Pedro, Bernabé y Pablo
Hechos 15:7-12

El pasaje no presenta claramente en qué momento se trató el asunto privadamente por la comisión destinada a tratar el tema (*se reunieron los apóstoles y los ancianos para conocer de este asunto* v.6), ni en qué momento se llevó delante de la congregación. Al observar el versículo 12 (*toda la multitud calló*) muestra el indicio que en algún momento este asunto pasó de ser un asunto privado a un tema de exposición pública.

- Pedro (vs.7-11) – El Apóstol recordó como había llegado el Evangelio a los gentiles por medio de su ministerio. Algo que el resaltó al igual que en su explicación anterior (Ver Hech. 11:4-17) era que Dios estaba detrás de la Salvación de los gentiles, por ese motivo preguntó claramente: *¿Por qué tentáis a Dios poniendo sobre la cerviz de los discípulos un yugo que ni nuestros padres ni nosotros hemos podido llevar?* (v.10). Y concluyó su testimonio remarcando que la Salvación es por *gracia* y no por la Ley tanto para judíos como para los gentiles (*Antes creemos que por la gracia del Señor Jesús seremos salvos, de igual modo que ellos v.11*).

- Pablo y Bernabé (v.12) – Ellos, al igual que Pedro, destacaron que Dios mismo estaba interesado en la Salvación de los gentiles. Algo muy importante que mencionaron fue que Dios por medio de *señales y maravillas* confirmó el ministerio apostólico que habían desarrollado (2 Cor. 12:12). Este asunto era clave para que en Jerusalén comprendieran el plan de Dios para los gentiles, ya que las señales demostraban que Dios mismo daba autoridad para que se desarrollara este ministerio (Ver Hech.14:3).

El Consejo de Jacobo – Hechos 15:13-21

- La Salvación de los gentiles está en armonía con las promesas hechas por Dios a Israel. En la Biblia anotada por Scofield encontramos el siguiente comentario sobre este pasaje:

Desde el punto de vista de las dispensaciones, este es el pasaje más importante del Nuevo Testamento. En él se presenta el propósito divino para la edad actual y para el principio de la venidera:

1. El hecho de que Dios toma de entre los gentiles un pueblo para gloria de Su Nombre, es la obra distintiva de la presente edad, o sea la edad de la Iglesia. La Iglesia es la EKKLESIA: la ¨asamblea llamada fuera de...¨. Y precisamente, ella ha estado desarrollándose desde el día de Pentecostés...

2. ¨Después de esto (es decir el llamamiento de la Iglesia) volveré¨. Santiago está citando Amós 9:11-12. Los versículos que siguen en este capítulo de Amós describen la reunión final de Israel, la cual los otros profetas relacionan invariablemente con el

cumplimiento del Pacto Davídico (comparar Is.11:1, 10-12; Jer.23:5-8).

3. "Y reedificaré el tabernáculo de D avid", esto es, el restablecimiento del dominio davídico sobre Israel (2 Sm.7:8-17; Lc.1:31-33)

4. "Para que el resto de los hombres (israelitas) busque al Señor" (Comparar Zac.12:7-8; 13:1-2).

5. "Y todos los gentiles..." (Comparar Miq.4:2; Zac.8:21-22). Este también es el mismo orden en Romanos 11:24-27.

- Los Gentiles no están Bajo la Ley (v.19-21)

  La conclusión de Jacobo era que se pidiera a los gentiles convertidos que se abstuvieran de algunas cosas con el fin de no ser tropiezo a los hermanos de origen judío, pero que no se les exigiera cumplir con la circuncisión. También decía que *no se inquiete a los gentiles que se convierten a Dios* exigiéndoles la circuncisión. Los gentiles debían apartarse de:

1. *Las contaminaciones de los ídolos* – Se referían principalmente a la carne ofrecida a los demonios (1 Cor. 8).

2. *De fornicación* – La liviandad sexual era muy común en la sociedad gentil de aquel tiempo, inclusive en algunas ciudades se practicaba la fornicación como parte de ceremonias religiosas relacionadas con cultos paganos. Los creyentes eran enseñados para ser parte de una nueva moral por causa de la Obra del Señor en sus vidas y su condición de Templos del Espíritu Santo (1 Cor. 6:12-20).

3. *De Ahogado y de Sangre* – En la Ley de Moisés estaba prohibido comer carne de *animales ahogados o estrangula-*

dos, o sea aquellos que por la forma en que se daba muerte al animal la sangre permanecía dentro del cuerpo. Esta prohibición estaba explicada en Lv. 3:14-19 y 17:11, 14. La idea básica era que la sangre debía ser ofrecida a Dios en sacrificio, aunque también se tenía en cuenta un asunto puramente higiénico. Los judíos desarrollaron a partir de ese momento un sistema de preparación de la carne que se denomina *kosher* y que continúa aplicándose hasta el presente. Más allá de esta solicitud del Concilio de Jerusalén, entendemos que esta medida no se encuentra vigente porque Cristo ya entregó su Sangre por nosotros y no tiene sentido cumplir una medida ceremonial como la estipulada (Heb. 9:12; 1 Ped. 1:19; ver 1 Tim. 4:3-4).

C. La Decisión – Hechos 15:22-35

La Circular del Concilio – Hechos 15:22-29

Con el consejo de Jacobo se terminó toda discusión y los apóstoles junto a los ancianos y la Iglesia guiados por el Espíritu Santo aceptaron la propuesta que él presentó. Solo faltaba decidir a quienes enviarían en representación de Jerusalén a las Iglesias de Antioquía, Siria y Galacia. Esa responsabilidad recayó sobre Judas Barsabás y Silas (o Silvano).

» La aclaración (vs.23-24) – Quienes habían salido demandando el cumplimiento de la Ley Mosaica de parte de los creyentes gentiles no contaban con el apoyo oficial de la Iglesia en Jerusalén para hacerlo.

» La presentación (vs.25-27) – Estaban dando un respaldo oficial al ministerio de Judas y Silas (*nos ha parecido bien... enviarlos a vosotros*).

» La petición (vs.28-29) – Es destacable notar que se estaba enviando una recomendación, no una imposición legalista (*de las cuales cosas si os guardareis, bien haréis*).

- La importancia del Concilio: Este evento fue trascendente dentro de la historia del cristianismo, porque impidió que la nueva se degenerara hasta transformarse simplemente en una secta más dentro del judaísmo, de esta manera se convirtió en *un movimiento espiritual universal que trasciende todas las barreras sociales y religiosas ofreciendo la regeneración a quienquiera que crea*. Es evidente que los judaizantes muestran la mano de Satanás procurando por todos los medios impedir el desarrollo y la extensión del Evangelio, pero Dios usó a hombres fieles quienes estuvieron a la altura de las circunstancias y con decisiones firmes dieron una solución satisfactoria a este grave problema.

El ministerio en Antioquía – Hechos 15:30-35

- Judas y Silas (vs.30-34) – Ellos se encargaron de notificar a la Iglesia la decisión tomada en Jerusalén y después de eso desarrollaron un servicio especial porque *también eran profetas.* Su trabajo trajo consolación y firmeza a los hermanos, y tantas fueron las bendiciones que Silas decidió no regresar con Judas a Jerusalén sino quedarse en Antioquía. Pablo y Bernabé (v.35) – El ministerio que ellos cumplían era bien equilibrado porque:

  » *Enseñando la palabra del Señor* – En la Iglesia, edificando, discipulando, enriqueciendo y alimentando a los hermanos

  » *Anunciando el Evangelio con otros muchos* – la iglesia Ganando almas (1 Cor. 9:16-17).

VII. TERCER VIAJE MISIONERO
HECHOS 15:36-18:21

A. EL DESACUERDO – Entre Pablo y Bernabé
Hechos 15:36-41

La causa del desacuerdo – Hechos 15:36-38. El plan de Pablo era volver a visitar las Iglesias que habían plantado en Galacia *para ver como están*. Esta estrategia demuestra que la Obra Misionera no consiste en ganar almas solamente, sino en procurar que los nuevos creyentes sigan en los caminos del Señor y esa manera se vaya edificando la Iglesia de Cristo (Mt. 16:18; Ef. f4:11-16).

Bernabé, quién se caracterizaba por su espíritu consolador y por dar oportunidades a aquellos en quienes otros no confiaban (Ver Hech. 9:26-28; 11:25) quería llevar nuevamente a Juan Marcos, que era su sobrino (Col. 4:10) y que había desertado durante el Primer Viaje Misionero (Hech. 13:13). Pablo, pensaba que no era conveniente darle esta nueva oportunidad a Marcos *(a Pablo no le parecía bien llevar consigo al que se había apartado de ellos desde Panfilia, y no había ido con ellos a la Obra – v.38)*. Esta situación generó una diferencia irreconciliable en ese momento entre quienes parecían una dupla inseparable.

La consecuencia del desacuerdo – Hechos 15:39-41

El resultado final fue que Pablo y Bernabé *se separaron el uno del otro*. En Amós 3:3 dice que si hay dos en desacuerdo no pueden andar juntos y eso fue sencillamente lo que sucedió. Bernabé y Marcos partieron rumbo a Chipre, mientras que Pablo y Silas fueron por tierra hacia el Norte recorriendo Siria y Cilicia. En el Versículo 40 leemos: Y *Pablo, escogiendo a Silas, salió encomendado por los hermanos a la gracia del Señor*, es decir Pablo fue apoyado por la Iglesia, pero no se dice lo mismo de Bernabé y Marcos. Seguramente la Iglesia de Antioquía estaba de acuerdo con Pablo y pensaban que Marcos no merecía salir nuevamente al campo misionero en ese momento. Más allá de esto, es obvio que al final fue positivo que Bernabé llevara consigo a Marcos porque con el paso de los años el mismo Pablo decía de él que era *útil para el ministerio* (2 Tim. 4:11) y seguramente la influencia de su tío tuvo mucho que ver en su formación y desarrollo espiritual.

B. El Discípulo – Timoteo de Listra – Hechos 16:1-3

- El Segundo Viaje Misionero comenzó cuando Pablo y Silas recorrieron Siria y Cilicia confirmando las Iglesias que estaban establecidas en esos lugares. Las de Siria seguramente fueron fundadas por el ministerio de la Iglesia en Antioquía, mientras que existe la posibilidad de que el mismo Pablo haya iniciado algunas iglesias en Cilicia durante su estadía de dos años en Tarso (Hech. 9:30; 11:25).

- Desde Tarso se dirigieron a Galacia cruzando la cordillera de los Montes Tauro a través de un paso conocido como *Puertas de Cilicia*, de esa manera llegaron a la gran llanura de Licaonia donde se encontraban Derbe y Listra (Hech. 15:41-16:1ª).

- En Listra *había... cierto discípulo llamado Timoteo*. Su nombre significa: *Temeroso de Dios*; era nacido en Listra, su padre era griego y su madre, una mujer judía piadosa. Ella (*Eunice*) junto a su abuela (*Loida*) eran fieles al Señor y desde pequeño le enseñaron la Palabra de Dios (2 Tim. 1:5; 3:14-15).

- Pablo *le circuncidó por causa de los judíos*, lo cual parece una contradicción pues recientemente en Jerusalén se había ganado una batalla muy importante contra el legalismo (Hech. 15). La verdad es que no significa un retroceso, porque la obligación de circuncidarse no era para los creyentes gentiles, pero Timoteo era judío de nacimiento por causa de su madre, en consecuencia, asumir esta condición era un medio para abrirle las puertas para predicar el Evangelio libremente en las Sinagogas y Comunidades judías (Ver 1 Cor. 9:19-22). Este joven llegó a convertirse en el colaborador más efectivo y amado del Apóstol Pablo y por consiguiente aquel en quien sería su sucesor (1 Cor. 4:17; Fil. 2:19-22).

C. La Dirección – Rumbo a Macedonia
Hechos 16:4-10

El ministerio en Galacia – Hechos 16:4-5

Pablo, Silas y Timoteo recorrieron las Iglesias de Frigia y Galacia (v.6), esto es Derbe, Listra, Iconio y Antioquía de Pisidia para comunicar en cada lugar la decisión tomada por el Concilio de Jerusalén (Hech. 15:23-29), pero además de eso también desarrollaron en cada lugar un servicio equilibrado de enseñanza (*eran confirmados en la fe*) y evangelismo (*aumentaban en número cada día*). Comparar con Hechos 15:35.

La necesidad de Macedonia – Hechos 16:6-10

- Continuaron camino hacia el Noroeste y al intentar llegar con el Evangelio a Asia el Espíritu Santo les prohibió hacerlo, pues aún no era el tiempo (v.6). ASIA era la provincia romana del Asia Proconsular que había sido formada en el año 133 a.C con lo que había pertenecido al imperio de Atalo III, último rey de Pérgamo y las regiones de Misia, Lidia y Caria.

- Y *cuando llegaron a MISIA* – Esta era en un principio la región al Noroeste del Asia Menor y más tarde la provincia romana que comprendía la región entre el Helesponto (un estrecho ubicado entre Europa y Asia llamado Dardanelos en la actualidad) y la meseta Frigia. Desde este lugar *intentaron ir a BITINIA pero el Espíritu no se lo permitió*. Esta, junto con el Ponto, era una provincia proconsular romana que se extendía a orillas del Mar Negro.

- Y *pasando junto a Misia, descendieron a TROAS* – Originalmente era el nombre de una comarca (península del Asia Menor, al Este del Helesponto) y posteriormente el de una ciudad, *Alejandría Triade*, que se encontraba en la costa del Mar Egeo frente a la isla de Ténedos, puerto comercial de Asia Menor con Macedonia.

- El Señor estaba llevándoles hacia el Oeste, rumbo a Europa, pues no les permitió ir al Sur (Asia), ni al Norte (Bitinia) y ellos venían desde el Este, solo quedaba un lugar posible adonde dirigirse, y aún así esperaron la confirmación de Su Voluntad, la cual se les manifestó por medio de la visión de un varón macedonio (vs.9-10). Cuando ellos tuvieron la seguridad del rumbo que debían tomar *en seguida* partieron para Macedonia dando por cierto que Dios nos llamaba para que les anunciásemos el evangelio. Es importante considerar que a partir del Versículo 10 Lucas comienza a escribir en primera persona, lo que indica que se unió al grupo en la ciudad de Troas. Es muy probable que por su condición de médico se uniera al grupo para atender a Pablo en sus continuas dolencias y enfermedades.

D. Las Decisiones – Frutos en Filipos
Hechos 16:11-40

Macedonia

Era la provincia al Norte de Grecia, limitada al Este por Tracia y el Mar Egeo, al Norte por los Montes Balcánicos y al Oeste por la Cordillera del Pindo. Su territorio lo integran dos grandes llanuras regadas por los ríos Axius, cerca de Tesalónica, y Strimón, cerca de Apolonia. Entre estos dos ríos se proyecta una península con tres promontorios atravesada por un buen camino romano. Sus montes célebres eran el Olimpo, famoso en la mitología pagana como residencia de los dioses, y Atos, uno de los promontorios que se internan en el Mar Egeo.

La Conversión de Lidia – Hechos 16:11-15

La llegada a Macedonia (v.11) – *Zarpando, pues de Troas, vinimos con rumbo directo a SAMOTRACIA...* La *Samos Tracia* para diferenciarla de otra isla de igual nombre (Samos) que se encontraba en la costa Oeste del Asia Menor. Esta isla se encuentra en la parte Noreste del Mar Egeo y a 32 km al Sur de la costa de Tracia.

Y el día siguiente a NEAPOLIS... o Nueva Ciudad. Era el puerto de Filipos en la parte Oriental de Macedonia. Hoy en día se la conoce como Cavalla o Eski Kawala. En este lugar terminaba la Vía Ignacia que atravesaba Filipos y por consiguiente a

Macedonia hasta Dirraquio (Durazzo) al frente de Brindisi en Italia, donde cruzando el Adriatico comenzaba la Vía Apia que conducía a Roma.

- La llegada a Filipos (v.12) – y de allí a FILIPOS que es la primera ciudad de la provincia de Macedonia y una colonia.

FILIPOS

La ciudad de Filipos estaba situada en la provincia de Macedonia, al Noreste de la isla de Tasus y cerca de 13 km del Mar Egeo. Filipos fue nombrada en honor a Filipo II de Macedonia, padre de Alejandro el Grande, quién la tomó de manos de los Tracianos y la transformó en una flamante fortaleza. El oro existente en las proximidades del Monte Pangeo despertó las ambiciones de Filipo II hacia aquel lugar, dando así inicio a su fenomenal carrera de conquistador. Filipos también disfrutaba de una situación geográfica excelente al encontrarse en la fértil llanura bañada por el río Gangites y cerca del gran camino (la Via Ignacia) que unía a Europa con el Asia.

En el año 42 a.C una gran batalla tuvo lugar entre los asesinos de Julio César y los amigos de este, quienes deseaban tomar venganza. Octavio y Antonio (amigos de Julio César) vencieron a Bruto y a Casio. En honor a la victoria obtenida, Octavio premió a la ciudad de Filipos con el título de "Colonia Romana", lo cual hacia de esta una "Roma en miniatura." Las colonias romanas eran verdaderas replicas de la Capital Imperial y todas aquellas ciudades que eran constituidas colonias recibian un verdadero honor. Como colonia, Filipos era una ciudad con gobierno propio y con un alto nivel de cultura. Además la ciudad de Filipos había recibido el "jusitalium" que la hacía libre de impuestos y le garantizaba otros muchos privilegios.

- El día de reposo (v.13) – Es evidente que en Filipos no había sinagoga, lo que implica que la comunidad judía era muy pequeña, ya que si residían 10 varones judíos estos podían formar un *minián* (que significa *número* o *cantidad*) y tener una reunión pública autorizada. Cuando no tenían este grupo, lo que acostumbraban era acercarse a las orillas de los ríos o fuentes de agua donde podían realizar los ritos que su ceremonial les requería. Este era un *día de reposo*, por ese motivo Pablo, fiel a su principio, sabía que junto al Río Gangites encontraría a judíos para compartirles el Evangelio. En ese lugar solo hallaron algunas mujeres y a ellas les presentaron la palabra de Dios.

- Lidia (vs.14-15) – La única persona mencionada de este grupo de mujeres es Lidia, quien tenía una posición social acomodada, pues era vendedora de púrpura. Esta tintura es un líquido que se obtiene de las glándulas de ciertos caracoles; el proceso para producirla era sumamente costoso, pues se recogía gota a gota, pero su comercialización generaba grandes ganancias.

- Lidia era originaria de Tiatira, una ciudad del distrito de Lidia (Lud) en el Asia Menor que era un importante centro comercial e industrial. Ella creyó en el Evangelio (*el Señor abrió el corazón de ella*) y *fue bautizada* (posiblemente el mismo día en el Río Gangites). También creyó su familia y su hogar se transformó en la sede de la Iglesia en Filipos (v.40). Su disposición a practicar la hospitalidad con los siervos de Dios es una evidencia clara de su conversión (Rom. 12:13; 1 Pe.4:9).

La Conversión del Carcelero – Hechos 16:16-40

- La estrategia de Satanás (vs.16-18) – Generalmente Satanás usa la persecución como uno de sus métodos preferidos para atacar la Verdad de Dios, pero en este pasaje vemos que usó una estrategia diferente: Pretendió asociar a los misioneros con una muchacha endemoniada, la cual estaba poseída por un espíritu de adivinación. En la Versión 1909 dice que esta joven *tenía espíritu pitónico*; en la mitología griega *Pitón* o *Atum* era el legendario dragón que guardaba Delfos, el famoso santuario pagano de la antigüedad. El *espíritu pitónico* llegó a ser la expresión genérica para designar a todos los adivinos en general.

Pablo comprendió lo que estaba sucediendo y expulsó al demonio en el Nombre de Cristo. Esta oposición era de esperar ya que de alguna manera el diablo iba a tratar de impedir el avance del Evangelio. La idolatría de Filipos y su búsqueda de experiencias supuestamente "espirituales" eran una manifestación del poder demoníaco que moraba en esa ciudad. Siempre la idolatría está emparentada con lo satánico (Det. 32:17; Sal.96:5; 1 Cor. 10:20-21).

• La persecución en Filipos (vs.19-24) – La consecuencia de la liberación efectuada en la vida de la adivina fue una dura persecución contra los misioneros. Los amos de la muchacha estaban enfurecidos, pues habían perdido un buen negocio ya que ella adivinando les *daba buena ganancia* (vs.16, 19).

Los trajeron al foro ante las autoridades - El *foro* era una plaza pública, un lugar de comercio y mercado generalmente ubicado en las cercanías de un camino muy frecuentado. *Presentándolos ante los magistrados* - Estos eran la máxima autoridad en Filipos, siendo segundos después del Cónsul. Los romanos los llamaban *duunviri* o *pretores* (v.20). Los acusaron de:

1. *Estos hombres siendo judíos* – Corría el año 56/57 d.C y antes de esa fecha hubo un serio problema con los judíos en la Capital Imperial. El romano Suetonio describe un movimiento mesiánico durante el reinado de Claudio quien fue emperador desde el año 41 d.C al 54 d.C. Este historiador dice: *Los judíos, que a causa de un tal Cresto metían mucho ruido fueron arrojados por él (Claudio) de Roma* (Ver Hechos.18:1-2). Seguramente Pablo y sus compañeros fueron considerados parte de aquel problema.

2. *Alborotan nuestra ciudad* (v.20)

3. Están haciendo proselitismo sobre nuevas costumbres *que no nos es lícito recibir ni hacer, pues somos romanos* (v.21).

Luego los azotaron *mucho* (vs.22-24). Esto con seguridad lo llevaron a cabo los *alguaciles* o *lictores* (vs.35, 38) quienes eran la guardia permanente de los magistrados y llevaban consigo varillas para azotar a los reos. Pablo menciona esta experiencia en 2 Cor. 6:5; 11:25; 1 Tes. 2:2. Es importante tener en cuenta que Pablo y Silas eran ciudadanos romanos y de acuerdo a la *Lex Valeria* del año 449 a.C, estaba prohibido azotar a un ciudadano romano sin previa decisión popular, y de acuerdo a una ley posterior (*Lex Porcia* del 198 a.C) estaba prohibido azotar a un ciudadano romano en todos los casos.

Luego de este castigo, *el carcelero los metió en el calabozo de más adentro y les aseguró los pies en el cepo.*

- La liberación de un carcelero (vs.25-34)

  » El testimonio de Pablo y Silas (v.25) – A pesar del cansancio y el dolor ellos estaban orando y cantando.

Pablo sabía que *todas las cosas ayudan a bien* (Rom. 8:29) y que debía *dar gracias en todo* (1 Tes. 5:16-18), por eso alababa al Señor en medio de la prueba que estaban viviendo (Ef. 5:19-20). Esta era una constante en la vida de Pablo como leemos en 2 Cor. 6:10 (mas siempre gozosos).

» El temor del carcelero (vs.26-30) – El terremoto liberó a los presos de sus cadenas y abrió las puertas de la cárcel, por ese motivo, *el carcelero... sacó la espada y se iba a matar pensando que habían huido* ya que prefería suicidarse antes que sufrir el castigo que le correspondía por permitir que huyeran presos que estaban bajo su responsabilidad.

» En Hechos 12:18-19 dice que Herodes envió a la muerte a los soldados que debían custodiar a Pedro, pues consideró que fueron negligentes en su labor. Josh MacDowell en *Evidencias que exigen un veredicto* cita a varios autores para describir la disciplina que reinaba en el ejército romano, en especialmente referencia al cumplimiento de obligaciones: George Currie al hablar de la disciplina de la guardia romana dice: "El castigo por abandono del puesto era la muerte... los golpes dados con manopla... eran castigo por fallas en la vigilancia nocturna"... continúa mencionando algunas medidas disciplinarias, "porta estandarte perezoso en batalla, muerto por la propia mano del general; dormido en el deber, arrojado desde el risco del Capitolio; negligencia, apaleado y reducido del rango; pereza, golpeado con arma...

» Evidentemente la perspectiva del castigo lo aterrorizó, ya que a pesar de que Pablo le aseguró que todos continuaban allí, el *se postró* (*se arrojó*) *a los pies de Pablo y Silas*, y les presentó su necesidad: *Señores, ¿qué debo hacer para ser salvo?*, otra versión dice: *¿Qué debo hacer para salvarme?*: Es posible que se refiriera a la liberación del castigo que suponía que iban a propinarle sus autoridades y no a un asunto espiritual.

» La verdadera Salvación (vs.31-34) – La oportunidad fue bien aprovechada por Pablo ya que le compartió el mensaje del Evangelio, no solo al carcelero sino también *a todos los que estaban en su casa*. El resultado fue que toda la familia creyó en el Señor y fue bautizada. Es evidente por este y otros pasajes que el bautismo es posterior a una manifestación de fe. El cambio de actitud del carcelero es evidente, pues: *les lavó las heridas... se bautizó... les puso la mesa... se regocijó con toda su casa de haber creído a Dios...*

• Los misioneros en libertad (vs.35-40) – Cuando se supo que estaban libres Pablo hizo valer su condición de ciudadanos romanos, seguramente para que el carcelero no fuera perjudicado y al mismo tiempo para fortalecer la Obra que estaba comenzando en esa ciudad, ya que su encarcelamiento había sido injusto.

En el Versículo 40 se puede ver que la casa de Lidia se había transformado en la sede de la Iglesia de Filipos. Esta costumbre era muy común en el tiempo de los Apóstoles (Rom. 16:3-5, 14, 15, 23; 1 Cor. 16:19; Col. 4:15; Fil. 1:2). Esta Iglesia fue una de las que apoyó económicamente el ministerio de Pablo (Fil.4:10-19).

E. LOS DISTURBIOS – Tesalónica y Berea
Hechos 17:1-14

La Turba de Tesalónica – Hechos.17:1-9

- *Pasando por ANFIPOLIS y APOLONIA...* (v.1a)

ANFIPOLIS: Estaba situada a 50 km al Suroeste de Filipos. Era una ciudad de Macedonia situada en una península rodeada por el Estrimón (hoy Struma), fundada en el 436 a.C por los atenienses. Era un importante centro bajo el dominio macedonio y romano. Hoy se llama Neo Khori. Fue capital de Macedonia Prima.

APOLONIA: Ubicada a 48 kms de Anfípolis. También era parte de Macedonia y estaba junto a la Vía Ignacia en el camino romano a Tesalónica. Su nombre le fue dado en honor a Apolos el dios griego y romano del Sol.

- *Llegaron a TESALONICA* (v.1b)

TESALONICA: *Esta ciudad estaba a 112 Kms al Suroeste de Filipos, sobre la Vía Ignacia que corría a través de Anfípolis y Apolonia.* En el primer siglo DC Tesalónica era la capital de Macedonia y su más grande ciudad. La importancia geográfica del lugar puede medirse por el hecho de que la moderna Salónica es todavía una ciudad importante. Generalmente se dice que el nombre de la ciudad en tiempos primitivos era Terma (debido a las fuentes termales), y que hacia el 315 a.C fue rebautizada por Casandro con el nombre de su esposa Tesalónica, hermanastra de Alejandro Magno.

Sin embargo, Plinio el Viejo se refiere a Terma y Tesalónica como coetáneas, lo cual significaría que Casandro fundó una nueva ciudad que, en el curso del tiempo se fue extendiendo hasta absorber a la más antigua que estaba en sus proximidades. Bajo los romanos fue la capital de la segunda de las cuatro divisiones de Macedonia, y cuando estas fueron reagrupadas para formar una sola provincia en 146 a.C se convirtió en la capital como también en la mayor ciudad provincial. Tesalónica era una ciudad libre.

Estaba estratégicamente situada sobre la Vía Ignacia el gran camino que conducía al Oriente.

- **Las Bendiciones (vs.1b-4)**

  » El método (vs.1b-2) – Pablo continuaba usando su plan preestablecido en cada ciudad que visitaba, pues se dirigía *al judío primeramente* (Ro.1:16) lo cual puede notarse ya que *había allí una sinagoga de los judíos. Y Pablo como acostumbraba fue a ellos.* Durante tres semanas estuvo exponiendo el Evangelio en ese lugar.

  » El mensaje (v.3) – El predicaba el Evangelio demostrando que las Escrituras anticipaban que el Mesías tenía que morir y luego resucitar (Luc. 24:44-47; 1 Cor. 15:3-4). Al aplicar las profecías al Señor Jesús demostraba que El es el Mesías (1 Tes. 2:1-2).

  » La muchedumbre (v.4) – Un grupo considerable de personas creyeron en el Señor:

    » *Algunos de ellos creyeron* – Se refiere a los judíos de la Sinagoga

    » *De los griegos piadosos gran número* – Eran los llamados *prosélitos de la puerta*, es decir personas que se acercaban al judaísmo pero que no cumplían los ritos de conversión

    » *Mujeres nobles no pocas* – Estas mujeres también serían simpatizantes del judaísmo. En aquellos días, en medio del paganismo, solo en el judaísmo la mujer podía encontrar un medio donde se le brindara algo de honra y reconocimiento.

» Según 1 Tesalonicenses 1:9 también hubo numerosos paganos entre los primeros convertidos (1 Tes. 2:13).

Es evidente por lo que encontramos en la Primera Carta a los Tesalonicenses, que a pesar del poco tiempo que Pablo estuvo en Tesalónica existió una relación muy grata entre el Apóstol y la congregación naciente (1 Tes.2:7-8). También está implícito en este pasaje que la mayoría de los miembros de esta iglesia pertenecían a un sector humilde de la población (1Tes.2:9; Fil. 4:16).

El Alboroto (vs.5-9)

» El celo de los judíos (v5a) – *los que no creían, teniendo celos* –En otra versión dice: *Pero los judíos llevados de su celo...* La palabra griega para *celos* (ZELOS) proviene de una raíz que significa *estar en ebullición* y se usa para definir diversos sentimientos. Estos judíos tenían una pasión muy fuerte por Dios y su religión, pero como vemos en Romanos 10:2 este celo es *sin entendimiento* (*ciencia*), lo que los llevaba a ignorar la Justicia de Dios a través de Cristo, para intentar establecer la suya propia por medio de las obras de la Ley (Ver Rom. 10:3-4). Esta situación era normal entre los judíos al recibir el mensaje del Evangelio (Hech. 5:17; 13:45; Fil. 3:6).

» La turba (v.5b) – *tomaron consigo a algunos ociosos, hombres malos y juntando una turba, alborotaron la ciudad* – Estos alborotadores eran personas que andaban en el mercado o en la plaza pública. Ellos se colocaban cerca de las tribunas, estorbando o aplaudiendo conforme a las indicaciones que habían recibido de quienes los contrataban. Cicerón los llamó *subrostrani* (*los que están bajo la plataforma*).

» El testimonio de los creyentes (vs.6-9) – Aparentemente esta nueva iglesia se congrega en casa de Jasón quién probablemente es la misma persona que está mencionada en Romanos 16:21 y que era pariente de Pablo.

La multitud buscaba a Pablo y Silas, pero al no encontrarlos llevaron a *Jasón y algunos hermanos ante las autoridades de la ciudad.* Lucas da el título de *politarchai* a estos gobernantes y varias inscripciones confirman que está correctamente utilizado. Tesalónica que era una ciudad libre tenía un *demos* o *asamblea del pueblo* gobernada por cinco o seis politarcas.

La acusación es muy significativa ya que nos permite considerar el ministerio de avanzada y valiente que llevaban adelante aquellos misioneros: *Estos que trastornan el mundo entero también han venido acá* (Hech. 16:20; Rom. 16:19; 1 Tes.1:5) y también el mensaje que presentaban: *contravienen los decretos de César, diciendo que hay otro rey, Jesús.*

A pesar de todo el alboroto generado, las autoridades civiles dejaron en libertad a los hermanos quienes pagaron una fianza para ello.

La Iglesia de Tesalónica se formó en solo tres semanas, pero mas allá de eso su compromiso con Cristo fue un ejemplo para las otras Iglesias y un testimonio impactante en toda la región. El secreto se encuentra en el ejemplo de vida muy claro de los misioneros (1 Tes. 1:6-10; 2:14) y un mensaje que recibieron que no fue *palabras solamente,* sino *en poder, en el Espíritu Santo y en plena certidumbre* (1 Tes.1:5). El objetivo en este lugar se cumplió completamente ya que se estableció una Iglesia que s upo extenderse hacia otros lugares con el Mensaje del Evangelio.

Los Nobles de Berea – Hechos 17:10-14

- *Inmediatamente, los hermanos enviaron... a Pablo y a Silas hasta BEREA* (v10a)

  BEREA: Estaba situada a 80 Kms al Suroeste de Tesalónica. Se llegaba hasta allí viajando por la Vía Ignacia. Cicerón la llamaba *una ciudad demasiado alejada.* Era parte de Macedonia y se hallaba en el distrito de Ematía al pie del Monte Bermio. Por sus ruinas, se reconoce que era una ciudad de importancia. En los tiempos del Nuevo Testamento contaba con una población aproximada de 20.000 personas.

- Un buen recibimiento (vs.10b-12) – Pablo otra vez fiel a sus principios, fue a predicar el Evangelio a la Sinagoga donde se encontraban personas abiertas que escucharon el mensaje con *grande ansia* según la Versión Católica. Esta gente puso diligencia en investigar las Escrituras para conocer la Verdad (*examinaron atentamente todo el día las Escrituras para ver si era cierto lo que se les decía*). El Señor encontró en estas personas *buena tierra* para que Su Palabra diera fruto, y efectivamente así fue, porque *creyeron muchos de ellos* (Is. 55:11; Mat. 13:8, 23).

- Una rápida despedida (vs.13-14) – Como había sucedido en Galacia (Hech. 14:19) llegaron hasta Berea un grupo de judíos resentidos por el mensaje de Pablo, lo que derivó en la necesidad de que el Apóstol partiera hacia Atenas porque peligraba su vida.

Silas y Timoteo permanecieron un tiempo más en Berea seguramente para consolar y consolidar a la Iglesia. Timoteo era frecuentemente usado por Pablo para llevar adelante misiones especiales (1 Tes.3:2, 6; Hech. 19:22; 1

Cor.4:17; 16:10; 2 Cor.1:19; Fil.1; Col.1; Flm. 1; Fil. 2:19; 1 Tim.1:3).

F. La Disertación – Pablo en Atenas – Hechos 17:15-34

1. Atenas

Esta ciudad que se encontraba a 320 Kms al Sur de Berea era la capital de Atica, uno de los estados griegos. A partir de la conquista por los romanos (146 a.C) se la consideró una ciudad libre administrada por el Areópago. Estaba situada en el Golfo de Salónica a 8 Kms del mar y 74 Kms de Corinto. Su puerta, Pireo, estaba conectado con la ciudad por anchas y largas murallas. Atenas se fue construyendo alrededor de una colina rocosa llamada Acrópolis. En ese lugar se encuentran las ruinas del hermoso templo de Atenea (la patrona de Atenas) que es mas conocido como el Partenón. En ese mismo lugar se encuentran los Propileos, los famosos templos de Erecteón, el altar de Atenea y en la cima de la Acrópolis, la estatua de Atenea de bronce, fundida con restos de la batalla de Maratón. En la parte baja de esta colina se encuentran la sala de conciertos, el Odeón de Pericles, el teatro de Dionisio y al Sudeste, hacia el río Iliso, el gran templo de Zeus, justamente en el Monte Olimpo, el cual era uno de los edificios religiosos más grandes de la antigüedad (108 metros de largo, 41 metros de ancho y 27,5 metros de altura).

Esta ciudad era sumamente religiosa como lo prueban los 3.000 templos e imágenes de dioses que había en Atenas. También era el centro literario y cultural del mundo civilizado.

2. Acaya

Este era el nombre con el cual los romanos denominaban a Grecia. Desde el año 146 aC era una provincia romana y a partir del 44/45 d.C fue incorporada a Macedonia que era su provincia limítrofe. Bajo Claudio (41-54 d.C) fue devuelta al Senado, siendo administrada por un procónsul. Su capital era Corinto. *De clima sano y benigno, forma una región muy accidentada, cruzada por numerosas sierras peladas y rocosas que proyectan largas y estrechas penínsulas mar adentro, formando golfos que penetran hasta el corazón del país. Grecia es esencialmente agrícola, aunque solo una tercera parte de su terreno se presta para los cultivos. Su subsuelo encierra importantes yacimientos minerales. Por la abundante mención de esta provincia en las Escrituras es lógico pensar que allí se desarrolló un fructífero ministerio cristiano* (Hech.18:12, 27; 19:21; 1 Cor.16:15; Rom.16:5; 2 Cor.11:10; 1 Tes.1:7).

La Curiosidad por lo Nuevo – Hechos 17:15-21

- La idolatría (vs.15-17) – La condición extremadamente idólatra de esta ciudad producía en Pablo un sentimiento muy profundo (*se enardecía* o según la Versión 1909, *su espíritu se deshacía viendo a la ciudad dada a la idolatría*). Esto lo impulsaba a predicar en todo lugar, en cada oportunidad y a cualquier tipo de personas (*en la sinagoga... y en la plaza cada día*).

- La "sabiduría" (vs.18-21) – Atenas era el centro del pensamiento filosófico en aquellos tiempos. Esto se puede ver claramente en el Versículo 21 donde dice que las personas que vivían allí *en ninguna otra cosa se interesaban sino en decir o en oír algo nuevo*. Lucas menciona a filósofos de dos escuelas diferentes con quienes Pablo discutía, estos eran:

  » Los EPICUREOS: Pertenecían a la escuela filosófica griega fundada por Epicuro, quien nació en la isla de Samos en el año 341 a.C. Atenas fue su centro de actividades, donde hacia el 306 a.C fundó la escuela donde enseñó hasta su muerte (270 a.C). Escribió cerca de 300 libros. Su filosofía no reconoce a un Creador, sino que admite un sistema de dioses que no se preocupan ni por los intereses, ni por las necesidades del hombre. Es la filosofía de que el placer es refrenado y dirigido por el intelecto y las facultades morales, por lo tanto abandonaban la búsqueda de la verdad en sí por inalcanzable para entregarse a los placeres.

» Los ESTOICOS: Esta es otra escuela filosófica griega que había sido fundada alrededor del año 300 a.C. Su nombre deriva de *Stoa* que era un pórtico donde Zenón, el fundador enseñaba en la ciudad de Atenas. Ellos defendían que la ética es el bien supremo de la virtud, pregonaban la supremacía de la razón sobre los sentimientos y vivían una vida *conforme a la naturaleza*. Eran panteístas materialistas, y desde su punto de vista el hombre es en pequeño, lo que Dios es en gran escala. Creían que para alcanzar la virtud, es decir un ajuste al orden establecido por Dios, debían despojarse de toda sensibilidad y apagar todas las pasiones y placeres. Esta filosofía que era muy moralista fue adoptada por pensadores como Catón, Cicerón, Séneca, Epíteto y el emperador Marco Aurelio.

Estos filósofos despreciaban a Pablo, pues lo llamaban *palabrero* (SPERMOLOGOS en griego) que significa: *una persona locuaz que no tiene nada importante que decir*. A pesar de todas las filosofías que estaban en boga, Pablo tenía un mensaje nuevo que podía satisfacer las necesidades del ser humano, esto es, *les predicaba el Evangelio de Jesús y de la resurrección*.

La predicación de lo nuevo – Hechos 17:22-34

- El Areópago: Este era un promontorio de 115 metros de altura; su nombre significa *Monte de Marte* y le había sido dado en honor al dios de la guerra. Se encontraba al Noroeste de la Acrópolis. En los días de Pablo allí se reunía un tribunal para entender en los asuntos relacionados con la religión, la cultura y la educación. Generalmente invitaban a los visitantes que fueran idóneos para que disertaran en ese lugar. Evidentemente consideraron que Pablo estaba promoviendo una nueva religión y que podía ser interesante escucharlo.

- El Mensaje (vs.22-31) – Este mensaje es una manifestación clara de la sagacidad de Pablo para adaptarse a un auditorio con mentalidad griega.

  » Introducción: Pablo evalúa a los atenienses

    (1) Son muy religiosos (v.22)

    (2) No tienen seguridad (v.23) – Aparentemente era común que los paganos adoraran a *dioses desconocidos*. En Pergamo se halló un altar con una inscripción similar a la que había en Atenas. Varios escritores antiguos mencionan que para librarse de alguna calamidad que no podían atribuir a ningún dios conocido se levantaban altares a dioses desconocidos.

    Pablo usó algo que era de conocimiento público para presentar su mensaje porque su intención era demostrar la vanidad de la idolatría ante la verdad de que existe un solo Creador.

  » Pablo proclama la realidad de un Creador (vs.24-26)

(1) El Creador no está limitado por templos (v.24; Is.42:5; Hch.7:48-50)

(2) El Creador no necesita el servicio del hombre (v.25; Sal.50:10-12)

(3) El Creador ha dado una descendencia común (v26; Det. 32:8; Mal.2:10)

» Pablo proclama la necesidad de un Creador (vs.27-28)

(1) El Creador está cerca de cada uno (v.27; Hech. 14:17; Rom.1:20)

(2) El Creador nos ha dado la vida (v.28; Col.1:17; He.1:3)

(3) Cita a dos poetas griegos para afirmar este concepto:

» *Porque en El vivimos y nos movemos y somos*, del poeta Epiménides (Siglo VI a.C)

» *Porque linaje suyo somos*, del poeta Arato (Siglo III a.C)

» Pablo proclama las demandas del Creador (vs.29-31)

(1) El Creador no acepta la idolatría (v.29; Is.40:18-26)

(2) El Creador demanda un cambio de mente (v30; Luc.24:47; Tit.2:11-12)

(3) El Creador juzgará al mundo (v31; Hech.10:42)

• La Reacción de la Gente (vs.32-34)

» Se burlaron (v.32) – *Pero cuando oyeron lo de la resurrección de los muertos unos se burlaban* (1 Cor.1:18)

» Postergaron (v.32) – *otros decían, ya te oiremos acerca de esto otra vez*

» Creyeron (v.34) – *Mas algunos creyeron.* Son mencionados Dionisio, Damaris y otros. De acuerdo a lo que encontramos en el relato bíblico, el resultado del ministerio de Pablo en Atenas fue pobre, ya que no se dejó ninguna iglesia establecida como resultado de su predicación. A pesar de esto, en Romanos 16:5 y en 1 Corintios 16:15-16 son mencionadas personas que deben haber conocido al Señor en Atenas, pues se los llama *primicias* del ministerio en Acaya y ellos estaban siendo utilizados grandemente por el Señor. Esto afirma el concepto que los números no son lo importante porque las estadísticas pierden de vista a las personas quienes verdaderamente hacen la diferencia.

G. Las Discusiones – El Inicio en Corinto
Hechos 18:1-17

1. Corinto

Esta ciudad se encontraba a 72 Kms de Atenas. Su ubicación precisa estaba a solo 2 Kms del un angosto istmo que separaba Grecia Central del Peloponeso. Era un gran centro comercial con dos puertos marítimos: Cencrea al Este y Lejaión al Oeste. La lujuria y un desmedido afán de lucro eran dos vicios que tenían dominada a la ciudad. Tanto la actividad comercial de esta ciudad tan estratégica, como el culto a la diosa Afrodita eran un caldo de cultivo para la perversión de la sociedad que la habitaba. El templo de la diosa del amor y la lujuria se

encontraba en el Acrocorinto y era atendido por mil sacerdoti-
sas que ejercían la prostitución como parte de su culto pagano.
Esto transformó a la ciudad en un centro internacional de
inmoralidad, de tal manera que expresiones tales como *corintizar*
o *enfermedad de corinto* hacían referencia a la vida licenciosa que
se desarrollaba en ese lugar.

El Misionero y el Ministerio – Hechos 18:1-11

- Aquila y Priscila (vs.1-3) – Este matrimonio había salido
  de Roma por causa de la persecución que hubo contra
  los judíos bajo el Emperador Claudio (Ver Hech. 16:19).
  Probablemente eran creyentes antes de conocer a Pablo.
  Tenían el mismo oficio del Apóstol, por lo cual por un
  tiempo trabajaron juntos haciendo tiendas. El registro
  del Nuevo Testamento indica que fueron muy útiles y
  activos en el ministerio cristiano en días de Pablo (Rom.
  16:3; 1 Cor.-16:19; 2 Tim.4:19)

- Los judíos (vs.4-5) – Después del aparente *fracaso* en
  Atenas, Pablo se dedicó con mucho énfasis a la predicación
  del Evangelio en la ciudad de Corinto. La frase *estaba
  entregado por entero a la predicación de la palabra* nos demuestra
  que Pablo había dejado su trabajo con las tiendas y estaba
  dedicado al ministerio a tiempo completo.

- También notamos en ella cual era el sentir del Apóstol a la
  hora de servir en el ministerio que se le había encomendado, ya que según escribía mas tarde a los corintios,
  entendía que Cristo le envió *a predicar el evangelio* (1 Cor.
  1:7), que su mensaje era *Cristo crucificado, para los judíos
  ciertamente tropezadero, y para los gentiles locura* y que hacerlo
  era su obligación (*¡ay de mí si no predicare el evangelio!* 1 Cor.
  9:16-17).

- El hecho de que Pablo estuviera *testificando a los judíos que Jesús era el Cristo* demuestra una vez más que su estrategia inicial en las ciudades que visitaba era acercarse a la comunidad israelita para tratar de comenzar entre ellos la Nueva Obra. Silas y Timoteo habían permanecido en Berea cuando Pablo partió para Atenas (Hech.17:14-15); desde esa ciudad se dirigieron a Tesalónica con el propósito de confirmar a los hermanos de la Iglesia en formación en ese lugar (1 Tes.3:1-5). Cuando Pablo se reencontró con Timoteo y escuchó las buenas noticias que tenía para compartir se llenó de gozo y ánimo renovado (1Tes.3:6-10).

- Los gentiles (v6-8) – La situación es similar a la que les tocó vivir en Antioquía de Pisidia (Hechos 13:45-47). Fue tanta la oposición que presentaron los judíos al Evangelio que Pablo optó por predicar solo a los gentiles. Les dijo: *Vuestra sangre sea vuestras cabezas; yo, limpio, desde ahora me iré a los gentiles*, parafraseando en cierta manera los pasajes que se encuentran en Ezequiel 3:16-21 y 33:1-9. Como el profeta, Pablo sabía que al cumplir su responsabilidad de anunciarles el mensaje de Dios, ahora quedaba en ellos dar cuenta delante del Señor.

Pablo se fue a vivir a casa de Justo, quien era *temeroso de Dios*. Según algunos manuscritos, este discípulo también llevaba el nombre de *Ticio*, lo que indicaría que era romano. Era un *temeroso de Dios* (SEBOMENOI), no un *prosélito* (PROSELUTOI), lo que implicaba ser un *simpatizante* de la religión judía, pero no un convertido a ella. Estas personas aunque no tenían obligaciones determinadas, en general solo guardaban el sábado y las leyes sobre alimentos. La casa de Justo se encontraba junto a la Sinagoga, lo cual dio la oportunidad a Pablo para compartir el Evangelio con Crispo (o *Crespo*) quien era el *principal de la Sinagoga*, o sea, quien dirigía el culto y designaba al lector o predicador; es posible que algunos de los que llevaban este título fueran miembros del Sanedrín. El y toda su familia creyeron al Señor y fueron bautizados por Pablo (1 Cor. 1:4). Además de Crispo, muchos de los gentiles de Corinto creyeron en El Señor (*creían y eran bautizados*).

- El temor (vs. 9-11) – En 1 Corintios 2:3 Pablo dice: Y *estuve entre vosotros con debilidad, y mucho temor y temblor.* Es evidente que Pablo pasó en Corinto por un período de mucha preocupación, y según 1 Tesalonicenses 3:7, también sufrió *necesidad y aflicción*, lo cual implica que se unieron dos factores para complicar la estadía del Apóstol en esa ciudad; el apremio económico (*necesidad*) que lo obligó a trabajar para sustentarse (1 Cor. 9:11-12) y la persecución a la que lo sometieron los judíos (*aflicción*). En esa circunstancia El Señor se presentó a Pablo en una visión para animarle. Las visiones en las Escrituras no eran un trance místico, sino un mensaje del Señor donde se revelaba específicamente Su Voluntad para Su Pueblo. En este caso el anuncio recibido tenía como objetivo animar y fortalecer al Apóstol:

  » *No temas* – Ante la persecución y el peligro (Is. 41:10; Jer .1:8; Sal. 118:6)

  » *Habla y no calles* – Era su obligación a pesar de las pruebas (*me es impuesta necesidad* 1 Cor. 9:16-17).

  » *Porque yo estoy contigo* – Mt.28:20; Jer.1:19

  » *Yo tengo mucho pueblo en esta ciudad* – El Señor le anunciaba que a pesar de todo lo que estaba viviendo El tenía en Su Voluntad una Iglesia para esa ciudad. Esta frase se relaciona con el anuncio que El Señor hizo a Elías de que *yo haré que queden en Israel siete mil, cuyas rodillas no se doblaron ante Baal* (1 Reyes. 19:18).

Cuando todo parece negativo hay que recuperar la perspectiva correcta... la Obra le pertenece a El...

Es destacable que el nuevo ánimo en Pablo producido por:

» La llegada de Silas y Timoteo

» La conversión de muchas personas

» La visión del Señor

... hicieron que se detuviera *allí un año y seis meses, enseñándoles la palabra de Dios*. Este ministerio tuvo el propósito de generar en aquellos hermanos una fe fundada en el poder de Dios en lugar de la sabiduría y vana filosofía de los hombres (1 Cor. 2:1-5).

El Misionero y el Magistrado – Hechos 18:12-17

- El magistrado (v. 12a) – Pero siendo Galión procónsul de Acaya – Este hombre, cuyo nombre completo era Lucius Junius Anneus Novatus Gallio, era descendiente de una familia muy reconocida en Roma. Sus hermanos eran Lucius Anneus Séneca, el filósofo preceptor de Nerón y de Marco Anneus Mela, geografo y padre del poeta Lucano. En Delfos se encontró una carta del emperador Claudio, de la cual se deduce que Galión estuvo en el proconsulado de Acaya entre mayo del 52 d.C al 53 d.C. En esa carta se lee: Como Lucio Junio Galión, mi amigo y procónsul de Acaya.

- La acusación (vs.12b-13) – Los judíos decían en referencia a Pablo que persuade a los hombres a honrar a Dios contra la ley. En 1 Cor. 1:18; 22-23, vemos que el mensaje del Apóstol en Corinto era *Cristo crucificado*, lo cual era *tropezadero para los judíos* (1 Ped. 2:6-8); por ese motivo ellos mostraban tanta oposición. También lo acusaban de ser *persuasivo*, pero el Apóstol en 1 Cor. 2:4 dice que su predicación no fue *con palabras persuasivas de humana sabiduría, sino con demostración del Espíritu y de poder.*

- La decisión (vs. 14-17) – Corría el año 52/53 d.C y durante esa época la relación de Roma con los judíos era bastante conflictiva por causa de los disturbios que se producían en Palestina. Por ese motivo Galión no prestó atención a las autoridades de la Sinagoga, ni se preocupó porque golpearan delante suyo a Sóstenes quien era el sucesor de Crispo como *principal de la Sinagoga.* El ministerio de Pablo en Grecia estuvo plagado de dificultades, principalmente por causa de las persecuciones, pero a pesar de ello fue muy fructífero porque dejó establecidas obras en Macedonia (Filipos, Tesalónica y Berea) y Acaya (Corinto) y también seguramente en esa mismo período llegó hasta Ilírico (Rom. 15:19) que se encontraba en el extremo occidental de Macedonia. En aquellos lugares reinaba la *sabiduría humana,* pero Pablo se ocupó en llevar en alto la *locura de la predicación* (1 Cor. 1:21).

H. La Disposición – Apertura en Éfeso
Hechos 18:18-21

La Alabanza en Cencrea – Hechos 18:18

CENCREA era el puerto oriental de Corinto que se encontraba a 13 Kms de a ciudad. En la actualidad se llama Kenkries. En ese lugar fue fundada una Iglesia posiblemente por el mismo Pablo (Ver Rom. 16:1). Antes de partir rumbo a Siria, el Apóstol se detuvo en esta ciudad donde cumplió el voto de nazareo (*habiéndose rapado la cabeza en Cencrea, porque tenía hecho voto*). Este voto era una expresión de gratitud muy común entre los judíos (Sal. 22:25; 50:14; 61:8; 65:1). Consistía en no comer carne, ni beber bebidas alcohólicas durante un período determinado al fin del cual se hacían ciertas ofrendas, luego se rapaba la cabeza y el cabello se quemaba en el altar como ofrenda a Dios (Num. 6:1-21). En aquellos tiempos si alguien se encontraba lejos de Jerusalén al terminar de cumplir el voto se rasuraba para presentar el cabello antes de que transcurrieran treinta días. ¿Por qué Pablo practicó esta costumbre cuando predicaba el Evangelio de la Gracia?... el mismo parece dar la respuesta en 1 Corintios 9:19-20 (*Me he hecho a los judíos como judío para ganar a los judíos...*). Es evidente que el Apóstol no creía que este voto contradijera en alguna manera su mensaje, sino que lo afirmaba ante los judíos con los cuales se encontraba. Al mismo tiempo el nazareato estaba muy difundido entre los creyentes de la Iglesia Primitiva puesto que Juan el Bautista era nazareo desde su nacimiento (Lc. 1:14-15) y su influencia aún respetada.

La Puerta abierta en Éfeso – Hechos 18:18-21

Es posible que Pablo tuviera el propósito de establecer una Iglesia en Éfeso, pero El Señor no le había permitido hasta ese momento llegar a esa ciudad (Hech. 16:16 *Asia* se refiere a Éfeso). Al llegar a este lugar encontró una disposición muy especial entre los judíos para escuchar el Evangelio (v.20 los cuales le rogaban que se quedase más tiempo). A pesar de eso no pudo permanecer mucho tiempo en ese lugar porque su plan era llegar a Jerusalén, de todas maneras viendo la oportunidad y la necesidad de Éfeso dejó allí a Priscila y Aquila para trabajar en esta obra incipiente y preparar el terreno para cuando pudiera regresar (v.18 *con el Priscila y Aquila*, v.19 *los dejó allí*). Seguramente este matrimonio continuó con su negocio de reparar carpas y se establecieron en Éfeso por varios años ya que en su casa se congregaba una Iglesia (Hech. 18:26; 1 Cor. 16:19). Con el tiempo regresaron a Roma (Rom. 16:3-5).

De Éfeso a Antioquía – Hechos 18:22

En este versículo se relata el fin del Segundo Viaje Misionero de Pablo sin dar mayores detalles de los acontecimientos ocurridos en esos casi 2500 Kms recorridos desde Éfeso, pasando por Cesárea, Jerusalén y finalmente Antioquía. John MacArthur comenta sobre este pasaje lo siguiente: Aunque Lucas no lo menciona en detalle, su descripción de la geografía indica que Pablo fue a Jerusalén para saludar a la Iglesia. Puesto que Jerusalén estaba en una elevación sobre la región aledaña, los viajeros tenían que ¨subir¨ para entrar a la ciudad y ¨bajar¨ para ir a cualquier otro lugar.

Debemos recordar que el Apóstol había cumplido su voto de nazareo en Cencrea (Hech. 18:18) y tenía 30 días para presentar sus cabellos en el altar. Es muy posible que por esta causa el viaje de regreso haya sido sin mayores acontecimientos porque le movía el objetivo de llegar pronto a Jerusalén. La frase del versículo 21: *Es necesario que en todo caso yo guarde en Jerusalén la fiesta que viene, pero otra vez volveré a vosotros, si Dios quiere*, no aparece en muchos manuscritos, lo cual no implica que no sea original de Lucas, de todas maneras no se especifica la Festividad, pero es evidente que Pablo deseaba llegar a Jerusalén para cumplir con el propósito de participar de ciertas celebraciones entre ellas el cumplimiento de su nazarenato. Acerca del Segundo Viaje Misionero podemos concluir que tras las pruebas, la oposición de Satanás y el desánimo que se genera en consecuencia, llegan las bendiciones que El Señor tiene preparadas para quienes le sirven las cuales demuestran cabalmente que El es Verdadero y que nunca desampara a los que ponen su mano en el arado.

VIII. Cuarto viaje misionero de Pablo
Hechos 18:23-21:16

A. CONFIRMANDO – La Iglesia en Éfeso
Hechos 18:23-19:41

Galacia y Frigia – Hechos 18:23

Pablo realizó los 1.000 Kms desde Antioquía a Éfeso por tierra para poder visitar las Iglesias que había fundado en su Primer Viaje Misionero (*Antioquía de Pisidia, Iconio, Listra, Derbe*). Su propósito era *confirmar a todos los discípulos*, esto da la idea de *estimular, dar valor, infundir vigor, establecer, hacer firme y cierto...* lo que demuestra su interés por continuar la Obra iniciada junto a Bernabé. Durante este período de su vida Pablo escribió la Carta a los Gálatas, porque los judaizantes estaban introduciendo sus enseñanzas en aquellas iglesias. Según dice Merril Unger: La situación obligó a Pablo a defender su apostolado como genuino, su evangelio como divinamente autorizado, la validez de la doctrina de la justificación por la fe sola sin mezcla alguna de obras o cumplimiento de la Ley, y el principio de la vida cristiana vivida sobre la base de la libertad en Cristo.

Galacia

Este nombre proviene de la forma en que se designaron los habitantes de aquella zona. Estos eran descendientes de los celtas, quienes hacia el 530 a.C se adueñaron del centro de Europa (Galias) ingresando luego en España e Italia y llegando a Macedonia y Grecia hacia el 360 a.C. Después de la muerte de Alejandro Magno (323 a.C) fueron empujados hacia el interior del Asia Menor, llegando a tomar posesión de las regiones limítrofes a Frigia, Capadocia y Ponto, la que se convirtió en la *región de los Gálatas*. Por su fidelidad al Imperio Romano pudieron expandir su territorio y hacia el 40 a.C, siendo su rey Amintas, se extendieron hacia Pisidia, algunas partes de Panfilia y de Licaonia, la parte oriental de Frigia e Isauria, y una parte de Cilicia. De este modo quedaron bajo su dominio Antioquía, Iconio, Listra y Derbe. Después de la muerte de Amintas (25 a.C) se formó la provincia romana de Galacia bajo un propretor y con capital en Ancara.

Frigia

Importante provincia romana de Asia Menor, así denominada por razón de los frigios que ingresaron al Asia Menor hacia el 1100 a.C. Por varios siglos los frigios ocuparon la mayor parte del territorio de Asia Menor al Oeste de Halis; pero más tarde se quedaron solamente con la parte central oeste. Los romanos incluyeron partes de Frigia en la provincia de Asia (133 a.C) y otras en la de Galacia (25 a.C). La parte de Frigia que estaba en Galacia incluia a Antioquía e Iconio y se la conoce como Frigia Galática.

Apolos Predicando en Éfeso – Hch.18:24-28

Éfeso: Esta ciudad fue considerada muy importante para Pablo pues permaneció en ella alrededor de tres años. Era el lugar donde se centralizaba el comercio de Asia Menor.

Algunas personas la consideraban como *la Tesorería de Asia* o *la Feria de Vanidades de Asia Menor*. Se encontraba en la desembocadura del Río Caistro y a unos 5 Kms del Mar Egeo. Su acceso al mar era por medio de un puerto dragado y a través de una red caminera se podía llegar al interior de la provincia de Asia. Tenía el privilegio de ser la sede de los Tribunales, por lo tanto ocasionalmente llegaba hasta allí el Gobernador romano y se juzgaban grandes casos penales. Lo más destacado de esta ciudad se encontraba en el magnífico templo dedicado a la diosa Artemisa o Diana (nombre en griego y latín respectivamente), pues era considerado una de las Siete Maravillas del Mundo.

Este templo, que fue descubierto por el inglés J. T. Wood el 31 de Diciembre de 1869, tiene fundamentos de 120 metros de longitud por 80 metros de ancho; placas de mármol cubrían el techo y cien columnas de 20 metros de altura indicaban el camino hacia su interior. Estaba adornado por infinidad de esculturas, cuadros y adornos de oro. Una característica interesante era que si algún delincuente llegaba al área del templo, entonces se encontraba a salvo de la ley, por ese motivo Éfeso se había convertido en hogar de estafadores, asesinos y transgresores de la ley de todo el mundo conocido. El gran teatro en donde se produjo el alboroto mencionado en Hechos 19:23-41 estaba situado en una depresión del Monte Pión, y tenía capacidad para 24.600 espectadores. En los días de Pablo, Éfeso contaba con una población de 250.000 habitantes. Fue fundada en tiempos pre griego, reedificada en el 356 a y a partir del 133 a.C era la capital, lo cual implicaba la condición de *ciudad libre*, del Asia Menor.

- Apolos, un Servicio Deficiente – Hechos 18:24-25

    En su primera aparición en Las Escrituras Apolos demostró ser una persona con mucha voluntad pero escaso contenido:

» *Un judío... natural de Alejandría...* Esta ciudad era la Capital de Egipto y allí vivían, según el filósofo Filón vivían alrededor de un millón de judíos. Este mismo filosofo (Filón) era de origen judío y había desarrollado una manera de interpretar las Escrituras que influyó en muchos creyentes de la era pos apostólica. Posiblemente el mismo Apolos conocía y aplicaba sus enseñanzas antes de llegar a Éfeso. Filón era un seguidor del filosofo ateniense Platón y su idea era armonizar las ideas metafísicas de la filosofía griega con los principios religiosos de la fe judaica. Su método consistía en interpretar alegóricamente las expresiones de la Biblia y descubrir en ella, lejos de su significado literal, ideas filosóficas ocultas.

» *Varón elocuente...* La elocuencia es una virtud que permite, a quien la posee, expresarse con eficacia y elocuencia sobre cualquier tema ante un grupo de oyentes. Esta capacidad natural para expresarse de parte de Apolos le generó una gran cantidad de admiradores, muchos de los cuales permanecían en la Iglesia en Corinto (1 Cor. 1:12).

» *Poderoso en las Escrituras...* En la Versión Católica dice, *versado en las Escrituras,* que implica que era: *ejercitado, práctico o instruido* sobre La Biblia. En el judaísmo se daba mucha importancia al estudio de los libros sagrados, por ese motivo se los educaba en las escrituras desde muy niños (Det. 6:6-7; 2 Tim. 3:15). Seguramente Apolos era un alumno aventajado, lo que sumado a su elocuencia lo transformaba en un comunicador muy convincente.

» *Había sido instruido en el camino del Señor...* Lucas no nos dice en qué circunstancias, ni de boca de quien escuchó Apolos el mensaje del Señor, pero es evidente que generó en él un fuerte impacto porque *siendo de espíritu fervoroso, hablaba y enseñaba diligentemente lo concerniente al Señor.* De todas maneras es bueno tener en cuenta que la frase *el camino del Señor* no estaba necesariamente asociada a la fe cristiana, ya que en el Antiguo Testamento se la usaba para describir cual debería ser la medida espiritual que Dios demandaba de Su Pueblo (Gn. 18:19; Jue.2:22; 1 Sam.12:23; 2 Sam.22:22; 2 R.21:22; 2 Cro.17:6; Sal.18:21; 25:8,9; 138:5; Pr.10:29).

» *Solamente conocía el bautismo de Juan...* (Mateo 3:1-12; Marcos 1:1-8 Lucas 3:1-9; Juan 1:19-28) Apolos conocía y predicaba a Jesús como Mesías, pero ignoraba el valor expiatorio de la muerte de Cristo en la cruz, su resurrección y la Obra del Espíritu Santo en los creyentes. Esto generaba un servicio deficiente, él era un creyente del Antiguo Testamento pero este mensaje ya había perdido su vigencia y su valor. La gente de Éfeso necesitaba escuchar el Evangelio de Salvación.

- Apolos, un Ministerio Provechoso – Hechos 18:26-28

Pablo había dejado a Aquila y Priscila en Éfeso sabiendo que ellos podían cumplir un servicio importante afirmando a los nuevos creyentes (v.19). Este matrimonio se encontraba ahora con la oportunidad de dar frutos importantes en ese ministerio. Apolos solo conocía el principio del *Camino del Señor*, ya que al conocer el bautismo de Juan todavía ignoraba la verdad de la Salvación por la fe en Cristo. Le tomaron aparte y le expusieron más exactamente el camino de Dios (o la doctrina del Señor)... esto implica que le instruyeron cabalmente en las verdades cristianas, seguramente basándose en las profecías del Antiguo

Testamento cumplidas en el Señor Jesucristo. Es posible que después de este suceso Apolos reconociera que en Éfeso tuvo mucho fervor, pero poco contenido, así que se dirigió hacia Acaya donde ministró con eficacia en Corinto. Pablo hace mención del servicio de este hermano al escribir: Yo planté, Apolos regó, pero el crecimiento lo ha dado Dios (1 Cor. 3:6). Acerca del servicio que cumplió en Corinto Lucas dice:

> » *Fue de gran provecho a los que por la gracia habían creído* – A pesar de ser muy nuevo en las cosas del Señor, su capacidad para comunicar y su conocimiento escritural le permitieron ayudar a los creyentes de la Iglesia que se encontraba en formación en ese momento. *Con gran vehemencia refutaba públicamente a los judíos demostrando por las Escrituras que Jesús era el Cristo"* – Apolos no solo predicaba con conocimiento y elocuencia sino que le agregaba valor y compromiso para enfrentar a aquellos judíos que se habían opuesto al ministerio de Pablo (Hech. 18:6; 12-13). Su ministerio era público y su mensaje el Evangelio ya que presentaba las verdades relacionadas con *el Cristo* (es decir *El Mesías de Israel*), es decir que era *necesario que el Cristo padeciese y resucitase de los muertos* (Lucas 24:45-47).

> » *Escribieron a los discípulos...* Es interesante la mención que los hermanos de Éfeso no solo animaron a Apolos para que se dirigiera hacia Acaya sino que escribieron una carta de recomendación. Estas cartas eran comunes en la Iglesia Primitiva (Rom. 16:1, 2; 1 Cor. 16:10; 2 Cor.3:1; Col. 4:10). Seguramente el objetivo era dar fe de la genuina fe y el conocimiento doctrinal de Apolos para que pudiera desarrollar un ministerio público durante su estadía en Corinto. Apolos es un ejemplo en Las Escrituras de lo que implica ser un

hombre sensible a la Palabra y la Voluntad de Dios ya que estaba dispuesto a servirle más allá de sus debilidades y necesidad de aprender.

Los Discípulos de Juan – Hechos 19:1-7

Cuando Pablo llegó a Éfeso por segunda vez tomó contacto con doce hombres que habían participado del *bautismo de Juan*. Existen tres posibilidades sobre quienes eran estas personas:

- Eran discípulos de Juan el Bautista: De ser así, serían personas de edad avanzada y que por mucho tiempo habían estado ausentes de Israel, pues Juan había muerto 25 años antes de ese encuentro con Pablo. Esa ausencia explicaría su ignorancia respecto al Señor Jesucristo, el Espíritu Santo y la Iglesia.

- Eran discípulos de Apolos: Es posible que Apolos antes de ser instruido por Aquila y Priscila haya dedicado tiempo a estas personas discipulándolas en aquellos conceptos que él creía.

- Eran condiscípulos de Apolos: Quizás eran compañeros de Apolos y habían aprendido juntos lo concerniente al mensaje de Juan.

Cualquiera sea la verdad en referencia a estos discípulos lo concreto es que al igual de Apolos ellos no conocían la Obra de Expiatoria de Cristo ni el accionar del Espíritu Santo, por lo tanto no eran salvos todavía.

- La evidencia de que eran inconversos (vs.1-3) – Pablo estaba en duda sobre la Salvación de estas personas, por ese motivo preguntó: *¿Recibisteis el Espíritu Santo cuando creísteis?*, y ellos contestaron negativamente, por lo tanto la siguiente pregunta estuvo en relación con su bautismo, y su respuesta fue: *En el bautismo de Juan.* De esta manera el Apóstol pudo comprender la situación espiritual en la que se encontraban. Era lógica la ignorancia acerca del Espíritu Santo porque no habían conocido el Evangelio, sino simplemente el anuncio de la llegada del Mesías. Cuando alguien cree en Cristo de acuerdo al Evangelio:

» El Espíritu Santo mora en el creyente (1 Cor. 3:16; 6:19)

» El Espíritu Santo es un Regalo para todos los creyentes (Jn.7:38-39; Hech. 11:17; Rom. 5:5; 1 Cor. 3:1-2; Ef.1:13-14)

» El que no tiene el Espíritu Santo no es salvo (Rom. 8:9b, comparar Jud.19 y 2 Cor. 2:14, la palabra *sensual* y *natural* es la misma en el original)

» El Espíritu Santo está con los creyentes para siempre (Jn.14:16)

Obviamente estas personas no eran salvas. El uso de la palabra *discípulos* se refiere a que eran buscadores espirituales sin implicar que eran seguidores de Cristo porque la palabra significa *aprendiz* o *seguidor* y no siempre se usa para cristianos.

La Evidencia de su Conversión (vs.4-7)

» El mensaje de Pablo (vs.4-5) – El Apóstol les recordó que Juan el Bautista *bautizó con bautismo de arrepentimiento, diciendo al pueblo que creyesen en aquel que vendría después de él.* Según Juan 1:19-27 el mismo Juan dio testimonio que él no era el Cristo, ni Elías, ni el profeta, sino simplemente el anunciador de la Venida del Mesías (Jn.1:23; Is.40:31; Mal.3:1). Obviamente sus seguidores debían saber que Jesús era el Mesías

Prometido y el *Cordero de Dios que quita el pecado del mundo* (Jn.1:29-34). Ellos comprendieron el mensaje ya que *cuando oyeron esto fueron bautizados en el nombre del Señor Jesús.* Siempre el bautismo es el resultado de la fe según Hechos 2:38; 8:12, 36-38; 10:47-48. Concretamente, entendieron que la Salvación era una Obra de Gracia a través del Señor Jesucristo y se identificaron plenamente con El.

» La manifestación del Espíritu (v6-7) – Este es el tercer caso en Hechos donde se mencionan a personas hablando en lenguas (Hech.2:1-11; 10:44-46). Este era un fenómeno que se produjo en el tiempo de los Apóstoles con un propósito específico. Seguramente podemos preguntarnos porque Pablo impuso las manos sobre estos nuevos creyentes para que recibieran el Espíritu Santo, cuando no era una práctica común en ese momento. Básicamente tiene que ver con la inclusión de este grupo particular en la Iglesia de Cristo y la manifestación de la superioridad del Evangelio sobre el bautismo de Juan.

» En cada uno de los casos que se manifestó el don de lenguas existió una razón de ser: En Hechos 2 sirvieron para anunciar que Dios estaba haciendo una Obra Nueva que era superior al judaísmo, en Hechos 10 sirvió para demostrar que el cristianismo es superior al paganismo y en este caso se completa la inclusión de todos los grupos posibles dentro del Cuerpo de la Iglesia. No es el camino la Ley Judaica, ni el Paganismo, ni el Bautismo de Juan... solo por medio de Cristo el ser humano puede ser salvo.

F. Scott Spencer comentando acerca de Hechos 8:17 donde dice que *les imponían las manos y recibían el Espíritu Santo* dice:

» Esto denota la aprobación y el respaldo de los apóstoles. Sería apropiado pensar que a la par de esta experiencia los creyentes hablaban en lenguas en ese momento así como sucedió cuando recibieron el Espíritu el día de Pentecostés, a los gentiles que lo recibieron después (10:46) y a los discípulos de Juan (19:6). La unidad de la Iglesia se establecía a medida que samaritanos, gentiles y creyentes del Antiguo Pacto eran añadidos. Ya no sería una sola nación (Israel) la única responsable de llevar el testimonio de Dios, sino la Iglesia conformada por judíos, gentiles, samaritanos y santos del Antiguo Testamento que se convirtieron en creyentes del Nuevo Testamento (19:1-7). Con el fin de comprobar dicha unidad era necesario que se replicara en cada ocasión y en cierta medida lo que sucedió en Pentecostés con los judíos creyentes, como la presencia de los Apóstoles y la venida del Espíritu que se manifestó con las lenguas habladas (2:5-12) (Spencer 2007, 98).

La Fundación de la Iglesia – Hechos 19:8-12

- En la sinagoga (v.8) – Pablo cumplió la promesa que había hecho en Hch.18:19-21 y volvió a Éfeso para predicar en la sinagoga. Lo hizo durante tres meses hablando con *denuedo*, lo que implica: *valor o intrepidez* (Ef.6:19). Este fue el tiempo más prolongado que Pablo compartió el evangelio en una sinagoga. Allí estuvo *discutiendo y persuadiendo acerca del reino de Dios...* esta expresión se refiere a la esfera de la salvación, es decir el señorío divino sobre el corazón de cada creyente redimido por Su Gracia (1 Cor. 6:9; Ef.5:5; Col.1:13, 14; Apoc. 11:15; 12:10).

- En la Escuela de Tiranno (9) – El mensaje del Evangelio produjo fe en algunos y endurecimiento en otros (la palabra griega se refiere a una actitud desafiante, en este caso contra Dios). Por ese motivo Pablo tuvo que separar a los nuevos creyentes de la sinagoga. En este versículo encontramos la fundación propiamente dicha de la Iglesia en Éfeso, porque hasta ese momento habían sido parte de la sinagoga, pero a partir de ese momento constituían un ente independiente. La escuela de Tiranno era un lugar establecido con fines intelectuales y posiblemente allí se instruía sobre retórica y filosofía. Existe un manuscrito griego de un testigo de los hechos que dice que Pablo enseñaba desde la hora Quinta (11:00 horas) hasta la Décima (16:00 horas).

- En las ciudades jónicas el trabajo se desarrollaba desde la salida del sol hasta las once de la mañana y se continuaba bien entrada la tarde porque era demasiado caluroso para trabajar en ese horario, por lo tanto Tiranno solo dejaba disponible el lugar en el período de descanso. También debemos tener en cuenta que según Hechos 20:34 el Apóstol trabajaba para sustentarse, lo cual nos habla del sacrificio con el desarrolló este ministerio, pero Pablo no dudó en hacerlo con tal de establecer la Iglesia en esa ciudad (Ver Hech. 20:20, 24, 27). Además, también es destacable la disposición de los nuevos creyentes para usar su tiempo de descanso para dedicarse a aprender más acerca del Evangelio y la Voluntad de Dios para sus vidas.

- En toda la provincia de Asia (vs.10-12) – Desde Éfeso y a través del ministerio de Pablo el Evangelio se expandió por toda la provincia romana del Asia Proconsular. Es posible que durante ese tiempo se hayan plantado las Iglesias mencionadas en Apocalipsis 1:11 (*Éfeso, Esmirna, Pérgamo, Tiatira, Sardis, Filadelfia y Laodicea*) y las de Colosas y Hierapolis. Es posible que el Apóstol nunca haya salido de Éfeso durante ese período de tiempo sino que sus discípulos llevaran el Mensaje a toda la zona que actualmente corresponde a Turquía.

Y hacía Dios milagros extraordinarios por mano de Pablo... Estos milagros sirvieron para confirmar el ministerio apostólico de Pablo porque aún no se había completado el Nuevo Testamento y era necesario que el mensaje tuviera un respaldo de este tipo para certificar su veracidad (2 Cor. 12:12). Es destacable de esta frase:

» *Hacía Dios...* nunca los milagros son mérito humano, por ese motivo son milagros...

» *Milagros extraordinarios...* La palabra *milagros* significa *señal*, es decir algo que se coloca para marcar una diferencia, en este caso la palabra *extraordinarios* acrecienta este significado. Concretamente un milagro es un evento no común, no se puede esperar que se den milagros en todas las circunstancias ni son hechos que el hombre pueda controlar.

» *Por mano de Pablo...* Pablo era un medio pero no el generador de los milagros.

» *Los paños o delantales de su cuerpo...* Se refiere a las prendas personales de Pablo, no al revés. En la antigüedad se creía que de esta manera se podían transmitir ciertos poderes místicos, pero posteriormente esta práctica no se vuelve a mencionar. No dice el texto que esta práctica generaba resultados, pues está escrita como un paréntesis, simplemente se informa que se llevaban las prendas a los enfermos.

» *Las enfermedades se iban de ellos y los espíritus malos salían...* Se refiere a la primera parte del versículo 11 y muestra el resultado. Los milagros eran evidentes e indiscutibles.

La Victoria sobre el Mal – Hechos 19:13-20

- Los hijos de Esceva (v13-16) – Posiblemente eran impostores ya que no hay registros de ningún Esceva que haya ocupado el cargo de Sumo Sacerdote. Según dice el texto eran *exorcistas ambulantes* (la palabra EXORCISTES derivada del verbo EXORCIZO que significa *hacer jurar o juramentar* es la única vez que aparece en el Nuevo Testamento), función que solían cumplir diferentes personajes en los días de los apóstoles (Simón el mago en Hech. 8:9-25 y Barjesús en Hech. 13:6-12 por ejemplo). Seguramente atraídos por la notoriedad del ministerio de Pablo pretendieron imitarlo por medio de conjuraciones, juramentos o fórmulas mágicas, pero al no tener un conocimiento personal del Señor Jesús fracasaron en su intento.

  » *A Jesús conozco y sé quien es Pablo; pero vosotros ¿Quiénes sois?...* La respuesta del demonio es muy interesante: Santiago dice, *Tú crees que Dios es uno, bien haces. También los demonios creen y tiemblan* (Stg. 2:19). Es evidente que el mundo demoníaco conoce perfectamente Quien es el Señor (en Marcos 1:24 un demonio le dijo: *Sé quién eres, el Santo de Dios*) y también a quienes fueron encomendados por él (*les dio autoridad sobre los espíritus inmundos para que los echasen fuera...* Mateo 10:1). Pero de ninguna manera el hombre natural puede enfrentar al diablo porque se encuentra sujeto a servidumbre bajo su potestad (Hebreos 2:15; Ef.2:1-3) y no lo puede enfrentar. La única manera de vencer al diablo y sus demonios es cuando la lucha se desarrolla en las *regiones celestiales*, el lugar donde:

  (1)   Reina Cristo (Efesios 1:20)

(2) Estamos sentados posicionalmente con Cristo (Efesios 2:6)

(3) Se desarrolla la contienda espiritual con armas espirituales (Efesios 6:10-17)

- Los libros de magia (vs.17-20) – *Y esto fue notorio a todos los que habitaban en Éfeso.* Fue evidente el Poder que había en el Nombre del Señor y la superioridad del ministerio de Pablo en comparación con aquellos impostores, por lo tanto muchas personas creyeron en el Evangelio. Los nuevos creyentes decidieron cortar todo lazo que pudiera unirles a las prácticas demoníacas, por ese motivo *muchos de los que habían practicado la magia trajeron los libros y los quemaron delante de todos.*

- Estos *libros* eran literatura ocultista que estaba escrita en rollos y componían la *Ephesia Grammata* que era una expresión muy conocida en el mundo grecorromano para referirse a los escritos mágicos en general. El valor era muy alto ya que las *cincuenta mil piezas de plata* representan unos 720 kilos de ese metal precioso o cincuenta mil días de salario de un obrero, esto muestra lo difundida que estaba esta práctica en Éfeso. El versículo 20 nos muestra un nuevo progreso en la proclamación del Evangelio.

Es interesante como Lucas fue mencionando estratégicamente el avance del Evangelio a los largo del libro de Hechos (Ver Hch.6:7; 9:31; 12:24; 16:5; 19:20 y 28:31). En lo referente a este pasaje específico el crecimiento se relaciona con la Obra en la provincia romana del Asia Proconsular que tenía en Éfeso su centro principal. Es evidente que la Iglesia en esta ciudad llegó a ser de mucha importancia porque Lucas dedicó una porción muy amplia para presentar su fundación y establecimiento (Hech.18:24—19:41; 20:17-38).

La Reacción de los Comerciantes de Ídolos
Hechos 19:21-41

- Los planes de Pablo (vs.21-22) - En los Versículos 21 y 22 vemos que Pablo estaba diagramando un plan de acción. Su idea era ir a Jerusalén, después de recorrer Macedonia y Acaya... y más adelante me será necesario ver también Roma. El texto dice que él se propuso en espíritu hacer estas cosas, lo cual significa que era su intención personal sin hacer referencia al Espíritu Santo. Esto no está mal, simplemente muestra objetivamente que es correcto elaborar planes porque Dios nos ha dado capacidad para hacerlo, lo que debemos posteriormente es esperar en la Voluntad de Dios para llevarlos a cabo.

- Concretamente al visitar Macedonia y Acaya el Apóstol iba a recoger la ofrenda que se estaba recaudando para ayudar a los creyentes de Jerusalén (Rom. 15:25-27; 1 Cor. 16:1-4; 2 Cor. 8-9); y su intención de visitar Roma era porque pensaba establecer en la Capital del Imperio otro centro misionero similar a Éfeso desde donde podría llegar a España (Rom. 15:22-24). A partir de este momento Roma se transformó en el objetivo de Pablo y El Señor le permitió alcanzarlo aunque bajo circunstancias diferentes a las que el mismo Apóstol hubiera imaginado en ese momento (Hech. 28:16, 30-31).

  Considerando este plan envió a Timoteo y Erasto a Macedonia y él se quedó por algún tiempo en Asia... No se sabe mucho más acerca de Erasto, solo que este nombre se menciona en otras dos ocasiones (Rom. 16:23; 2 Tim. 4:20) y que no puede afirmarse con certeza que se trate de la misma persona.

- El disturbio en Éfeso (vs.23-41) – Durante la permanencia de Pablo en Éfeso mencionada en versículo 22 ocurrió el suceso mencionado en los versículos 23 al 41. Este acontecimiento es esencialmente anecdótico y aparece en el Libro de Hechos como un paréntesis, aunque obviamente está escrito con propósitos específicos. Observando el texto con detenimiento encontramos cuatro razones básicas por las cuales Lucas y el Espíritu Santo mencionaron lo sucedido:

1. Para Mostrar el Paganismo de la Época (vs.23-29)

El problema surgió con un gremio de fabricantes de *templecillos de Diana* que estaba dirigido por Demetrio. La diosa Diana era la divinidad más célebre del Asia Menor. En la mitología griega, Diana o Artemisa era una hermosa joven virgen que se dedicaba a la caza, además una deidad lunar protectora de las doncellas y ayudadora de las mujeres durante el parto. En sus orígenes asiáticos era la diosa de la naturaleza silvestre y la fecundidad. Encarnaba a varias diosas orientales como Astarté, Astoret y Artemis. El templo erigido en su honor en Éfeso era impresionante y se lo consideraba una de las Siete Maravillas del Mundo. La veneración que esta diosa producía había generado un excelente negocio para los fabricantes de imágenes o replicas del templo que servían como fetiches o simplemente *recuerdos* para quienes visitaban Éfeso. El negocio era tan importante que los que se dedicaban a ello habían conformado una asociación o una especie de sindicato que los nucleaba. Estas personas, con Demetrio a la cabeza, tuvieron temor que el cristianismo que estaba creciendo mucho en la ciudad generara dos efectos:

» *Hay peligro de que este, nuestro negocio, venga a desacreditarse* (v.27)

> » *Hay peligro de... que el templo de la gran diosa Diana sea estimado en nada* (v.27)

El argumento mezcla el interés económico (asunto primordial) con el celo religioso... la reacción manifiesta lo que ellos sentían: *Oídas estas cosas, llenáronse de ira y dieron alarido diciendo: ¡Grande es Diana de los efesios!* (Versión 1909). Al decir *Diana de los efesios*, se puede notar también que estaba en juego su orgullo regional. Éfeso era importante entre otras cosas por el templo de esta diosa y eso generaba un sentimiento en esta gente por su ciudad. Estos elementos generaron una actitud escandalosa y peligrosa en los días del Imperio Romano.

2. Para Mostrar el Impacto del Evangelio (vs.23-29)

El culto a Diana era muy poderoso y formaba parte de una tradición religiosa antiquísima, pero en menos de tres años El Señor por medio de Pablo *no solamente en Éfeso, sino en casi toda Asia*, había llevado a mucha gente al Evangelio alejándoles de la idolatría. Es evidente que el ministerio era tan fructífero que el negocio de Demetrio y su gremio tambaleó profundamente.

3. Para Mostrar el Carácter de Pablo (vs.30-31)

El *teatro* mencionado en el versículo 29 tenía una capacidad para 24.500 personas, por lo tanto la multitud que se movilizó por causa de este problema pudo haber sido muy grande. A pesar de lo peligroso de la situación y el riesgo que implicaba enfrentar a un grupo enardecido, Pablo veía en esta circunstancia una excelente oportunidad para predicar el Evangelio. La determinación del Apóstol se puede ver claramente en el hecho que los discípulos tuvieron que impedirle que se dirigiera al teatro y en la reacción de las *autoridades*.

Dice el versículo 31: *También algunas de las autoridades de Asia, que eran sus amigos, le enviaron recado, rogándole que no se presentase en el teatro...* estas personas eran los *asiarcas*, título que en otras provincias se aplicaba al sacerdote del culto imperial y presidente del consejo de Gobierno, pero en Éfeso era usado también por otros personajes importantes como los miembros del Consejo. Finalmente el Apóstol no pudo presentarse ante la gente, pero de todas maneras es evidente que tenía verdadera valentía y no se intimidaba a la hora de defender sus convicciones (2 Tim. 1:7-8).

4. Para Mostrar el Orden del Imperio Romano (vs.32-41)

En los versículos 32 a 34 podemos ver la confusión que se había generado (*Unos, pues, gritaban una cosa y otros, otra; porque la concurrencia estaba confusa... todos a una vos gritaron casi por dos horas: ¡Grande es Diana de los efesios!*), inclusive dice que *los mas no sabían por que se habían reunido...* pero, en el versículo 35 aparece en escena *el escribano* o *grammateus*. Este funcionario es conocido por referencias extra bíblicas como alguien que tenía un trabajo administrativo de importancia en la ciudad, quien ponía a consideración de la asamblea popular los proyectos especiales y actuaba como presidente de las reuniones que frecuentemente se llevaban a cabo en el teatro, por lo tanto era la persona indicada para apaciguar los ánimos. El presentó tres razones a la multitud:

» Éfeso es *guardiana* del templo de Diana (vs.35-36). Era algo común considerar a personas o grupo de individuos como *guardianes* del templo de algunos dioses. El escribano les remarcó que *esto no puede contradecirse*, es decir, debían calmarse porque lo esencial que les preocupaba no iba a sufrir modificaciones.

» Demetrio y los artífices podían demandar judicialmente a Pablo (v38-39). El les llamó la atención al orden y la justicia que existía en el Imperio Romano. Un pleito podía solucionarse a través de los Juzgados y en caso de ser necesario se podía convocar una *legítima asamblea.*

» Corrían el riesgo que se acusara a la ciudad de Éfeso de sedición (vs.40-41). El Imperio Romano era muy cuidadoso en cuanto al orden en las ciudades que estaban bajo su dominio y ante la posibilidad de un alzamiento popular hubieran tomado medidas represivas muy severas. El escribano quien tenía la responsabilidad de representar la ciudad ante el Imperio Romano, les recordó el peligro que significaba realizar este tipo de movimientos multitudinarios en forma ilegitima.

La respuesta de la gente a estos argumentos fue inmediata porque: *Y habiendo dicho esto, despidió la asamblea.*

B. Consolidando – Macedonia y Grecia
Hechos 20:1-16

El Viaje por Macedonia y Grecia – Hechos 20:1-6

• Macedonia (vs.1-2) – Tanto en sus últimos momentos en Éfeso como durante su recorrida por Macedonia encontramos a Pablo *exhortando* a los creyentes. Este ministerio de exhortación a veces tenía el propósito de alentar y en otras ocasiones edificar o consolar (1 Cor. 14:3; 1 Tim. 4:13; 2 Tim. 4:2; 1 Tes. 4:18; 5:11) y siempre está relacionado con la enseñanza de verdades doctrinales. El Apóstol dedicó especial atención a este ministerio porque quería dejar bien cimentadas las nuevas Iglesias pues debía pensar que quizás no tendría otra oportunidad de visitar nuevamente esos lugares. Seguramente este recorrido incluyó las ciudades de Filipos, Tesalónica, Berea e Ilirico.

- Grecia (v.3) – Seguramente Pablo estuvo tres meses en Corinto ya que en esa ciudad estaba la Iglesia con la cual tuvo mucho intercambio epistolar durante su estadía en Éfeso, además en Atenas no había una iglesia establecida hasta donde se conoce. En sus cartas a los Corintios el Apóstol les había prometido una visita (1 Cor. 16:5-9), además el objetivo de este viaje era reunir la ofrenda que las Iglesias iban a enviar a los creyentes de Jerusalén (1 Cor. 16:1-4; 2 Cor. 8:1-5; 9:1-7). La intención era partir directamente desde Corinto hacia Antioquía de Siria pero siéndole puestas asechanzas por los judíos... tomó la decisión de volver por Macedonia.

- Los Compañeros de Pablo – Hechos 20:4-6

Este pasaje nos lleva a considerar la efectividad de Pablo en el discipulado personal. Más adelante iba a recordarle a Timoteo el valor de preparar *hombres fieles* para continuar el ministerio de fundación de iglesias (2 Tim. 2:2).

Estos hombres eran:

» SOPATER: En algunas versiones se agrega *hijo de Pirro*. Su nombre significa: *El Padre que Salva* o *Salvando a un Padre*. Era oriundo de Berea y generalmente se lo identifica con *Sosípater* quien era pariente de Pablo (Rom. 16:21)

» ARISTARCO: Su nombre significa *Mejor Gobernador*. Nacido en Tesalónica, fue compañero de viajes y prisiones del Apóstol Pablo (Hech. 19:29; Col. 4:10; Flm. 24)

» SEGUNDO: No hay otra mención de esta persona en el Nuevo Testamento, por lo tanto solo se conoce de él que acompañaba a Pablo según este pasaje.

» GAYO: Este nombre de origen latino era muy común. En el Nuevo Testamento hay cuatro personas que se llaman con ese nombre:

  » Gayo de Macedonia (Hech. 19:29)

  » Gayo de Derbe (Hech. 20:4)

  » Gayo de Corinto (1 Cor. 1:14; Rom. 16:23) – Recordemos que Pablo escribió la carta a los Romanos durante su estadía de tres meses en Corinto, por lo tanto es posible que esta sea la misma persona que está mencionada en Hech. 20:4

  » Gayo *el amado* (3 Jn.3-8)

» TIQUICO: Su nombre significa *el que tiene fortuna*. Pablo durante su encarcelamiento lo envió a Éfeso (Ef.6:21-22; 2 Tim. 4:12) y Colosas (Col.4:7-9). Su designación de *ministro* en Colosenses 4:7 significa que estaba dedicado por completo a la Obra. Por lo que sabemos de este hombre era alguien muy cercano al Apóstol Pablo ya que contaba con toda su confianza.

» TIMOTEO: Su nombre significa *Temeroso de Dios*. Ver nota de Hechos 16:1-3

» TROFIMO: Su nombre significa *el que alimenta*. Era natural de Éfeso y acompañó a Pablo hasta Jerusalén. El Apóstol menciona que había quedado en Mileto enfermo (2 Tim. 4:20).

» LUCAS, el *médico amado* (Col. 4:14): Aparece en tercera persona y menciona que acompañó a Pablo y hasta que se reencontraron con los demás en Troas.

En Filipos celebraron la *Fiesta de los panes sin levadura*, es decir la Pascua a la que se denominaba de esta manera porque durante esta festividad se ingería pan sin leudar (Ex.12:15; Dt.16:13).

La Visita a Troas – Hechos 20:7-12

TROAS: Originalmente era el nombre de una comarca que se encontraba en la península del Asia Menor, el Este del Helesponto. Con el tiempo se dio este nombre a una ciudad, específicamente Alejandría Triade que se encontraba en la costa del Mar Egeo frente a la isla de Ténedos. Era el puerto comercial entre Asia Menor y Macedonia. Pablo la visitó en su Segundo (Hech. 16:8; 2 Cor. 2:12) y Tercer Viaje Misionero.

• La Cena del Señor (v.7a) El *primer día de la semana* correspondía al domingo de nuestro calendario. En aquel tiempo los días no tenían nombre sino que estaban numerados desde el primero hasta el séptimo correspondiendo el último al *día de reposo*, es decir el Sábado. Los creyentes dejaron de guardar el Sábado y se reunían los Domingos para conmemorar la Resurrección de Cristo acontecida ese día de la semana (Jn.20:1-10; 1 Cor. 16:2; Ap.1:10). Los creyentes participaban de la Cena del Señor en obediencia al mandato del Señor. La Cena es una Ordenanza de la Iglesia porque fue enseñada por el Señor (Mt. 26:17-29;

Mr. 14:12-25; Lc. 22:7-20; Jn. 13:21-30), practicada en libro de Los Hechos (Hech. 2:42, 46; 20:7) y confirmada en las Epístolas (1 Cor. 11:23-26). Se acostumbraba antes de partir el pan celebrar una cena fraternal llamada *Ágape* que significa *Amor* (1 Cor. 11:17-22).

- La Resurrección de Eutico (7b-12). En el séptimo y último día de la estadía de Pablo en Troas el Apóstol tenía mucha enseñanza para comunicar a los creyentes de esa ciudad, por ese motivo *alargó el discurso hasta la medianoche*. El versículo 9 presenta a Eutico, un *joven* según Lucas. La palabra griega para *joven* sugiere que tenía entre 7 y 14 años. El ambiente nocturno, la cantidad de lámparas y el discurso largo hicieron efecto en el pues estaba *rendido de un sueño profundo* y *fue vencido del sueño...* Podemos estar seguros que Eutico murió en la caída porque Lucas que era médico y fue testigo presencial dice *fue levantado muerto* además el golpe fue muy fuerte porque *cayó del tercer piso*. Pablo actuando de manera similar a Elías (1 Reyes 17:21) y Eliseo (2 Reyes 4:34) le resucitó en el Poder de Cristo usando su don apostólico. Todo este evento ocurrió en una iglesia hogareña que se reunía en un *aposento alto*. Al reponerse Eutico continuaron con la actividad que incluyó:

  » Participar de la Cena del Señor – *partido el pan*

  » Participar del Ágape – *haber... comido...*

  » Recibieron más enseñanza – *habló largamente hasta el alba*

Lucas reitera: *y llevaron al joven vivo...* para reafirmar que sucedió un milagro y fue resucitado. Este es el segundo evento de este tipo mencionado en Hechos (Hechos 9:36-43), que confirmaba el concepto que El

Señor continuó *haciendo y enseñando* a través de hombres apostólicos como Pedro y Pablo.

El Viaje de Troas a Mileto – Hechos 20:13-16

- ASON: Esta ciudad estaba a 31 Kms de Troas y Pablo decidió llegar hasta allí por tierra. Era un puerto que se encontraba en la ribera norte del Golfo Adramicio en la provincia de Misia.

- MITILENE: Era la capital de la isla de Lesbos y el grupo misionero estuvo allí solamente de paso.

- QUIO: Era el nombre de una isla montañosa del Mar Egeo. Se encontraba a unos 8 Kms de la costa occidental del Asia Menor. Era el lugar natal del poeta Homero.

- SAMOS: Su nombre significa *Altura* y es una isla ubicada en la costa occidental del Asia Menor. Desde el 134 a.C hasta el 19 a.C que se independizó estuvo bajo el dominio romano, con una importante comunidad judía.

- TROGILIO: Era una población sobre un promontorio de la costa de Asia frente a la isla de Samos. La nave, según la tradición, se detuvo en un lugar que en la actualidad se llama *Puerto de San Pablo*.

- MILETO: Esta ciudad se encontraba sobre la desembocadura del Río Meandro a 58 Kms al Sur de Éfeso. Era una colonia jónica, anteriormente cretense en el distrito de Caria. En aquel tiempo era un famoso centro comercial. *Porque Pablo se había propuesto pasar de largo Éfeso, para no detenerse en Asia.* El viaje hasta Mileto llevó tres días, los que sumados a los siete días de permanencia en Troas y los cinco de viaje desde Filipos a esa ciudad nos hacen pensar que transcurrieron unos quince días desde que partieron desde Acaya para retornar a Antioquía de Siria. Como en Filipos habían celebrado la Pascua faltaban 35 días para llegar a Jerusalén a tiempo para Pentecostés. La distancia de Mileto a Jerusalén era mayor de 1.000 Kms, por lo tanto es lógico que Pablo tuviera apuro por partir y no quería detenerse en Asia. Además el plan original era partir para Jerusalén directamente desde Corinto (Hechos 19:21; 20:3). Este pasaje enseña la importancia de establecer metas concretas para desenvolverse ordenadamente en la vida.

C. Comprometiendo – El Liderazgo de Éfeso
Hechos 20:17-38.

Para no retrasarse en el viaje desde Mileto a Jerusalén, el Apóstol envió por los ancianos de Éfeso para darles recomendaciones finales. Pablo les dio una exhortación donde enfatizó cuatro aspectos fundamentales:

La Importancia de un Servicio Positivo – Hechos 20:18-21

El ministerio de Pablo en Éfeso incluyó algunas actitudes sobresalientes, que no ignoraban los ancianos porque él les dijo, *Vosotros sabéis como me he comportado...*:

- Constancia - *Todo el tiempo* (v.18) – La característica principal del ministerio de Pablo era su constancia en el servicio, lo que está implícito en la frase *desde el primer día que entré en Asia*. Es decir, durante sus tres años de permanencia entre ellos su comportamiento no había cambiado (Hech. 20:31).

- Carácter -*Con toda humildad* (v.19) – Es la manifestación clara de un genuino carácter cristiano. La humildad bíblica no es servilismo, ni baja autoestima, masoquismo o auto humillación, sino reconocer que *el Omnipotente hace grandes cosas con los que le temen* (Lc.1:49). Alguien dijo que: *La humildad no consiste en un voluntarioso desprecio de sí mismo, sino en la aceptación de la propia realidad delante de Dios y de los hombres.*

- Compromiso – *Con muchas lágrimas* (v19, 31) – Quizás recordando el Salmo 126:5, Pablo estaba sembrando con muchas lágrimas en Éfeso, pero El Señor no iba a olvidarse de ello (Sal. 56:8) y cambiaria ese sufrimiento en gozo (Is. 25:8; Apoc. 21:4). Los motivos que generaban deseos de llorar en Pablo eran:

  » Los incrédulos y su necesidad de Cristo (Rom. 9:2-3)

  » Los creyentes inmaduros (2 Cor. 2:4)

  » Los falsos maestros (Hech. 20:29-30)

Derramar lágrimas no es una señal de debilidad o impotencia sino de compromiso con la Causa de Cristo.

- Convicción – *Con pruebas, que me han venido por las asechanzas de los judíos* (v.19) – Se refiere a aquellas personas que se opusieron a su ministerio desde el comienzo de la Obra en Éfeso en la sinagoga de la ciudad (Hech. 19:9). Estos hombres se *endurecieron*, no *creyeron* y *maldijeron el Camino*... a partir de entonces generaron tal oposición que como hemos visto Pablo tuvo que desviar su camino de regreso a Jerusalén por causa de ellos (Hech. 20:3; 2 Cor. 11:24,26). Como el Apóstol explicaría a los Efesios en la epístola que les envió, la lucha verdaderamente no es contra *carne y sangre* sino contra un enemigo más poderoso a quien es necesario combatir en el Poder del Señor (Ef. 6:10-19)

- Corazón - *Anunciando públicamente y por las casas* (v.20) – Se refiere al mensaje del Evangelio que él comunicó en la sinagoga (Hech. 19:8), en la escuela de Tiranno (Hech. 19:9-10) y en todo lugar donde le brindaran la oportunidad de tal manera que en dos años... todos los que habitaban en Asia, judíos y griegos, oyeron la palabra del Señor Jesús (Hech. 19:10). El versículo 21 dice que Pablo estuvo testificando a judíos y gentiles acerca del arrepentimiento para con Dios y de la fe en nuestro Señor Jesucristo, lo cual recuerda no solo su mensaje, sino también su corazón de misionero.

- Consistencia - Enseñando públicamente y por las casas... (v.20) – Pablo no solo ganaba almas sino que discipulaba y edificaba a los nuevos creyentes para ellos marcharan hacia la madurez espiritual. El versículo 27 dice: porque no he rehuido anunciaros todo el consejo de Dios, es decir, sabía que los creyentes sobre todas las cosas necesitan aprender verdades bíblicas para desarrollarse en el andar cristiano (Ef. 4:11-16).

La Importancia de un Sacrificio Personal
Hechos 20:22-24

Pablo conocía perfectamente el peligro que corría al dirigirse hacia Jerusalén, pero su compromiso por la causa de Cristo era mayor que su seguridad y conveniencia, por ese motivo detalla tres razones básicas para disponerse a un sacrificio vivo. *Ligado yo en espíritu voy a Jerusalén* (v.22) – La palabra *ligado* es la misma que se usa para *constreñido* en 2 Cor. 5:14 (*Porque el amor de Cristo nos constriñe...*); la idea es que el Amor expresado por Cristo es la motivación que movía al Apóstol. Seguramente el ejemplo del Señor al poner su rostro para ir a Jerusalén a pesar de que en esa ciudad lo esperaba el Sacrificio estuvo en la mente de Pablo en aquellos días. El versículo 23 es testimonio de las advertencias que había recibido y de las cuales era consiente (Rom. 15:31)

De ninguna cosa hago caso, ni estimo preciosa mi vida para mí mismo (v.24) – Pablo no consideraba su propia vida como algo *precioso* cuando la comparaba con el alto valor de su ministerio. Básicamente se trata en un orden de valores, si Cristo es *precioso* (1 Pedro 1:19; 2:7) entonces nuestra vida pasará a ocupar un segundo lugar. Las advertencias no surtían efecto en Pablo porque no le preocupaban las *prisiones y tribulaciones* que le esperaban en Jerusalén sino la Gloria de Dios. *Con tal que acabe mi carrera con gozo y el ministerio que recibí del Señor Jesús...* (v.24) – Su meta era más alta que las circunstancias momentáneas. El tenía como objetivo terminar su vida cumpliendo satisfactoria-mente aquello que se le había encomendado (1 Cor. 9:24-27; Fil.3:12-14; 2 Tim. 4:7). En Filipenses 1:21 encontramos que su *vivir* era Cristo, por lo tanto siempre la muerte era *ganancia*. Cuando consideramos la vida de Pablo podemos pensar en él como un corredor de largas distancias:

> » Sus COMIENZOS en la Carrera - Hechos 9:20-30

> » Su CRITERIO en la Carrera - Hechos 20:24

> » Su CONDUCTA en la Carrera – 1 Corintios 9:24-27

> » Su CONVICCION en la Carrera - Filipenses 3:12-14

> » Su CULMINACION de la Carrera – 2 Timoteo 4:7-8

Por ese motivo no podía darse el lujo de correr *como a la ventura* (1 Cor. 9:26), es decir sin rumbo fijo, porque tenía una meta más alta que le sostenía (*prosigo a la meta, al premio del supremo llamamiento de Dios en Cristo Jesús*, Fil.3:14).

La Importancia de una Seguridad Programada
Hechos 20:25-32

Un ejemplo (vs.25-27, 31) - Pablo para introducir el tema de la apostasía y los falsos maestros dedica un tiempo para recordarles su conducta la cual era una medida correcta para evaluar la conducta de quienes pretendieran ser ministros del Evangelio cuando él no estuviera más con ellos. De ninguna manera esto es jactancia sino la seguridad de haber hecho lo correcto delante de Dios y de los hombres, por eso en la vida de Pablo pueden observarse tres marcas de integridad imprescindibles para un siervo de Dios:

1. *Estoy limpio de la sangre de todos* (v.26) – Aparentemente es una referencia a Ezequiel 3:18-21. Concretamente Pablo pensaba que su trabajo en Éfeso había concluido, por lo tanto ahora la responsabilidad recaía sobre las autoridades de la Iglesia Local.

2. *No he rehuido anunciaros todo el consejo de Dios* (v.27) – Su mensaje no había estado limitado en ninguna circunstancia, es decir Pablo en Éfeso habló *las palabras de Dios* (1 Ped. 4:11).

3. *Por tres años, de noche y de día, no he cesado de amonestar con lágrimas a cada uno* (v.31) – La dedicación había sido completa ya que fue:

   » Sin detenimiento – *Por tres años*

   » Sin descanso – *de noche y día*

   » Sin dudas – *no he cesado de amonestar con lágrimas*

   » Sin diferencias – *a cada uno*

Un encargo (vs.28-30, 32) - Como consecuencia del conocimiento que Pablo les había comunicado (v.31a) y ante la perspectiva de la apostasía el Apóstol menciona a los ancianos de Éfeso tres responsabilidades básicas que debían sobrellevar:

1. *Mirad...* No es simplemente fijar la vista en algo sino que la palabra en el idioma original contiene la idea de: *a) Prestar atención, b) Atender, cuidar, servir, c) Dar de sí o ceder físicamente*

2. El consejo de Pablo estaba enfocado primeramente a sus propias vidas (*mirad por vosotros*), para luego poder dedicarse al *rebaño en que el Espíritu Santo os ha puesto por obispos*. Es decir, el pastor para cuidar adecuadamente de su grey debe ser fiel primeramente en su vida privada (1 Tim. 3:1-7; 1 Ped. 5:1-4).

3. *Apacentar la iglesia del Señor...* La definición más sencilla de *apacentar* es: *dar pasto al ganado* y nos define la idea básica del ministerio pastoral, es decir alimentar adecuadamente al Pueblo de Dios. En el Salmo 23:2 vemos que un buen pastor sabe que para que sus ovejas estén satisfechas deben estar bien alimentadas (*En lugares de delicados pastos me hará descansar; junto a aguas de reposo me pastoreará. Confortará mi alma*). Pero en contraste en Ezequiel 34:1-8; Zacarías 1116-17 y Judas 12 vemos a malos pastores quienes se aprovechan y desentienden de las ovejas puestas a su cuidado. Es evidente que el líder espiritual de una congregación es llamado a *apacentar* o *pastorear* la Iglesia por medio de la enseñanza y predicación de la Palabra de Dios (1 Ped. 5:2; 1 Tim.3:1-8 donde dice *apto para enseñar* y *no un neófito* como requisitos; Tit. 1:9; Heb.13:7; Ef.4:11). Considerando esta responsabilidad Pablo les recordó a aquellos hombres cual había sido el costo que El Señor tuvo que pagar para formar aquella Iglesia que ellos

debían alimentar *(la cual él ganó por su propia sangre...* v.28; 1 Ped. 1:19).

4. *Por tanto, velad...* (v.31) – Esta palabra presenta la idea de ser *un vigía, centinela, guardia o atalaya.* En Isaías 56:9-11 encontramos el ejemplo de un mal *vigía.* El propósito de *velar* es estar atento para que Satanás no gane ventaja afectando de alguna manera el bienestar de la Obra, el crecimiento de los hermanos y la predicación a los incrédulos. Esta es una responsabilidad fundamental en el ministerio pastoral (Heb. 13:17, *ellos velan por vuestras almas...*). Un Enfrentamiento (v29-30) – La *apostasía* implica *volverse atrás* o *rebelarse* (Gn.14:4; 2 Cro.13:6 usado en la Septuaginta) y específicamente dentro del cristianismo se refiere a un *abandono de la fe.* Pablo sabía que los apóstatas tarde o temprano se harían presentes en aquella congregación por eso advierte a los ancianos de Éfeso y los describe como:

5. *Lobos rapaces* (v29) – Esta definición es para quienes vendrían desde afuera de la Iglesia (*entrarán en medio de vosotros*), también es usada por Jesús en Mateo 7:15 y 10:16. La designación de *lobo* es acertada porque este animal según el Diccionario CLIE: *permanece durante el día entre las rocas o se esconde en la estepa (Jer. 5:6); por la noche (Hab.1:8; Sof.3:3) sale a buscar su presa y es el terror de los rebaños (Jn.10:12)... los enemigos sanguinarios y malvados son comparados con lobos (Mt. 7:15); los discípulos enviados por Jesús serán como ovejas entre lobos (Mt. 10:16; Lc.10:3).*

6. *Hombres que hablen cosas perversas* (v.30) – Estas personas surgirían de la misma Iglesia con el propósito de dividirla (*Y de vosotros mismos se levantarán... para arrastrar tras sí a los discípulos*) (Ver 2 Ped. 2:1; Jud.4, 12-16). Ellos hablarían *cosas perversas,* es decir *torcidas*

o *distorsionadas* (2 Ped. 3:16). Ante el advenimiento de estas personas el liderazgo debe estar atento para defender adecuadamente a la congregación que El Señor ha puesto a su cuidado. Por ese motivo Pablo el ánima encomendándolos a:

» *Dios* – Sólo El Señor puede fortalecernos para la batalla de la fe

» *La Palabra de Su Gracia* – Se refiere a las Escrituras que tienen la capacidad de *sobreedificar* a los hijos de Dios (1 Tes.2:13; 2 Tim. 3:16-17; 1 Ped. 2:2) y ofrecen la seguridad sobre la *herencia* que está reservada en los Cielos.

La Importancia de una Sinceridad de Propósitos
Hechos 20:33-38

Para concluir su discurso de despedida el Apóstol compartió con toda sinceridad cuales fueron las intenciones que lo movieron al realizar su ministerio en Éfeso: *No he codiciado... ni plata, ni oro, ni vestido...* (v.33) – Como estuvo entre ellos con *humildad* (v.19) no estaba preocupado por cuestiones materiales. La tendencia a hacer el ministerio por lucro y procurar ganancia de los hermanos es una característica de los falsos maestros (Tit. 1:11; 2 Ped. 2:3). Por el contrario el Apóstol había mantenido una conducta intachable en este sentido a lo largo de su vida (1Tim. 6:3-5). *He trabajado... estas manos me han servido* (v.34) – Pablo acostumbraba a trabajar para mantenerse porque de esa manera no colocaba una carga sobre la Iglesia que estaba en formación y al mismo tiempo daba un buen ejemplo a los nuevos creyentes (2 Tes.3:6-12). El no usaba el derecho establecido por El Señor de recibir un sustento por dedicarse a la Obra porque deseaba no ser carga a los creyentes (1 Cor.

9:3-14). Su intención siempre que encontraba la ocasión era presentar *gratuitamente* el evangelio (1 Cor. 9:18).

- *He ayudado... Mas bienaventurado es dar que recibir* (v.35) – No solamente había provisto para sí mismo y quienes estaban con él, sino que había ido más allá ayudando a los *necesitados* (Gál. 6:10; 1 Cor. 4:12; 2 Tes. 3:8-9). La despedida final (vs.36-38) fue muy emotiva lo que manifiesta el aprecio que aquellos hombres sentían por Pablo:

- *Se puso de rodillas, y oró con todos ellos...* La mejor manera de despedirse es encomendándose mutuamente al cuidado del Señor. En su carta a los Efesios el Apóstol oraba por los creyentes de esa Iglesia (Ef. 1:15-23) y les pedía que ellos oraran por el (Ef. 6:18-20). *Hubo gran llanto de todos, y echándose al cuello de Pablo, le besaban...* Era una actitud común expresar afecto de esta manera (Gen. 33:4; 45:14; 46:29). Saludarse con un beso era una práctica cristiana aceptada y difundida (2 Cor.13:12). *Doliéndose en gran manera... separarnos* (Hech. 21:1)... La idea de la palabra *separarnos* significa *arrancarse uno del otro* lo cual demuestra el sentimiento profundo que se había establecido entre estos hombres después de compartir tres años de servicio al Señor estableciendo un centro misionero en Éfeso.

D. Comprendiendo – La Disposición de Pablo
   Hechos 21:1-16

De Mileto a Tiro – Hechos 21:1-3

- COS: Era una isla situada en el extremo Sur del Mar Egeo, al Noreste de la Isla de Creta. Estaba frente a la costa de Caria entre Mileto y Rodas. Este lugar era reconocido por sus prestigiosas escuelas de medicina y también por la producción de ungüentos, púrpura y bebidas alcohólicas.

- RODAS: Era una isla famosa en la historia antigua que se encontraba situada en el Suroeste del Asia Menor cerca de Caria. Su clima era muy agradable y tenía bellos paisajes. Había pertenecido a Atenas y en los días de Pablo se encontraba bajo el dominio romano con el propósito de formar una provincia marítima. Su posición geográfica le permitía ser un medio importante en el cruce de rutas marítimas clave en el transporte por la zona. En la entrada del Golfo de Rodas se encontraba el famoso Coloso que era un inmenso faro con la forma de una estatua de Apolos, que se consideraba una de las Siete Maravillas del Mundo.

- PATARA: Era el puerto marítima de la provincia romana de Licia en la costa sur del Asia Menor frente a la Isla de Rodas en la desembocadura del Río Xantos. Este lugar era un centro de adoración a Apolos. Desde ese lugar Pablo se embarcó rumbo a Fenicia.

- TIRO (en hebreo *Sur* o *Roca*): Era una ciudad fenicia ubicada sobre una isla rocosa que da origen a su nombre (Ez.26:4). Se encontraba en la costa oriental del Mediterráneo. Tiro fue famosa por sus navegantes, pues su actividad comercial unía oriente con occidente. Isaías la llama *emporio de las naciones* en Isaías 23:3 y Ezequiel *la que trafica con los pueblos de muchas costas* (Ez.27:3). Al ser una ciudad con tanto tráfico fue relativamente sencillo encontrar un barco que se dirigiera a ella (*Y hallando un barco...*).

La Estadía en Tiro – Hechos 21:4-6

Desde la época de la dispersión de los creyentes por causa de la persecución que sufrió la Iglesia después de la muerte de Esteban (23 años antes) había en Tiro una Iglesia fundada por quienes decidieron huir de Jerusalén (Hech. 11:19). Es destacable que dicha persecución fue dirigida por el mismo Pablo (Hech. 8:1-3) quien ahora llegaba a ellos como un siervo de Cristo. Con estos creyentes permanecieron una semana. En ese lugar no solo fueron bien recibidos, sino que además advirtieron a Pablo sobre el peligro que significaba para él ir hacia Jerusalén (ellos decían a Pablo por el Espíritu que no subiese a Jerusalén... v.4; Hech. 20:22-23); esto no significaba una prohibición del Espíritu Santo para que Pablo fuera a esa ciudad (como sucedió en Hechos 16:6-7) sino una revelación que estos hermanos habían recibido sobre lo que habría de acontecerle.

En Hechos 20:23-24, Pablo declaró a los ancianos de Éfeso el Espíritu Santo por todas las ciudades me da testimonio, diciendo que me esperan prisiones y tribulaciones. Pero de ninguna cosa hago caso... con tal que acabe... el ministerio que recibí del Señor Jesús...; es decir que sabía lo que iba a acontecer pero no cambiaba esto lo establecido por El Señor para la vida del Apóstol, quien se sentía responsable por cumplir su misión. También es destacable el amor fraternal que la Iglesia mostró hacia los misioneros ya que salimos, acompañándonos todos con sus mujeres e hijos hasta fuera de la ciudad (vs. 5-6; Jn.13:34-35).

La Advertencia en Cesárea – Hechos 21:7-16

- TOLEMAIDA: Era un puerto de la Bahía de Acre a 13 Km al Norte del Monte Carmelo. Su nombre antiguo era Aco (Jue.1:31) y en la actualidad se llama Acre. Era el único puerto natural al Sur de Fenicia. A fines del Siglo III o a principios del Siglo II a.C cambió su nombre por Tolemaida en honor a Ptolomeo Filadelfo (285-246 a.C). En este lugar había una congregación con la que permanecieron un día. En casa de Felipe (vs. 8-9) – Felipe es llamado por Lucas *el evangelista*.

- (Ef.4:11) era uno de los siete hermanos que se designaron en Hechos 6:1-6 para solucionar el problema de la distribución de recursos. También tuvo un ministerio en Samaria hasta que se estableció en Cesárea (Hech. 8:40), donde funcionaba una Iglesia que se había iniciado por el ministerio de Pedro con Cornelio (Hech. 10). La última advertencia (vs. 10-12) – Como mencionamos, Pablo recibía continuas advertencias sobre lo que le esperaba en Jerusalén (Hech. 20-22-23; 21:4), y en esta ocasión fue Agabo quien le dio esta advertencia.

- Era profeta natural de Jerusalén (se puede ver en la frase *descendió de Judea*) que es mencionado en Hechos 11:27-30 cuando anunció *una gran hambre* que llegó en los días del emperador Claudio (fue especialmente grave en Israel en los años 46-47 d.c). A la manera de los profetas del Antiguo Testamento realizó un acto simbólico para mostrar lo que le sucedería a Pablo (Ejemplos: Is.20:2-6; Ez.4:1-5:7). Por ese motivo todos los presentes le pidieron *que no subiese a Jerusalén.*

La disposición de Pablo (v.13-16) – La reacción de Pablo nos recuerda a Nehemías 6:11 ante una situación similar. La palabra dispuesto puede traducirse también como preparado (Como en 2 Cor. 12:14 y 1 Ped. 4:5) y viene del verbo que se utiliza en 2 Tim. 2:21 (será instrumento para honra, santificado, útil al Señor y dispuesto para toda buena obra) donde se da la idea que quien se libra de aquello que le estorba en su vida espiritual se encuentra en condiciones adecuadas para servir al Señor. El Apóstol demostró esa disposición a lo largo de su vida, pero especialmente en Romanos 9:1-6 podemos ver que él estaba preparado para padecer lo que fuera con tal de compartir el evangelio con su pueblo Israel; ese sentir lo motivaba para dirigirse a Jerusalén en esta ocasión. Si comparamos Hechos 21:13 con Lucas 22:33 vemos una diferencia grande entre una disposición emocional y la que brota de convicciones profundas. Pedro también estaba dispuesto para seguir al Señor hasta la muerte, pero como sabemos falló a último momento (Lc.22:24; 54-62). No es solo decir que daremos todo sino vivir de acuerdo a nuestras convicciones lo que manifiesta el deseo de nuestro corazón (Sal.57:7; Pr.16:1), concretamente la idea bíblica es considerar las opciones y pesar la consecuencia de nuestras decisiones lo que nos prepara adecuadamente para servir hasta las últimas consecuencias. Es obvio que Pablo como imitador de Cristo (1 Cor. 11:1) no escuchó los consejos que le dieron para no dirigirse al sufrimiento (Mt. 16:21-23), sino por el contrario se encaminó decididamente hacia Jerusalén sin importarle lo que iba a sucederle (Lc.9:51). Esto lo consiguió el Apóstol al vivir una vida consagrada a Aquel que consideraba Su Soberano (Rom.14:8).

Al llegar a Jerusalén terminó el Tercer Viaje Misionero de Pablo. El relato de este período (Hech.18:22-21:16) se caracteriza por la importancia que Lucas dio a la Iglesia en Éfeso. La razón para ello es que en ese lugar el Apóstol estableció un Centro Misionero desde donde alcanzar, por medio de la fundación de Iglesias, a la estratégica provincia romana del Asia Menor. Este énfasis nos hace reflexionar acerca de la importancia que tiene dentro del Plan de Dios la Iglesia Local como medio fundamental para alcanzar al mundo perdido llevando el mensaje del Evangelio.

CAPÍTULO **5**

Conclusión de los viajes y ministerio de Pablo

Alocución de Pablo a la chusma. Hechos 22:1-21.

1. Relato de sí mismo antes de la conversión. Hechos 22:1-5.

Versículos 1 - 5. Sabiendo cuán mal concepto de su personali-dad tenía el quiliarca, y por los gritos del populacho a las preguntas del militar, que muchos de ellos se hallaban en la misma total ignorancia, Pablo da principio a dar razón de sí mismo: (1) "Varones hermanos, padres, oíd la razón que ahora os doy. (2) (Y como oyeron que les hablaba en lengua hebrea, guardaron más silencio.) Y. dijo: (3) Yo de cierto soy judío, nacido en Tarso de Cilicia, mas criado a los pies de Gamaliel, enseñado conforme a la verdad de la ley de la patria, celoso de Dios, como todos vosotros sois hoy. (4) Que he perseguido este camino hasta la muerte, prendiendo y entregando en cárceles hombres y mujeres: (5) como también el príncipe de los sacerdotes me es testigo, y todos los ancianos; de los cuales también tomando letras a los hermanos, iba a Damasco para traer presos a Jerusalén aun a los que estaban allí, para que fuesen castigados." Algunos de aquel auditorio, antiguos compañeros de Pablo, y amigos suyos después, conocían todos los hechos que refería, pero para la mayoría de los oyentes eran desconocidos. Es evidente que su objeto al referirlos era, primero, sacar del error a todo el que creyera de él lo que el quiliarca había pensado, y segundo, despertar simpatía para sí por haber guardado en un tiempo la actitud que ellos tenían para el Camino Cristiano.

2. Relato de su conversión. Hechos 22:6-16.

Versículos 6 - 16. La división que antecede de este discurso, la que es su introducción, llevaba el propósito no solo de suscitar la simpatía para el orador, sino que al presentarlo como perseguidor, como sus oyentes lo eran, despertar en ellos al mismo tiempo un deseo de saber qué lo había volteado de esa posición a la que ahora ocupaba; y procede desde luego a satisfacer ese deseo. (6) "Mas aconteció que yendo yo y llegando cerca de Damasco como a mediodía, de repente me rodeó mucha luz del cielo; (7) y caí en el suelo y oí una voz que me decía: Saulo, Saulo, ¿por qué me persigues? (8) Yo entonces respondí: ¿Quién eres, Señor? Y me dijo: Yo soy Jesús de Nazaret, a quien tú persigues. (9) Y los que estaban conmigo vieron a la verdad la luz, y se espantaron; mas no oyeron la voz del que hablaba conmigo. (10) Y dije: ¿Qué haré, Señor? Y el Señor me dijo: Levántate y ve a Damasco, y allí te será dicho todo lo que te está señalado hacer. (11) Y como yo no viese por causa de la claridad de la luz, vine a Damasco. (12) Entonces un Ananías, varón pío conforme a la ley, que tenía buen testimonio de todos los judíos que allí moraban, (13) viniendo a mí y acercándose, me dijo: Hermano Saulo, recibe la vista. Y yo en aquella hora le miré. (14) Y él dijo: El Dios de nuestros padres te ha predestinado para que conocieses su voluntad y vieses a aquel Justo y oyeses la voz de su boca. (15) Porque has de ser testigo suyo a todos los hombres de lo que has visto. (16) Ahora pues, ¿por qué te detienes? Levántate y bautízate, y lava tus pecados, invocando su nombre." Este relato nos da varios detalles interesantes que Lucas, en su breve narración (Capítulo 9:3-8), omite. Nos informa de la luz del cielo que resplandeció en rededor "como a mediodía"; que sus compañeros, aunque oyeron la voz (Capítulo 9:7), no la percibieron de manera de darse cuenta de las palabras que habló; que la orden de entrar en Damasco, en donde se le diría qué hacer, fue en contestación a su pregunta, "¿Qué haré, Señor?" Por otro lado, Pablo no dice lo que duró su ceguera; nada informa de su ayuno y oración; y en lugar de referir lo que el Señor dijo a Ananias, solo dice de la buena reputación de que éste gozaba entre los judíos de Damasco. De esto habló a fin de reflejar la respetabilidad sobre las mentes de sus oyentes en el proceso todo de su bautismo. Y también omite las palabras de Ananias que Lucas cita, pero menciona otras. Se puede recoger todo lo que Ananias le dijo, juntando los dos trozos.

El milagro que Ananias obró sobre él, lo mencionó, no solo por mostrar cómo fue restaurada su vista, sino más especialmente para dar a ver la aprobación que Dios dio a su bautismo. Las palabras, "¿Por qué te detienes"? se sugieren por la dilación rara del bautismo después de haber creído, dilación que Ananias no sabia entonces cuál fuese su causa. La expresión, "lava tus pecados", contiene sin duda una referencia al perdón que ocurre en el bautismo, y la metáfora de lavar ("apolousai") la sugiere el lavamiento del cuerpo que se hace en el bautismo. Habría de lavar sus pecados sometiéndose al lavamiento en el que Dios los perdona. Todo esto habría de hacer "invocando su nombre", porque es por el nombre de Jesús que ahora recibimos toda bendición, y especialmente el perdón de los pecados. El propósito evidente de esta división del discurso era ganar el favor de los judíos a una consideración favorable de su causa, mostrándoles que se había vuelto de la posición de perseguidor como ellos lo eran, a la de creyente y defensor de las demandas de Jesús, por la evidencia milagrosa del cielo que no se podía entender mal, y que según todas las máximas de los padres, hacía que llevara a cabo como deber indispensable todo lo que había efectuado; y al mismo tiempo cumplir el propósito adicional de dar a sus oyentes evidencias de la resurrección y glorificación de Jesús, para convencerlos como él estaba convencido. El apostol en sus debates trato de defenderse ganando a sus acusadores a la posición suya.

3. La misión a los gentiles. Hechos 22:17-21.

Versículos 17 - 21. El paso siguiente que dio Pablo fue mostrar que la Autoridad divina que lo habla transformado de perseguidor en defensor del Camino, le había asignado un campo peculiar de labores que lo distinguía de los otros apóstoles. (17) "Y me aconteció, vuelto a Jerusalén, que orando en el templo, fui arrebatado fuera de mi. (18) Y le vi que me decía: Date prisa y sal prestamente de Jerusalén; porque no recibirán tu testimonio de mí. (19) Y yo le dije: Señor, ellos saben que yo encerraba en cárcel y hería por las sinagogas a los que creían en ti, (20) y cuando se derramaba la sangre de Esteban tu testigo, yo también estaba presente y consentía a su muerte, y guardaba las ropas de los que lo mataban. (21) Y me dijo: Ve, porque Yo te tengo que enviar lejos a los gentiles." Aquí nos revela Pablo un hecho interesante que Lucas omitió, que cuando los hermanos lo enviaban de Jerusalén a Tarso (Capítulo 9:28-30), él no consintió en irse hasta que el Señor se lo ordenó; y que aun con esa orden, suavemente objetaba al Señor lo de tal orden. Su ruego por quererse quedar lo basó en que creía que los judíos sabían la parte que tuvo en la muerte de Esteban, y que dispersó a la iglesia, por lo que era al que le tocaba traerlos a la verdad. Se olvidaba de la malicia intensa que el sectario siempre siente por aquél a quien quiere poner el baldón de desertor como traidor a su causa. El que haya presentado tal alegato en momento en que

los judíos urdían complots para matarlo es prueba inmediata
de su valor y disposición para morir, si necesario fuere, en el
mismo sitio en que había presenciado la muerte de Esteban.

4. Efectos inmediatos del discurso. Hechos 22:22-29.

Versículos 22 - 24. Los judíos incrédulos para estas fechas
ya habían aprendido a soportar que se predicase a Cristo entre
los circuncidados, pero todavía sentían la mayor aversión a
admitir a los incircuncisos a comunión religiosa con judíos.
En consecuencia era la posición de Pablo como apóstol de los
gentiles lo que excitaba su feroz animosidad para con él. Tal
chusma lo había oído ya en silencio perfecto vindicarse en su
posición de cristiano, y también por primera vez en la vida
el testimonio peculiar de Pablo referente a la resurrección y
glorificación de Jesús. Si en este punto hubiera puesto punto
final a su plática, se hubiera retirado con impresiones favorables;
pero al sostener que obedeciendo a mandato expreso divino,
que contrariaba sus propias preferencias, se había ido a los
gentiles, lo que consideraban proceder vergonzoso, y que según
suponían, tal cosa justificaba todas las acusaciones que contra
él habían oído, ya no pudieron oírle. (22) "Y le oyeron hasta esta
palabra; entonces alzaron la voz diciendo: Quita de la tierra
a un tal hombre, porque no conviene que viva. (23) Y dando
ellos voces, y arrojando sus ropas y echando polvo al aire, (24)
mandó el tribuno que le llevasen a la fortaleza, y ordenó que
fuese examinado con azotes, para saber por qué causa clamaban
así contra él." No se atrevieron a lanzarle piedras, por no pegar
a los soldados; así desahogaron su rabia como brutos coléricos
echando tierra al aire. Qué habría sido el resto de su discurso sin
esta interrupción, solo podemos colegir por lo que ya se había
dicho. Cierto, habría sido aún mayor tentativa de convencer
a sus oyentes de la divina autoridad bajo la cual obraba, pues
ninguna justificación buscaba para sí que comprendiera la de la

causa a la cual había entregado su vida. Aunque Lisias el tribuno entendiese el hebreo, lengua en que Pablo hablaba, o que sus palabras lo fuesen repetidas por intérprete, tuvo por cierto un desengaño en su deseo de saber mediante el discurso qué cargos hacían los judíos a Pablo. Así inmediatamente resolvió emplear un método más directo para arrancar a Pablo mismo la deseada información. Era práctica bastante común entre los empleados provinciales romanos azotar a reos para hacerlos confesar sus delitos, y especialmente si no había a la mano evidencia alguna de delito.

Versículos 25 - 29. Al ser metido Pablo a la fortaleza, el verdugo que iba a las órdenes de un centurión, comenzó luego los preparativos para la cruel tortura. (25) "Y como lo ataron con correas, Pablo dijo al centurión que estaba presente: ¿Os es lícito azotar a un hombre romano sin ser condenado? (26) Y como el centurión oyó esto, fue y dio aviso al tribuno diciendo: ¿Qué vas a hacer? porque este hombre es romano. (27) Y viniendo el tribuno, le dijo: Dime, ¿eres tú romano? Y él dijo: Sí. (28) Y respondió el tribuno: Yo con grande suma alcancé esta ciudadanía. Entonces Pablo dijo: Pero yo soy de nacimiento. (29) Así que se apartaron de él los que le habían atormentado: y aun el tribuno también tuvo temor, entendido que era romano, por haberlo atado." Antes de aplicar los azotes, se hacia doblar a la víctima hacia adelante sobre un poste inclinado, al que se le ataba con correas. Esta atadura fue lo que alarmó al quiliarca, y no la encadenada previa. Esta era cosa legal, y Pablo siguió atado (Versículo 30; 26:29). No dio más evidencia Pablo que su palabra de ser ciudadano romano, pero la manera altivo en que manifestó serlo por nacimiento, mientras Lisias hubo de confesar haber obtenido tal ciudadanía por soborno, unido esto a la conducta imponente de Pablo ante la chusma, no dejaba lugar a duda sobre la pretensión suya. Así se le respetó y los verdugos no esperaron orden para alejarse. Una segunda vez se escapó Pablo así de la ignominia, y esta vez era de sufrimiento incalculable, con la simple proclamación de su derecho de ciudadano romano. Esta ciudadanía se obtenía de tres maneras distintas. Se confería por el senado de Roma por conducta meritoria, se heredaba del padre que fuera ciudadano, y era derecho natal de quien hubiera nacido en ciudad libre, es decir, en población que, por servicios especiales al imperio, recibiera premio de conceder ciudadanía a todo el que naciera dentro de sus límites. Ilegalmente se conseguía por dinero a falta de méritos. Bien podemos admirar la majestad de la ley que, en provincia remota y dentro de los muros de una prisión, hacía lanzar al suelo los ya alzados instrumentos de tortura a la simple declaración: "Soy ciudadano romano".

5. Pablo ante el Sanedrin. Hechos 22:30 - 23:10.

Versículo 30. El quiliarca estaba dispuesto a cumplir con su deber con el preso que de medio fortuito había venido a parar a sus manos, pero el enigma suyo era saber cuál era su deber. Había inquirido primero de la turba, luego escuchó el discurso de Pablo; después había llegado a atreverse a arreglar para azotarlo; y todavía nada sabía más que al principio de lo que se le acusaba. Resolvió hacer un esfuerzo más. (30) "Y al día siguiente, queriendo saber de cierto por qué era acusado de los judíos, lo soltó de las prisiones, y mandó venir a los príncipes de los sacerdotes y a todo el concilio; y sacando a Pablo, lo presentó delante de ellos." Esta asamblea se tuvo en el atrio de los gentiles, si fue en el templo, pues Lisias y sus soldados no habrían sido admitidos al de los judíos, y esto parece convenir con lo de "sacando (bajando) a Pablo", ya que la torre Antonia, en que se acuartelaban los soldados, estaba más adentro y arriba que este patio (Véase lo dicho en Capítulo 21:31-34.).

Versículos 1 y 2, del capítulo 23. Al momento de verse cara a cara el preso y sus acusadores, el quiliarca debe haber sufrido nuevo desengaño, pues en vez de proferir cargos contra Pablo, pidieron que hablara primero. (1) "Entonces Pablo, poniendo los ojos en el concilio, dice: Varones hermanos, yo con toda buena conciencia he conversado delante de Dios hasta el día de hoy. (2) El príncipe de los sacerdotes, Ananías, mandó entonces a los que estaban delante de él, que le hiriesen en la boca." Sin duda el golpe cayó tan pronto como la orden. Ananías fingió considerar un insulto al concilio que un acusado ante ellos como criminal de la peor calaña, con orgullo dijera que había vivido con toda buena conciencia delante de Dios. Era mucho más fácil mandar herirle en la boca que confutarlo. Para nosotros es sumamente creíble el dicho de Pablo, y la única duda sería si trataba de abarcar con ella el período antes de su conversión, cuando perseguía a la iglesia, o solo aquella parte que los judíos condenaban. Cierto, comprendía el segundo período; una declaración después que ciertamente había pensado muchas veces contra el nombre de Jesús (Capítulo 26:9), da la probabilidad de haber tenido presente la otra parte de su alusión.

Versículos 3 - 5. La interrupción tan inesperada como exasperante, provocó de parte de Pablo un estallido de indignación semejante al en que denunció hacía mucho a Barjesús en la presencia de Sergio Paulo (Capítulo 13:10). (3) "Pablo le dijo: Herirte ha Dios, pared blanqueada: ¿Y estás tú sentado para juzgarme conforme a la ley, y contra la ley me mandas herir? (4) Y los que estaban presentes dijeron: ¿Al sumo sacerdote de Dios maldices? (5) Y Pablo dijo: No sabía, hermanos, que era el sumo sacerdote; pues escrito está: Al príncipe de tu pueblo no maldecirás." Lo dicho no fue una explosión de ira impropia, sino antes expresión airada de juicio justo que Dios pronunciaba contra un hombre tan injusto y tan hipócrita. Fue incidente como aquél en que el Señor experimentó cuando hubo de ver "con enojo" a un grupo de hombres similares, haciendo luego lo que ellos tenían por pecado (Marcos 3:5). En la propia fraseología de Pablo fue airarse y no pecar (Efesios 4:26). Pero al decírsele que era el sumo sacerdote aquél a quien él denunciaba, Pablo admitió, no que el reproche fuera injusto, sino que, al haber sabido quién era, le habría sido impropio dirigirse así a tal dignatario. Y aquí hay una distinción propia. Un reproche que en sí era perfectamente justo y recto, pueda ser impropio por razón de las relaciones oficiales de la persona a quien se dirige. Si Pablo hubiera sabido que Ananías era sumo sacerdote, quedando a su propio criterio sin la dirección del Espíritu Santo prometido para tales casos (Mateo 10:17-20), habría reprimido el reproche; pero el mundo habría perdido con ello. Reproches como éste contribuyen a fortalecer el sentido moral de los hombres. No conocía personalmente a Ananias, pues no era éste el de los evangelios, sino un mero usurpador del sumo sacerdocio, y seguro es que en esta ocasión no llevara traje telar ni insignia que indicara su puesto, pues Pablo no habría fallado en reconocerlo. El que haya presidido en esta ocasión no lo mostró, pues no siempre se presentaba el sumo sacerdote en asamblea del Sinedrio, menos en las que inesperadamente se convocaban como ésta. El tal Ananías era uno de los peores sujetos que hayan portado la túnica de sumo sacerdote. Su carrera de crímenes y extorsiones, plenamente evidente en varios capítulos de Josefo, vino a acabar asesinado.

Versículos 6 - 10. La presencia ante la que Pablo se hallaba no le era desconocida. Indudablemente recordó los rostros de muchos del concilio, e íntimamente sabía de las enemistades de partido que con tanta frecuencia perturbaban sus deliberaciones. Sabía que los instigadores principales de la persecución eran los saduceos, como desde el principio, y se resolvió a empeñar en favor propio, si posible fuera, a los fariseos; por eso leemos: (6) "Entonces Pablo, sabiendo que la una parte era de saduceos, y la otra de fariseos, clamó en el concilio: Varones hermanos, yo soy fariseo, hijo de fariseo; de la esperanza y de la resurrección de los muertos soy yo juzgado. (7) Y como hubo dicho esto, fue hecha disensión entre los fariseos y los saduceos: y la multitud fue dividida. (8) Porque los saduceos dicen que no hay resurrección, ni ángel, ni espíritu; mas los fariseos confiesan ambas cosas. (9) Y levantóse un gran clamor: y levantándose los escribas de la parte de los fariseos, contendían diciendo: Ningún mal hallamos en este hombre; que si espíritu le ha hablado, o ángel, no resistamos a Dios. (10) Y habiendo grande disensión, el tribuno, teniendo temor de que fuese despedazado de ellos, mandó venir soldados y arrebatarle de en medio de ellos y llevarlo a la fortaleza."

Algunos escritores han tratado de falaz la declaración de Pablo de ser fariseo, y se le ha censurado por haber provocado tal camorra entre sus enemigos. Es infundada la acusación; cierto que no era fariseo en todo detalle, lo era en el sentido en que dirigió tal observación a los que le oían. Todos los presentes sabían que era cristiano y que en consecuencia sabían que se decía solo en el sentido de convenir con ese partido en los puntos en que eran opositores de los saduceos. Su declaración que se ponía en tela de juicio en su caso, era lo concerniente a la esperanza de la resurrección, y debe entenderse en la misma limitación. Todos sabían que no era ésta la razón inmediata de su arresto, pero todos sabían igualmente bien que tal era la razón final del odio que le profesaban los saduceos. Ambas declaraciones eran estrictamente correctas en el sentido que él les dio, y tal sentido lo percibieron con claridad ambos partidos. En cuanto a la camorra que se siguió, no hay evidencia de que Pablo intentara ni esperara tal violencia. Trataba de comprometer la benevolencia de los fariseos, con la esperanza de obtener una consideración más justa de su causa, y sin duda anhelaba un proceder más pacífico; pero no fue responsable de la conmoción violenta que sobrevino. Y aunque hubiera previsto todo lo que se siguió, parecería demasiado refinamiento de distinciones morales el censurarlo. Valdría más censurar al que azuza a dos perros chatos contra otro por evitar que lo hagan garras. En el proceso este, la circunstancia más sorprendente es que algunos de los fariseos (no todos) tan rápidamente cambiaron en favor de Pablo. Pero el concilio entero se vio en un predicamento desairado. Los había convocado el quiliarca para que mostrasen la causa del clamoreo que ellos y sus seguidores levantaban por matar a Pablo, si ellos mismos se sabían del todo incapaces para dar razón que siquiera apareciese plausible a la mente de un oficial gentil. Por esta causa fue que, en lugar de proferir cargos en contra de Pablo al principio de la junta, le habían exigido que hablara primero. Todos deben haber sentido ansiedad de que algún cambio en este asunto los revelara de su perplejidad, y cuando Pablo osadamente pretendió ser fariseo, los más taimados del partido vieron, desde luego, que esta era su oportunidad de zafarse y dejar a los saduceos encharcados. Estos se exasperaron con la treta y así ocurrió la trifulca. La treta fue tanto más exasperante cuanto que el orador de los fariseos hizo puntería intimando que Pablo pudiera haber oído voz de ángel o de espíritu, cuya existencia los saduceos negaban. No es necesario suponer que los fariseos creyeran probable que el ángel o el espíritu hubiera hablado a Pablo, pues si se les conocía incapaces de creer tal cosa, esto solo emponzoñó de ironía el dardo que lanzaron los saduceos. En la advertencia de Lucas de que los saduceos dicen no haber resurrección, ni ángel ni espíritu, mas los fariseos confiesan ambas cosas, naturalmente esperamos que dijera las tres cosas, pero sin duda incluyó al ángel y al espíritu en la sola idea de seres sin cuerpo carnal.

6.   Pablo alentado por una visión. Hechos 23:11.

Versículo 11. Si hubiera alguna epístola de por este tiempo de la pluma de Pablo, probablemente hablara de grande angustia y desaliento, pues tal es el estado mental que se comprende en la mención del incidente que sigue. (11) "Y la noche siguiente, presentándosele el Señor, le dijo: Confía, Pablo; como has testificado de mí en Jerusalén, así es menester testifiques también de mí en Roma." No se hablan de parte del Señor palabras de aliento tal sino cuando mucho se necesitan, y por esto se ve seguro que Pablo se hallaba turbado a lo sumo en el espíritu esa noche. Bien podía estarlo. Ya le habían sobrevenido las cadenas y la aflicción que por todo el viaje desde Corinto a Jerusalén se le habían predicho, y no parece que se hubieran de conceder las fervientes plegarias que él y otros en pro de él habían elevado al Señor, de que fuera librado de los desobedientes en Jerusalén. Fuera de la prisión no podía esperar otra cosa que la muerte, y dentro no hallaba campo de servicio. En cualquier dirección que volviese la vista, su camino estaba rodeado de muros de cárcel o muerte cruenta que arrastraba. En el momento oportuno fue que le alentó el primer rayo de luz referente a su porvenir, y aunque fuera imposible por él siquiera conjeturar cómo se realizaría, ya tenía la seguridad de que, a la manera de Dios mismo y en su tiempo oportuno, se escaparía aún del peligro presente y predicaría en Roma.

7. Conspiración que se formó y expuso.
    Hechos 23:12-22.

Versículos 12 - 22. A pesar del rayo de esperanza que se dio a Pablo esa noche, a la mañana siguiente la situación se puso más grave que nunca. (12) "Y venido el día, algunos de los judíos se juntaron e hicieron voto bajo de maldición, diciendo que ni comerían ni beberían hasta que hubiesen muerto a Pablo. (13) Y eran más de cuarenta los que habían hecho esta conjuración; (14) los cuales se fueron a los príncipes de los sacerdotes y a los ancianos, y dijeron: Nosotros hemos hecho voto debajo de maldición que no hemos de gustar nada hasta que hayamos muerto a Pablo. (15) Ahora pues, vosotros con el concilio, requerid al tribuno que le saque mañana a vosotros como que queréis entender de él alguna cosa más cierta; y nosotros, antes que él llegue, estaremos aparejados para matarle. (16) Entonces un hijo de la hermana de Pablo, oyendo las asechanzas, fue y entró en la fortaleza y dio aviso a Pablo. (17) Y Pablo llamando a uno de los centuriones, dice: Lleva a este mancebo al tribuno, porque tiene cierto aviso que darle. (18) El entonces tomándole, le llevó al tribuno y dijo: El preso Pablo, llamándome, me rogó que trajese este mancebo, que tiene algo que hablarte. (19) Y el tribuno, tomándole de la mano y retirándose aparte le preguntó: ¿Qué es lo que tienes que decirme? (20) Y él dijo: Los judíos han concertado rogarte que mañana saques a Pablo al concilio, como que han de inquirir de él alguna cosa más cierta. (21) Mas tú no los creas; porque más de cuarenta hombres de ellos le acechan, los cuales han hecho voto debajo de maldición, de no comer ni beber hasta que le hayan muerto; y ahora están apercibidos esperando tu promesa. (22) Entonces el tribuno despidió al mancebo, mandándole que a nadie dijese que le había dado aviso de esto."

-Difícil es imaginarse la malignidad que alentaba a estos conspiradores, tanto los promotores del complot como los sacerdotes y ancianos que le dieron su sanción. Estos, por supuesto, eran saduceos llenos de rabia por los procedimientos del día anterior, pero aquéllos eran matones furiosos de la ciudad. Su plan, si quedaba en oculto, habría de seguro triunfado, pues Lisias, en su perplejidad, con gusto habría concedido lo que pedían, y llevando al preso por estrecho callejón o por el pavimento del atrio, habría sido fácil para cuarenta temerarios, escogidas de antemano sus posiciones, haberse abalanzado entre los confiados soldados para dar muerte a Pablo antes que en su defensa se diera un golpe. Pero conspiración tan arrojada, sabida de tantas personas y dirigida contra un solo hombre por quien la comunidad se veía excitada al rojo blanco, no podía permanecer en secreto. Se coló a oídos de amigos de Pablo, y este sobrino, quien por causa desconocida se hallaba en la ciudad, fue encargado de la tarea arriesgada de revelarla a Pablo y al quiliarca. El joven sin duda temblaba al ser presentado al oficial romano, pero Lisias, animado de consideraciones de bondad, lo tranquilizó cogiéndolo de la mano y llevándolo aparte, para que pudiese en secreto darle su recado. Luego, temiendo por la vida del muchacho, si se llegaba a saber lo hecho, y con deseo de ocultar de los conspiradores la causa de la jugada que desde luego resolvió darles, lo despidió con el encargo de guardar el secreto.

8. Pablo cambiado a Cesárea. Hechos 23:23-30.

Versículos 23 - 30. Al recibir tal información, Lisias tuvo al menos tres líneas de táctica para escoger una. Si hubiera estado dispuesto a dar gusto a los judíos, podría permitir que dieran remate a su complot sin que sus superiores se dieran cuenta de que había sido un asesinato. Si hubiera preferido desafiar su potencia y hacer ostentación de la propia, podía haber enviado a Pablo bajo una guardia tan fuerte y con tales instrucciones que se produjera la muerte de los conspiradores. O, si deseara simplemente proteger a Pablo y evitar ofensa para los judíos, y como ellos deben haberlo sabido más tarde, enviarlo fuera antes que se le presentara la solicitud de hacerlo comparecer. Es reflexión de su habilidad militar y de su carácter como hombre que escogiera aquel curso que la justicia y la prudencia dictaban. (23) "Y llamados dos centuriones, mandó que apercibiesen para la hora tercia de la noche doscientos soldados que fuesen hasta Cesarea, y setenta de a caballo, y doscientos lanceros; (24) y que aparejasen cabalgaduras en que poniendo a Pablo, le llevasen en salvo a Félix el presidente. (25) Y escribió una carta en estos términos: (26) Claudio Lisias al excelentísimo gobernador Félix: Salud. (27) A este hombre aprehendido de los judíos y que ellos iban a matar, libré yo acudiendo con la tropa, habiendo entendido que era romano. (28) Y queriendo saber la causa por qué le acusaban, le llevé al concilio de ellos,

(29) y hallé que le acusaban de cuestiones de la ley de ellos, y que ningún crimen tenía digno de muerte o prisión. (30) Mas siéndome dado aviso de asechanzas que le habían aparejado los judíos, luego al punto le he enviado a tí, intimando también a los acusadores que traten delante de tí lo que tienen contra él." Exceptuando una ligera tergiversación en esta carta, no habría nada en todo el proceder de Lisias que fuera en descrédito. Había obrado como hombre justo y prudente; solo que al informar a su superior, puso los hechos de modo de acreditarse haberlo rescatado por ser ciudadano romano, aunque se informó de tal hecho ya cuando iba a azotarlo. Lo de que había intimado a los acusadores de Pablo que compareciesen ante Félix, si no era absolutamente cierto al tiempo de escribir la carta, intentaba verificarlo antes que la carta se leyera; así no llevaba intención de engañar. La carta también revela que, aunque no entendía la índole de la acusación contra Pablo, ya había comprendido bastante para saber que no se trataba de una cuestión criminal. Con esta convicción, pronto lo habría puesto en libertad, si no hubiera el complot de los judíos, y como ellos lo deben haber sabido más luego, así se propasó la conspiración, con lo que la víctima prometida se les escapó de las manos. El juicio sano y la prudencia de Lisias se manifestó más en el hecho de mandar tan fuerte cuerpo de tropa con Pablo y evitar así derramamiento de sangre, aunque sus movimientos se hubieran descubierto por los judíos, pues la guardia era demasiado formidable para que una chusma inerme osase atacarla.

9. Pablo es entregado a Félix. Hechos 23:31-35.

Versículos 31 - 35. El centurión en jefe ejecutó su comisión con buen juicio y fidelidad. (31) "Y los soldados, tomando a Pablo como era mandado, lleváronle de noche a Antipatris. (32) Y al día siguiente, dejando a los de a caballo que fuesen con él, se volvieron a la fortaleza. (33) Y como llegaron a Cesarea y dieron la carta al gobernador, presentaron también a Pablo delante de él. (34) Y el gobernador, leída la carta, preguntó de qué provincia era; y entendiendo que de Cilicia. (35) Te oiré, dijo, cuando vinieren tus acusadores. Y mandó que le guardasen en el pretorio de Herodes." Se llegaba a Antipatris luego de bajar de las sierras de Efraím al valle de Sarón, donde sus ruinas se han identificado en las fuentes del río Aujeh. Es a medio camino entre Jerusalén y Cesarea, como a 40 kilómetros de una y otra. La marcha rápida de noche trajo a la tropa fuera de todo peligro de ataque desde Jerusalén, y los 70 jinetes eran suficiente guardia para el resto del camino. Para Pablo, no avesado a cabalgatas, ésta rápida y larga de toda la noche fue fatigosa sin duda. No es enteramente claro por qué razón preguntaría Félix el origen de Pablo. Puede haber sido curiosidad natural, o quizá con el propósito de remitirlo al gobernador de su provincia, si fuera cercana; pero al saber que era de Cilicia, accesible solo por mar, no vaciló en retenerlo.

CAPÍTULO 6

Días finales de Pablo

Prisión de Pablo en Cesarea Hechos 24: 1 – 26:32

1. Pablo es acusado ante Félix. Hechos 24:1-9.

Versículo 1. Cuando los judíos de Jerusalén recibieron orden de Lisias para presentar ante Félix sus acusaciones contra Pablo, aunque con desengaño amargo por el malogro de su complot, todavía esperaban conseguir su muerte, y sin tardanza siguieron la prosecución. (1) "Y cinco días después descendió el sumo sacerdote Ananías con algunos de los ancianos y un cierto Tértulo, orador; y parecieron delante del gobernador contra Pablo." Al contar estos días, es muy natural suponer que se extendieron desde el siguiente a la salida de Pablo de Jerusalén, que fue cuando recibieron aviso de Lisias, hasta su llegada de Cesarea. Tértulo era romano, como lo indica su nombre, y lo traían como abogado a sueldo, por tener que comparecer ahora ante un tribunal romano regular, y habían de tener a alguien familiarizado con los procedimientos de un tribunal tal.

Versículos 2 - 9. Se abrieron procedimientos formales, similares a los de nuestras cortes modernas, con una perorata del abogado de prosecución, que presentaba la acusación, y a esto seguía la declaración de los testigos del demandante. (2) "Y citado que fue Tértulo, comenzó a acusar diciendo: Cómo por causa tuya vivamos en grande paz, y muchas cosas sean bien gobernadas en el pueblo por tu prudencia, (3) siempre y en todo lugar lo recibimos con todo hacimiento de gracias, oh excelentísimo Félix. (4) Empero por no molestarte más largamente, ruégote que nos oigas brevemente conforme a tu equidad. (5) Porque hemos hallado que este hombre es pestilencial, y levantador de sediciones entre todos los judíos por todo el mundo, y príncipe de la secta de los nazarenos: (6) el cual también tentó de violar el templo; y prendiéndole, le quisimos juzgar conforme a nuestra ley: (7) mas interviniendo el tribuno Lisias, con grande violencia le quitó de nuestras manos, (8) mandando a sus acusadores que viniesen a ti; del cual tú mismo juzgando podrá entender todas estas cosas de que le acusamos. (9) Y contendían también los judíos, diciendo ser así estas cosas." Culpable de mucha corrupción en administrar su gobierno como fue Félix, no obstante los cumplidos con que Tértulo inició su perorata no eran inmerecidos; pues había restaurado la tranquilidad al país cuando se perturbó, primero por una banda de facinerosos, segundo por asesinos organizados, y por fin por el egipcio que Lisias confundió con Pablo.

-La acusación contra Pablo fue general, de ser "hombre pestilencial", y las especificaciones bajo este cargo fueron tres: primero, que había excitado a insurrección a los judíos en muchos lugares; segundo, que era jefe de la secta de los nazarenos, y tercera, que había tratado de profanar el templo. Al sostenerse cualquiera de estas especificaciones, se sostendría la acusación, y Tértulo terminó afirmando que Félix podría hallar prueba de todo al examinar a Pablo mismo, lo cual fue una insinuación de hacer la prueba de los azotes de que Pablo había escapado —no sabía Tértulo cómo— a manos de Lisias.

Los testigos sostuvieron los cargos afirmando que así había pasado todo.

2. Defensa de Pablo. Hechos 24:10-21.

Versículos. 10 - 21. A Pablo se le exigió ahora, sin previa notificación de los cargos, sin un momento de premeditación, que hiciese su defensa contra una acusación que, si la corte la sostenía en juicio, le costaría la vida. Sin un solo testigo que sostuviese sus declaraciones, podía apoyarse únicamente en la veracidad evidente de por sí de todo cuanto dijese, pero tenía el sostén de las palabras de Jesús: "Poned pues en vuestros corazones no pensar antes cómo habéis de responder; porque yo os daré boca y sabiduría, a la cual no podrán resistir ni contradecir todos los que se os opondrán" (Lucas 21:14,15). En esta seguridad podía apoyarse y se apoyó. (10) "Entonces haciéndole el gobernador señal que hablase, respondió: Porque sé que muchos años ha eres gobernador de esta nación, con buen ánimo satisfaré por mí. (11) Porque tú puedes entender que no hace más de doce días que subí a adorar a Jerusalén; (12) y ni me hallaron en el templo disputando con ninguno, ni haciendo concurso de multitud, ni en sinagogas, ni en la ciudad; (13) ni te pueden probar las cosas de que me acusan. (14) Esto empero te confieso, que conforme a aquel Camino que ellos llaman herejías, así sirvo al Dios de mis padres, creyendo todas las cosas que en la ley y en los profetas están escritas; (15) teniendo esperanza en Dios que ha de haber resurrección de los muertos, así de justos como de injustos, la cual también ellos esperan. (16) Y por esto, procuro yo tener siempre conciencia sin remordimiento acerca de Dios y acerca de los hombres. (17) Mas pasados muchos años, vine a hacer limosnas a mi nación, y ofrendas, (18) cuando me hallaron purificado en el templo (no con multitud ni con alboroto) unos judíos de Asia; (19) los cuales debieran comparecer delante de tí, y acusarme si contra mí tenían algo. (20) O digan éstos mismos si hallaron en mí alguna cosa mal hecha, cuando yo estuve en el concilio, (21) si no sea que, entre ellos prorrumpí en alta voz: Acerca de la resurrección de los muertos soy hoy juzgado." Esta alocución contiene contestación directa a cada especificación hecha por Tértulo. La declaración de que solo hacía doce días que había llegado a Jerusalén, contesta el cargo de agitar una sedición, al menos en esa ciudad, pues como estaba ausente de allí, hacía solo cinco días y preso uno, dejaba seis días que no bastaban para levantar semejante movimiento. Además, no se había ocupado en disputar con nadie, ni en el templo, ni en sinagogas, ni en parte alguna de la ciudad. En cuanto a ser príncipe de la secta de los nazarenos, sin aludir al titulo que le prodigan, admite que pertenece a la llamada secta, aunque cree todo lo de la ley y los profetas, espera la resurrección de los muertos y lleva buena vida en conciencia.

Finalmente, lo dicho de hallarse en el templo ciertos judíos de Asia, cuando estaba purificado como lo exige la ley, y ocupado en limosnas y ofrendas en el templo, refutaba el cargo de profanar el lugar, que ahora cambiaron en tentar a profanarlo (Versículo 6). En conclusión, anota el hecho significativo de que los que primero echaron mano de él, únicos testigos personales de lo que él hizo en el templo, no se hallaban presentes para el caso. Luego llama a Ananías y los ancianos, que presenciaron lo que ocurrió en el Senedrio, para testificar algo malo que allí hiciera, si no fuera la referencia que pronunció él de ser fariseo, cosa que metió a Ananías y sus amigos en feroz rencilla con el resto de los ancianos. Hacía esta última referencia, no por ser consciente de mal en el asunto, sino por provocar a sus acusadores saduceos, y mostrar a Félix que les impulsaba en su contra el celo de partido.

3. Prosigue el caso. Hechos 24:22-23.

Versículos. 22 y 23. Como la defensa de Pablo no consistió más que en sus propias declaraciones, sin duda fue sorpresa para él y para sus acusadores que virtualmente Félix decidiera en favor de él. (22) "Entonces Félix, oídas estas cosas, estando bien informado de esta secta (Camino), les puso dilación diciendo: Cuando descendiere el tribuno Lisias acabaré de conocer de vuestro negocio. (23) Y mandó al centurión que Pablo fuese guardado y aliviado de las prisiones; y que no vedase a ninguno de sus familiares servirle y venir a él." Tal decisión se atribuye a que estaba bien informado del Camino, por lo que se ha de entender, no que hubiese obtenido de lo dicho por Pablo tal información, pues esta era muy exigua, sino que Félix ya tenía conocimiento más exacto para dejarse engañar por las representaciones de los saduceos. Habiendo ya vivido en Judea seis años más, se vio obligado a familiarizarse, quisiera o no, con los partidos religiosos que dividían a sus gobernados, y sabía bien las querellas que había entre ellos. La razón que dió para demorar la decisión del caso no fue más que subterfugio, como debe haber sido evidente de los saduceos. El encierro de Pablo debe haber sido ya lo menos molesto para que se compadeciese de su seguridad.

4. Pablo predica a Félix y a Drusila. Hechos24: 24-27.

Versículo 24. La libertad que Pablo tenía ya para recibir a sus amigos no solo le dejó el goce de las visitas fraternales de Felipe y los demás hermanos residentes en Cesarea, sino que le dio oportunidad de predicar el evangelio a cualquier incrédulo que se pudiera inducir a oírlo. Pueda haber sido su actividad en esta obra lo que produjo el incidente que enseguida se refiere. (24) "Y algunos días después, viniendo Félix con Drusila su mujer, la cual era judía, llamó a Pablo y oyó de la fe que es en Jesucristo." La palabra "viniendo" indica, o que había estado ausente de la ciudad y volvió, o que vino de su domicilio usual a algún apartamento del pretorio herodiano donde se guardaba a Pablo. Por Josefo sabemos que Drusila era hija de Herodes Agripa, el que asesinó a Jacobo apóstol y luego pereció miserablemente (Capítulos 12:1,2,20-23). Cuando esto pasó no tenia ella más de seis años de edad, el año 44 de nuestra era, y lo de su aparición actual fue en el 58, al cumplir ella los 20. Había sido dada en matrimonio muy joven a Aziz, rey de Emesa, pero habiéndola visto Félix, y enamorándose de su belleza, mediante las intrigas de un hechicero llamado Simón, la indujo a que abandonara a su esposo y se viniera con él, por lo que ahora estaba viviendo en adulterio flagrante con Félix. Con referencia a éste, Tácito, uno de los historiadores romanos más juiciosos y de criterio limpio, nos asegura que "con todo género de crueldad y lujuria, ejercía la autoridad de rey con el genio de un esclavo". Él y su hermano Palas habían sido en realidad esclavos de la familia de Agripina, la madre del emperador Claudio, y por éste fue enviado desde el puesto de esclavo a ocupar el de gobernador de una provincia.

Versículo 25. Al ser llamado para hablar acerca de la fe en Cristo, Pablo tenía libertad de escoger por sí mismo el tópico especial de que tratar, y esto hacía con referencia directa a las necesidades espirituales de sus oyentes. (25) "Y disertando él de la justicia y de la continencia y del juicio venidero, espantado Félix, respondió: Ahora vete; mas teniendo oportunidad te llamaré." Nada podía ser más terroroso que hablar de la justicia a un hombre de tamaña iniquidad, de la continencia en todo al de concupiscencia desenfrenada, o insistir en lo que sobre esto se dijera revelando el juicio venidero. Adoptamos aquí las palabras candentes de Farrar: "Al echar mirada retrospectiva a su pasado manchado y culpable, tuvo miedo. Había sido esclavo en el puesto más vil de todos. Había sido oficial de aquellos auxiliares que eran de lo peor de todas las tropas. Qué secretos de lujuria y de sangre yacían ocultos en su vida juvenil no sabemos, pero el testimonio amplio indisputable, judío y pagano, sagrado y secular, nos revela lo que había sido —cuán voraz, cuán salvaje, traiciones cuántas, injusto hasta dónde, empapado en sangre de asesinato en privado y matanza pública— durante ocho años que había durado en el gobierno, primero en Samaria, luego en toda Palestina. Pisadas lo seguían; comenzó a sentir como si la tierra fuese hecha de vidrio" (Vida de Pablo, Página 550). El terror que le sobrecogió era el principio necesario para un cambio de vida, pero la lujuria y la ambición sofocaron las llamas que brotaban de la conciencia, e hizo la excusa común de los pecadores alarmados aunque sin arrepentimiento para libertarse de su tan fiel amonestador. La oportunidad a la que difirió el asunto jamás llegó, no podía llegar, pues ¿cómo podía jamás convenir al hombre dejar a una mujer hermosa en la vida de pecado, y radicalmente revolucionar el curso entero de su vida anterior? Tal cambio se ha de hacer con sacrificio de mucha conveniencia y mucho orgullo por parte de todo malvado que lo emprenda. No se nos dice cómo se afectó Drusila; apenas será posible que ella estuviera más serena que el encallecido Félix.

Versículos 26 y 27. Félix mantuvo hasta el fin el carácter con que lo pinta Tácito. (26) "Esperando también con esto que de parte de Pablo le serían dados dineros porque le soltase; por lo cual, haciéndole venir muchas veces, hablaba con él. (27) Mas al cabo de dos años recibió Félix por sucesor a Festo; y queriendo Félix ganar la gracia de los judíos, dejó preso a Pablo." Como supo incidentalmente, por el discurso de Pablo en el juicio, que había ido a Jerusalén a llevar limosnas de lejanas iglesias, y conociendo además la liberalidad general mutua de los discípulos en las aflicciones, no dudaba que Pablo pudiese colectar una buena suma para obtener su libertad de la prisión, y que esto vendría con la mera sugestión de que sería acepta. No hay que dudar que si Pablo hubiese juzgado justo obtener la libertad de este modo, el dinero pronto se hubiera conseguido, pues ¿qué no hubieran dado sus hermanos por relevarlo de tal ignominia de la prisión y ponerlo en libertad para sus actividades apostólicas? Pero dar cohecho es el escalón de ignominia que sigue a recibirlo, y Pablo no podía hacerse participe de crimen tal.

-La remoción de Félix acaeció debido a acusaciones de mal gobierno que se presentaron en su contra por los judíos. Fue llamado por Nerón a Roma para dar cuenta de sus crímenes, y escapándose apenas de ser ejecutado, fue a dar a las Galias en destierro, y allí murió. Drusila se le adhirió en su desgracia, pero un hijo que le dio, y se llamó Agripa, por su hermano, pereció en la erupción del Vesubio que sepultó las ciudades de Pompeya y Herculana.

-Esos dos años de cárcel en Cesarea, si habremos de juzgar por el silencio de la historia, fueron los más inactivos de la carrera de Pablo. No hay epístolas que lleven esta fecha, y aunque sus hermanos y otros tenían acceso a él, no tenemos anotados efectos algunos de sus entrevistas con ellos. Los únicos momentos en que él sale a vista son los en que aparece ante sus jueces.

5. Juicio de Pablo ante Festo. Hechos 25:1-12.

Versículos 1 - 5. No parece que haya moderado en lo mínimo el largo encarcelamiento de Pablo el odio de sus enemigos. Así, al cambiar de gobernador, renovaron sus esfuerzos por destruirlo. (1) "Festo pues, entrado en la provincia, tres días después subió de Cesarea a Jerusalén. (2) Y vinieron a él los principales de los judíos contra Pablo; y le rogaron, (3) pidiendo gracia contra él, que le hiciese venir a Jerusalén, poniendo ellos asechanzas para matarlo en el camino. (4) Mas Festo respondió que Pablo estaba guardado en Ceserea, y que él mismo partiría presto. (5) Los que de vosotros pueden, dijo, desciendan juntamente; y si hay algún crimen en este varón, acúsenlo." Les dijo también, como por cierta alocución lo sabemos más tarde (Versículo 6), que era contra la ley romana condenar a un hombre sin que tuviera oportunidad de defenderse frente a sus acusadores. Todo esto muestra que Festo estaba dispuesto a obrar con justicia. Por supuesto, nada sabía del complot para hacer desaparecer a Pablo.

Versículos 6 - 8. No se demoró en darles la audiencia prometida. (6) "Y deteniéndose entre ellos no más de ocho días, venido a Cesarea, al siguiente día se sentó en el tribunal, y mandó que Pablo fuese traído. (7) El cual venido, lo rodearon los judíos que habían venido de Jerusalén, poniendo contra Pablo muchas y graves acusaciones, las cuales no podían probar; (8) alegando él por su parte: Ni contra la ley de los judíos, ni contra el templo, ni contra el César he pecado en nada." Las especificaciones que Pablo hace en su defensa son las mismas que hizo en la anterior para refutar los cargos que levantó Tértulo (Capítulos 24:10-21), lo que muestra que los cargos eran los mismos: Ser "príncipe de la secta de los nazarenos" era su delito contra la ley; tentar de violar el templo era con el lugar santo; que levantaba sediciones entre los judíos era contra el César. En especificación final, sin embargo, se referían a las chusmas que los judíos habían cogido hábito de agitar contra Pablo, y los delitos de esas asonadas se los achacaban a él.

Versículo 9. Como los acusadores no pudieron probar sus cargos (Versículo 7), y el prisionero no confesaba culpa de ninguna, debería haber sido libertado incondicionalmente, pero Festo tenía su deseo de ganar popularidad. (9) "Mas Festo, queriendo congraciarse con los judíos, respondiendo a Pablo dijo: ¿Quieres subir a Jerusalén y allá ser juzgado de estas cosas delante de mi?" Como Cesarea era la sede del gobierno para la provincia, no había derecho de ordenar en otra parte el juicio de un ciudadano; de ahí se originó la pregunta de si Pablo estaba dispuesto a ser juzgado en Jerusalén. Probable es que nada supiera Festo del complot que se menciona en el

Versículo 3, pero debe haber conocido que la petición de los judíos de llevar a Pablo a juicio en Jerusalén era impulsada de algún motivo siniestro, y debiera haberla rechazado sin vacilar.

Versículos 10 - 12. El propósito de los judíos lo entendía bien Pablo. No se había olvidado del voto de los cuarenta conspiradores, y aunque ellos habían violado tal voto, para esta fecha (Véase Capítulos 23:12,13.), esto solo los hacia más resueltos a darle muerte si podían. Afortunadamente, su prisión misma que lo exponía a este nuevo peligro, le proporcionaba medio de escaparse de él, y en un instante se dio cuenta de que por fin vislumbraba a Roma. (10) "Y Pablo dijo: Ante el tribunal de César estoy, donde me conviene ser juzgado. A los judíos no he hecho injuria ninguna, como tú sabes muy bien. (11) Porque si alguna injuria o cosa digna de muerte he hecho, no rehúso morir. Mas si nada hay de las cosas de que éstos me acusan, nadie puede darme a ellos. A César apelo. (12) Entonces Festo, habiendo hablado con el consejo, respondió: ¿A César has apelado? A César irás." La declaración: "Ante el tribunal de César estoy, donde me conviene que sea juzgado", fue su protesta contra ser remitido a Jerusalén; y la aserción suya de que Festo sabia que ningún agravio había hecho a los judíos, se basaba en el desarrollo del juicio.

Apelar a César, que era derecho de todo ciudadano romano, exigía al juez ante quien se apelaba, a suspender al instante todo procedimiento del caso y enviar al prisionero a Roma, junto con sus acusadores, para que el caso se resolviera por la corte imperial. En el caso de Pablo, esta apelación no era que un hombre libre pidiera protección del poder militar, sino exigir que el poder militar que lo había tenido en un encierro injusto no añadiera la injusticia de exponerlo a ser asesinado. La contestación de Festo acusa algo de amargura, efecto natural del reproche que iba implícito en la apelación, y al mismo tiempo insinúa la inconveniencia a que por ello se sometía a

Pablo. Tendría que ser remitido a Roma, preso bajo custodia militar, y sufrir toda la demora que acompaña a la llegada de testigos contra él, en añadidura a la que resultara con frecuencia en la tardanza de la corte imperial misma. Tales inconvenientes disuadían a los ciudadanos de presentar apelación, a no ser en casos extremos.

6. El caso de Pablo puesto ante el Rey Agripa. Hechos 25: 13-22.

Versículo 13. Costumbre entre príncipes de dar felicitación a los de igual rango que se acaban de nombrar sobre provincias vecinas fue lo que condujo al incidente de lo que sigue de Pablo que luego se registra. (13) "Y pasados algunos días, el rey Agripa y Bernice vinieron a saludar a Festo." Este Agripa era el único hijo del Herodes que asesinó al apóstol Jacobo (Capítulo 12:1-2). Cuando su padre murió, tenía solo diecisiete años de edad, y teniéndose por demasiado joven para el gobierno de los dominios del padre, el emperador lo hizo rey de Calcis, un distrito pequeño al oriente del Jordán. Tenía ahora treinta y un años. Bernice era su hermana, y como la más joven, Drusila, era notable por su belleza. Había sido esposa de su propio tío, rey de Calcis antes que Agripa, pero era viuda ahora y vivía con su hermano.

Versículos 14 - 21. Festo sabía que los cargos contra Pablo se referían a la ley judía, pero estaba muy a ciegas aún en cuanto a su índole verdadera; y como se veía en la necesidad de enviar al emperador un informe de ellos, resolvió buscar luz apelando al conocimiento más íntimo que tenía Agripa de las cuestiones judías. (14) "Y como estuvieron allí muchos días, Festo declaró la causa de Pablo al rey, diciendo: Un hombre ha sido dejado preso por Félix, (15) sobre el cual, cuando fui a Jerusalén, vinieron a mí los príncipes de los sacerdotes y los ancianos de los judíos, pidiendo condenación contra él: (16) a los cuales respondí no ser costumbre de los romanos dar alguno a la muerte antes que el que es acusado tenga presentes sus acusadores, y haya de defenderse de la acusación. (17) Así que habiendo venido ellos juntos acá, sin ninguna dilación, al día siguiente, sentado en el tribunal, mandé traer al hombre; (18) y estando presentes los acusadores, ningún cargo produjeron de los que yo sospechaba: (19) solamente tenían contra él ciertas cuestiones de su superstición, y de un cierto Jesús, el cual Pablo afirmaba que estaba vivo. (20) Y yo, dudando en cuestión semejante, dije si quería ir a Jerusalén y allá ser juzgado de estas cosas. (21) Mas apelando Pablo a ser guardado al conocimiento de Augusto, mandé que le guardasen hasta que le enviara a César." De esta explicación sabemos el concepto que Festo se había formado hasta allí del caso de Pablo. Había descubierto que Pablo sostenía que culto y honores divinos se debían a Jesús, difunto; y como esto para la mente de un griego o un romano no era más que la superstición del culto a un demonio, como llamaban a todo muerto, así se refirió a ello. Suponía que los judíos, como otras naciones acostumbraban tal culto y que en consecuencia la disputa entre ellos y Pablo era cuestión de si habían de tributar a Jesús culto en común con otros muertos. Su ignorancia acerca de las ideas religiosas de los judíos, y todavía lo más sorprendente con referencia a Jesús, a quien llamó "un cierto Jesús", como si jamás hubiera oído de él, muestra que, como la mayoría de los políticos del día, lo mismo que hoy, no estudiaban las cuestiones religiosas. Agripa debe haberse sonreído de tal ignorancia.

Versículo 22. Puede haber sido ésta la primera vez que Agripa oyó hablar de Jesús. Hijo del Herodes que trató de acabar con la fe cristiana matando al apóstol Jacobo y encarcelando a Pedro con propósito de darle muerte, sobrino del Herodes que había muerto a Juan Bautista y burlándose de Jesús el día de su crucifixión, tátara nieto del que hizo la tentativa de destruir a Jesús en su cuna de Belén, los nombres de Jesús y sus apóstoles habían sido palabras caseras por generaciones en su familia. Sin duda Pablo le era menos familiar que los de los apóstoles originales, pero no podría decirse que no sabía de él. No se hubiera dignado, como tampoco ninguno de sus antepasados, visitar una congregación con objeto de oír a un apóstol, pero en lo privado de un pretorio en el que Pablo era prisionero, podía dar gusto a su curiosidad de oírlo, al tiempo que daba algún servicio a Festo. (22) "Entonces Agripa dijo a Festo: Yo también quisiera oír a ese hombre. Y él dijo: Mañana le oirás." Agradó a Festo tal propuesta, por la información que esperaba obtener, y también quizá porque proveía otro día de agasajo a sus reales huéspedes.

8. Se presentó públicamente el caso de Pablo. Hechos 25:23-27.

Versículo 23. Sin intención de hacer a Pablo honor, sino más para agasajar a huéspedes de alcurnia, Festo hizo provisión en favor de Pablo del auditorio más magnífico desde un punto mundano, que jamás se le había permitido arengar. (23) "Y al otro día, viniendo Agripa y Bernice con mucho aparato, y entrando en la audiencia con los tribunos y principales hombres de la ciudad, por mandato de Festo, fue traído Pablo." Si el empleado que fue enviado por Pablo le hubiera dicho que el rey Agripa mandaba sacarlo para decapitarlo, como su padre lo había hecho con Jacobo, probablemente se habría sorprendido menos. ¿Pero quién puede imaginarse su asombro cuando se le informó que este vástago de la familia de Herodes deseaba oírlo predicar? ¿Podría ser cierto que la sima entre Cristo y esta familia, la más sanguinaria de todas las que se le habían opuesto desde el principio, se habría de salvar para dar paso a uno de ellos, un rey, que de veras quería oír el evangelio? Tal pregunta puede haber cruzado por la mente de Pablo mientras de prisa hacía preparativos para comparecer ante el esplendor público que le esperaba. La simple posibilidad de ganarse a Herodes para la causa de Cristo debe haber emocionado su alma conmoviéndole para hacer empuje digno de ocasión de tales auspicios. Casi comenzó a sentirse bien recompensado de los dos años de cárcel por el privilegio que se le daba. Por primera, y quizá última vez, se vio cara a cara un apóstol con un Herodes, a no ser que Jacobo haya tenido ese privilegio antes de ser degollado.

Versículos 24 - 27. El proceso se condujo con toda la dignidad y la formalidad que convenía a tan augusto auditorio. (24) "Entonces Festo dijo: Rey Agripa, y todos los varones que estáis aquí juntos con nosotros: Veis a éste por el cual toda la multitud de los judíos me ha demandado en Jerusalén y aquí, dando voces que no conviene que viva más; (25) mas yo, hallando que ninguna cosa digna de muerte ha hecho; y él mismo apelando a Augusto, he determinado enviarle; (26) del cual no tengo cosa cierta que escribir al señor; por lo que lo he sacado a vosotros; y mayormente a tí, oh Rey Agripa, para que hecha información, tenga yo qué escribir. (27) Porque fuera de razón me parece enviar un preso, y no informar las causas." Fue confesión muy cándida, ante brillante público, de su ignorancia pagana acerca de una fe que se había difundido por todo el Imperio Romano, y aun establecido en la ciudad imperial de Roma.

Probablemente en ese público había muchos además de Agripa que se sorprendieran de tal ignorancia, pues casi no es posible que los "principales hombres de la ciudad" allí presentes, y aún algunos de quiliarcas a su mando, no entendieran la posición de Pablo. Pero todos pudieron ver que Festo se hallaba en el predicamento malo, habiendo tenido preso a un hombre que tenía derecho a la libertad, hasta que, ya que hubo apelado a César, no hallaba cómo deshacerse de él.

Prisión de Pablo por Cinco Años Hechos 21:17 - 28:31.

9. Defensa de Pablo ante Agripa. Hechos 26: 1-29.

a. Introducción. Hechos 26:1-3.

Versículos 1 - 3. Al tomar su asiento Festo, Agripa asumió control del proceso. (1) "Entonces Agripa dijo a Pablo: Se te permite hablar por tí mismo. Pablo entonces, extendiendo la mano comenzó a responder de si, diciendo: (2) Acerca de todas las cosas de que soy acusado por los judíos, oh Rey Agripa, me tengo por dichoso de que haya hoy de defenderme delante de tí; (3) mayormente sabiendo tú todas las costumbres y cuestiones que hay entre los judíos; por lo cual, te ruego que me oigas con paciencia." Fue expresión sincera de su dicha en aquella ocasión, y esto era por una razón que no habría sido cuerdo para él expresarla —la esperanza de ganar para Jesús al joven rey: y también por la razón especial de tener oportunidad de hablar ahora ante alguien que, distinto de Lisias, Félix y Festo, estaba familiarizado con las cuestiones y costumbres judías y podía entender el caso. Había sido criado Agripa en la fe judía, y por esta razón el emperador le había confiado la supervisión de los asuntos religiosos en Jerusalén, mientras Judea se hallara bajo procuradores romanos.

b. Su posición hacia los partidos judíos. Hechos 26:4-9.

Versículos 4 - 8. Tras el exordio procedió a declarar que había sido criado como fariseo y que todavía se adhería a la esperanza peculiar de ese partido. (4) "Mi vida pues desde la mocedad, la cual desde el principio fue en mi nación, en Jerusalén, todos los judíos la saben: (5) los cuales tienen ya conocido que yo desde el principio, si quieren testificar, conforme a la más rigurosa secta de nuestra religión he vivido fariseo. (6) Y ahora, por la esperanza de la promesa que hizo Dios a nuestros padres, soy llamado en juicio; (7) a la cual promesa nuestras doce tribus, sirviendo constantemente de día y noche, esperan que han de llegar. Por lo cual, oh Rey Agripa, soy acusado de los judíos, (8) ¡Qué! ¿Júzgase cosa increíble entre vosotros que Dios resucite los muertos?" No era defenderse de ningún cargo el objeto que llevaba con estas declaraciones, pues ninguno de los cargos que se habían proferido se contestó. Fue despertar en el corazón del rey una fibra de simpatía para con él, y así abrir camino para impresiones más serias que deseaba hacer. Con este objeto también dio énfasis al hecho de haber pasado su juventud entre su propia nación en Jerusalén, pues, si entre extraños la hubiera empleado habría sido indiferente a las esperanzas e intereses judaicos. La afirmación de ser llamado a juicio por la esperanza de la resurrección se ha de entender principalmente por predicar él la resurrección, y predicarla por Jesús resucitado. Al demandar: "¿Júzgase cosa increíble entre vosotros que Dios resucite los muertos"? se vuelve de Agripa, a quien se dirigía antes exclusivamente, como lo muestra el pronombre plural "vosotros" al resto de la asamblea. Festo inclusive, no creyente en la resurrección. El objeto de tal demanda fue retarlos a que produjeran de la mente una razón para la incredulidad. Calculaba afianzar el influjo que hubiera logrado sobre Agripa por sus dos observaciones anteriores.

c. Su posición anterior respecto del Cristo.
Hechos 26:9-11.

Versículos 9 - 11. En la siguiente división del discurso, Pablo hace otra tentativa más evidente para ganarse la simpatía del rey. (9) "Yo ciertamente había pensado deber hacer muchas cosas contra el nombre de Jesús; (10) lo cual también hice en Jerusalén, y yo encerré en cárceles a muchos de los santos, recibida potestad de los príncipes de los sacerdotes; y cuando eran matados, yo dí mi voto. (11) Y muchas veces castigándolos por todas las sinagogas, los forcé a blasfemar; y enfurecido sobremanera contra ellos, los perseguí hasta en las ciudades extrañas." Este breve repaso de su carrera de perseguidor, el que breve como es, añade nuevos datos de información a los que Lucas da (Capítulos 8:1-3. 9:1,2); debe haber hecho que Agripa se dijese a sí mismo: " ¡Vaya! este hombre en un tiempo estuvo del mismo lado que mi familia, y mostró el mismo celo por suprimir a la causa del Nazareno que mi padre, mi tío y mi abuelo". Tal era el efecto que quería que hiciera, y también en el asombrado joven suscitara la pregunta: "¿Cómo es posible que este perseguidor experimentara tan grande cambio?"

d. Su entrevista con Jesús. Hechos 26:12-18.

Versículos 12 - 18. Como si contestara la interrogación que se había agitado en la mente de Agripa, Pablo da enseguida la causa del cambio de sanguinario perseguidor en ardiente abogado de la causa de Jesús. (12) "En lo cual ocupado, yendo a Damasco, con potestad y comisión de los príncipes de los sacerdotes, (13) en mitad del día, oh Rey, ví en el camino una luz del cielo que sobrepujaba el resplandor del sol, la cual me rodeó y a los que iban conmigo. (14) Y habiendo caído todos nosotros en tierra, oí una voz que me hablaba y decía en lengua hebraica: Saulo, Saulo, ¿por qué me persigues? Dura cosa te es dar coces contra los aguijones. (15) Yo entonces dije: ¿Quién eres, Señor? Y el Señor me dijo: Yo soy Jesús, a quien tú persigues. (16) Mas levántate y ponte sobre tus pies, porque para esto te he aparecido, para ponerte por ministro y testigo de las cosas que has visto, y de aquéllas en que te apareceré a tí; (17) librándote del pueblo y de los gentiles, a los cuales ahora te envío, (18) para que abras sus ojos, para que se conviertan de las tinieblas a la luz y de la potestad de Satanás a Dios; para que reciban por la fe que es en mí, remisión de pecados y suerte entre los santificados." Si supuso que Pablo hablaba la verdad, Agripa debe haber visto en estos asertos suficiente evidencia de la resurrección y glorificación de Jesús para convencerlo como Pablo era convencido, y probable es que le fuera evidencia nueva, pues aunque tiempo atrás debe haber oído algo del testimonio original de quienes vieron la resurrección, quizá jamás había oído de Pablo. La evidencia también llevaba en sí prueba de que Pablo había sido como un buey bronco, que pateaba contra la garrocha que le lastimaba, con lo que aumentaría su propio dolor mientras perseguía a la iglesia. Y no hay duda que así también había sido la experiencia de los ancestros de Agripa, pues nadie puede perseguir a muerte a quienes no ofrecen resistencia, hombres o mujeres, sin sentir dolores de compunción, aunque crea como creía Pablo, que estaba dando servicio a Dios (Véase Versículo 9.). Aun más, supo Agripa, por esta porción del discurso, que Pablo tenía comisión del cielo, del mismo Jesús glorificado, para proseguir el mero curso de vida que ahora llevaba.

e. Por qué estaba entre cadenas. Hechos 26:19-27.

Versículos 19 y 20. Ya que el orador recibió su comisión, le dice luego al rey cómo la cumplió. (19) "Por lo cual, oh Rey Agripa, no fuí rebelde a la visión celestial, (20) antes anuncié primeramente a los que están en Damasco y Jerusalén y por toda la tierra de Judea, y a los gentiles, que se arrepintiesen y se convirtiesen a Dios haciendo obras dignas de arrepentimiento." ¿No respondió el rey en su interior? "Tienes razón, Pablo; si viste lo que dices, te asiste la razón en obedecer a la célica visión."

Versículos 21 - 23. Para probar aún más que sus enemigos iban errados, procede a decir en qué modo obraban. (21) "Por causa de esto los judíos, tomándome en el templo, tentaron matarme. (22) Mas ayudado del auxilio de Dios, persevero hasta el día de hoy, dando testimonio a pequeños y a grandes, no diciendo nada fuera de las cosas que los profetas y Moisés dijeron que habían de venir: (23) que Cristo había de padecer y ser el primero de la resurrección de los muertos, para anunciar luz al pueblo y a los gentiles." Si Pablo no era insincero en estos asertos de lo que había hecho y enseñado, no tenia más alternativa Agripa que reconocer que los judíos lo habían tratado con injusticia; y por cierto no podía ver fundamento alguno para dudar de la sinceridad de Pablo. En añadidura, afirmando que nada enseñaba contrario a la ley y a los profetas, Pablo con mucho ingenio entretejió en su argumento el aserto de que el rasgo esencial de su predicación, a saber, la resurrección del Cristo de entre los muertos, era asunto de predicación inspirada. Por cierto muestra que conforme a la profecía, con su resurrección el Cristo habría de arrojar un fanal de luz clara inequívoca sobre la esperanza misma de resurrección que había sido la gloria de Israel, especialmente de los fariseos. Todo esto dijo con el fin de impresionar hondo la mente del rey.

f. Interrupción y conclusión. Hechos 26:24-29.

Versículo 24. En este punto del discurso, Pablo se vio interrumpido por Festo. A los oídos de este descarriado pagano, el discurso era cosa muy extraña. Le presentaba a uno que desde su juventud había vivido en una fe cuyo artículo principal era la resurrección de los muertos; que en un tiempo persiguió a muerte a sus amigos de hoy, pero que había recibido una visión del cielo; y que desde el momento de ese cambio había soportado azotes, cárceles y riesgo constante de muerte en sus esfuerzos por inspirar a otros con su propia esperanza de resurrección. No podía reconciliar carrera tal, de parte de un hombre de grande erudición y talento, con aquellas máximas de holgura o de ambición que él consideraba la suprema regla de la vida. En añadidura, veía que este hombre extraño, al pedírsele que contestara las acusaciones de sus enemigos, parecía olvidarse de sí mismo en su celo por convertir a sus jueces. Tanto el pasado como el presente de su carrera había sido una magnanimidad que se elevaba muy por encima de la comprensión. (24) "Diciendo él estas cosas en su defensa, Festo a gran voz dijo: Estás loco, Pablo; las muchas letras te vuelven loco."

Versículo 25. Por el tono de la voz y la manera de Festo, así como por la admisión de su gran erudición, Pablo vio que su cargo de estar loco no era por insultarlo, sino más bien era la explosión repentina de un cerebro excitado y perplejo; así su respuesta fue respetuosa y hasta cortés. (25) "Mas él dijo: No estoy loco, excelentísimo Festo, sino que hablo palabras de verdad y de templanza." Tal respuesta es la única observación de todo el discurso que se dirigió expresamente a Festo. Ya sabía Pablo de antemano, y el cargo de locura fue prueba adicional de ello, que Festo se hallaba fuera del alcance del evangelio; por esto parece que Pablo nunca pensó en él mientras trató de alcanzar al rey Agripa.

Versículos 26 y 27. En Agripa tenía Pablo un oyente muy distinto. Su educación judaica lo capacitaba para apreciar los argumentos de Pablo, y para ver repetido en aquella vida noble de auto sacrificio, que para Festo era todo un enigma, el heroísmo de los profetas antiguos. Al volver la vista de con Festo y fijarla de nuevo en el rey, Pablo vio la ventaja que había ganado con esto e hizo empuje para lograrla a lo sumo. (26) "Pues el rey sabe estas cosas, delante del cual hablo también confiadamente. Pues no pienso que ignora nada de esto; pues no ha sido esto hecho en algún rincón. (27) ¿Crees, rey Agripa, a los profetas? Yo sé que crees." Con esta confianza podía hablar del conocimiento y de la creencia de Agripa, porque sabía su historia. Sabía que el nombre de Jesús y los de sus apóstoles eran palabras caseras en la familia de Agripa por generaciones, y que las cuestiones entre ellos y los judíos descreídos se habían discutido en su presencia de cuando niño, aunque siempre desde el punto de vista de los enemigos de la fe. La expresión: "no ha sido hecho en algún rincón", iba dirigida a Festo, para hacerle saber que su ignorancia del asunto no era prueba de que hubiese sucedido en lo oscuro.

Versículo 28. Con pericia sin igual había hecho el apóstol que sus evidencias fuesen al blanco de su principal oyente, y con la osadía que solo los oradores que van resueltos al triunfo pueden sentir, hizo presión tan inesperadamente que tanto el rey como Festo lo sorprendieron dando libre expresión a su pensar. (28) "Entonces Agripa dijo a Pablo: Por poco me persuades a ser cristiano." Este dicho "con poca persuasión" prueba que Agripa se dio cuenta clara de la mira del apóstol. A su crédito hay que no se haya ofendido por tentativa tan evidente de esa clase. Claro que lo metió en un compromiso, pero aunque se le haya volteado en forma tan fría, es evidente que tuvo para Pablo un respeto muy superior al que ninguno de sus ancestros tuviera para un apóstol. Para la causa del evangelio esto fue un gran triunfo, pues mostró que por el paciente aguante en la persecución y la presión continuada de lo que el evangelio reclama de los hombres, las últimas generaciones de sus más enconados enemigos se han visto dispuestos a prestarle oídos con respeto.

Versículo 29. Jamás hubo réplica que superase a la de Pablo en la propiedad de su dicción ni en la magnanimidad de su sentir. (29) "Y Pablo dijo: ¡Plugüíese a Dios que por poco o por mucho, no solamente tú, mas también todos los que me oyen, fueseis hechos tales cual yo soy, excepto estas prisiones!" No antes de haber expresado un buen deseo para sus oyentes y sus carceleros, deseo de que tuvieran la bienandanza que él gozaba en Cristo, fue cuando parece haber pensado en sí, haberse acordado de que estaba entre cadenas.

10. Resultado inmediato de su discurso. Hechos 26:30-32.

Versículos 30 - 32. El corazón que late bajo un manto real va profundamente absorto en cuidados mundanales para poder con frecuencia o seriamente ocuparse en lo que le exige la religión de Jesús. Un cristianismo corrupto, que zafa sus demandas para plegarse al rango de sus oyentes, es acepto a los grandes de las naciones, ayuda a calmar una conciencia dolorida, y con frecuencia es útil para controlar a las masas ignaras; pero los de rango y poder rara vez se disponen a ser por completo lo que el apóstol Pablo era. Vuelven la espalda a la estrecha presión de la verdad, como lo hizo aquel regio oidor de Pablo. (30) "Y como hubo dicho estas cosas, se levantó el rey y el presidente y Bernice, y los que se habían sentado con ellos; (31) y como se retiraron aparte, hablaban los unos a los otros, diciendo: Ninguna cosa digna de muerte ni de prisión hace este hombre. (32) Y Agripa dijo a Festo: Podría este hombre ser suelto, si no hubiera apelado a César."

La decisión de los que no habían visto a Pablo antes, de que no era digno de muerte ni de prisión, se basó no más que en el discurso que habían oído, pero en ése no hubo tentativa de hacer cargos ni de dar contestación formal a ellos. Luego la decisión fue evidentemente resultado del tono de la honradez y sinceridad que alentó al discurso entero, y no se habría podido fingir para engañar a hombres de experiencia mundana. Al coincidir Agripa con los demás, Festo se vio obligado a lamentar no haber suelto a Pablo antes de que éste hubiera apelado a César, pues ahora se hallaba precisamente en el mismo predicamento que cuando primero expuso el caso a la audiencia. Se vio en la penosa necesidad de enviar al emperador un preso de quien no podía explicar por escrito los cargos que le hacían, y que se veía estrechado a decir que nada había hecho para merecer que se le enviara. El hecho de haber enviado tal escrito ("elogeum" se llamaba oficialmente) debe haber tenido mucho que ver con lo leve de la prisión de Pablo una vez que le llegó a Roma (Capítulo 28:16,30,31), y la libertad que después obtuvo.

CAPÍTULO 7

Roma y viaje final del apóstol Pablo

Viaje de Pablo a Roma Hechos 27:1 – 28:16

1. De Cesarea a Buenos Puertos. Hechos 27:1-8.

Versículos 1 y 2. Poco después de la alocución ante Agripa, Pablo se encontró a punto de partir en el tan esperado viaje. Se iba a realizar la contestación a sus plegarias (Romanos 15:30-32), y la promesa hecha de noche en la prisión de Claudio Lisias, de que había de testificar de Jesús en Roma, ya iba a cumplirse. Esto vino a acaecer, no por interposición milagrosa, sino por combinación providencial de circunstancias. Las maquinaciones de los judíos, la avaricia de Félix, la indecisión de Festo, la prudencia de Pablo y el estatuto romano para la protección de ciudadanos, se habían combinado muy extraña aunque muy naturalmente, para cumplir la promesa de Dios hecha en respuesta a la oración. (1) "Mas como fue determinado que habíamos de navegar para Italia, entregaron a Pablo y a algunos otros presos a un centurión llamado Julio, de la compañía Augusta. (2) Así que, embarcándonos en una nave adrumentina, partimos, estando con nosotros Aristarco, macedonio de Tesalónica, para navegar junto a los lugares de Asia." Una vez más vemos aquí que el significativo "nosotros" de Lucas, muestra que esta vez estaba en la compañía de Pablo y con él partió a Roma. Como con él había venido a Jerusalén (Capítulo 21:17,18), es probable que muy cerca de él haya estado durante toda su prisión. Tal estancia de más de dos años en Palestina dio a Lucas oportunidad, si es que antes no la haya gozado, de recolectar toda la información que se contiene en su evangelio; y sumamente probable es que este evangelio lo haya compilado en este intervalo de inactividad comparativa. Aristarco también había venido con Pablo a Jerusalén (Capítulo 20:4), y como Pablo en epístola escrita después de su llegada a Roma, lo llama "compañero en la prisión" (Colosenses 4:10), es probable que por causa que no se menciona en el texto, también él haya sido apresado en Judea y enviado a Roma, al apelar él a César. La compañía (cohorte) Augusta, de la que Julio era centurión, así se llamó en honor del emperador. Como la nave de Adramicio, ciudad en la costa occidental de Misia, iba rumbo a casa, no se esperaba que llevara soldados y prisioneros hasta Roma. Partió el centurión con esperanza, que después se realizó, de dar con un bajel que se hiciera a la vela para Italia, al que pudiera transferir presos y soldados.

Versículo 3. El relato de Lucas acerca del viaje en que Pablo y sus compañeros iban ahora en barco es la única narración de esta clase en la Biblia, y de principio a fin está lleno de interés. (3) "Y otro día llegaron a Sidón; y Julio, tratando a Pablo con humanidad, permitióle que fuese a los amigos para ser de ellos asistido." Los amigos que hallaron en Sidón sin duda eran hermanos en Cristo, y de aquí inferimos que Sidón, así como Tiro, ya había recibido el evangelio (como parece en Capítulo 21:3- 6). En esta ciudad Pablo había demorado una semana en su triste viaje a Jerusalén, y en aquella ahora, de paso a Roma, es alentado por la hospitalidad que allí le brindaban. Que haya necesitado asistencia el día de emprender el viaje se explica mejor suponiendo que se haya mareado, si prevaleció el viento de lado (Versículo 4) que hacia al barco mecerse lo que le causara mareo. Unas cuantas horas en tierra le daría alivio, aunque fuera temporal.

Versículos 4 - 6. Continuó el bajel hacia el norte por un tiempo, evitando echarse al alta mar. (4) "Y haciéndonos a la vela desde allí, navegamos hacia Chipre, por que los vientos eran contrarios. (5) Y habiendo pasado la mar de Cilicia y Pamfilia, arribamos a Mira, ciudad de Licia. (6) Y hallando allí el centurión una nave alejandrina que navegaba a Italia, nos puso en ella." Como la ruta propia de la nave era al poniente, el "bajo" o sotavento de Chipre debe haber sido su extremo oriental, aunque si el viento era favorable, se habría escogido ir por la costa del sur de Cilicia. Otra razón debe haber sido que los marineros de entonces sabían, como los de hoy lo saben, que por allí hay una corriente marina que se dirige al poniente, con ayuda de la cual podían avanzar aunque el viento fuera contrario. El barco de Alejandría que hallaron, como esperaban, debe haberse encontrado los vientos prevalecientes del poniente, y estaba muy lejos al oriente de la línea directa de Alejandría a Italia. Llevaba cargamento de trigo que traía de los graneros de Egipto, y era de las mayores dimensiones, que luego que subieron a bordo los nuevos pasajeros, acomodó 276 almas, inclusive la tripulación (Versículo 37).

Versículos 7 y 8. Al salir de Mira en este barco, el viento iba en contra. (7) "Y navegando muchos días después, y habiendo apenas llegado delante de Gnido, no dejándonos el viento, navegamos bajo de Creta, junto a Salmón. (8) Y costeándola difícilmente, llegamos a un lugar que llaman Buenos Puertos, cerca del cual estaba la ciudad de Lasea."

Versículos 9 - 12. (9) "Y habiendo pasado mucho tiempo, y siendo ya peligrosa la navegación, por haber pasado ya el ayuno,

Pablo les amonestaba, (10) diciéndoles: Varones, veo que la navegación va a ser con perjuicio y mucha pérdida, no solo del cargamento y de la nave, sino también de nuestras personas. (11) Pero el centurión daba más crédito al piloto y al patrón de la nave, que a lo que Pablo decía. (12) Y siendo incómodo el puerto para invernar, la mayoría acordó zarpar también de allí, por si pudiesen arribar a Fenice, puerto de Creta que mira al nordeste y sudeste, e invernar allí."

2. Vana tentativa de llegar a Fenice. Hechos 27:13-20.

Versículo 13. El puerto llamado Buenos Puertos estaba al lado oriental del cabo Matala, el que habrían de doblar los marineros para llegar a Fenice, y tal podrán hacer afrontando viento del oeste o noroeste; así es que esperaban que cambiara. (13) "Y soplando el austro, pareciéndoles que tenían lo que deseaban, alzando velas iban cerca de la costa de Creta." Lo que se dice "pareciéndoles que tenían lo que deseaban", expresa su pensar de como si ya hubiesen llegado, al partir con esta brisa del sur, lo mismo que habían esperado. Era todo engañoso, el preludio de un terrible cambio.

Versículos 14 – 20. Iba a brisa suave el buque por un tiempo, sobre un mar tranquilo, con la lancha pendiente a popa lista para el desembarque en Fenice. (14) "Mas no mucho después dio en ella un viento repentino que se llama Euroclidón. (15) Y siendo arrebatada la nave, y no pudiendo resistir contra el viento, la dejaron y éramos llevados. (16) Y habiendo corrido a sotavento de una pequeña isla que se llama Clauda, apenas pudimos ganar el esquife: (17) el cual tomado, usaban de remedios ciñendo la nave; y teniendo temor de que diesen con la Sirte, abajadas las velas, eran así llevados. (18) Mas siendo atormentados de una vehemente tempestad, al día siguiente alijaron; (19) y al tercer día nosotros con nuestras manos arrojamos los aparejos de la nave. (20) Y no pareciendo sol ni estrellas por muchos días, y viniendo una tempestad no pequeña, ya era perdida la esperanza de nuestra salud." El nombre Euroclidón dado a este viento equivale a "Noroeste", que indica la dirección de donde soplaba. Se precipitó repentinamente de las cimas de montañas en Creta y azotó el bajel cuando estaba a pocas horas de su destino. A sotavento de Clauda el agua estaba gruesa, y esto dio lugar a que los marineros tomaran las tres precauciones mencionadas aquí. Subieron el esquife, o lancha, a bordo para evitar que se estrellase contra el costado del barco. Ceñir la nave consistía en pasar cables en torno del casco y apretarlos con cabrestante para dar fuerza al casco y evitar que sus maderas se abrieran. Abajaron todas las velas, excepto lo que bastaba para llevar el barco, a fin de impedir su avance en la temida Sirte, bancos de arena movediza junto a las costas de África hacia donde el viento los empujaba. Al día siguiente se aligeró el barco echando al agua parte del cargamento, para que desplazando menos agua fuera menos la fuerza de las olas que golpeaban. El aparejo del buque se echó al otro día al agua con el mismo propósito; consistía en morillos, tablones, cordelería, etcétera, que llevaban con objeto de hacer reparaciones. Como los marinos de aquel siglo exclusivamente dependían del sol y las estrellas para conocer la dirección en que habían de navegar, al no tener nada de esto en muchos días y no amainada la tormenta, no tenían idea definida de donde se hallaba.

Versículos 21-26. El patrón del barco, el maestre, el centurión y todos a bordo para este tiempo ya se habían formado mejor opinión del criterio de Pablo, y estaban listos para escuchar con respeto cuando les dirigió otra vez la palabra. (21) "Entonces Pablo, habiendo ya mucho que no comíamos, puesto en pie en medio de ellos, dijo: Fuera de cierto conveniente, oh varones, haberme oído y no partir de Creta, y evitar este inconveniente y daño. (22) Pero ahora os exhorto a tener buen ánimo, pues no habrá ninguna pérdida de vida entre vosotros, sino solamente de la nave. (23) Porque esta noche ha estado conmigo el ángel del Dios del cual soy y a quien sirvo, (24) diciendo: Pablo, no temas; es menester que seas presentado delante de César; y he aquí Dios te ha dado todos los que navegan contigo. (25) Por tanto, oh varones, tened buen ánimo; porque yo confío en Dios que será así como me ha dicho; (26) si bien es menester que demos en una isla." La predicción anterior de Pablo ya casi se había cumplido, de modo que sus oyentes no estaban dispuestos a cavilar de la discrepancia aparente entre aquello y lo que ahora decía; y cuando lo oyeron predecir la seguridad de ellos, basado en revelación directa del cielo, que antes no había pretendido, pudieron ver que lo que anteriormente había predicho era solo su opinión. Además, las palabras del ángel: "Dios te ha dado todos los que navegan contigo", les hicieron entender que solo por esta concesión no perecerían, y que esto se les había concedido en respuesta a sus plegarias en favor de ellos. Obsérvese también lo que es más prominente en esa respuesta a las oraciones de Pablo es la certeza de "es menester que sea presentado delante de César"; porque para Pablo el principal motivo para desear escapar del peligro presente era poder por fin ver a Roma, contestar sus cargos ante César como lo había hecho ante Agripa y luego, al ser liberado, predicar a judíos y gentiles en "la ciudad eterna."

3. Barco anclado y Pablo en vela. Hechos 27:27-32.

Versículos 27 - 32. A pesar de la certeza de seguridad dada a Pablo, por un tiempo el peligro se hacia más eminente. (27) "Y venida la décima cuarta noche, y siendo llevados por el mar Adriático, los marineros a la media noche sospechaban que estaban cerca de alguna tierra; (28) y echando la sonda, hallaron veinte brazas; y pasando un poco más adelante, volviendo a echar la sonda, hallaron quince brazas. (29) Y habiendo temor de dar en lugares escabrosos, echando cuatro anclas de popa, deseaban que se hiciese de día. (30) Entonces procurando los marineros huir de la nave, echando que hubieron el esquife a la mar, aparentando como querían largar las anclas de proa, (31) Pablo dijo al centurión y a los soldados: Si estos no quedan en la nave, vosotros no podéis salvaros. (32) Entonces los soldados cortaron los cabos del esquife, y dejáronla perder." Ya se acercaba el barco a la isla que ahora se llama Malta, más al sur de la porción que hoy llaman Adriático, pues entonces este nombre abarcaba mayor espacio geográfico que hoy. La razón de que sospecharan que se acercaban a la isla debe haber sido el ruido de cachones sobre la costa rocosa, al principio tan indistinto que no se podía tener seguridad de que era. El sondeo probó lo que sospechaban, mas la profundidad disminuía rápidamente, prueba de que la costa estaba cerca. Acercarse a tal costa en medio de tamaña tempestad era destrucción segura del barco y de todos a bordo. Echar todas las anclas a mano era naufragio en el punto con toda probabilidad, si se trataba de tener el barco fijo contra las olas que lo embestían, aunque no se rompieran los cables dejándolo ir contra las rocas.

Tan seguros estaban los marineros de una u otra suerte para el barco antes que viniera la mañana, que resolvieron arriesgar la vida en un esfuerzo por ganar la orilla, a pesar de la tiniebla y de las rocas. Con facilidad engañaron a los que eran de tierra pretendiendo echar otra ancla por la proa, donde posiblemente era del todo inútil, pero Pablo era demasiado marino para dejarse engañar, y su vigilancia salvó la vida a todo el pasaje. Aunque tenía la promesa de Dios, que él implícitamente creía, que ni uno de los a bordo se perdería, recordaba que la promesa era: "Dios te ha dado todos que navegaban contigo", y velaba a los que habían sido entregados a su cuidado como si no hubiera promesa de que se salvarían. Por cierto se apresuró a decir a los soldados que nadie se salvaría si se permitía que los marineros dejaran el barco. La razón era que nadie más que marineros hábiles podían llevar el barco a la costa con tal viento y entre rocas. Sacamos de esto la lección de que, al hacernos Dios una promesa cuya realización en parte se ha de producir con nuestro propio esfuerzo, se entiende que tal esfuerzo es condición de la promesa. Tal regla tiene muchas aplicaciones en negocios tanto temporales como espirituales, los que no podemos demorarnos a especificar. Decretando el Señor que tal cual cosa se haga, o prediciendo que se hará, siempre anticipa las acciones voluntarias de los interesados, y solo interviene directamente si de otro modo fallara su propósito. En nuestros tratos con Dios, pues, habremos de ir tan activos y diligentes como si no tuviéramos su promesa, y con todo confiar en su ayuda como si todo lo hiciera él solo.

4. Pablo alienta a la tripulación. El barco se aligera. Hechos 27:33-38.

Versículos 33 - 36. Cuando se frustró la pérfida tentativa de los marineros, no parecía haber más que hacer que confiar a las anclas y esperar el día. Cada gigantesca ola barría la cubierta de popa a proa, así que cerraron las escotillas, y todos quedaron abajo. En momentos de terror supremo como éste, cuando se acobarda el corazón más intrépido, aquel que tenga posesión completa de sí mismo sirve de sostén a todos los demás en que se apoyen. Este fue Pablo. Ganándoles delantera a los marineros, impresionó a estos y a los soldados con su sentido de aplomo y vigilancia, y esto lo convirtió al momento en el espíritu dominante de la compañía entera en el barco, y ahora que oscilaban al ancla, sin tener qué hacer nada más que asirse para no rodar por cubierta, les comunicó una porción de su jovialidad y potencia. (33) "Y como comenzó a ser de día, Pablo exhortaba a todos que comiesen diciendo: Este es el décimo cuarto día que esperáis y permanecéis ayunos, no comiendo nada. (34) Por tanto, os ruego que comáis por vuestra salud, que ni aún un cabello de la cabeza de ninguno de vosotros perecerá. (35) Y habiendo dicho esto, tomando el pan hizo gracias a Dios en presencia de todos, y partiendo, comenzó a comer. (36) Entonces todos teniendo ya mayor ánimo, comieron ellos también." Sabía Pablo que nada hay tan alentador para los cansados y hambrientos como el buen alimento, y que para llegar a la orilla se requería de ellos un esfuerzo del que no eran capaces en su condición actual debilitada. Si se tomase literalmente su dicho de que en catorce días no habían tomado alimento, no se tendría como increíble por los que están familiarizados con casos recientes de quienes se han sujetado a ayunos voluntarios de cuarenta días y más. Si aplicamos un criterio justo, habremos de recordar que no lo dice Lucas a sus lectores, sino Pablo a los que le oían, y si en efecto hubieran tomado algo de comida, ya sabrían cómo interpretar su dicho. En estos tiempos actuales cuando una huésped asegura a sus convidados que lo que han comido es nada y les insta a que se sirvan más, nadie le entiende ni le achaca que dice falsedades. Una exageración familiar es común y admisible. Los que oían a Pablo deben haber comido poco; los que llegaban a marearse mucho apenas levantaran la cabeza en todo ese tiempo; y los que hubieran padecido poco, no habrían podido sentarse a comer con quietud. Por cierto en todo ese tiempo no se pudo hacer comida en el barco. El modo libre y fácil de hablar Pablo sobre el asunto era en sí alentador, y que dijera que comer lo que él aconsejaba era por seguridad propia, aun más exhibe su convicción de que la salvación de cada uno dependía en parte de sus propios esfuerzos.

Versículos 37 y 38. Congregar en esta comida a toda la compañía en el barco a esa hora parece haber sugerido la mención del número de personas a bordo, y quizá fue en este momento que se hizo el recuento por primera vez, a fin de verificar mediante otro recuento ya en tierra si algunos hubieran perecido y cuántos. (37) "Y éramos todas las personas en la nave doscientas setenta y seis. (38) Y satisfechos de comida, aliviaban la nave, echando el grano a la mar." Esto aligeró más al barco con el objeto de que pudiera acercarse a tierra más que de otro modo, sin tocar fondo. No era tarea fácil subir los sacos de la bodega y lanzarlos sobre baranda cuando el barco se mecía y sacudía como debe haberlo hecho. Para ello les sirvió toda la fuerza renovada que el alimento que tomaron hubo de darles.

5. El barco encallado, mas los hombres se escapan. Hechos 27:39-44.

Versículos 39 - 41. Ya se había hecho todo lo que podía hacerse hasta que la luz del día revelase la naturaleza exacta de los arrecifes al frente y la costa más allá. (39) "Y como se hizo de día, no conocían la tierra: mas veían un golfo que tenía orilla, al cual acordaron echar si pudieran la nave. (40) Cortando las anclas, las dejaron en el mar, largando también las ataduras de los gobernalles; y alzada la vela mayor al viento, íbanse a la orilla. (41) Mas dando en un lugar de dos aguas, hicieron encallar la nave; y la proa se abría con la fuerza de la mar." De la consulta de los marineros, parece que pensaron que sería posible guiar el buque de modo de ir a parar en el único lugar parejo de la costa. La dificultad fue pasar a lugar seguro. Esto reveló a los pasajeros el buen criterio de Pablo de retener a los marineros a bordo cuando la noche anterior trataban de abandonar el barco. Las anclas se quedaron en el mar, no solo porque ya no servían al barco, sino porque, aunque mucho se necesitaran, no se podían recobrar. Los timones eran solo tablones, uno en cada esquina de la popa, y cuando estaba anclado, sus manijas se amarraban sobre cubierta de modo que los tablones salieran del agua y se evitara fueran rotos por las olas. Ahora estaban sueltas para usarlas como gobernalle, y sin lo cual los timones servían de poco. Con el uso diestro de velas y timones, fue sacado el buque de entre las rocas, a atracar tan cerca como pudiera del punto que querían. El ímpetu con que viento y olas lo llevaban hizo que la proa se enterrara en la arena, y allí se quedó fijo. Dos oleajes fuertes, o como decían los marineros, dos mares que venían de rumbos distintos en rodeo de las rocas, alternadamente pegaban en la inmóvil popa, como si fueran dos mazos inmensos en manos de gigantes, y el maderamen, ya muy debilitado por oscilar toda la noche de los cables, desde luego comenzó a ceder. Si los de a bordo hablan de escapar, no había que perder tiempo en dejar el barco.

Versículos 42 - 44. En este punto crítico los soldados se mostraron tan inconsiderados como los marineros por la noche. Ya podían ver claro que debían la vida a Pablo, pero no tenían sentido de gratitud para ello. (42) "Entonces el acuerdo de los soldados era que matasen los presos, porque ninguno se fugase nadando. (43) Mas el centurión, queriendo salvar a Pablo, estorbó este acuerdo, y mandó que los que pudiesen nadar echasen los primeros, y salieron a tierra; (44) y los demás, parte en tablas, parte en cosas de la nave. Y así aconteció que todos se salvaron saliendo a tierra." El centurión que durante el viaje se mostró bondadoso y discreto, parece haber sido el único soldado a bordo que mostró gratitud justa para Pablo por sus valiosísimos servicios, aunque para los demás presos no tuviera afecto, en vista de que los salvó por salvar a Pablo. Se hizo necesario nadar, después de encallar el barco, por hallarse éste en agua demasiado honda para vadear, pues un barco de ese tamaño tenia de calado más de tres metros cuando estaba vacío, y por otra parte grandes olas rodaban de lo profundo barriendo muy alto la playa. No era fácil tarea ganar la playa, y fue realmente notable que todos se salvaran, tanto más cuanto Pablo lo había predicho.

6.   Pablo escapa de otro peligro. Hechos 28:1-6.

Versículos 1 y 2. Afortunadamente para los náufragos, hallaron una playa hospitalaria donde había bastante población. No hay duda de que tan luego que hubo luz del día, los que habitaban, cerca de la costa vieron el angustiado bajel, y observaron con ansiedad su peligroso arribo a la costa. En el punto que el barco atracó, estaban en multitud. (1) "Y cuando escapamos, entonces supimos que la isla era Melita. (2) Y los bárbaros nos mostraron no poca humanidad; porque, encendido un fuego, nos recibieron a todos, a causa de la lluvia que venía y del frío." Por los isleños supieron el nombre de la isla, que hoy es Malta. Lucas llama bárbaros a los isleños, porque tal titulo daban griegos y romanos a todos los que no eran de ellos. No era en sentido de reproche como hoy se da. Estos bárbaros estaban muy lejos de ser salvajes. No fue trabajo ligero encender fuego en medio de la lluvia y fuese bastante grande para que los 276 hombres pudieran acercarse a él. Estos ya estaban calados hasta los huesos con la nadada a la costa, y la lluvia que caía no les permitía orearse; con todo, el calor de una gran fogata les daba algo de alivio. La lluvia era una de esas heladas lloviznas de Octubre y Noviembre, que son luego más desagradables que las frías de veras en medio invierno.

Versículos 3 - 6. Pablo no era un predicador al estilo de los clérigos modernos, que tienen mucho cuidado de no mancharse las manos con trabajo servil, y esperan que todo el mundo esté listo a servirles, mientras conservan su dignidad solo siendo espectadores. No fue a pararse junto a la lumbre que otros habían encendido, ni dejó que otros sin su ayuda siguieran alimentándola, pero metió la mano junto con los bárbaros y los marineros a la ocupación desagradable. (3) "Entonces habiendo Pablo recogido algunos sarmientos, y puéstolos en el fuego, una víbora huyendo del calor le acometió la mano. (4) Y como los bárbaros vieron la víbora colgando de su mano, decían los unos a los otros: Ciertamente este hombre es homicida, a quien, escapado de la mar, la justicia no lo deja vivir. (5) Mas él, sacudiendo la víbora en el fuego, ningún mal padeció. (6) Empero ellos estaban esperando cuándo se había de hinchar o caer muerto de repente; mas habiendo esperado mucho y viendo que ningún mal le venía, mudados, decían que era un dios." Aquí es Listra a la inversa. Primero tomaron a Pablo por un dios, y luego lo apedrearon. Aquí lo tomaron por un homicida, y luego creían que era un dios. No se basaba la mala opinión de él en el hecho escueto de que la víbora lo mordió, pues sabían que los buenos también podían verse expuestos a ello, sino en ocurrir tal fatalidad en conexión tan estrecha con su escape de un naufragio en apariencia sin esperanza. Si ya habían descubierto que era preso, contribuyó esto a su conclusión. Atribuyeron su castigo a la diosa de la justicia, la que en apariencia estaba resuelta a que no se le escapara de las manos. Pero descubrieron que la mordida, cuyo fatal efecto conocían tan bien, no lo tenía en él. Su conclusión de que era un dios les fue tan natural como la anterior de que era homicida. El milagro se obró por el poder directo de Dios, y fue con intención de hacer la impresión en los isleños que hizo —impresión temporal que antes de muchos días se siguió por un concepto fiel de la persona y oficio de Pablo.

7. Pablo se hace útil en Melita. Hechos 28:7-10.

Versículos 7 - 10. Los viajantes tuvieron en el lugar de su desembarque la fortuna de, no solo hallarlo habitado, sino del buen natural de sus principales habitantes. (7) "En aquellos lugares había heredades del principal de la isla, llamado Publio, el cual nos recibió y hospedó tres días humanamente. (8) Y aconteció que el padre de Publio estaba en cama enfermo de fiebre y disentería; al cual Pablo entró, y después de haber orado, le puso las manos encima y le sanó. (9) Y esto hecho, también los otros que en la isla tenían enfermedades, llegaban y eran sanados; (10) los cuales también nos honraban con muchos obsequios; y cuando partimos, nos cargaron de las cosas necesarias." El título que se da aquí a Publio, "el principal de la isla", es ambiguo, pero las palabras griegas que así se traducen se han hallado en inscripciones en la isla como título del gobernador romano, con lo que se justifica la conclusión de que Publio tenía este cargo. Si el "nos" de Lucas en el Versículo 7 comprende la compañía entera de los náufragos, la referencia más natural, la hospitalidad de Publio alojando y alimentando a 276 hombres fue digna de todo encomio. Quizá puso a algunos de ellos en domicilios de inquilinos suyos en la finca, pero se les proveyó a sus expensas por tres días, después de lo cual se hizo algún otro arreglo, según parece. Bien recompensada fue, sin embargo, al sanar Pablo a su padre, cuyo mal, aún en estos días de pericia médica, se considera peligroso. Probable es también que la compañía del barco hallara acomodo en casas de otros de la isla que del mismo modo eran sanados. Así Pablo, que al principio del viaje fuera uno de los pasajeros más inconspicuos, llegó por fin a ser el sostén de la compañía entera, y ejercía el ascendiente sobre todas las mentes. Fue la gratitud a él por fin la que hizo a los isleños surtir a la compañía del barco de todas las comodidades para lo que les faltara a llegar. Para esta sazón no hay duda de que los soldados se alegraron de no haber muerto a Pablo antes de abandonar el barco. No suponemos que Pablo haya sanado enfermedades entre los isleños de modo tan general sin mencionar el nombre de Jesús. Al contrario, aunque Lucas no lo mencione, habremos de pensar que, desde el palacio del gobernador hasta la más remota choza de la isla, el nombre y el poder de Jesucristo se dieron a conocer plenamente durante los tres meses de su estancia.

8. Terminaron el viaje. Hechos 28:11-16.

Versículos 11 - 14. Fueron los meses de invierno que pasaron en la isla, y tan pronto como se consideró sin riesgo la navegación, se emprendió de nuevo el viaje. (11) "Así que, pasados tres meses, navegamos en una nave alejandrina que había invernado en la isla, la cual tenía por enseña a Cástor y Pólux. (12) Y llegados a Siracusa, estuvimos allí tres días. (13) De allí, costeando al rededor, vinimos a Regio; y otro día después, soplando el austro al segundo día, a Puteolos; (14) donde habiendo hallado hermanos, nos rogaron que quedásemos con ellos siete días; y luego vinimos a Roma." Este barco de Alejandría, como el que había naufragado, sin duda iba cargado de trigo para el mercado italiano, y la misma tempestad que había hecho naufragar al otro había demorado a éste en su camino. Se quedó tres meses o más en puerto cuando estaba a tres o cuatro días de su destino. Los gemelos Cástor y Pólux, cuyas imágenes se ostentaban en la proa o la popa, eran su enseña, o diríamos su nombre —los dos hijos de Júpiter en la fábula, que eran los guardianes de los navegantes. Así tenían los cristianos primitivos constantemente ante los ojos los emblemas del paganismo.

La parada de Siracusa, ciudad famosa de la antigua Cecilia, quizá haya sido ocasionada por vientos contrarios, o por descarga de flete. Dista de Malta algo menos de 133 kilómetros, y se hacia este transcurso en menos de veinticuatro horas. Regio, siguiente puerto que tocaron, está en la extremidad sur de Italia, no lejos del estrecho de Mesina. El rodeo que hicieron costeando, sin duda lo debieron a viento desfavorable. El austro o viento del sur que sopló al salir de Regio les era directamente favorable, y fue veloz el recorrido de 240 kilómetros de allí a Puteolos. Este puerto estaba situado en la playa norte de la bahía que después ha tomado el nombre de Nápoles, y sus ruinas todavía las visitan los viajeros. Nápoles, que entonces era una aldea, suplantó a Puteolos como puerto de esa porción de Italia con el transcurso del tiempo, pues éste gradualmente se ha hundido en deterioro. Que Pablo hallara hermanos en Puteolos es prueba de la extensión con que ya se había predicado el evangelio en Italia, y el que haya obtenido permiso del centurión de una demora de siete días es prueba del respeto que ya le profesaba Julio. Los siete días abarcaron uno del Señor en el que Pablo y sus acompañantes gozaron del privilegio de romper el pan con los recién hallados hermanos.

Versículos 15 y 16. La caminata de Puteolos fue sobre pavimento, que formaba un ramal de la famosa Vía Apia que conducía de Roma a Brundusium, o sea el moderno Brindisi. La distancia se recorre ahora en ferrocarril. Se llegaba a esta vía principal en Capua, 44 kilómetros desde Puteolos, de donde sigue hasta Roma, una distancia por tierra de unos 200 kilómetros. La razón de haber desembarcado allí tan lejos de Roma fue que Puteolos era el puerto para nave del mayor calado. La demora en Puteolos y la caminata por tierra dieron tiempo a los hermanos en Roma para saber de la llegada de Pablo. (15) "De donde oyendo de nosotros los hermanos, nos salieron a recibir hasta la plaza de Apio y Las Tres Tabernas; a los cuales como Pablo vio, dio gracias a Dios y tomó aliento. (16) Y como llegamos a Roma el centurión entregó los presos al prefecto de los ejércitos, mas a Pablo fue permitido estar por sí con un soldado que le guardase." La plaza o foro de Apio era un pueblo sobre la Vía Apia a 56 kilómetros de Roma, y el lugar llamado Las Tres Tabernas era una aldea 13 kilómetros más adelante hacia la ciudad. El grupo de hermanos que encontraron a Pablo aquí sin duda salieron poco más tarde que los otros. Que Pablo diera gracias a Dios y tomara aliento al verlos indica que hasta habría abrigado temor de cómo lo recibieran estos hermanos. Viniendo a esta ciudad orgullosa prisionero entre cadenas, podían haber sentido que sufriría la reputación de la causa allí si se le reconocía como uno de sus grandes próceres; y si los hermanos que allí residían se retrajeran de él, sería en vano esperar que se hiciera mucho bien mientras se hallara preso, o aun después de lograr su libertad. No obstante, al mostrarse ellos tan fieles en simpatía cristiana que se desentendieron de consideraciones contemporizadoras, y venir a recibirlo como alguien que les hacia honor, se disiparon todas las tétricas dudas y la esperanza alentadora tomó su lugar. Podemos suponer que entre esos hermanos reconoció a algunos, al menos, del grupo noble que con gran encomio había mencionado en el capítulo final de su epístola a esta iglesia, y que en compañía suya había soportado pruebas de la fe hacía años. De su viaje traía conmovedora historia que contarles, y por cierto fue motivo de deleite para ellos hallar que, aunque preso, había ganado la estimación y la confianza del centurión que traía cargo de él, y seguro podemos suponer, de todos los soldados que en un tiempo pensaron en darle muerte para evitar que se evadiera. Presenciaron también a su llegada a Roma, cómo le brindaron la rara cortesía de permitirle residir por sí sin más restricción que tener un soldado que le guardase, en lugar de meterlo a prisión militar común. Este favor fue el resultado de haber Festo expuesto que nada digno de muerte o de cárcel había hecho, y también lo que informara Julio al centurión de su conducta durante el viaje. Cual José esclavo en la casa de Potifar y preso en la cárcel del rey, se había conducido a modo de ganar la confianza implícita de los que lo custodiaban desde el principio hasta el fin de su encierro. Así debe ser con todo el que, bajo todas circunstancias, observa un comportamiento estrictamente cristiano.

Labores de Pablo en la Prisión de Roma. Capítulo 28:17-31.

1. Celebra entrevista con principales judíos. Hechos 28:17-22.

Versículos 17 - 20. Terminado el viaje que por muchos años habla proyectado, Pablo conoció a algunos hermanos a quienes hacía más de tres años les había rogado le ayudaran con oraciones a Dios, para llegar a ellos con gozo y ser recreado juntamente con ellos (Romanos 15:24, 30-32). Pero cuán diferente de lo que esperaba fue su entrada a la ciudad imperial. En lugar de llegar hombre libre, presentarse en una sinagoga y en el foro en el nombre de Jesús, vino marchando entre filas de soldados, y se presentó a las autoridades como preso enviado a juicio, y se le tuvo bajo guardia militar noche y día. ¡Cuán lúgubre perspectiva de predicar el evangelio a los que estaban en Roma! Si Pablo, el fabricante de carpas, extranjero y pobre, había iniciado sus labores en el emporio comercial de Grecia "con flaqueza y mucho temor y temblor" (1 Corintios 2:3), ¿cómo debe haberse sentido Pablo, el preso entre cadenas, al comenzar obra semejante en la ciudad capital de todo el mundo? Otra vez la situación era bien desalentadora, pero tenía razones para alentarse de que careció en Corinto; un grupo de coadjutores probados, de ambos sexos, tan arrojados y fieles como el que más para cumplir las órdenes del gran caudillo; y cada uno de éstos era un brazo que podía extender para traer al lugar de su cautiverio a los oyentes de la ciudad a una entrevista fraternal.

(17) "Y aconteció que tres días después, Pablo convocó a los principales de los judíos a los cuales luego que estuvieron juntos, les dijo: Yo varones hermanos, no habiendo hecho nada contra el pueblo, ni contra los ritos de la patria, he sido entregado preso desde Jerusalén en manos de los romanos; (18) los cuales, habiéndome examinado, me querían soltar, por no haber en mí causa ninguna de muerte. (19) Mas contradiciendo los judíos, fui forzado a apelar a César; no que tenga de qué acusar a mi nación. (20) Así que, por esta causa os he llamado para veros y hablaros; porque por la esperanza de Israel estoy rodeado de esta cadena." La cordura de Pablo al procurar esta entrevista y hacer tales declaraciones en particular, es obvia. Naturalmente se habría de suponer que, como lo acusaban sus propios paisanos en Judea, habría cometido algún crimen, y al apelar a César, que intentaría hacer graves cargos contra sus acusadores. Lo que dijo que los romanos lo habrían dado libre a no haber sido por la oposición de los judíos, le favorecía mucho en el primer punto, y en el segundo su repudiación bastaba. Su explicación final, que era por la esperanza de Israel que se veía encadenado, que se ha de entender en el mismo sentido en que

la hizo en dos ocasiones previas (Capítulos 23:6; 26:6), llevaba el fin de ganarse su benevolencia, porque no era común para los judíos verse perseguidos, y porque les daba la seguridad de que él aún acariciaba la más tierna esperanza de un judío piadoso.

Versículos 21 y 22. La contestación de los judíos fue cándida y decorosa. (21) "Entonces ellos le dijeron: Nosotros ni hemos recibido cartas tocante a ti en Judea, ni ha venido alguno de los hermanos que haya denunciado o hablado algún mal de ti. (22) Mas queramos oír de ti lo que sientes; porque de esta secta notorio nos es que en todos lugares es contradicha." Es algo sorprendente que de Judea no llegara noticia referente a Pablo, pero con frecuencia sucede que eventos que ocurren desadvertidos para la generación que vive, después vienen a ser de importancia histórica. No oír nada quiso decir que ninguna mala noticia de él llegó, aunque mucho perjudicial habían oído de la "secta" que él representaba. Si hubieran obrado como muchos lo hacen hoy, se habrían negado a oírlo por razón de los malos informes de su secta; pero el hecho de que en todas partes se decía mal de ella fue la verdadera razón para desear oír a Pablo hablar de ella. Quizá ellos mismos se habían negado a oír a los predicadores que precedieron a Pablo a Roma. Pero la manera cortes en que los convidó a su alojamiento, y el modo conciliador en que les habló, fueron lo que ganó mejor voluntad de ellos. Si siempre hubieran sentido como ahora, sin duda le habrían oído de muy buena gana, mediante la carta que había escrito a la iglesia de cristianos en su ciudad hacía más de tres años.

2. Segunda entrevista con los judíos. Hechos 28:23-28.

Versículos 23 y 24. Antes de despedirse de Pablo los judíos, se dieron cita para volver a oírlo formalmente. (23) "Y habiéndole señalado un día, vinieron a él muchos a la posada, a los cuales declaraba y testificaba el reino de Dios, persuadiéndoles lo concerniente a Jesús, por la ley de Moisés y por los profetas, desde la mañana hasta la tarde. (24) Y algunos asentían a lo que se decía, mas algunos no creían." El discurso fue largo, y tomó el tiempo suficiente para exponer el tema entero ante ellos, y sostener con evidencia adecuada cada proposición por separado, pero el resultado fue el que siempre se halla en una asamblea de judíos.

Versículos 25 - 28. Por lo que sigue de la narración, hay razón de suponer que el partido de los descreídos dio expresión indecorosa a su sentir. (25) "Y como fueron entre sí discordes, se fueron, diciendo Pablo esta palabra: Bien ha hablado el Espíritu Santo por el profeta Isaías a nuestros padres, diciendo: (26) Ve a este pueblo y diles: De oído oiréis y no entenderéis; y viendo veréis, y no percibiréis; (27) porque el corazón de este pueblo se ha engrosado, y de los oídos oyeron pesadamente, y sus ojos taparon; porque no vean con los ojos, y oigan con los oídos, y entiendan de corazón, y se conviertan y yo los sane. (28) Séaos pues notorio que a los gentiles les es enviada esta salud de Dios; y ellos oirán." Era tan hábil predicador Pablo que no habría terminado su plática con advertencia como ésta, si no hubiera visto u oído algo en su auditorio que exigía tales palabras candentes del Capítulo 6 de Isaías. Este pasaje ya había sido citado por Jesús, y lo aplicó a los judíos descreídos de Galilea (Mateo 13:14,15), y después lo usó el apóstol Juan que explicó la incredulidad de los que oían a Jesús en Jerusalén (Juan 12:40). Da la fiel explicación de por qué el evangelio falla en ganarse a algunos que lo oyen proclamar plenamente, y la explicación esta contradice la doctrina que en un tiempo fue popular, a saber, que el Espíritu Santo debe regenerar el alma con ejercer su poder inmediato antes que pueda recibir el evangelio. Según tal doctrina, la razón de que algunos de los oyentes de Pablo se fueran sin creer fue que la divina influencia se contuvo de llegar a ellos, pero a otros les fue concedida. Pero según la idea que se expresa en este pasaje, el Señor tanto en favor de una clase como de otra hace mucho, y la razón de que algunos creyeran y otros no, fue que éstos no oían con los oídos ni veían con los ojos. No tenían tapados ojos ni oídos por un poder encima de ellos, pues expresamente se les acusa de tapárselos. Si voluntariamente los cerraron, tenían el poder de tenerlos abiertos y se sobrentiende que si hubieran hecho tal, el resultado habría sido lo inverso —que habrían visto la verdad, que con favor la habrían oído, que la habrían entendido y se habrían vuelto al Señor para ser salvos. Tal fue precisamente la experiencia de la parte de ellos que creyeron. Previamente habían tenido el corazón engrosado, de los oídos oían pesadamente y cerraban los ojos para no ver lo de otros predicadores en Roma, pero ahora abrieron ojos y oídos a lo que les presentó Pablo, y en consecuencia entendieron de corazón, se volvieron y fueron sanados. En tal orden de cosas Dios no hace acepción de personas, ni puede nadie atribuir su ruina final a que se hayan contenido influencias salvadoras por parte del Espíritu Santo.

3. Lo que duró su prisión, y sus labores continuadas. Hechos 28:30-31.

Versículos 30 y 31. De una manera abrupta termina aquí el relato. (30) "Pablo empero, quedó dos años enteros en su casa de alquiler, y recibía a todos los que a él venían, (31) predicando el reino de Dios y enseñando lo que es del Señor Jesucristo con toda libertad, sin impedimento." Esta casa alquilada es la que se menciona en el Versículo 16, donde se dice que a Pablo le fue permitido estar por sí "con un soldado que le guardase". Este soldado, como veremos en la expresión del Versículo 20, "estoy rodeado de esta cadena", estaba encadenado a él de día y de noche. El guarda se cambiaba por costumbre universal cada tres horas, a no ser que se exceptuaran las horas de sueño en este caso particular. De esta manera no menos de cinco o seis soldados tenían el privilegio de estar presentes y oír su predicación y enseñanza. Como esto se prolongó por dos años enteros, no es sorpresa oír lo que Pablo en Filipenses 1:13 dice: "Mis prisiones han sido célebres en el Señor en todo el pretorio y a todos los demás". La guardia pretoriana era un cuerpo de soldados que se tenía en Roma, en campamento fuera de la ciudad, con objeto de hacer guardia al emperador y cuidar a los prisioneros que aguardaban juicio de la corte imperial. Como cada soldado, de guardar a Pablo, volvía al campamento, llevaba una historia extraña que contar en oídos de sus compañeros, y así esto corrió de boca en boca.

Llegó al alcance de algunos de la familia de César, quizá mediante los de la guardia en palacio (Filipenses 4.22).

-La expresión, "recibía a todos que a él venían" denota muchos visitantes. En parte eran atraídos éstos por la fama en aumento del predicador preso, pero podemos suponer que principalmente por la actividad de los hermanos de la ciudad, que era natural se ocuparan de este modo. Por el celo de estos hermanos se pagaba el alquiler de esta casa, pero tal era la propia pobreza de ellos que, al recibir una contribución de la lejana iglesia de Filipos, alivió la necesidad que sentían en Roma (Filipenses 4:10,11,18). Aquí, como por todo el libro de Hechos, se distingue entre predicar y enseñar; lo primero se dirige a los que no han creído, y lo segundo a los creyentes. El que hiciera ambas cosas muestra que las dos clases de oyentes eran atraídas a su alojamiento. No se le prohibió tal actividad, porque al limitarse a los que voluntariamente lo buscaban en su residencia particular, no podía motivar motines como los que hubo en otras ciudades. No creyó Lucas necesario enumerar los resultados de tales labores, ni satisface la curiosidad natural del lector diciendo el resultado de la apelación de Pablo a César. Se da uno cuenta de esta última circunstancia, como insistimos en la Introducción al principio de esta obra, solo suponiendo que la oración final del libro se escribió precisamente al final de los dos años y antes de terminado el juicio. Pero excepción hecha de tal omisión, el objeto principal del relato sugiere este final como adecuado. Habiendo comenzado con su comisión de volver al Señor los pecadores, el que lo escribió nos ha llevado de Jerusalén, por Judea, Samaria, las provincias de Asia Menor, las islas del Mediterráneo, Macedonia y Acaya, hasta la ciudad imperial de Roma; y dejando al obrero principal aquí, todavía "predicando el reino de Dios y enseñando lo que es del Señor Jesucristo", queda cumplido su objeto primordial, y la narración se cierra. Un comentario de Hechos, limitado estrictamente al texto, habría de terminar aquí, pero como ha sido parte de nuestro plan dar mayor plenitud a la relación tomando de otras fuentes inspiradas, tenemos aun unos cuantos párrafos que trasladar al papel. El deseo que los capítulos finales inspiran al lector reflexivo de seguir adelante en la carrera de Pablo puede satisfacerse en cierto grado. Tal deseo tiene referencia especial a dos preguntas: ¿Qué resultados dio para la causa de Cristo la prolongada prisión de su apóstol? ¿Qué éxito tuvo su apelación al César?

Con referencia a la primera pregunta ya hemos anotado que su entrada a Roma fue tan diferente de lo que él había esperado que su perspectiva de hacer bien allí debe haberle sido muy sombría. Pero siéndole permitido enseñar sin interrupción por dos años en su residencia alquilada, no podemos dudar que mucho realizó, a pesar de su encierro en calidad de preso. De las epístolas escritas por este tiempo, algo sabemos de los resultados. Efesios, Colosenses y Filemón fueron las primeras. Todas fueron escritas en la misma ocasión y remitidas, las primeras dos con Tíquico, y la otra con Onésimo, viajando junto los dos mensajeros. Como hizo volver a Onésimo con Filemón y tenía que mandar la carta con alguien, inferimos que la mandó con él (Filemón 8-12). Como enviaba a Tíquico a los hermanos a quienes dirigió las otras dos cartas, igualmente nuestra inferencia es que Tíquico las llevó (Efesios 6:22,23; Colosenses

4:7,8). Y dice expresamente que envió a Onésimo con Tíquico (Colosenses 4:8,9).

-En las dos primeras muestra un sentido de perturbo en su situación, exhortando a los hermanos a que oren por él, que se le "abran las puertas de la palabra" para hablar en confianza el evangelio como debiera expresarse. La última revela al mismo tiempo el hecho de que ya había logrado algo. De las meras heces de una sociedad disoluta en la metrópoli, un esclavo huido había sido inducido a visitar al apóstol y oír el evangelio. Aquello probó el poder de Dios para libertarlo de una servidumbre mucho peor que aquélla de la que huía. Luego que se hizo discípulo, Pablo lo halló "útil para el ministerio" sirviéndole sin duda en traer a muchos de sus antiguos compañeros a oír el evangelio. Su amo era Filemón, convertido de Pablo, residente en Colosas. Pablo quería retenerlo a su servicio, pero por respeto a los derechos legales de Filemón, lo mandó a la casa con una carta en la que con delicadeza insinúa lo propio que seria dar la libertad a un esclavo tan capaz para ese servicio; y pensando que probablemente Onésimo hubiese defraudado a su amo de algún modo, promete pagar la suma sea la que fuere (Filemón 8-12).

-Su predicación había comenzado a tener efecto en la clase más desahuciada de la población citadina, al mismo tiempo que instaba a los hermanos distantes que pidieran a Dios "que se abra la puerta de la palabra" (Efesios 6:18-20; Colosenses 4:2,3). Con el tiempo la puerta de la palabra se abrió mucho más de lo que había osado esperar. En la epístola a los Filipenses escrita en periodo más tarde dice: "Quiero, hermanos, que sepáis que las cosas que me han sucedido, han redundado más en provecho del evangelio; de manera que mis prisiones han sido célebres en Cristo en todo el pretorio, y a todos los demás; y muchos de los hermanos en el Señor, tomando ánimo con mis prisiones, se atreven mucho más a hablar la palabra sin temor" (Filipenses

1:12-14). También dice cerca del final de la misma epístola: "Todos los santos os saludan, y mayormente los que son de la casa de César" (Filipenses 4:22). Como ya lo hemos dicho, estos resultados se originaron con toda naturalidad de la palabra que muchos soldados que alternadamente guardaban a Pablo, llevaban a la guardia pretoriana lo que oían cuando él enseñaba y predicaba a los que le visitaban, pues los soldados de la guardia y los empleados en el palacio de César naturalmente serian los meros últimos en visitar el alojamiento de Pablo con propósito de oírle. Durante estas labores arduas y embarazosas, Pablo gozaba de la cooperación, no solo de todos los fieles y valientes de ambos sexos que encontró en la Iglesia de Roma, sino la de otros colaboradores que con él habían trabajado en otros campos y que a él recurrían desde lejos. Timoteo, a quien por última se menciona en el viaje de Corinto a Jerusalén, se le unió en las saludes a los Colosenses, a Filemón y a los Filipenses, sin embargo, Aristarco y Epafras eran sus compañeros de prisión (Colosenses 4:10; Filemón 23). Marcos, que en un tiempo lo abandonó y no fue con él y Bernabé a la obra, ya estaba con él e iba a salir a viaje lejano a su ruego (Colosenses 4:10). Demas, quien más tarde lo abandonó y se fue a Tesalónica, "amando este siglo", estaba aún a su lado (Colosenses 4:14; 2 Timoteo 4:10). Y, Lucas, el médico amado, que con él participó de los peligros de su viaje desde Cesarea, fue su compañero constante (Colosenses 4:14).

Con referencia a la apelación de Pablo al César, nada se dice expresamente en el Nuevo Testamento, pero hay base de inferencia conclusiva para creer que tuvo éxito en lograr su libertad. Tal evidencia se ve en los sucesos y viajes descritos en las epístolas a Timoteo y a Tito, los que no pudieron hallar lugar en el período que abarca Hechos. Entre esto se halla que dejó a Timoteo en Éfeso para contrarrestar la influencia de ciertos maestros, mientras él iba a Macedonia (1 Timoteo 1:3); que dejó a Tito en Creta para que corrigiese algo que faltaba allí (Tito 1:5); su visita a Mileto cuando dejó allí enfermo a Trófimo (2 Timoteo 4:20); y su viaje a Nicópolis para pasar allí el invierno (Tito 3:12). Si no fuera salirnos de los límites de un comentario de Hechos, sería de interés seguir los detalles de estas labores hasta que el telón de la historia auténtica cae y cierra de nuestra vista su partida para estar con Cristo. Cuando obtuvo audiencia bajo la apelación que lo trajo a Roma, sus enemigos no podían decir nada peor que lo que ya habían dicho ante Félix y Festo, y su defensa ante éstos, junto con la que hizo ante Agripa el rey, nos sugiere el curso en el asunto de lo que probablemente debe haber expuesto ante el emperador y su consejo. Finalmente, desde la perspectiva de Pablo el cumplio con su llamado y mission hacia los gentiles.

Preguntas para reflexionar

1. ¿Fue el apóstol Pablo un misionero comisionado por la iglesia primitiva en Jerusalén?

2. ¿Por qué es importante entender el contexto de Pablo y sus viajes misioneros de acuerdo al libro de Hechos?

3. ¿Siendo un ciudadano de Roma, fue Pablo recibido y acogido por los romanos?

4. ¿Cuáles fueron sus mayores desafíos con el Imperio Romano?

5. ¿Cumplió Pablo con su propósito en su misión y la predicación a los Gentiles?

Libros para lectura y estudio adicional

Robert, J. Banks, *Paul's Idea of Community: The Early House Churches in their Culture*. Peabody: Hendrickson, 1994.

M. Eugene Boring, *Introduction to the New Testament: History, Literature, Theology*. Louisville: Westminster John Knox Press, 2012.

Trevor Burke, y Brian S. Rosner, *Paul as Missionary: Identity, Activity, Theology and Practice*. London: T & T Clark, 2011.

Panayotis Coutsoumpos, *Paul of Tarsus: An Introduction to the Man, the Mission and his Message*. Eugene: Wipf and Stock, 2018.

Craig S. Keener, *Acts: An Exegetical Commentary*. 4 Volumes. Grand Rapids: Baker Academic, 2012-15.

Scot McKnight and N. K. Gupta, *The State of New Testament Studies: A Survey of Recent Research*. Grand Rapids: Baker Academic, 2019.

Ralph P. Martin y C. N. Toney, *New Testament Foundations*. Eugene: Cascade Books, 2018.

Eckhard J. Schnabel, *Paul the Missionary: Realities, Strategies and Methods*. Downers Grove: InterVarsity Press, 2008.

Eckhard J. Schnabel, *Early Christian Mission: Paul and the Early Church*. Volume Two. Downers Grove: InterVarsity Press, 2014.

Bruce Winter, *The Book of Acts in Its First-Century Setting*. 5 Vols. Grand Rapids: Baker Academic, 1993-96.

PARTE II

PABLO DE TARSO
— SUS —
CARTAS Y SUS MENSAJES

Introducción

Pablo, el apóstol fue un judío helenizado, hablaba griego, un dialecto local de Cilicia de Koine[1] y vivió en y durante el Imperio Romano. Ha sido y es considerado uno de los más grandes teólogos, escritores y misioneros en el Nuevo Testamento. Fue una de las figuras más influyentes en la historia del Cercano Oriente y del Imperio Romano.[2] Su pensamiento teológico no ha sido comprendido por muchos en tiempos antiguos y tampoco ahora; también fue seguido por oponentes por doquiera iba.[3] "De Marcion a Karl Barth, de Agustín a Lutero, Schweitzer y Bultmann, siempre se le ha entendido mal o a medias, o algún aspecto de su trabajo ha sido puesto en relieve, mientras que otros aspectos no han sido interpretados correctamente y también han sido descuidados".[4]

---

[1] Niclas Förster, "Sprach Paulus einen kliksschen koine-Dialect?" *ZNW* 88 (1997): 316-21.

[2] E, P. Sanders, Paul: *The Apostles's Life, Letters, and Thought* (Minneapolis Fortress, 2015), xxi. Ver también a, D. G. Horrell, An Introduction to the Study of Paul. Second Edition (London: T & T Clark, 2006), 6.

[3] Stanley E. Porter, "Introduction to the Study of Paul's Opponents," in *Paul's and His Opponents.* Edited by S. E. Porter (Leiden: Brill, 2005), 1.

[4] Hans J. Schoeps, *Paul: The Theology of the Apostle in the Light of Jewish Religious History* (Philadelphia: The Westminster Press, 1961), 3.

Casi todos los eruditos paulinos están de acuerdo en que es difícil construir una verdadera imagen del apóstol Pablo. Sin embargo, para Lucas, "Pablo comparte el escenario con otros líderes cristianos en Hechos, y es una figura heróica para él".[1] También es importante notar que, en el libro de Los Hechos, el apóstol Pablo aparece en Jerusalén y vuelve a Jerusalén. Para algunos la dificultad parece ser que él es parte del mundo judío, del griego y el romano. El dilema es cómo reconciliar su vida anterior en la ciudad de Tarso con su origen judío. Particularmente, fue ciudadano de uno de los más grandes imperios, el Romano.[2] M. Hengel afirma que Lucas, autor del libro de Los Hechos, ofrece uno de los mejores retratos de Pablo, aunque hay algún intérprete que no considera al libro, Hechos de los apóstoles, como una fuente histórica y confiable.[3]

Pablo es un producto de tres mundos distintos: fue parte de lo que se conoce como 'la cultura de la cuenca mediterránea', que era parte de una mezcla de pueblos y culturas (griegos, judíos, romanos y paganos), y las simplificaciones excesivas pueden no reconocer las diferencias caracterizadas por estos numerosos grupos.[4] Sin embargo, en un libro reciente, Michael Bird, (judío anómalo), ha tratado de dibujar al apóstol como un judío poco común (anómalo)[5] que nunca abandonó el judaísmo y a la vez lo criticó.

---

[1] Carl R. Hollady, *Introduction to the New Testament*. Reference Edition (Waco: Baylor University Press, 2017), 371.

[2] Panayotis Coutsoumpos, *Paul, Corinth and the Roman Empire* (Eugene: Wipf and Stock, 2015), 87-89. "El apóstol Pablo fue ciudadano romano y esto le ayudó a abrir puertas a él y para sus viajes misioneros. Era fácil viajar en aquellos tiempos a través de ciudades y el mundo Greco-romano con un pasaporte romano".

[3] Martin Hengel, *The Pre-Christian Paul* (Philadelphia: Trinity Press International, 1991), 1.

[4] Michael J. Gorman, *Apostle of the Crucified Lord: A Theological Introduction to Paul & His Letters*. Second Edition (Grand Rapids: Eerdmans, 2017), 12-17. Ver también, Calvin J. Roetzel, The Letters of Paul: Converstions in Context. Sixth Edition (Louisville: Westminster John Knox Press, 2015), 7-68.

[5] Michael F. Bird, *An Anomalous Jew: Paul among Jews, Greeks and Romans* (Grand Rapids: Eerdmans, 2016), 10-12.

Más recientemente, algunos eruditos han formulado preguntas importantes con respecto a la "Nueva perspectiva de Pablo" y se oponen y muestran otro enfoque alternativo para el cual la expresión, "la visión de Pablo dentro del judaísmo", parece más correcta. A pesar de que estos intérpretes están al frente de este reciente desarrollo, sin embargo, su convicción es que Pablo debe ser comprendido e interpretado dentro del contexto del judaísmo.[6] Estas nuevas perspectivas o expresiones de su investigación han sido descritas como la "Nueva perspectiva radical", "Más allá de la nueva perspectiva" y "Nueva perspectiva posterior",[7] podemos agregar que Pablo provenía de una familia judía estricta y muy de la diáspora. ¿Cómo influyó su relación judía en él? ¿O cómo fue influenciado por su relación con la cultura helenista?

Como resultado de tal interés, una gran cantidad de literatura sobre el nombre del apóstol Pablo ha surgido. Y sin embargo, siempre se ha afirmado que los estudiosos han malinterpretado totalmente, incluso, el perfil fundamental de su enseñanza, la teología y también su vida.[8]

Recientemente, G Boccaccini afirmó que "Pablo no era cristiano, ya que el cristianismo, en su época, no era nada más que un movimiento mesiánico judío, y por lo tanto debería considerarse como sólo un Judío del Segundo Templo".[9]

---

[6] Marco D. Nanos, "Introduction," in *Paul Within Judaism: Restoring the First-Century Context to the Apostle.* Edited by M. D. Nanos, and M. Zetterholm (Minneapolis: Fortress Press, 2015), 1-11.

[7] Pamela Eisenbaum, "Paul, Polemics, and the Problem with Essentialism." *Biblical Interpretation* 13 (2005): 232-33.

[8] Richard N. Longenecker, *Paul, Apostle of Liberty.* Second Edition (Grand Rapids: Eerdmans, 2015), xxviii.

[9] Gabriele Boccaccini, "The Three Paths to Salvation of Paul the Jew," in *Paul the Jew: Rereading the Apostle as a Figure of Second Temple Judaism.* Edited by G. Boccaccini & C. A. Segovia (Minneapolis: Fortress Press, 2016), 2. También observa "Qué más debería él haber sido? Pablo nació como judío, padres judíos, fue circuncidado, y nada en su trabajo apoya (o aún sugiere) la idea de que él llegó a ser o se consideró un apóstol)".

Según J. Jeremías,[1] el contexto griego de Pablo ni su educación judía, dan la clave de su establecimiento en la escritura y teología de los apóstoles. En todo caso, Pablo fue entrenado (en Jerusalén) bajo Gamaliel como un fariseo.[2] Más que unos pocos intérpretes han dudado del informe del libro de los Hechos. El asunto es que Gamaliel está aquí representado como muy tolerante con los seguidores y el movimiento de Jesús. Pablo nació en Tarso (Hechos 21:39; 22: 3) en Cilicia, de padres judíos, en el primer año de la época cristiana. Posiblemente se familiarizó con los diversos cultos en la ciudad helenista y con algún centro cultural. Por eso estaba familiarizado con el culto al emperador y, posiblemente, tuvo contacto con ciertas escuelas filosóficas, particularmente de los estoicos.[3]

En contraste, el apóstol Pablo ha mostrado un conocimiento superficial de la filosofía estoica. Pero Jeremías señala acertadamente que "Las religiones misteriosas ni el culto al emperador, la filosofía estoica ni, por último, un supuesto gnosticismo pre-cristiano, constituyen el terreno natural del apóstol".[4] Y que él pudo estar en contacto con éste; Es muy probable que se le diera el extenso ministerio e itinerario de viajes que tuvo en todo el mundo mediterráneo.

Por un lado, el apóstol Pablo se enorgullecía de su ascendencia judía. Sus padres debieron haber sido miembros de la clase media alta en Tarso. Como se mencionó antes, Pablo, el judío, nació

---

[1] Jochim Jeremias, "The Key to Pauline Theology," Exp Tim 76 (1964/65): 27-30. Ver también, Joseph Plevnik, *What are they Saying about Paul?* (New York: Paulist Press, 1986), 6.

[2] Klaus Haacker, "Paul's Life," in *The Cambridge Companion to St Paul.* Edited by James D. G. Dunn (Cambridge: Cambridge University Press, 2003), 22.

[3] Coutsoumpos, *Paul, Corinth,* 52-56, 78. Ver también, Panayotis Coutsoumpos, "Paul, the Cults in Corinth, and the Corinthians Correspondence," in *Paul's World.* Edited by S. E. Porter (Leiden: Brill, 2008), 175.

[4] Jeremias, "The Key to Pauline," 28.

en Tarso, una ciudad importante en la región de Cilicia.[5] Por otro lado, el padre de la iglesia, Jerónimo sugirió que el apóstol nació en la ciudad de Gischala en Galilea y probablemente su familia se mudó a Tarso cuando era un niño.[6] Según Strabo, Tarso, era una ciudad conocida como un centro de aprendizaje, particularmente en el área de la filosofía y la retórica, y con un sistema educativo grecorromano completamente establecido.[7]

Sin lugar a dudas, la ciudad de Tarso no era avara. Conectada con el mar Mediterráneo por el río Cydnus, estaba estratégicamente ubicada y era un floreciente centro de comercio, cultura griega y una gran influencia de la escuela filosófica estoica. Tarso, como ciudad grecorromana, sin embargo, habría utilizado el sistema educativo grecorromano.[8]

El apóstol Pablo se sentía cómodo y en casa como parte de la cultura y el mundo social helenista. De hecho, él y su familia, obviamente, eran ciudadanos de Tarso y de Roma. Además, en las ciudades helenistas, la ciudadanía se otorgaba al cumplir condiciones específicas, en la mayoría de los casos, una contribución financiera o participación en proyectos de construcción pública.[9] Como bien se sabe, algunos de estos deberes públicos se consideraban importantes y parte de los ciudadanos del Imperio Romano. Los estudiosos parecen concordar en que era visto como un judío helenista

---

[5] Stanley E. Porter, *The Apostle Paul: His life, Thought, and Letters* (Grand Rapids: Eerdmans, 2016), 9-10. "Tarso, una ciudad con una larga historia, fue fundada, probablemente, alrededor de l comienzo o segunda parte del Segundo milenio a. C. Fue rescatado por Alejandro Magno de manos del poder destructor de los persas que se subyugaban en 333 A.C".

[6] Jerome, *De Virus Illustribus,* 23.646.

[7] Strabo, *Geography* 14.5-13.

[8] Porter, *The Apostle Paul,* 10.

[9] Eckhard J. Schnabel, *Early Christian Mission: Paul and the Early Church.* Vol. 2 (Downers Grove: InterVarsity Press, 2004), 924.

y que abandonó el judaísmo.[1] Por el contrario, como se vio anteriormente, Pablo nunca abandonó el judaísmo. Los estudiosos lo ven influenciado por su experiencia en los entornos estoicos de Tarso y varias corrientes de pensamiento que fluyen del paganismo, la cultura grecorromana, la filosofía helenista popular, los cultos de religiones de misterio hasta los sistemas gnósticos.[2]

Puede que la dificultad más clara en relación con el perfil histórico de Pablo sea aclarar y apoyar sus acciones como se representa en Hechos. Si bien está claro, los académicos no están de acuerdo con su noción de la historicidad de los Hechos. E. Haenchen, por ejemplo, afirma cómo la visión teológica de Lucas y su agenda lo han llevado a dar forma, e incluso, material.[3] En todo caso, algunos eruditos ven algo diferente en el relato de Hechos y las cartas de Pablo.

Por ejemplo, la imagen del apóstol el libro de Hechos, según él, es muy diferente a la que dan de sus cartas.[4] ¿Continuó él realmente los hábitos judíos que se le atribuyen? ¿Fue el evento en Damasco influyente en su visión y teología? ¿Qué le sucedió en el año 33 EC en un barrio de Damasco?

En 1 Corintios 9: 1, por primera vez el apóstol habla de la experiencia que tuvo en Damasco.[5] Sin embargo, en el camino, su vida cambió cuando se encontró con el Señor resucitado

---

[1] Bird, *An Anomalous Jew,* 10.

[2] Coutsoumpos, *Paul, Corinth,* 78-80 "De otra parte, parece que Pablo no solo fue influenciado por los retóricos de la época, pero también por los filósofos moralistas estoicos".

[3] Ernst Haenchen, *The Acts of the Apostle: A Commentary* (Oxford: Blackwell, 1970), 116. Ver también, D. G. Harrell, *An Introduction to the Study of Paul.* Second Edition (London: T & T Clark, 2006), 13-14.

[4] Harrell, *An Introduction,* 13. "Otros eruditos, como Howard Marshall que reconoce que Lucas ha moldeado su material de acuerdo con sus intereses teológicos, insisten en que él es un historiador más cuidadoso y preciso que lo que Haenchen admite".

[5] Udo Schnelle, *Apostle Paul: His Life and Theology.* Translated by M. E. Boring (Grand Rapids: Baker Academic, 2003), 88-94.

(Hechos 9: 1-19; 22: 6-16; 26: 12-18; ver 1 Cor. 9: 1; Gal. 1: 15-17).[6] ¿Qué tan significativo es este evento para comprender al apóstol y su mensaje?[7] Es interesante observar que, no todos los académicos están de acuerdo en que su experiencia en Damasco desempeñó un papel dominante en su futura misión y mensaje. Algunos sostienen que había sido determinado en su pensamiento y lenguaje por su contexto helenista; otros enfatizan su educación judía-farisea.

Además, otros destacan la influencia transformadora de la experiencia en el camino a Damasco.[8] Según él, su vida como cristiano judío y su ministerio comenzaron, y según se menciona en el libro de los Hechos, se encontró con Jesús en el camino a la ciudad. Los textos principales son Gálatas 1: 1 Corintios 9: 15, así como los tres relatos del evento de Damasco en Hechos 9: 22-26.[9] Lo que es notable con respecto a estos pasajes es su falta de estenografía.

El propósito principal de este libro es dar al lector interesado en Pablo de Tarso, una idea de él, el hombre, la misión y su mensaje. Este estudio comienza con un conjunto diferente de hipótesis. Como se vio anteriormente, Pablo se llama a sí mismo un fariseo. De hecho, no hay evidencia en ninguna parte del Nuevo Testamento de que haya abandonado sus firmes convicciones de fariseo. Es un teólogo judío (de la Diáspora) que ancla su creencia en la Biblia hebrea y la enseñanza de sus distinguidos mentores en Jerusalén. Es un hebreo de hebreo, en

---

[6] Martin Hengel and Anna M Schemer, *Paul between Damascus and Antioch: The Unknown Years* (Louisville: Westminster John Knox Press, 1997), 91-105.

[7] Allen Segal, *Paul the Convert: The Apostate and Apostasy of Saul Pharisee* (New Haven: Yale University, 1990), 7-16.

[8] Richard N. Longenecker, "A Realized Hope, a New Commitment, and a Developed Proclamation: Paul and Jesus." in *The Road form Damascus: The Impact of Paul's Conversion on His Life, Thought, and Ministry.* Edited by R. N. Longenecker (Eugene: Wipf and Stock Publishers, 2002), 21.

[9] Schnelle, *Apostle Paul*, 88.

lugar de un judío helenista. Por un lado, según J. G. Machen, si se "Explica el origen de su religión, se habrá resuelto el problema del origen del cristianismo".[1]

Además, entiéndase su devoción a la Torá como el centro y la norma de la vida judía; esto se ha convertido también en un reto para muchos estudiosos. Otro problema es la pregunta sobre la razón de su persecución a los primeros cristianos.[2] ¿Por qué persiguió a los primeros cristianos? Vale la pena notar que la respuesta más posible es que los seguidores de Jesús fueron considerados como traidores de la fe judía y del judaísmo.[3] Concedido. Sin embargo, el apóstol fue a Damasco para perseguir a los cristianos. ¿Qué sucedió allí realmente? ¿Cambió él en el camino a Damasco y se convirtió al cristianismo? Por otro lado, la investigación crítica a menudo ha planteado preguntas sobre sí, estas son descripciones correctas de la experiencia y la vida del apóstol Pablo.[4]

El presente estudio surge de la convicción de que, si bien los esfuerzos de estudios anteriores han resultado en una reproducción general del perfil del apóstol Pablo, aún quedan áreas de ambigüedad que necesitan ser aclaradas. La mayor parte de lo que se dice aquí se ha aprendido del trabajo que otros han hecho. Este trabajo no es una pieza original de investigación. Más bien, es un intento de reunir una visión coherente de lo que parece haber sido el centro de la misión, el ministerio y el mensaje de Pablo. Mucho debate académico continúa sobre muchas preguntas en las cartas de Pablo.

---

[1] G. Machen, *The Origin of Paul's Religion* (London: Hodder & Stoughton, 1922), 4.

[2] Michael Wolter, *Paul: An Outline of His Theology.* Translated by R. L. Brawley (Waco: Baylor University Press, 2015), 16-18.

[3] Eckhard J. Schnabel, Paul the Missionary: Realities, Strategies and Methods (Downers Grove: InterVarsity Academic, 2008), 44.

[4] Stanley E. Porter, *Paul in Acts.* Library of Pauline Studies (Peabody: Hendrickson Publishers, 2001), 98.

El logro de esta visión cohesiva se complica por el hecho de que el apóstol no escribió una declaración exhaustiva de su visión del Evangelio. Lo que es muy importante en una carta, no necesariamente haber sido la preocupación predominante de la carrera del apóstol Pablo, sino solo un tema en vivo en varias congregaciones locales. Después de exponer los fundamentos y la introducción de este estudio, permítanme explicar brevemente la organización de este libro. Consta de tres capítulos. El capítulo uno sobre Pablo, el hombre, y cuál es la base histórica respecto a su vida. Particularmente, cómo él era judío de la Diáspora, que se convirtió en perseguidor y también en ciudadano romano. El capítulo 2 presenta al apóstol y misionero. Uno de los principales temas que discutiremos es su conversión y experiencia en el camino a Damasco. Para algunos estudiosos, como se vio antes, este evento no es importante, pero para este estudio significa mucho.

El último capítulo 3, tratará la línea principal de pensamiento de Pablo, sus antecedentes y la introducción de sus cartas. El resultado final será un libro que proporcionará un preámbulo general considerable a la figura del apóstol, al judío de Tarso, al hombre y su origen judío, a su misión en todos los territorios de Grecia y Asia Menor, y a su mensaje escrito a todas las iglesias alrededor del mundo grecorromano en el primer siglo. Con esto en mente, procederemos a estudiar el entorno social e histórico (*Siz im Leben*) de la vida, los viajes misioneros, su teología y sus cartas. Y también, examinaremos al apóstol desde la perspectiva de su contexto judío y helenista en el mundo grecorromano.

CAPÍTULO 1

Pablo de Tarso:
el hombre

Pablo de Tarso, el hombre, era un judío que vivió durante la Diáspora.[1] Para saber el trasfondo judío y la teología del apóstol Pablo, es importante que veamos de su procedencia. Nadie cuestiona que era judío, que vivió durante la Diáspora y también en Jerusalén. Sin embargo, menciona que era descendiente de Abraham, de la tribu de Benjamín (Romanos 11: 1), hebreo nacido de hebreo (Fil 3: 5). Aunque el perfil común de su vida es claro, la cronología detallada, a veces significativa para interpretar sus cartas, es asunto difícil y en el que los académicos no están completamente de acuerdo.[2] Por otro lado, "tal preocupación por afirmar su credencial judía, traiciona al judío expatriado que vivió en la Diáspora.[3] Sin embargo, al recordar, Pablo afirma que fue en la Diáspora (ciudad de Tarso) donde creció y vivió. Cabe destacar que, J. Barclay asegura que

---

[1] Longenecker, *Paul*, 22.

[2] M. Eugene Boring, *An Introduction to the New Testament: History, Literature, Theology* (Louisville: Westminster John Knox Press, 2012), 182.

[3] Jerome Murphy-O'Connor, *Paul: A Critical Life* (Oxford: Oxford University Press, 1997), 32. Ver también, Bird, *An Anomalous Jew,* 35-36. Aunque está claro que vivió entre los judíos de la Diáspora en la ciudad de Tarso, una de las ciudades más helenizadas de Asia Menor.

el apóstol muestra una cantidad limitada de aculturación y acomodación al helenismo.[1] Aunque, es claro que vivió entre los judíos de la Diáspora en la ciudad de Tarso, una de las más helenizadas de Asia Menor. De hecho, es obvio que usara las Escrituras judías (Antiguo Testamento). Y, sin embargo, está claro que fue influenciado por el judaísmo de la Diáspora. Además, "otra influencia judía sobre él se revela en su uso de formas de argumentar y la lógica rabínica que se usaron en el primer siglo".[2] ¿Fue importante el judaísmo que él aprendió en la Diáspora? ¿Fue el judaísmo de la diáspora influyente para su pensamiento y hermenéutica?

I. PABLO, EL JUDAÍSMO EN LA DIÁSPORA

La comunidad judía, a partir del primer siglo antes de Cristo, se extendió por todo Egipto, Anatolia, Grecia y más allá.[3] La principal diferencia que se hizo en la investigación del judaísmo es la geográfica entre el judaísmo en Palestina y la Diáspora. Se acepta, en general, que el entorno social y político de cada comunidad influyó en la vida judía.[4] Adoptaron la lengua griega y, contrastando a los judíos de Palestina, inevitablemente tuvieron que hacer algún ajuste con el mundo gentil (mundo grecorromano) en el que vivían.[5]

---

[1] John M. G. Barclay, "Paul among Diaspora Jews: Anomaly or Apostate?" *JSNT* 60 (1995): 108.

[2] Porter, *The Apostle Paul,* 90. "No es del todo claro cuando el principio rabínico de la interpretación se formuló, pero aun si fueron después de Pablo escribir sus cartas, hay evidencias de los principios mismos pudieron haber sido usados más temprano que su codificación escrita, ya que se encuentran en las enseñanzas de Jesus también."

[3] P. R. Trebilco and C. A. Evans, "Diaspora Judaism," in *Dictionary of New Testament Background.* Editors C. A. Evans & S. E. Porter (Downers Grove: InterVarsity Press, 2000), 281.

[4] Trebilco and Evans, "Diaspora Judaism," 282.

[5] Richard Wallace and Wynne Williams, *The Three Worlds of Paul of Tarsus* (London: Routledge, 1998), 6-7.

Como que sea, el apóstol Pablo, obviamente se encontraba como en casa en ese mundo. En la mayoría de las ciudades que visitó en la Diáspora, encontró una comunidad judía estableci-da.[6] Lo que unió a la comunidad judía, en sus propios ojos, fue su lealtad religiosa a Dios, que era adorado en el templo de Jerusalén. Todos los hombres judíos llevaban la marca de su lealtad a Dios, habiendo sido circuncidados en la infancia o como condición para convertirse al judaísmo.[7] Además, la identificación propia judía por lealtad religiosa, en vez de por vínculos políticos o étnicos fue, quizás, única en el antiguo mundo mediterráneo.

Numerosos judíos de la Diáspora se sentían como en casa en Éfeso, Atenas o Corinto, donde los judíos que viajaban, quizás, encontraban que el alojamiento era indistinguible del de los vecinos paganos.[8] El judío de la Diáspora, "no promovía enclaves privados o aislamientos segregados".[9] Según Filón, la ciudadanía romana y la judía eran normalmente exclusivas.[10] Por el contrario, no asimilar la religión pagana, jugó un papel importante entre los judíos de la Diáspora. Pero, la razón por la que los judíos no querían asimilación con los gentiles, incluía la relación de los alimentos con la idolatría.[11] Los judíos de la Diáspora, claramente no censuraban su destino o deseo de regresar a su tierra ni a sus antepasados. El apóstol Pablo, sin embargo, fue bicultural tanto en el discernimiento intelectual como en el práctico.

---

[6] Wallace and Williams, *The Three Worlds,* 6.

[7] Wallace and Williams, *The Three Worlds,* 118.

[8] Schnabel, *Paul the Missionary,* 328.

[9] Erich S. Gruen, *Diaspora: Jews amidst Greeks and Roman* (Cambridge: Harvard University Press, 2002), 123-24.

[10] Philo, *De Legatione ad Gaium* 157.

[11] B. J. Oropeza, *Jews, Gentiles, and the Opponents of Paul: The Pauline Letters* (Eugene: Cascade Books, 2012), 138.

La evidencia más clara de los antecedentes de Pablo de Tarso es el hecho de su hogar en la Diáspora. Su epístola demuestra que era miembro de la Diáspora judía de habla griega. Vale la pena señalar que la palabra "Diáspora" significa "dispersión".[1] Se utiliza para referirse a un movimiento gradual y pacífico de personas que salen de su país de origen. Antes de los días del apóstol Pablo, hubo una gran diáspora judía desde Babilonia, al este de Palestina (2 Crón. 36: 22-23; Esdras 1: 1-4). Los orígenes de las comunidades judías en Babilonia se encuentran en el exilio, ya que muchos judíos optaron por permanecer en Babilonia.[2] Josefo escribió que, el tamaño de la población judía más allá del Éufrates en su época, constituía un importante asentamiento judío en Nehandea. Nisibis, y Seleucia.[3]

En la época de Pablo, había judíos en todas las principales ciudades alrededor del mar Mediterráneo. Bajo los romanos, la comunidad judía creció, y Josefo señala su tamaño, riqueza y éxito en la obtención de simpatizantes y prosélitos.[4] La mayoría de la comunidad judía en la Diáspora, parece haber sido próspera en preservar su identidad social y religiosa, en varios casos durante un siglo.[5] De hecho, el libro de Hechos menciona también a los que visitaban a Jerusalén desde Partia, Mesopotamia, Capadocia, Pontus, Asia, Frigia, Panfilia, Egipto, Cirene, Roma y otros lugares (Hechos 2: 9-11). Pablo, en Hechos aparece, por lo tanto, como "hijo de fariseo" (Hechos 23: 6), que perteneció a la secta más estricta de su religión y vivió como fariseo en la Diáspora.

---

[1] Oropeza, *Jews, Gentiles*, 138.

[2] Trebilco and Evans, "Diaspora Judaism," 282-284.

[3] Josephus, *Ant* 15.822; 18.9.11; 18.9.8-9.

[4] Josephus, *J. W.* 7.3.3.

[5] John M. G. Barclay, *Pauline Churches and Diaspora Jews* (Grand Rapids: Eerdmans, 2016), 141.

Sin embargo, las leyes y prácticas judías, a menudo se oponían a las leyes y prácticas grecorromanas. Desde la época de Julio César, los romanos otorgaron a los judíos derechos especiales para su protección.[6] Afortunadamente para los judíos, varias ciudades del imperio y los gobernadores de las provincias se alinearon y otorgaron derechos especiales a los judíos en sus dominios. En otras palabras, en cierto sentido eran libres de practicar sus propios valores y creencias. Para Pablo, esto significaba que reconocía el valor de los convenios que Dios había hecho con Israel, como se encuentra en la Ley, los profetas y los salmos.[7]

Claramente, como la marca distintiva de su vida pasada como fariseo, el apóstol menciona su celo por las tradiciones de los padres (Gálatas 1:14). Dice, "Aquí avancé en el judaísmo". ¿Qué sentido se le atribuye a la palabra avancé? El significado literal denota un corte en la dirección hacia adelante. En el capítulo final veremos este asunto nuevamente, y si este significado de raíz está presente en esta declaración.[8] ¿Quiere decir Pablo que tenía más celo que nadie? Fue ambicioso en promover la causa del judaísmo y no debía ser cuestionado. De hecho, ser parte del fariseísmo lo obligó a ser celoso de la ley, con todas sus consecuencias.[9] En la siguientes sección nos ocuparemos más en detalle del tema de Pablo como fariseo y la ley.

---

[6] Schnelle, *Paul*, 62-63. "En parte, esto era simplemente el respeto romano estándar por las tradiciones y religiones antiguas y arraigadas de las personas que conquistaban. "Las guerras civiles romanas del 49 aC al 30 aC, sobre todo, fueron ocasiones para otorgar a los judíos privilegios especiales, ya que brindaban oportunidades para que los gobernantes judíos en Palestina (específicamente Antipater y su hijo Herodes) apoyen a una de las facciones en guerra".

[7] Charles B. Puskas and Mark Reasoner, *The Letters of Paul: An Introduction* (Collegeville: Liturgical Press, 2013), 4-8.

[8] Donald Guthrie, *Galatians.* The New Century Bible Commentary (Grand Rapids: Eerdmans, 1992), 66.

[9] B. W. Longenecker and T. D. Still, *Thinking Through Paul: A Survey of His Life, Letters, and Theology* (Grand Rapids: Zondervan, 2014), 24.

Como sea, Josefo también considera su comprensión de las tradiciones como el rasgo característico del fariseo[1] y lo que los distinguía de los saduceos. Como bien se sabe, el fariseo de la época de Pablo era muy influenciado por la comunidad. Y esto es parte de su trasfondo judío. ¿Es posible describir al apóstol por su origen farisaico? ¿Quiénes eran los fariseos?

II. El trasfondo judeo-farisaico de Pablo

Pablo menciona en Fil. 3: 5, como se anotó antes, que él era fariseo, miembro de un partido judío que buscaba practicar la santidad observando cuidadosamente la Torá escrita y oral (la Ley judía, notar más adelante 18) en el primer siglo.[2] El libro de Hechos también menciona su fariseísmo. Eran más inclinados a la obediencia de la ley que involucrarse en asuntos políticos. Aunque algunos eruditos argumentan que el fariseo de los tiempos de Pablo, en el primer siglo, estuvo políticamente activo.[3]

¿Continuó el apóstol en las creencias de los fariseos después de su llamado apostólico? Es un hecho de que, algunas de sus cartas muestran huellas de naturaleza farisaica.[4] Si él decidió unirse al partido de los fariseos, y no hay razón para dudar, debe haber sido una decisión personal tomada después de su llegada a la ciudad de Jerusalén. Las fiestas de los fariseos en la ciudad de Jerusalén fueron muy influyentes en la comunidad.

Además, si el apóstol llegó a Jerusalén alrededor del año 15 d. C, su viaje a la ciudad habría coincidido con la llegada de

[1] Josephus, *Ant* 13.297.

[2] Horrell, *An Introduction*, 27.

[3] Anthony J. Saldarini, *Pharisees, Scribes and Sadducees in Palestinian Society* (Wilmington: Michael Glazier, 1988), 79-143.

[4] Roetzel, *The Letters of Paul*, 40-41.

Gamaliel I; y es probable que él y cualquier otro fariseo hubieran estado cerca y hubieran sido influidos por Gamaliel.[5] La familia de Pablo se sentía cómoda como parte de la comunidad judía, y también de la sociedad grecorromana. Los padres del apóstol eran, de hecho, miembros de esa comunidad judía en Tarso, capital de Cilicia. Es claro, sin embargo, que las evidencias están demostradas en el Libro de los Hechos.

Según su declaración en Hechos 23: 6, venía de una familia de fariseos. Sus padres, como muchas personas acomodadas, pertenecías a la Diáspora del Partido Fariseo. La familia, por otro lado, era de origen puramente judío y eran descendientes de la tribu de Benjamín, por lo que Saulo recibió el nombre de uno de los reyes de Israel, Saúl.[6] Al igual que su familia antes que él, conocía su vínculo con las tradiciones de su patria, aunque vivía en la Diáspora.[7]

Dentro de la comunidad de los fariseos, vivió de acuerdo con la Torá, y fue su celo por preservar la Torá lo que lo convirtió en un perseguidor.[8] Sus antecedentes no se entienden simplemente al designar la naturaleza de su primer judaísmo. A fin de entenderlo tenemos que analizar la teología y la piedad de ese judaísmo.[9] Recibió del judaísmo dos conceptos fundamentales: un solo Dios y ese Dios controla el mundo. Está claro, que estos dos conceptos pudieron haber cambiado la historia. De acuerdo con la creencia judía, el control de Dios generalmente se consideraba ejercido en gran escala.

Si bien es claro que los judíos no vieron a Dios cuidando sus asuntos cotidianos, tampoco le atribuyeron cada evento

[5] Murphy-O'Connor, *Paul*, 59.
[6] Schoeps, *Paul*, 24.
[7] Schnelle, *Apostle Paul*, 64.
[8] Oropeza, *Jews, Gentiles*, 3-4.
[9] Longenecker, *Paul*, 60.

menor a su voluntad.[1] Todos estos conceptos, sin embargo, se pueden ver en la enseñanza de Pablo y sus cartas; Él creyó en un solo Dios. Como se señaló antes, antes de su conversión, el apóstol había sido fariseo con respecto a la Ley (Fil. 3: 5). En otras palabras, su obediencia a la Ley era la que describía que era fariseo[2] y judío. Fue misionero, escritor y teólogo.

Su rico origen judío parece haber estado oculto a la vista debido a su labor entre los gentiles. Se puede decir que su visión teológica está arraigada en la convicción fundamental del judaísmo de la época.[3] El judaísmo en su época era diverso, con diferencias no solo entre los palestinos y judíos de la Diáspora.[4] W. D. Davies, en su libro pionero, *Pablo y el judaísmo rabínico*, afirmó que el apóstol era judío, hablaba como judío, pensaba como judío, razonaba como judío y vivía como judío.[5]

Toda la teología judía se basa en el monoteísmo, un único Dios verdadero. El apóstol toma este credo de la religión judía y lo convierte en el fundamento de su predicación y teología misioneras. Según Bird, "Pablo entendió su comunidad algo así como para-judío en lugar de pos o no judío".[6]

Sin duda, el apóstol pertenecía a una rica herencia judía y las tradiciones de los fariseos. En otras palabras, Pablo tenía dos razones para mencionar las "tradiciones de mis antepasados:"

---

[1] Dieter Lührmann, *Galatians*. A Continental Commentary. Translated by O. C. Dean, Jr. (Minneapolis: Fortress Press, 1992), 22. "Los fariseos se habían comprometido a ser celosos de la ley, lo que significaba el compromiso total de sus propias vidas con Dios mismo y con la ley porque solo la ley prometía dar vida ".

[2] Murphy-O'Connor, *Paul,* 54.

[3] Murphy-O'Connor, *Paul,* 54.

[4] Horrell, *An Introduction,* 5.

[5] W D. Davies, *Paul and Rabbinic Judaism: Some Rabbinic Elements in Pauline Theology* (London: S.P.C. K., 1965), 1-2. "El hecho de que Pablo pertenecía a la corriente principal del judaísmo del primer siglo ha sido negado por C. G. Montefiore. "Pero no muchos estudiosos han abrazado las opiniones y comentarios de Montefiore".

[6] Bird, *An Anomalous Jew,* 11.

1) Lo identificaba como fariseo, ya que los fariseos sostenían que la voluntad de Dios incluía la tradición, tanto de la ley oral como de la escrita. 2) Aquí, para el apóstol Pablo es una antítesis de su evangelio, que según el v. 12 no se basa en la tradición.[7]

Pablo afirma claramente que, antes de su conversión en el camino a Damasco, había sido fariseo, "con respecto a la Ley" (Fil. 3: 5).[8] Un grupo que representaba a un judío palestino, sin embargo, se dedicó al estudio de la Ley oral y escrita, que dominaría el judaísmo después del 70 EC.[9] Como bien se sabe, los fariseos eran un movimiento de santidad laica palestina que se dirigía a los jasidim de la época de los Macabeos, cuyo objetivo era, sobre todo, la santificación ritual de la vida cotidiana.[10] Aquí, él discute su antiguo papel como fariseo que persiguió a la comunidad de la iglesia primitiva.

Es importante notar que Pablo conectó su actividad perseguidora con su celo (Hechos 22: 3; Gálatas 1:14). Estaba tratando de alentar a los filipenses a vivir una vida cristiana y más productiva. Más importante para nuestro estudio, además, es si los filipenses estaban en peligro de desviarse a través de la enseñanza y la creencia de los oponentes.[11] Por lo tanto, Pablo parece unirse al movimiento fariseo durante su juventud y se distingue entre sus compañeros. Intenta ser uno de los mejores fariseos de la época, lleno de celo por la ley y las tradiciones de los padres.

---

[7] Lührmann, *Galatians,* 28.

[8] Murphy-O'Connor, *Paul,* 54.

[9] Puskas and Reasoner, *The Letters of Paul,* 4.

[10] Hengel, *The Pre-Christian,* 30. "Toda la tierra prometida por Dios a su pueblo elegido llego hacer un santuario para Dios".

[11] Oropeza, *Jews, Gentiles,* 211.

En este sentido, según J. Dunn,[1] tal vez, expresemos la noción del celo judío como el eco o la respuesta al celo divino. Josefo lo expandió elocuentemente con respecto al celo del judío por sus propias costumbres, lo que los llevó a preferir obedecer la Ley divina, incluso cuando se enfrentaban a la muerte.[2] Que Dios (Yahvé) es un Dios celoso está firmemente establecido en los cimientos de Israel sobre la Biblia hebrea. En un extremo, el judío piadoso cree en un único Dios que odia el mal de la idolatría. Eso pudo haberlos llevado a tratar de dañar los templos de los paganos y destruir sus ídolos.[3]

Por un lado, la falta de información sobre los antecedentes de Pablo se debe, en parte, al escaso conocimiento del Pablo fariseo. No sabemos de donde apareció el fariseo. G. Stemberger afirma que "no tenemos evidencia del fariseo en la Diáspora, sin embargo, una conclusión por silencio incidental aquí, es inadmisible, aun si el cumplimiento con varios religiosos ... ciertamente debe haber sido muy difícil".[4]

Por otro lado, contamos con poco al respecto del fariseísmo en el primer siglo, y mucho menos qué forma pudieron asumir los fariseos en la Diáspora, si Lucas está correcto en el libro de los Hechos.[5] Hay varias preguntas que debemos considerar con respecto a la tradición de los fariseos: ¿Quiénes eran? ¿Dónde se asentaron? Sin embargo, a partir de un cuidadoso análisis, emergieron como un grupo de interés político profundamente involucrado en el conflicto del período Hasmoneano, y cuya

---

[1] James D. G. Dunn, *The Theology of Paul the Apostle* (Grand Rapids: Eerdmans, 1998), 350. "Porque profundamente arraigado en la conciencia de la elección de Israel fue el reconocimiento de que su Dios era un "zelote".

[2] Josephus, *Apion* 2.220-235.

[3] Murphy-O'Connor, *Paul*, 58.

[4] Günter Stemberger, *Jewish Contemporaries of Jesus: Pharisees, Sadducees, Essenes* (Minneapolis: Fortress Press, 1995), 120-21.

[5] Segal, *Paul the Convert*, 26.

participación en la vida pública continuó en el primer siglo después de Cristo.[6]

Según U. Schnelle, "Los orígenes del movimiento farisaico son oscuros. La mayoría de los estudiosos ha visto su comienzo dentro del contexto más amplio de la revuelta de los macabeos, en el curso de la cual surge el grupo de los *Hasidim* por primera vez".[7] Estas generaciones menos fieles, y por su decisión de cumplir la Ley con precisa exactitud.[8] Es interesante observar, que la descripción de Josefo (de los fariseos) se refiere a la presentación personal del apóstol en la mayoría de los casos en que entran en juego las relaciones con la Torá.[9]

Como se vio antes, ellos ejercieron una gran influencia, obviamente, por un período de cerca de tres siglos y lograron más que cualquier otro grupo para determinar la formación del judaísmo en los años siguientes.[10] Es claro, sin embargo que el fariseísmo llegó a ser una partido dominante en la época de Salomé Alexandra (76-67 b.C.).[11] Josefo afirma que su influencia aumentó continuamente sobre la reina.[12] En contraste, su influencia parece haber disminuido durante el reinado de Herodes el Grande (40-4 a.C).[13] Cualquiera sea el caso, algunos en la comunidad judía, particularmente en Judea, buscaban la influencia de los fariseos como guía y como líderes espirituales. Las influencias particulares parecen no haber sido tan

---

[6] Murphy-O'Connor, *Paul*, 54-55.

[7] Schnelle, *Apostle Paul*, 64. Ver también, 1 Macc. 2:15-28.

[8] Josephus, *War* 1.108-9; 2.162. Ver también a James D. G. Dunn, *The Theology of Paul the Apostle* (Grand Rapids: Eerdmans, 1998), 349.

[9] Wolter, *Paul*, 16.

[10] D. S. Russell, *Between the Testaments* (Philadelphia: Fortress Press, 1979), 50. "Su ascendencia espiritual probablemente se remonta a los Hasidim cuyo apoyo a los Macabeos había dado su aprobación religiosa a su intento de libertad".

[11] Schnelle, *Apostle Paul*, 65.

[12] Josephus, *J. W.* 1.110-112.

[13] Schnelle, *Apostle Paul*, 65.

grandes, pero mucho mayor fue la influencia general del clima de la escuela, el modo de argumentación rabínica y el método exegético.[1]

Es bien claro que los fariseos habían impuesto a la gente varias leyes de las tradiciones de los padres que no estaban escritas en la Ley de Moisés.[2] Sin embargo, la indagación de continuidad y discontinuidad entre el pensamiento judío (creencia farisaica) y la práctica en el primer siglo y en tiempos ulteriores rabínicos, ha llegado a ser en sí misma confundida por la dificultad de clasificación.[3] El judaísmo de los tiempos de Pablo, sin embargo, no era uniforme; tenía muchos matices diferentes en la forma en que enseñaban, predicaban y vivían, en particular, el judaísmo de la Diáspora. El apóstol Pablo antes de su conversión llegó a identificarse con un grupo cuya norma especial consistía en afirmar que la Torá era la guía principal y la norma para la vida. Por lo tanto, Pablo como fariseo, se identificó con un grupo cuyo objetivo particular consistía en afirmar que la Torá era centro y norma de la vida judía.[4] Para él, por supuesto, la Torá era la norma para todos los judíos que vivían en la comunidad de Jerusalén y la Diáspora.[5]

Su trasfondo judío fariseo y su creencia, eran muy importantes. Además, él sabía de primera mano que sentirse orgulloso de la tradición y los logros de uno, a menudo se convierten en un obstáculo para ejercer fe en Cristo porque, como fariseo, él mismo rechazaba a Cristo.[6] ¿Canceló él la Torá

---

[1] Schoeps, *Paul,* 37.

[2] Murphy-O'Connor, *Paul,* 56.

[3] Nornan T. Wright, *Paul and His Recent Interpreters* (Minneapolis: Fortress Press, 2015), 20.

[4] Wolter, *Paul,* 16.

[5] Longnecker and Still, *Thinking Through Paul,* 26.

[6] Oropeza, *Jews, Gentiles,* 211. "La presuposición para Pablo es que una nueva era había llegado a través de Jesucristo".

definitivamente? ¿Han perdido importancia las obras de la Torá debido a la fe? ¿Qué es lo fundamental para la teología paulina?

Cabe señalar que el apóstol Pablo, además de ser fariseo, era considerado judío helenista. Por lo tanto, es importante que su genealogía deba tomarse en cuenta sobre el judaísmo helenizado de la Diáspora de su época, a pesar de que nuestras fuentes principales carecen de la comunidad judía de Tarso en este período crítico.[7] El judío helenista, como se vio antes, en la diáspora comprometió su judaísmo de varias maneras.[8] Mucho de La controversia en última instancia se derivaba de preguntas sobre el propio fondo farisaico de Pablo. Su teología, de hecho, estaba arraigada en el judaísmo desde la antigüedad y su herencia familiar era judía.[9] Estos hechos son de gran valor para la existencia teológica del Pablo precristiano. Los esbozos de su teología deben buscarse en su entorno cultural. Jerusalén es el punto de partida. De hecho, la Torá fue estudiada, sobre todo, en Jerusalén porque solo en Eretz, Israel, se podía cumplir la Ley en su totalidad y por lo tanto, se podía estudiar allá a través de la práctica cotidiana.[10]

Aunque, algunos estudiosos parecen estar en desacuerdo con respecto al último tema. Y, en consecuencia, no parece difícil encontrar una declaración en los escritos cristianos que equiparen al fariseísmo (estricta obediencia a la Torá) con el "judaísmo legalista" o el "legalismo". Sin embargo, los judíos han destacado la *Haggadah* y el principio del judaísmo, incluidas las prácticas farisaicas.[11] Es claro, sin embargo, que el celo de Pablo lo llevó a perseguir la iglesia judía cristiana de los primeros

---

[7] Schoeps, *Paul*, 23.

[8] Alexander J. M. Wedderburn, *A History of the First Christians* (London: T & T Clark International, 2005), 44.

[9] Murphy-O'Connor, *Paul*, 37.

[10] Hengel and Schwemer, *Paul Between Damascus*, 37.

[11] Longnecker, *Paul*, 60.

tiempos. ¿Fue su celo un factor en la persecución a los primeros judíos cristianos? ¿Quiénes fueron el foco de su persecución y por qué?

III. PABLO EL PERSEGUIDOR

Pablo habla de su antiguo papel como fariseo que persiguió a la iglesia primitiva y, según él, era irreprochable con respecto a la justicia a la ley (Fil. 3: 4-7).[1] Pero de sus epístolas, tenemos poca información sobre por qué, cómo, cuándo y dónde persiguió a los seguidores de Jesús. En cuanto a dónde, sin embargo, tenemos una buena pista.[2] De cualquier modo, podemos suponer que persiguió a los judíos cristianos en el área donde creció: Siria y Cilicia, donde realizó su primer viaje misionero (Gal. 1: 21-23). Como se sabe, el estallido de la persecución comenzó con la muerte de Esteban (Hechos 22: 4; 26:10). Gálatas 1:23 parece confirmar que más cristianos, que sólo Esteban, sufrieron la persecución al mismo tiempo, y que fue general.[3] Es interesante observar que, en los últimos años de Pablo, él menciona que fue sometido a algún tipo de persecución y castigo en la sinagoga judía: 'cuarenta latigazos menos uno' (2 Cor. 11:24-25). Para comenzar, en Gál 1: 13, Pablo describe la acción que tomó (como perseguidor) contra los primeros cristianos, como candente intento de persecución destructiva (Gál. 1:23).[4] Comienza con su propia biografía de su vida judía anterior en Gál 1: 13-14. De nuevo le dice a los de Galacia de cómo persiguió a la iglesia primitiva (Gálatas 1:13), aun trató de destruirla.[5] Según Schnabel, "Saulo/Pablo

---

[1] Oropeza, *Jews, Gentiles,* 210.

[2] Sanders, *Paul,* 76.

[3] Wedderburn, *A History,* 56.

[4] Longnecker and Still, *Thinking Through Paul,* 28.

[5] Chad Chambers, "Before I was Born:" Time in Paul's Autobiographical Reflections in Galatians 1 and 2." *JSPL* 5 (2015): 259-60.

persiguió a los seguidores de Jesús en Jerusalén (Hechos: 8: 3) y probablemente en otros lugares de Judea (Gálatas 1: 22-23), y planeaba arrestarlos en Damasco, una ciudad en Siria. (Hechos 9:2-3; 22:5; 26:12)".[6]

Sin embargo, Esteban es el primer testigo (*mártir*) que murió en la iglesia primitiva por su creencia en Jesús, el salvador crucificado, resucitado y exaltado. En el libro de Hechos, Lucas menciona a Saulo por primera vez en relación con la lapidación de Esteban en Jerusalén.[7] La narrativa de los Hechos de los Apóstoles amplifica la violenta persecución de los cristianos por parte de Pablo en siete ocasiones.[8] Por supuesto, el apóstol cesó de su violenta persecución a los seguidores de Jesús después de encontrarse con el Señor en el camino a Damasco. De hecho, en el libro de los Hechos, Lucas menciona que Pablo se comprometió en una misión de persecución; él mismo lo menciona en (Gálatas 1:13, 23; 1 Corintios 15:19; Fil 3: 6),[9] según sus propias palabras sobre sus compromisos y preocupaciones (como perseguidor) antes de llegar a ser un seguidor de Cristo. Pablo realmente persiguió la iglesia cristiana de los comienzos. ¿Por qué lo hizo? Como se dijo antes, él en Fil. 3:6, enlazó su actividad perseguidora con su celo en (Hechos 22:3; Gál. 1:14).[10]

Su devoción y fervor religiosos radicales lo llevaron a tomar medidas extremas para erradicar el emergente movimiento de Jesús (la iglesia cristiana primitiva). El punto real de Pablo,

---

[6] Schnabel, *Paul the Missionary,* 44. Ver también a E. J. Schnabel, *Acts.* Exegetical Commentary on the New Testament (Grand Rapids: Zondervan, 2012), 397.

[7] Schnabel, *Paul the Missionary,* 44.

[8] Longnecker and Still, *Thinking Through Paul,* 369.

[9] Charles K. Barrett, *Paul: An Introduction of His Thought* (Louisville: Westminster John Know Press, 1994), 10.

[10] Gordon Fee, *Paul's Letter to the Philippians.* NTCNT (Grand Rapids: Eerdmans, 1995), 308. "Mientras que para nosotros esto puede sonar como un asunto extraño para incluir como" terreno para la confianza en la carne ", para Paul se sirve regularmente para realzar el contraste entre su" esclavitud actual " a Cristo y su anterior celo contra él ".

no es su ausencia de pecado, sino su falta de culpa en el tipo de justicia a la que los judaizantes lo traerían, al insistir en la observancia de la Ley (Torá).[1] En consecuencia, si él era un perseguidor activo en cualquier lugar que no fuera Judea, probablemente viajaba de una sinagoga a otra, acusando a los que habían abrazado a Jesús, y recomendando que la sinagoga los castigara.[2] Cabe señalar que, para Josefo, el fariseo era "naturalmente indulgente en el tema del castigo".[3] Pero los saduceos eran "ciertamente más despiadados que cualquiera de los otros judíos".[4]

Por otra parte, no sabemos de la época de la actividad de Pablo como perseguidor, dónde comenzó y cuánto tiempo continuó. Según Hechos 26:10, él incluso confiesa haber votado a favor de la muerte contra los primeros cristianos. Por un lado, planeó extender esa actividad a centros de la comunidad judía fuera de Jerusalén, particularmente en la Diáspora, a la que los miembros de los seguidores de Jesús habían huido para escapar de la persecución (Hechos 8: 1; 11:19).[5] Una de esas ciudades, por supuesto, era Damasco.

VI. PABLO Y LA CIUDAD DE DAMASCO

Damasco es considerada una de las ciudades más antiguas del mundo. Ha sido siempre un centro importante por la situación política en la que se ha encontrado en cualquier período, debido a su situación geográfica. Es un gran oasis, una

---

[1] Haacker, "Paul's Life," 23-24.

[2] Sanders, *Paul,* 78.

[3] Josephus, *Antiq* 13.294.

[4] Josephus, *Antiq* 20.199.

[5] Haacker, "Paul's Life," 23.

región de alta fertilidad formada al borde del desierto por aguas del río Barada, que fluye desde la cordillera del Anti-Líbano.[6]

La historia de Damasco, sin embargo, en el tiempo helenístico no estaba clara. Pasó del control de los seléucidas a los ptolomeos. A pesar de su antigüedad y el hecho de que los habitantes continuaron usando nombres semíticos, la ciudad se helenizó. De todos modos, solo la inscripción griega ha sobrevivido. Los significados de los estudios de Damasco para el Nuevo Testamento se basan en el hecho de que el apóstol Pablo se convirtió en sus fronteras alrededor del año 34 d. C. (Hechos 9:22; 26: 12-23) mientras se dirigía a la ciudad para perseguir a los seguidores de Jesús (Hechos 9: 2).[7]

No hay información sobre su estada en Arabia, pero la designación se refiere a la zona rocosa del desierto al sureste de Damasco, que constituía la parte norte del reino árabe nabateo.[8] El apóstol continúa mencionando que fue a Arabia. Esta observación incidental es extremadamente confusa porque no dice específicamente a dónde fue ni con qué intención.[9]

El Reino Nabateo, y su influencia económica, llegaron a Damasco (2 Cor. 11:32), a donde el apóstol Pablo regresó, y por primera vez, trabajó dentro de una comunidad cristiana judía establecida.[10] Es claro, sin embargo, que visitó la ciudad de Damasco en diferentes ocasiones. No es necesario en este punto considerar completamente los pros y los contras de los dos puntos de vista. Sin embargo, el argumento utilizado para probar el punto, es en su mayoría, especulativo y sin

---

[6] Wallace and Williams, *The Three Worlds,* 162.

[7] John McRay, "Damascus; The Greco-Roman Period," in *The Anchor Bible Dictionary.* Vol. 2 (New York: Doubleday, 1992), 8.

[8] Jerome Murphy-O'Connor, "Paul in Arabia," *Catholic Biblical Quarterly* 55 (1993): 732-37

[9] Hans Dieter Betz, *Galatians: A Commentary on Paul's Letter to the Churches in Galatia* (Philadelphia: Fortress Press, 1979), 73.

[10] Schnelle, *Apostle Paul,* 111.

fundamento. Lucas asume que ya había cristianos judíos, y nombra sólo a uno de ellos: Ananías que, además, lo describe como un piadoso judío.[1] Aunque Josefo [2] menciona que había una gran población judía, Murphy-O'Connor, por otro lado, afirma que Josefo exagera el número de judíos asesinados al estallar la primera Revuelta judía en el 66 d. C. Hay una duda de que Damasco tuviera una población judía tan grande.[3]

Es notable, por ejemplo, que todos los datos apuntan en varias direcciones con respecto a la cantidad de judíos en Damasco y también la vida de Pablo antes de su cristofanía en el camino a la ciudad. Como es bien sabido, el apóstol se comprometió en una acción violenta, como hemos visto en la sección anterior.[4] Aunque esta acción violenta fue contra el movimiento cristiano primitivo, no tenemos una idea de qué forma tomó. Es probable, entonces, que el punto de datos en la dirección de Pablo haya ejercido alguna forma de violencia física contra los primeros cristianos judíos. Los Hechos de los Apóstoles es donde Lucas menciona con cierto detalle las actividades de persecución de Pablo y su conversión en camino a Damasco.[5] El triple relato de Lucas del evento no usa este término, sino que corrobora su esencia a través de narraciones. Sin embargo, el apóstol nos dice poco acerca de su vida antes de su conversión, pero da información importante.

Por un lado, Lucas ofrece más información sobre el evento en el camino a Damasco.[6] Por otro lado, las propias referencias de Pablo a esta experiencia dramática son mucho más breves e indirectas. ¿Qué pasó específicamente en el camino a Damasco?

---

[1] Hengel and Schwemer, *Paul Between Damascus,* 80.

[2] Josephus *J. W.* 2.561.

[3] Murphy-O'Connor, *Paul,* 89-90.

[4] Longnecker and Still, *Thinking Through Paul,* 369.

[5] Horrell, *An Introduction,* 27.

[6] Haacker, "Paul's Life," 24.

¿Se le apareció Jesús cerca al perímetro de la ciudad? El hecho es que el apóstol fue el fundador, y al mismo tiempo, uno de los primeros misioneros de la iglesia primitiva. Como se dijo antes, Pablo viajaba por todas las ciudades de Grecia, Roma y Asia Menor. Fue elegido por Dios para convertirse en su apóstol y misionero. A estas y otras preguntas sobre su experiencia en Damasco, intentaremos responder en el siguiente capítulo.

CAPÍTULO 2

Pablo de Tarso:
el misionero

Lucas registra los más notables relatos de la conversión del apóstol Pablo y también menciona cómo fue llamado al ministerio apostólico de camino a la ciudad de Damasco.[1] Sin embargo, existen numerosas opiniones en estudios académicos sobre lo que realmente sucedió allá.[2] Damasco fue la primera ciudad helenística fuera de Palestina en la que, según Pablo y Lucas, aparecen cristianos.[3] El propio testimonio de Pablo y las Escrituras pueden confirmar que realmente se escuchó a Jesús , el Señor resucitado llamándolo desde el cielo, según Hechos 9:1-30. Su llamado al ministerio apostólico, confirmado por el mismo Pablo, se produjo cerca de Damasco, como Lucas lo relata más preclaramente (Gál. 1:17; 2 Cor. 11:32). Pablo, sin embargo, insistía en que él era un apóstol, sobre la base de haber visto al Señor resucitado en el camino a Damasco.

---

[1] Wedderburn, *A History*, 84.

[2] Plevnik, *What are they*, 5.

[3] Hengel and Schwemer, *Paul Between Damascus*, 80.

V. PABLO Y LA EXPERIENCIA DE DAMASCO

Recientemente, S. Kim ha llevado la delantera sobre la importancia del debate de la experiencia de Pablo en Damasco. Afirma que su fe y teología se entienden mejor si examinamos más de cerca su experiencia de Damasco. También afirma que es muy crucial para que su evangelio, tanto soteriológico como cristológico, surgiera del evento de Damasco.[1] El relato sobre esa experiencia de Pablo se ha convertido, nuevamente, en un punto de discusión para muchos nacientes eruditos paulinos.[2] Es claro, sin embargo, que la mente del apóstol no estaba vacía cuando se encontró con Jesús en el camino a Damasco.[3] ¿En realidad, qué ocurrió en Damasco? La literatura académica sobre este tema no es indiscutible. Hasta cierto punto, la respuesta a esta pregunta fluctúa simplemente porque los intérpretes están formulando diferentes preguntas y siguiendo diversos enfoques implícitos o explícitos supuestos.[4] Comenzaremos mencionando este evento en la vida de Pablo como la "Experiencia de Damasco". Sin embargo, esta descripción es, en cierto sentido, neutral y puede llegar a ser más exacta en el curso de nuestro estudio.

Como se mencionó anteriormente, los pasajes principales son Gálatas 1, 1 Corintios 9, 15, así como los tres informes del evento de Damasco en Hechos 9, 22 y 26. Particularmente, según Gálatas 1 y el libro de Hechos, capítulo 9 por igual, no puede haber duda de que la conversión de Pablo tuvo lugar en (o cerca de) Damasco y que se unió a los seguidores de Jesús en esta prominente ciudad helenista en el límite de la influyente

---

[1] Seyoon Kim, *The Origin of Paul's Gospel* (Tübingen: Mohr, 1983), 3-4.

[2] Horrell, *An Introduction*, 30.

[3] Jerome Murphy-O'Connor, *Jesus and Paul: Parallel Lives* (Collegeville: Liturgical Press, 2007), 81.

[4] Plevnik, *What are they*, 3.

política romana.[5] La experiencia de Pablo en Damasco es de mucho significado para comprender sus puntos de vista teológicos y cristológicos. El tema debatido es si se convirtió o no al ministerio apostólico en el camino a Damasco, pero no existe un consenso real al respecto. Un tema clave en los estudios paulinos es si, de hecho, Pablo estaba cerca de Damasco o fue allá para perseguir a la iglesia cristiana primitiva.[6]

Además, esto también plantea muchas preguntas importantes sobre la conexión entre el Pablo del libro de Los Hechos y el Pablo de sus epístolas. Para saber más sobre lo que sucedió en Damasco, debemos pasar a las referencias. Como se vio antes, encontramos que la información sobre esto se encuentra en las propias referencias de Pablo y en los relatos de Lucas al respecto en Hechos.[7] Destacamos que, Hengel afirma, que "no podemos descartar la posibilidad de que aquí, como en otros lugares, esté utilizando una tradición "antigua" confiable en su forma especial de escribir "historia cristiana primitiva".[8] Sin embargo, es claro que en Hechos de los Apóstoles tenemos nada menos que tres informes de la experiencia de Pablo en Damasco, dos de ellos en discursos de él mismo (Hechos 9: 1-19; 22: 6-16; 26: 12-18) y este hecho enfatiza la importancia del evento para este estudio. En el pasaje, que ya ha sido citado varias veces, el apóstol enfatiza solo su propia iniciativa y menciona la razón principal de la persecución, la experiencia y su viaje a la ciudad de Damasco.[9]

Su relato en Gálatas 1 toma como hecho, que estuvo cerca de Damasco, pues, después de un período en Arabia después de la experiencia de Damasco (algunos eruditos lo llaman

---

[5] Haacker, "Paul's Life," 24.

[6] Porter, *Paul in Acts,* 98-99.

[7] Hengel, *The Pre-Christian,* 64.

[8] Hengel, *The Pre-Christian,* 64.

[9] Wedderburn, *A History,* 84-86.

conversión), regresó a Damasco (Gálatas 1:17). El texto de Gálatas puede significar simplemente que ese era el propósito de Dios al revelarle a su Hijo, un propósito del cual Pablo se dio cuenta repentinamente.[1] Está claro que lo que el apóstol quiere enfatizar es una reacción inmediata al llamado. Dios se le reveló llamándolo. Evidentemente, la revelación de Dios de Jesucristo es un momento concluyente en su vida. Para el propósito de este libro, no es necesario determinar los contenidos específicos de la revelación, pero solo reconocer la profunda transformación que produjo en la vida de Pablo. Además de en Gal 1:15, Dios está apartando al apóstol, porque antes del nacimiento significa que Dios lo eligió con un propósito. Sin embargo, los estudiosos ven su llamado, por gracia, como algo inmediato con su contexto aparte de su nacimiento.[2] Por lo tanto, las fechas apartadas de Pablo antes de su nacimiento, su llamado al ministerio apostólico y la revelación de Dios de Jesucristo, vienen de su experiencia en Damasco.

Por otro lado, J. D. G Dunn afirma: "La separación y el llamado de Dios fueron 'desde el vientre de mi madre'".[3] De hecho, el llamado antes de que pudiera pensar en sí mismo, y esto debe probar que su evangelio no fue obra suya. Vale la pena notar la declaración de Pablo "me llamó por su gracia"; revela su profunda conciencia de la efectividad de la gracia de Dios.[4] También es interesante que el apóstol haya cambiado la preposición "en" (en, en griego) y "a través" (día en griego), pero aquí desea enfatizar la intervención divina y la revelación.

---

[1] Guthrie, *Galatians*, 70.

[2] Chambers, "Before I was Born," 260.

[3] James D. G. Dunn, *The Epistle to the Galatians.* Black New Testament Commentary (Peabody: Hendrickson Publishers, 1993), 64.

[4] Guthrie, *Galatians*, 68.

A pesar de que Pablo se acercaba a Damasco, inesperadamente experimentó una visión de Cristo.[5] Su experiencia allí tuvo consecuencias dramáticas, cambiando toda su vida, puntos de vista teológicos y objetivos de la misión. Sin embargo, ¿por qué no se limitó a mencionar su obediencia como lo hizo en Hechos 26: 19-20?[6] El informe negativo es, por supuesto, enigmático. Lo que realmente sucedió en Damasco, sin embargo, parece que no está claro para muchos. Cegado por la luz brillante, sin embargo, Pablo llegó a la ciudad de Damasco y Ananías, un cristiano local le dio un mensaje de Jesús. Como se ve a continuación, Ananías le dijo a Pablo que Jesús lo había comisionado como misionero a los gentiles.[7]

Por un lado, después de su experiencia en Damasco, el apóstol parece que dejó de perseguir a los seguidores de Jesús, y tarde o temprano, se unió a ellos y entonces, se convirtió en uno de sus prominentes líderes, y a la vez, para algunos, un líder controversial a principios de la comunidad cristiana.[8] En todo caso, el apóstol fue llamado y comisionado para el ministerio apostólico, en particular, la misión a los gentiles en el Imperio Romano (mundo Greco-romano).

La narración en Hechos 9 tiene dos partes: 1) la aparición de Jesús a Pablo, 2) y la aparición posterior al discípulo Ananías. El elemento más característico del discurso entre el Señor celestial y Saulo es el reproche repetido.[9]

---

[5] Hans D. Betz, "Paul," in *The Anchor Bible Dictionary*. Vol 5. Edited by D. N. Freedman (New York: Doubleday, 1992), 187. "Si esta vision ocurrió en en su mente (Gal 1:12, 16) o externamente (Acts 9:3-8; 22:6-11; 26: 12-19) permanence sin aclarar, pero lo convirtió de perseguidor a propagdor del cristianismo".

[6] Betz, *Galatians,* 72.

[7] Hengel and Schwemer, *Paul Between Damascus,* 24-61.

[8] Wedderburn, *A History,* 84.

[9] Haacker, "Paul's Life," 24.

Una luz del cielo brilló a su alrededor y cayó a tierra y escuchó una voz que le decía: "Saulo, Saulo, ¿por qué me persigues?" Su respuesta fue: "¿Quién eres, Señor?" En la segunda sección, el Señor se le aparece a Ananías y le dice que vaya a Pablo y ponga sus manos encima de él y le revelarle sus planes.[1] En Hechos 22, encontramos el mismo escenario duplicado. Es en este contexto, que debemos tratar de entender lo que el apóstol Pablo quiso decir con 'persecución'.[2] El diálogo aquí se mantiene. Luego Ananías informa al apóstol de la comisión del Señor. En vv. 17-21 el apóstol relata otra experiencia. En Hechos 26 se omite la escena de Ananías y la comisión llega a ser parte del diálogo. Es claro, sin embargo, que el relato de Lucas difiere de los de Pablo en muchas maneras. De hecho, a cada relato se le hace encajar en su lugar apropiado en el libro de Los Hechos. ¿Cuánto de esos relatos son de Lucas mismo? O, ¿cuánto recibió de la tradición? ¿Cómo se relacionan los tres relatos? ¿Regresa esta tradición a Pablo?

G. Lohfink afirma que estos relatos dependen mucho de las descripciones vocacionales proféticas,[3] en el Antiguo Testamento, y otras encuentran paralelos en su forma literaria en el Judaismo. (2 Macabeos, Josefo y Asseneth). No podemos investigar estos problemas y preguntas aquí. Nuestra preocupación, es averiguar en qué medida estos relatos, ya sea que se acrediten con frecuencia a Lucas o a una tradición anterior a él. Lucas describe la experiencia de Damasco como un evento importante en la vida de Pablo con un efecto profundo y duradero en él.[4] Está claro, sin embargo, que basa la proclamación del apóstol en este encuentro y experiencia en el camino a Damasco.

---

[1] Plevnik, *What are they,* 9.

[2] Murphy- O'Connor, Paul, 67. "Hultgren astutamente percibió que el mejor idicador sería provisto por el uso de Pablo de las expresiones 'perseguir y 'perseguidor'".

[3] Gerhard Lohfink, *The Conversion of Paul* (Chicago: Franciscan Herald, 1975), 10.

[4] PlevniK, *What are they,* 11.

El apóstol Pablo menciona que después de su encuentro con Cristo y su comisión, decidió no consultar con el otro apóstol en Jerusalén.[5] Por otro lado, un cristiano local llamado Ananías le entregó un mensaje de Jesús. Le mencionó que Jesús le había encomendado predicar su nombre a todo el mundo (Hechos 9:15, 16; 22: 14-15)[6].¿Por qué decidió no ponerse en contacto con las autoridades cristianas en Jerusalén? La razón, sin embargo, parece estar en la misión árabe. ¿Cuánto tiempo se quedó Pablo en Arabia? ¿Qué quiere decir con Arabia? Como se dijo antes, Arabia puede simplemente referirse a aquellas partes del Reino Nabateo, que eran las más cercanas a la ciudad de Damasco. El reino nabateo, sin embargo, podrían ser algunas de las ciudades helenizadas de la región, como Bostra, Filadelfia, Gerasa y Petra.[7]

Lo que es aún más incierto, es su objetivo de ir allá. Algunos intérpretes han implicado que el propósito de la revelación del Hijo de Dios, era que Pablo proclamara a Jesús entre los gentiles (Gál. 1:16).[8] Según Gálatas, el apóstol regresó a Damasco desde Arabia y luego "después de tres años", subió a la ciudad de Jerusalén 'para visitar a Cefas' (Simón Pedro), y se quedó con él como quince días (Gál. 1:17-18) [9]

Pablo no quiso poner en peligro la misión a los gentiles debido a la incredulidad de los creyentes de Jerusalén. Claramente menciona más tarde, que él es un apóstol porque ha visto al Señor después de su muerte y resurrección, como lo vieron los otros doce discípulos(1 Corintios 15: 5-11).[10] Desde entonces fue llamado y convertido para llegar a ser el apóstol de los gentiles. Sin embargo, Pablo, el perseguidor de la "iglesia de

---

[5] Haacker, "Paul's Life," 23-24.

[6] Schnabel, *Paul the Missionary,* 44-45.

[7] Hengel and Schwemer, *Paul Between Damascus,* 118-19.

[8] Wedderburn, *A History,* 86.

[9] Sanders, *Paul,* 92.

[10] Schnabel, *Paul the Missionary,* 46.

Dios" (Gálatas 1:13) se convirtió en predicador del evangelio de Dios por una revelación de Jesucristo.[1] ¿Fue Pablo convertido o llamado en el camino a Damasco? ¿Dónde estaba él al tiempo de su conversión? ¿Fue él apartado para un ministerio especial entre los gentiles en esa ocasión? ¿Cómo llamamos lo que él experimentó?

VI. LA CONVERSIÓN O EL LLAMADO DE PABLO

Pablo y la experiencia de Damasco (conversión o llamado), según Haacker, "se ha vuelto proverbial para una vida que está dividida en dos por un punto de decisiva inflexión".[2] Existen tres informes sobre la conversión de Pablo en el libro de Hechos, en los capítulos 9, 22 y 26. Por lo tanto, está justificado hablar de su conversión. De hecho, la conversión es una expresión correcta para examinar su experiencia, aunque no la usó a menudo.[3] Esta explicación no elimina la probabilidad de que él haya entendido su conversión en el sentido de un llamado.[4] Esta noción proviene de Gálatas 1: 15-16, donde describe su conversión con la ayuda de categorías que provienen de relatos de llamados proféticos (Isa 49: 1, 5; Jer. 1: 5).

Por el contrario, algunos eruditos, cuando describen la experiencia de Damasco, hablan sobre el llamado de Pablo al ministerio apostólico.[5] ¿Ocurrieron La conversión y el llamado instantáneamente?[6] Pablo expone las característi-

---

[1] Chambers, "Before I was Born," 261.

[2] Haacker, "Paul's Life," 24.

[3] Segal, *Paul the Convert*, 72.

[4] Wolter, *Paul*, 24.

[5] Plevnik, *What are they*, 16.

[6] Longnecker and Still, *Thinking Through Paul*, 32.

cas fundamentales de su experiencia de conversión: 1) Él personalmente 'vio a Jesús el Señor' (1 Cor. 9: 1; y 2) Lo que vio estaba a la par con todas las otras apariciones posteriores a la resurrección de Jesús ya fuera a los otros discípulos, como se menciona en 1 Cor. 153b-5).[7]

La experiencia de Damasco, como se señaló anteriormente, incluía algunos elementos similares a los llamados de los profetas Isaías y Jeremías, mientras que Dios mismo llamó a cumplir su objetivo previsto. A este respecto, sin embargo, en la experiencia de Damasco de Pablo puede tal vez ser contada como una conversión.[8] Pareciera, por lo tanto, que la experiencia de Damasco, como tal, cayera fuera del alcance de un estudio histórico, si podemos creer en los relatos de Pablo y Lucas. Es interesante observar que el mismo apóstol permaneció en silencio.[9] La más razonable interpretación, sin embargo, se relaciona con el enfoque del término "conversión", no al modo de conversión de Pablo, pero al estado de cosas de su situación antes de su conversión.[10]

¿Cómo se ven los propios relatos de Pablo bajo un escrutinio histórico? Pero, algunos señalan que escribió muchos años después del evento. Sin embargo, sus soluciones no están exentas de algunas reconstrucciones hipotéticas y deben compararse con los textos.[11] Algunos estudiosos no cuestionan la autenticidad y la sinceridad de los relatos del apóstol.

Otros han examinado, además, la función de las alusiones de Pablo a la experiencia en Damasco. Últimamente, el acuerdo

---

[7] Longenecker, "A Realized, " 24.

[8] Porter, *The Apostle Paul,* 32. "Tocante a Pablo, él trata la aparición como una revelación verdadera y válida de Jesucristo, una que proyectaba autoridad para sus esfuerzos misioneros".

[9] Murphy-O'Connor, *Paul,* 71.

[10] Schnabel, *Paul the Missionary,* 47.

[11] Plevnik, *What are they,* 17.

aparente es que la intención de Pablo aquí era legitimar su autoridad y ministerio apostólicos. Al describir la experiencia o revelación de Damasco, sólo escribió que "Dios me reveló a su Hijo" (Gálatas 1:16). Pablo llama la atención al hecho de que su conocimiento vino a través de una revelación directa.[1]

Los informes que nos da, sin embargo, desde el punto de vista del historiador, es la prueba principal de lo que sucedió en Damasco. Dios le reveló su Hijo a Pablo que podía llevar a cabo la misión a los gentiles.[2] De hecho, el mismo Pablo subraya (Gálatas 1:16) que ha sido el deseo de Dios enviarlo a los no judíos, pero no que este objetivo le había sido revelado desde el principio.[3]

El llamado a la misión a los gentiles fue confiado al apóstol Pablo. De hecho, su conversión en Hechos y sus epístolas, mencionan la aparición de Jesucristo.[4] En el camino a Damasco, Pablo se encuentra con el Señor resucitado que lo llama y le encarga la misión apostólica entre los gentiles. Esta fue toda su actividad durante los siguientes veinte años.[5] Además, fue a Jerusalén y se encontró con los apóstoles y también fue a Arabia y luego regresó a Damasco. En todo caso, llegó a Damasco y de allí fue a Arabia. No explica ni dice lo que hizo allí. En vista de lo anterior, no es difícil entender el giro, extensión e imagen que Pablo le está dando aquí al relato de su conversión, con el propósito de la evangelización.[6] Como ya se mencionó, el

---

[1] Guthrie, *Galatians,* 69.

[2] Sanders, *Paul,* 86.

[3] Haacker, "Paul's Life," 24-25.

[4] Porter, *The Apostle Paul*, 33. "La erudición es relativamente tranquila, sin embargo, cuando se trata de la idea de que Pablo pueda haber tenido un contacto personal con Jesús durante su primer ministerio. Cuando los dos, Pablo y Jesús, se mencionan en la misma oración, el tema de conversación dominante ha sido el debate entre la continuidad y la discontinuidad entre sus enseñanzas ".

[5] Sanders, *Paul* 87.

[6] Longenecker, *Paul,* 92.

problema principal para algunos estudiosos es, si Pablo se convirtió o no, ¿en el camino a Damasco.[7] Este evento particular en su vida se puede decir que es una conversión, ya que el término "conversión" parece significar un cambio de una religión a otra.[8] En cualquier caso, el apóstol era una persona religiosa antes de su conversión y fue o siguió siéndolo después.

Como resultado, y como se ha visto antes, algunos pueden referirse a su experiencia como un llamado similar al profeta en el Antiguo Testamento.[9] En este sentido, podríamos decir que la experiencia de Pablo en Damasco puede entenderse como una conversión. Sobre la cuestión de su conversión y el llamado a ser un apóstol, Pablo habla muy pocas veces. Para muchos, los puntos de vista de Hechos sobre las apariciones de Pablo en Damasco y su conversión, están abiertos a críticas. Por un lado, mencionó haber ido allí (antes de su conversión / llamado) provisto con la autoridad del sumo sacerdote.

Por otra parte, según G. Bornkamm, esto es improbable porque, bajo la administración romana, el Tribunal Supremo nunca tuvo esa jurisdicción en Damasco ni más allá de las fronteras de Judea.[10] Cabe destacar que las declaraciones más estables con respecto a la actividad precristiana de Pablo siempre ocurren como introducción a los relatos de su conversión en el camino a Damasco.

En la epístola a los Gálatas, el apóstol Pablo describe su entrada en la comunidad cristiana judía primitiva de formas que sugieren un llamado profético.[11] Exactamente cuánto más

---

[7] Porter, *The Apostle Paul,* 31-32.

[8] Porter, *The Apostle Paul,* 31.

[9] Longenecker, *Paul,* 36.

[10] Günter Bornkamm, *Paul.* Translated by D. M. G. Stalker (New York: Harper & Row Publishers, 1971), 15.

[11] Murphy-O'Connor, *Paul,* 19.

el apóstol Pablo, o de hecho el libro de Hechos, atribuye a este evento, o se remonta a él, no está claro, y por eso es importante no leer demasiado en él.[1] Para Pablo, su encuentro con Jesús en el camino a Damasco fue el comienzo de su misión a los gentiles, alrededor del conocido mundo mediterráneo de su tiempo. ¿Realmente Jesús lo llamó o lo comisionó para que fuera un predicador a los gentiles?

VII. Pablo y la misión a los gentiles

Pablo habla de su comisión (llamado) a predicar el evangelio a los gentiles, ya que era parte de su conversión (Gál. 1:16). ¿Cómo se enteró de su misión y ministerio a los gentiles? Dado el hecho de que dice que ha visto a Jesús el Señor y que es un apóstol por esa razón, como los otros apóstoles (los doce) habían visto a Jesús (1 Co. 15: 5-11).[2] El llamado similar de Pablo como el del profeta recibe un mensaje para proclamar y una misión que cumplir. Que Pablo realmente vio a Jesús en el camino a Damasco, es un tema que se ha convertido en parte del debate en los últimos años. Además, el otro tema es si Pablo conocía o conoció a Jesús durante su ministerio terrenal.[3] De cualquier manera, el consenso académico es que Pablo no se encontró con Jesús, y algunos otros afirman que Pablo conoció a Jesús. Él explica su conversión como "ver al Señor" (1 Cor. 9: 1), como una "aparición" de Cristo resucitado (1 Cor 15: 8). La descripción de Lucas es un poco diferente. Pablo explica la "visión" del Señor Jesús (1 Co. 9: 1), como una visión real y objetiva de una realidad sobrenatural en el esplendor divino de

---

[1] Wedderburn, *A History*, 84.

[2] Schnabel, *Paul the Missionary*, 46.

[3] Porter, *The Apostle Paul*, 34.

la luz.[4] Está claro, sin embargo, que Pablo argumenta en 1 Cor. 15: 5-8 que es un apóstol porque ha visto al Señor y ha sido comisionado por él. Por el contrario, A. Lindemann afirma que ni 1 Cor. 9: 1 ni 1 Cor 15: 8 se convierten en una declaración que se pueda evaluar en términos de una evidencia histórica dada.[5]

En ambos, los actos del apóstol y las cartas paulinas, encontramos la evidencia del llamado de Pablo o el encargo de la proclamación a los gentiles. Además, habiendo recibido una revelación de Dios, ya no podía vivir ni pensar simplemente de la manera antigua. En cualquier caso, el motivo de la aparición realista en Lucas es comparable a una apologética greco-romana para impresionar a los críticos y amigos con el poder de la resurrección de Jesús,[6] aunque la visión de Pablo está más en línea con el apocalipticismo judío original, que el cristianismo llegó a ser.

E. Haenchen afirma que "Lucas emplea esa repetición solo cuando considera que algo es extraordinariamente importante y desea grabarlo de manera inolvidable en el lector".[7] Si bien está claro que en el apostolado de Corinto, Pablo fue cuestionado porque, entre otras razones, nunca vio al Señor, sin embargo, ya no es seguro si sus oponentes especificaron al Jesús terrenal o al el resucitado.[8] Este punto de vista nos lleva a estas dos preguntas importantes: ¿Vio Pablo a Jesús mientras vivía en Jerusalén? ¿Estuvo él en Jerusalén del 15 al 33 d.C? Él habría estado en Jerusalén cuando Jesús vino a peregrinar, y cuando fue

---

[4] Schnabel, *Paul the Missionary,* 929.

[5] Andreas Lidemann, *Paulus, Apostel und Lehrer der Kirche: Studien zu Paulus und zum frähen Paulusverständnis* (Tübingen: Mohr-Siebeck, 1999), 29-30.

[6] Segal, *Paul the Convert,* 16.

[7] Haenchen, *The Acts,* 327.

[8] Johannes Weiss, *Der erste Korintherbrief* (Göttingen: Vandenhoeck & Rupprecht, 1910), 232. Él creyó que los oponentes de Pablo disputaban sobre su apostolado al argumentar que él nunca conoció al Jesús del comienzo.

crucificado en el año 30 d. C.[1] Por un lado, en tales situaciones, se nos dice que él pudo haber visto a Jesús o habría tenido conocimiento de primera mano de su crucifixión. Por otro lado, la otra posibilidad sería que Pablo nunca estuvo en la ciudad de Jerusalén antes de su conversión o llegó allí después del 30 d.C.

Sin embargo, él se describe a sí mismo, como uno que realmente ha visto a Jesús el Señor. En 1 Cor. 9: 1 encontramos el verbo "ver" (*oraoo*), empleado en el tiempo perfecto. Porter afirma que "este verbo griego está relacionado con una serie de otros verbos para ver, todos ellos de varias maneras relacionados con la forma física de ver".[2] Es muy probable que el apóstol viera a Jesús en Jerusalén; que haya tenido contacto con él, es otro tema a considerar. Sin embargo, el tiempo y el espacio no nos permiten considerarlo. Es claro que Pablo sólo mencionó a Jesús aquí, y en sus cartas emplea su nombre cuando está hablando de la vida terrenal y que resucitó de los muertos (1 Corintios 12: 3).[3] El uso del verbo en este contexto, sin embargo, no puede exactamente significar si esto es una palabra por palabra o una vista simbólica por Pablo.

Por otro lado, una razón importante para creer que Pablo conocía a Jesús es la declaración en sus cartas donde parece mencionar, o al menos sugerir que lo conocía. "Sin embargo, un análisis léxico sensato exige que comencemos con el sentido amplio y entonces modular a un significado específico por medio de contexto".[4] Hay que tener en cuenta una cosa que a veces

---

[1] Murphy-O'Connor, *Paul,* 61.

[2] Porter, *The Apostle Paul,* 36. See also J. Kremer, "Ὁράω," in *Exegetical Dictionary of the New Testament.* Edited by H. Balz and G. Schneider. Vol 2 (Grand Rapids: Eerdmans, 1990-93), 526-29.

[3] Alvaro P. Delgado, *De Apostol a Esclavo: El Exemplum de Pablo en 1 Corintios 9.* Analeta Biblica (Roma: Gregorian & Biblical Press, 2010), 99. "El primer desarrollo (9, 1c-18) inicia con dos pruebas que confirman el apostolado de Pablo (9, 1c-2). La primera remite el origen de la cualificacion; la sugunda a su realizacion".

[4] Porter, *The Apostle Paul,* 36.

parece imposible armonizar completamente el material. Cabe destacar que, a Lucas, como a cualquier otro autor antiguo, le gustaba la diversidad y no se preocupaba por la inconsistencia, o incluso, por la contradicción como un error espantoso.[5] En otras palabras, Lucas solo cambió, básicamente las narraciones.

Además, como acabamos de ver, en su opinión, su visión de Jesús contó como una aparición de resurrección (1 Co. 15: 8). Esto parece significar que no vio su visión de Jesús como un simple sueño, como una luz brillante, sino como una aparición real del Señor resucitado. Él se ve a sí mismo como un sirviente (*diakonos*, 1 Cor 3: 5).[6]

Algunos intérpretes ven el énfasis de Pablo en cuanto a los filósofos cínico-estoicos, en los que el maestro también se entiende a sí mismo como *diakonos* de la deidad, como "el representante de un dios ", con la correspondiente confianza propia.[7] Estos paralelismos, sin embargo, no explican la propia comprensión de Pablo. Él sabía estar ligado a Dios y a Jesucristo. Su identificación de los predicadores y maestros como "siervos" pone el marco de referencia de la sociedad greco-romana y su noción del prestigio social bocabajo.[8] Esta era una manera apropiada de hacer algunos cambios en la estructura social del día. Pablo usó metáforas para describir la tarea y actividades misioneras, predicadores y maestros.

En 1 Corintios 15: 8, Pablo se incluyó en la serie de testigos de la resurrección y le da origen a su llamado apostólico a partir de la aparición del Señor en el camino a Damasco.[9] Donde el

---

[5] Sanders, *Paul,* 98.

[6] Longenecker, *Paul,* 90.

[7] Andrew Clarke, *Secular and Christian Leadership in Corinth: A Socio-historical and Exegetical Study of 1 Corinthians 1-6* (Leiden; Brill, 1993), 119-20.

[8] Schnabel, *Paul and the Early,* 947.

[9] Schnelle, *Apostle Paul,* 88.

mismo apóstol es el sujeto activo en 1 Cor. 9: 1, en 1 Cor. 15: 8 es el objeto pasivo (apareció, fue visto). Además, el paralelo usa *oraoo*, ver en 1 Cor. 15: 5, 7 y 8, y en el camino, 1 Cor. 15: 8, está conectado al resto del párrafo. Pablo menciona, sin embargo, su papel como fundador de la iglesia. Al mismo tiempo, menciona el papel de otros maestros y predicadores, que trabajaban en la iglesia que él fundó.[1]

En 1 Cor. 9: 1 el verbo *oraoo* debe tener una connotación excepcionalmente Cristo-soteriológica.[2] En ambos, 1 Cor. 9: 1 y 15: 8 hay una relación sólida entre el concepto de visión y aparición y la elección para el apostolado; es decir, su llamado a servir como el apóstol de los gentiles. En el entendimiento propio de Pablo, el evangelio le llegó a él tanto como una revelación directa de Jesucristo, como a través de mediación humana.[3] Sobre la base de estos pasajes, podemos decir con certeza que el apóstol Pablo tuvo una experiencia cerca de la ciudad de Damasco en la que vio a Jesús.[4] En consecuencia, sabía que Jesús es a quien él "vio". Esta certeza asume que ya tenía una percepción de Jesús antes de su conversión. No sabemos lo que vio; podemos darnos la certeza de que percibió a Jesús como alguien que se le apareció desde el cielo[5] o como una figura celestial.

No podemos decir más sobre cuándo y dónde recibió instrucciones. Como se vio antes, de acuerdo con Hechos 9: 17-18, recibió el Espíritu y fue bautizado en Damasco. En las primeras instrucciones de Pablo y poco después de su llamado apostólico comenzó su trabajo misionero independiente (Gal. 1:17). Es muy probable, que el apóstol empezara su trabajo

---

[1] Schnabel, *Paul and the Early*, 946.

[2] Schnelle, *Apostle Paul*, 89.

[3] Schnelle, *Apostle Paul*, 104.

[4] Wolter, *Paul*, 25.

[5] Wolter, *Paul*, 26.

misionero en las sinagogas y que, a veces, se viera obligado a irse con un pequeño grupo de judíos.[6] Parece que al dirigirse hacia los gentiles, lo condujo a través de la sinagoga. Por lo tanto, la misión paulina, incluso en su forma madura en los años 50, no puede separarse de la actividad misionera entre comunidades judías alrededor del Imperio Romano.[7] Las preguntas más importantes son: ¿Qué sucedió realmente después que Pablo comenzó su trabajo misionero en Corinto, en Éfeso y, en particular, en Antioquía? ¿Tienen esas comunidades problemas que resolver por la iglesia madre?

VIII. PABLO Y EL CONCILIO DE JERUSALÉN

Antes de que el apóstol Pablo fuera a Jerusalén para el concilio, pasaba a veces, en diferentes lugares proclamando el evangelio, y particularmente, en Antioquía. Como se vio anteriormente, visitó Jerusalén en el año 33 d.C por primera vez, después de su conversión (Hechos 9: 27-30; Gál 1: 18-19), fue presentado a la iglesia por Bernabé. Reconoció la autoridad del apóstol, pero había estado predicando el evangelio en Arabia y en Damasco (Gál. 1:16). Es interesante que Pablo no solo era un visitante, sino que participó en su trabajo misionero en Jerusalén.[8] Según Hechos de los Apóstoles, la difusión del evangelio también era muy centrada en Jerusalén, en el sentido de que Jerusalén controlaba la autenticidad de las iglesias establecidas en el proceso (Hechos 8: 14-25).[9]

---

[6] Bird, *An Anomalous Jew*, 101.

[7] Bird, *An Anomalous Jew*, 102.

[8] Schnabel, *Paul the Missionary*, 47.

[9] Wedderburn, *A History*, 59.

Cómo los cristianos llegaron a Damasco, nunca se nos dice. Más aún, cuando Pablo recién bautizado llegó a Damasco, encontró cristianos e iglesias cristianas que ya estaban allí. De nuevo, Lucas menciona que, de Roma (también de todo el Imperio Romano) hubo visitantes en la audiencia de los discípulos en Pentecostés (Hechos 2:10). La difusión del evangelio en Samaria puede ser aceptada como una etapa intermedia entre la misión a los judíos y la de los gentiles.[1]

La motivación que llevó a Pablo a predicar el evangelio de Jesucristo entre los no judíos adquirió un significado cristológico.[2] La misión y la predicación de Jesús entre los gentiles (Gálatas 1:16) fue la contrapartida antitética del celo del fariseo por la santidad de Israel. Después de todo, el apóstol lo menciona en sus cartas. Para él, la santidad del pueblo de Israel era importante. El libro de Hechos también menciona su segunda visita a la ciudad de Jerusalén después de ser bautizado en relación con la hambruna del año 44 DC. Él y Bernabé visitaron Jerusalén antes de embarcarse en la misión a Chipre y a la región de Galacia, trayendo regalos de la iglesia en Antioquía a causa de una severa hambruna en Judea (Hechos 11: 27-30).[3]

En Gálatas 2: 1-10, Pablo menciona su visita a Jerusalén cuando fue acompañado, no solo por Bernabé, sino también por Tito, un cristiano gentil no circuncidado. Tenemos mejor información sobre el concilio de Jerusalén, del cual el apóstol informa en Gálatas 2: 1-10 y el libro de Hechos 15: 1-29.[4] Pablo no regresó a Damasco después de su primera estadía en la ciudad de Jerusalén (Gálatas 1: 18-20). Pero describe que fue a

---

[1] Wedderburn, *A History,* 60.

[2] Wolter, *Paul,* 28.

[3] I. Howard Marshall, *The Acts of the Apostles: An Introduction and Commentary* (Downers Grove: InterVarsity Press, 1980), 244-47.

[4] Wolter, *Paul,* 32.

las regiones de Siria y Cilicia (Gál 1:21). La mención de Lucas en Hechos 9:30, que partió de la ciudad de Jerusalén a Tarso, a través de Cesarea, encaja en el relato. En Hechos 11: 25-26, encontramos que Bernabé llevó a Pablo a Antioquía en Siria más tarde, después de que una comunidad cristiana judía se había establecido allí. Hasta este punto, sin embargo, el informe de Lucas se puede reconciliar con la narración de Pablo.[5]

En Antioquía, el apóstol enfrentó un problema crítico y una situación que se planteó a la iglesia de Jerusalén. En Hechos 15, Lucas mencionó la reunión del concilio de Jerusalén para resolver el problema y el debate de Antioquía. A modo de introducción, Pablo y Bernabé fueron enviados como representante de los miembros de la iglesia en Antioquía. En esta etapa, podría ser útil tener en cuenta los diferentes niveles posibles de conocimiento de Pablo. Se argumentaba que los cristianos a quienes Pablo había perseguido se describían por su apertura hacia la misión de los gentiles. [6]

H. Lietzmann afirma, que el conflicto entre Pablo y Pedro en Antioquía llevó a la iglesia a una división y que Pedro viajó a varias de las ciudades que Pablo había viajado con una propaganda anti-paulina.[7] Por el contrario, esta idea ha sido completamente disputada; no hay evidencia de que el apóstol Pedro o sus compañeros de trabajo hubiesen visitado Asia Menor, Macedonia o Acaya.[8] Cabe destacarse que no hubo competencia entre Pablo y Pedro en la iglesia de Roma. Está claro que trabajaban juntos por la comunidad de la iglesia y por su bienestar. Las áreas de trabajo misionero en las que trabajaban los dos apóstoles no se superponían, si tomamos

---

[5] Wolter, *Paul,* 32.

[6] Wedderburn, *A History,* 65. "Sin embargo, eso todavía no significa "misión" a los gentiles, si "misión implica salir y buscar deliberadamente ganarse a la gente"."

[7] Hans Lietzmann, *Kleine Schriften I-II.* Vols 2 (Berlin: Akademie-Verlag, 1958), 284-291.

[8] Schnabel, *Paul and the Early,* 1006.

el relato de Lucas en el libro de los Hechos como exacto. Sin embargo, no hay necesidad de dudar sobre el informe de Lucas. Según K. Wengst, tampoco hubo ruptura y conflicto entre Pablo y Bernabé.[1] En todo caso, Pablo y Bernabé planearon un viaje a las iglesias en el sur de Galacia, meses después de la crisis en Antioquía (Hechos 15: 36),[2] y antes de la reunión apostólica en Jerusalén.

A. El Consejo Apostólico: el relato de Lucas

El libro de Hechos informa (Hechos 15: 5) que los fariseos que se hicieron cristianos exigieron que los gentiles convertidos fueran circuncidados y guardaran la Ley de Moisés. Como resultado, un nuevo desarrollo parece haber tenido lugar después de la consulta de Jerusalén del 44 DC, incitando una controversia y un debate, tanto en la iglesia en Antioquía (Hechos 15: 1), como en la iglesia en Jerusalén (Hechos 15: 5).[3] El concilio de Jerusalén estaba relacionado, sobre todo, con el tema de la admisión de los gentiles a la iglesia y los términos bajo los cuales podían ser admitidos. ¿Podría haberse admitido en la comunidad de la iglesia sin convertirse primero en judío?

Es importante diferenciar entre las condiciones para permitir que los gentiles ingresaran a la comunidad de la iglesia, por un lado, y la regulación de su vida junto con los cristianos judíos; por otro lado, el de los judíos cristianos con ellos, una vez que se les había admitido.[4] El punto es que, en el libro de Hechos, Lucas parece guardar narraciones y evaluaciones de Pablo contra las cuales el propio apóstol protesta con más fuerza (Gálatas 1: 1,

---

[1] Klaus Wengst, *Didache, Barnabasbrief, Zweiter Klemensbrief, Schrift an Diognet.* (Munich: Kösel, 1984), 114-15.

[2] Schnabel, *Paul and the Early*, 1007.

[3] Wedderburn, *A History*, 104.

[4] Wedderburn, *A History*, 96.

11-12, 17: 2, 6).[5] Lo más sorprendente es que el libro de Hechos, en sí, fue uno de los principales puntos de la discusión entre el grupo y las opiniones. El argumento sobre las políticas para la misión entre los cristianos gentiles estalló en Antioquía (Hechos 14:28; 15: 1), y fue el debate entre los cristianos judíos de Jerusalén y Pablo y Bernabé (Hechos 15: 1-2b) lo que generó el concilio apostólico en Jerusalén.[6] El Consejo de Jerusalén (Hechos 15: 1-33) completa el cambio de Lucas de su enfoque en la misión de Pedro (Hechos 1-12) a la misión de Pablo (Hechos 13-14; 16-20).[7] Pero, en contraste, Hechos refleja el hecho de que el grado apostólico y los líderes en Jerusalén estaban de acuerdo con Pablo y su misión con los gentiles. Antes de considerar el diálogo que tuvo lugar en el Concilio de Jerusalén, sin embargo, debemos tener en cuenta brevemente el tema de la prehistoria del concilio y la circuncisión.

1) La prehistoria del Concilio de Jerusalén.

Antes del concilio, hubo un asunto que los cristianos judíos pidieron por primera vez: que los creyentes gentiles fueran circuncidados. La mayoría de los intérpretes cree que la misión de Pablo en Galacia en el año 45-47 fue una de las razones y causa del Concilio en Jerusalén.[8] Esta restauración es posible cuando seguimos el informe de Lucas en el libro de Hechos, que explica los eventos del concilio en Jerusalén (Hechos 15: 1-29), inmediatamente después del relato de la misión de Pablo y Bernabé al sur de Galacia (Hechos 13-14).[9]

---

[5] James D. G. Dunn, *The Theology of Paul's Letter to the Galatians.* New Testament Theology (Cambridge: Cambridge University Press, 1999), 137.

[6] Schnabel, *Acts,* 620-622.

[7] Schnabel, *Acts,* 620.

[8] Martin Hengel, *Zur urchristlichen Geschichtsschreihung* (Stuttgart: Calvert, 1979), 94.

[9] Schnabel, *Paul and the Early,* 1007.

Es claro que el apóstol Pablo rechazó la idea de que los creyentes gentiles del cristianismo debían ser circuncidados (Gálatas 2: 1-10), pero que se opusieron a él insistiendo en la aplicación de las leyes de comida judía en la comunidad de la iglesia en Antioquía (Gálatas 2: 11-14).[1] ¿Qué motivó a Pablo a tomar posiciones tan contradictorias? La respuesta simple y clara es: a través de la observancia de la Ley de Dios y mediante la aceptación de la circuncisión.

De hecho, "No hay evidencia real del judaísmo del primer siglo de que existiera una opinión significativa opuesta a la circuncisión".[2] Por ejemplo, Filón menciona que nadie tuvo problema con respecto al carácter obligatorio de la circuncisión.[3] Como resultado, cuando se disputó la conversión sin circuncisión, se impuso la circuncisión.[4] Esta aclaración cree, por lo tanto, que la deliberación de la iglesia cristiana judía primitiva con respecto a la circuncisión, fue causada por la práctica misionera del apóstol Pablo, quien no la obligaba, sobre bases teológicas, y por eso llamó "hijos de Abraham" al pueblo de Dios sin la circuncisión.[5]

La persistencia de Pablo de que todos debían convertirse en una comunidad en Cristo, en virtud del cambio que todos los creyentes estaban experimentando y que él mismo experimentó y que tuvo en el momento de su conversión.[6] La conversión del apóstol fue parte de la base de su opinión. Su relato es que Jesús tomó la iniciativa en la experiencia de Damasco, y allí él

---

[1] Jerome Murphy-O'Connor, *Keys to Galatians: Collected Essays* (Collegeville: Liturgical Press, 2012), 62-63.

[2] Murphy-O'Connor, *Keys to Galatians,* 63.

[3] Philo, *Mg.* 89-92.

[4] Josephus, *AJ.* 20.38-48.

[5] Wedderburn, *A History,* 96

[6] Segal, *Paul the Convert,* 207.

no estaba listo ni preparado para tal experiencia.[7] Además, los intérpretes que adoptan esta línea de razonamiento, consideran que el consejo apostólico fue la aceptación final de la misión a los gentiles, de acuerdo con algunos, como "sin ley", de la iglesia de Jerusalén. En todo caso, la iglesia en Jerusalén fue un lugar lógico para que todos estos debates llegaran a un punto crítico.[8]

El cargo del apóstol Pablo, también fue lógico, porque parece que depuso la ley, las leyes sobre alimentos y la circuncisión. Las preguntas lógicas serían: ¿Cómo un antiguo fariseo pudo deponer repentinamente tales prácticas? ¿Realmente, dejó Pablo de practicar las costumbres judías y la Ley (Torá)? ¿Era la circuncisión (antes y después de la conversión) un problema para el apóstol Pablo?

2) Pablo y la circuncisión

Es importante diferenciar entre las condiciones para aceptar a los gentiles en la iglesia, por un lado, y la regulación de su vida junto con los cristianos judíos, por otro. El apóstol Pablo fue circuncidado al octavo día, según la tradición y las costumbres judías (Gen. 17:12; Lev. 12: 3). Él afirma que, nació judío y también, por la marca externa.[9] Está claro, sin embargo, que estos son asuntos que no pueden estar totalmente separados unos de otros.[10] Se esperaba que los cristianos judíos y los gentiles vivieran y se comportaran como cualquier judío normal.

Con toda probabilidad, se esperaba que los judíos que vivían en el mundo mediterráneo (incluidos los de la Diáspora, como Pablo y su familia), fueran obedientes al sábado, a las reglas

---

[7] Murphy-O'Connor, *Paul*, 77.

[8] Segal, *Paul the Convert*, 239.

[9] Porter, *The Apostle Paul*, 27.

[10] Wedderburn, *A History*, 95.

sobre alimentos y a la Ley de Moisés.[1] Como se vio antes, la circuncisión fue un tema central y crucial en la iglesia cristiana judía primitiva en el primer siglo. Ya que la circuncisión, la "señal del pacto" era necesaria para todos los hombres descendientes de Abraham, podemos llamarlo un rito de admisión. Sin esto, los hombres no estaban en el pacto y, por lo tanto, no recibían las bendiciones que se derivaban de la circuncisión de Abraham (Gen. 17: 6-8). [2] La circuncisión de los varones era esencial para ser judío.

Es muy probable que el apóstol Pablo se alegrara de permitir que los judíos convertidos continuaran sus costumbres judías, absolutamente en relación con la circuncisión (1 Corintios 7: 18-19) y las reglamentaciones sobre el sábado y los alimentos (Romanos 14);[3] sin embargo, no hay razón para pensar que esto fue un fenómeno judío del primer siglo. Contrariamente, algunos miembros de la iglesia primitiva sugirieron una solución simple: que los gentiles que llegaran a creer en Jesús el Mesías, debían ser aceptados en la iglesia con las mismas condiciones en que los judíos eran aceptados como judíos convertidos al cristianismo;[4] debían ser circuncidados. Sin embargo, no está claro si algunos de los doce discípulos, o algunos de los ancianos, reforzaron esta solución en la iglesia cristiana judía primitiva.

En esta etapa de la historia de la iglesia cristiana judía primitiva, casi todos, incluido el apóstol, dieron por sentado que la salvación estaba conectada al pueblo elegido, que adoraba al único Dios, que había enviado a su Mesías. El problema era la cuestión de la salvación, en lo que se refería a los no creyentes gentiles: ¿cómo podían los gentiles ser parte

---

[1] Porter, *The Apostle Paul*, 30.

[2] Sanders, *Paul*, 462.

[3] Barclay, *Pauline Churches*, 21.

[4] Schnabel, *Paul and the Early*, 1010.

del pueblo mesiánico de Dios? [5] Dada la intensa situación en la iglesia cristiana primitiva y la expectativa escatológica, es muy probable que muchos de la primera generación de cristianos judíos pensaran que Jerusalén perdería su autoridad para determinar el futuro de la comunidad cristiana primitiva. Así que, el cristiano primitivo pareció estar dividido en el tema de la circuncisión y otras prácticas judías.

Con respecto a la circuncisión, el apóstol Pablo es más radical que Filón (que era famoso por el uso de la hermenéutica alegórica)[6] en términos de su conexión con la comunidad judía; pero su interpretación es mucho menos inclinada a la cultura helenista en su contexto intelectual.[7] Pablo también demuestra cuán radical es la conclusión de sus argumentos; porque el judío no lo es, evidentemente, ni la circuncisión es evidente ni en la carne. Como es bien sabido, Pablo, en Gálatas 2: 1-10 y Lucas en Hechos 15: 1-29, informó de lo que sucedió y cuáles fueron algunos de los acuerdos del Concilio Apostólico.[8]

Para Pablo, sin embargo, la circuncisión aparece como su principal argumento en la epístola a los Gálatas que, de alguna manera, es su epístola más significativa, y es uno de los documentos más reveladores en la historia humana,[9] como veremos más adelante. ¿Describe Pablo un incidente diferente en Gálatas, en lugar de Lucas en el libro de Hechos? En Gálatas 2: 1-10 y Hechos 15: 1-29, el apóstol Pablo y Lucas informan del Concilio Apostólico. Pablo hace referencia (Gál. 2: 2) a que fundó varias iglesias, en particular, en Antioquía,[10] según el

---

[5] Murphy-O'Connor, *Paul,* 134.

[6] Philo, *Jews,* 158-80.

[7] Barclay, *Pauline Churches,* 68.

[8] Wolter, *Paul,* 38.

[9] Sanders, *Paul,* 450.

[10] Wolter, *Paul,* 38.

patrón que se estableció fuera de la conexión de las sinagogas en las respectivas ciudades.

B. El Consejo Apostólico: la narración de Pablo

El incidente en Antioquía y el concilio apostólico, descrito brevemente por el apóstol Pablo en Gálatas 2, ha sido durante mucho tiempo, causa de confusión para los intérpretes del Nuevo Testamento. En la era patrística, se evitó a toda costa la humillación de un informe donde Pablo condenaba a Pedro por hipocresía.[1] Además, Clemente de Alejandría, por ejemplo, argumentó que un Cefas diferente estaba a la vista, o que Orígenes sostenía que el debate completo entre Pedro y Pablo fue contestado.[2]

Sin embargo, Pablo cuenta la historia, pero al final equivale a una presentación fundamental del evangelio. Por tradición, se ha comprendido que Pablo estaba abierto para mantener esa fe en el evangelio y continuar interesado en comer de acuerdo con las prácticas de la dieta judía. La pregunta a considerar es: ¿qué nos dice Gálatas 1-2 sobre la conexión entre Pablo y los apóstoles de Jerusalén? Pablo escribe la epístola a las "iglesias de Galacia" (Gal. 1: 2; cf. 1 Cor. 16: 1). Y antes de tratar y discutir el tema principal con Pablo y las iglesias de Gálatas, por lo tanto, necesitamos saber un poco de la región de Galacia. La designación de "Galacia" en Gal. 1: 2, es probable que también se mencione la provincia romana de ese nombre. Galacia no era simplemente la provincia romana así llamada, sino también

---

[1] James D. G. Dunn, *Jesus, Paul and the Law: Studies in Mark and Galatians* (Louisville: Westminster/John Knox Press, 1990), 129.

[2] Franz Mussner, *Galaterbrief.* 3rd ed (Freiburg: Herder, 1977), 146-54.

la región de la cual la provincia mucho más grande derivaba su nombre.[3]

Las personas que vivían en la región de Galacia eran gálatas étnicos.[4] Sin embargo, el libro de Hechos también menciona que el apóstol Pablo había viajado a través del distrito de Galacia, que dos veces había atravesado "la región de Galacia" (Hechos 16: 6; 18: 234).[5] En la siguiente sección trataremos más este tema con respecto a la región de Galacia y los gálatas.

Más significativo para Pablo, que lo que hizo en ese momento, en vista de la situación de Gálatas, es la reacción de las iglesias judías, en especial la de Jerusalén.[6] Está claro que, no hay desacuerdo en su conexión con ellos. Por el contrario, pudo informar que estaban motivados a alabar a Dios por lo que él estaba haciendo, especialmente la misión a los gentiles en Galacia y en toda Asia Menor. La carta completa a los gálatas representa una discusión en curso de la asociación entre el movimiento cristiano judío primitivo y su herencia judía.[7] Sin embargo, la norma es la observancia hasta el punto en que los judíos conversos ya no podían comer con los creyentes gentiles, a menos que éstos se convirtieran al judaísmo al adoptar la misma norma de *kashrut* (Gálatas 2: 11-14).[8]

---

[3] Martinus C. de Boer, *Galatians: A Commentary* (Louisville: Westminster John Knox Press, 2011), 4-5. Sin embargo, es difícil determinar en qué parte de la provincia romana de Galacia se ubican las iglesias a las que se dirige "en (o cerca de) ciudades del norte como Ancyra (actual Ankara), Pessimus y Tavium (la hipótesis de Galacia del Norte), o en "Ciudades sureñas como Pisidian Antioquía, Listra, Iconio y Derbe (la hipótesis de Galacia del Sur)".

[4] Los gálatas étnicos eran descendientes de los celtas que llegaron de Europa central y se establecieron en Bretaña, y norte de Italia.

[5] De Boer, *Galatians*, 4.

[6] Lührmann, *Galatians*, 35.

[7] A. Andrew Das, *Paul and the Jews.* Library of Pauline Studies (Peabody: Hendrickson Publishers, 2003), 17-23.

[8] Murphy-O'Connor, *Jesus and Paul*, 83.

En reciente erudición del Nuevo Testamento, todo el problema queda sin resolver. Los intérpretes han adoptado una opinión media y argumentan que el apóstol Pablo se dirigió a Pedro (Cefas, que para muchos eruditos, era una de las personas principales junto a Santiago y los otros apóstoles que desempeñaban un papel importante en el Concilio Apostólico)[1] abiertamente, y materialmente, miembros de la iglesia primitiva en la región de Galacia.[2]

En Gálatas 2, el apóstol Pablo relata dos incidentes principales que son la evidencia del significado monumental en la formación de su ministerio. Dado que ambos informes tienen problemas explicativos.[3] Como se vio antes, por un lado, los académicos encontraron algunos desafíos de cómo interpretar y correlacionar a Gal. 2: 1-10 y 2: 11-14 con lo que Lucas informó de los eventos, particularmente en Hechos 11:27 y 15: 1-35. La sabiduría convencional exegética presupone que el viaje de Pablo a Jerusalén, mencionado en Gal. 2: 1-10, es similar a su viaje a la ciudad de Jerusalén en el evento del concilio informado por Lucas en Hechos 15: 1-29.[4] Este viaje se llevó a cabo en el año 44 A.D y se compara con la segunda visita a la ciudad de Jerusalén, a la que Pablo hace referencia en Gal. 2: 1-10,[5] cuando vino no solo con Bernabé sino también con Tito, un cristiano gentil no circuncidado.

Por un lado, vale la pena mencionar que, en Gálatas, el apóstol Pablo escribió un informe de lo que hizo después de su

---

[1] Martinus C. de Boer, *Galatians: A Commentary* (Louisville: Westminster John Knox Press, 2011), 96-104. Longnecker and Still, *Thinking Through Paul,* 35-37. Betz, *Galatians,* 76-77. See also O. Cullmann, "Petros, Kephas," in *Theological Dictionary of the New Testament.* Abridge in One Volume. Edited by G. Kittel, G. Friedrich. Translated by G. Bromiley (Grand Rapids: Eerdmans, 1997), 835-37.

[2] Betz, *Galatians,* 113.

[3] Longnecker and Still, *Thinking Through Paul,* 37.

[4] Betz, *Galatians,* 113.

[5] Schnabel, *Paul and the Early,* 987.

conversión. Por otro lado, en Hechos, recordamos que predicó en la sinagoga de Damasco y fueron a la ciudad de Jerusalén.[6] En consecuencia, Gálatas no contradice la noción del libro de Hechos, que Pablo era conocido como perseguidor de los primeros cristianos judíos en Jerusalén, así como la idea de que después de su conversión y la experiencia de Damasco, fue a Jerusalén y se relacionó con los discípulos de Jesús.

Está claro que el problema de que Pablo quería ser fiel a la iglesia de Jerusalén y a los apóstoles, no estaba del todo equivocado. Pero su principal lealtad era el mensaje del Señor crucificado y resucitado.[7] Sin embargo, su convicción de que Jesucristo era el rey y gobernante celestial, le proporcionaba una visión universal. Este problema se complica por sí mismo y no tenemos espacio para discutirlo aquí. Basta con decir que Pablo trató de informar en la Epístola a los Gálatas lo que consideraba como los elementos más importantes de lo que sucedió en el Concilio Apostólico en Jerusalén. Por ejemplo, en Gálatas 2: 3, Pablo dice: "Pero incluso Tito, que estaba conmigo y era griego, se vio obligado a ser circuncidado".[8] ¿No se forzó a Tito o no fue circuncidado? Para Pablo, Tito pasó la prueba y no estaba obligado a ser circuncidado. De hecho, Tito no fue obligado por el concilio a ser circuncidado, por lo que esto deja claro que el rito de la circuncisión no era necesario para la salvación.

Algunos han encontrado aquí algún tipo de cuestionabilidad en el relato de Pablo.[9] Por lo tanto, Gálatas aboga por un caso de prueba para ver si el apóstol veía el valor salvador en los elementos de gracia del judaísmo; es decir, en su pacto y su

---

[6] Sanders, *Paul,* 20.

[7] Schnabel, *Paul and the Early,* 931.

[8] Murphy-O'Connor, *Paul,* 137.

[9] Dunn, *Jesus, Paul,* 117.

identidad electa. Las iglesias de Gálata estaban en algún lugar en el que Pablo planeaba predicar. Él debió haber establecido la comunidad de la iglesia en Galacia después del evento con Pedro en Antioquía.[1] Curiosamente, continuó su viaje misionero, pero ahora sin el respaldo de la iglesia en Antioquía y sin Bernabé como compañero misionero. Aunque está claro que su mensaje llegó a la parte más distante del mundo mediterráneo. Se convirtió en el campeón de la misión y la proclamación del evangelio al mundo de los gentiles. Por lo tanto, en la siguiente sección, trataremos de Pablo y su mensaje.

---

[1] De Boer, *Galatians,* 9.

CAPÍTULO 3

Pablo de Tarso:
su mensaje

Como bien se sabe, antes del evento en Damasco, Pablo era conocido como el perseguidor de los creyentes cristianos judíos, y después de la experiencia de Damasco, fue comisionado para la proclamación del evangelio a los gentiles. Su encuentro con Jesús le dio una nueva perspectiva que cambió su mensaje teológico completo y también sus puntos de vista cristológicos. En otra parte, para entender su mensaje, retrocedemos un poco y estudiamos su educación. La ciudad de Tarso es un buen lugar para comenzar, porque él era un judío de la Diáspora de la ciudad principal de Cilicia, Tarso.[1] ¿Por qué fue a Tarso y tomó parte en la misión allí? ¿Predicó él el mensaje de salvación a los habitantes de Tarso?

IX. Pablo y la ciudad de Tarso

Pablo nació en Tarso (Hechos 21:39; 22: 3), como se vio antes, metrópoli de Cilicia, administrada por el gobernador

---

[1] Wedderburn, *A History,* 80.

romano de la Provincia de Siria durante gran parte del primer siglo.[1] Pablo era ciudadano romano y fariseo.[2] Lo primero lo colocaba en la categoría social alta de la sociedad greco-romana; lo último lo colocaba entre la élite de la sociedad judía. Sin embargo, no está claro dónde exactamente pasó Pablo sus primeros años, si en Tarso o Jerusalén. [3]La única pregunta es: ¿cuánto tiempo vivió en Tarso? [4] No menciona en sus cartas donde nació. Pero ningún erudito duda de que fue en Tarso y que fue criado allí hablando el idioma griego y leyendo la LXX. Claramente, su credencial le daba una ventaja que ningún otro predicador y maestro tenía en la antigüedad.[5]

La mayoría de los intérpretes cree que el apóstol Pablo nació en Tarso a principios del siglo I d.C. El significado económico y político de Tarso se debía a su ubicación geográfica. El curso inferior navegable del Cydnus unía a Tarso en mar abierto (Hechos 9:30) y una importante autopista comercial que partía de Antioquía, en Siria, a través de la ciudad hasta la costa egea de Asia Menor.[6] Tarso también era la primera estación, en la ruta comercial que unía el Mediterráneo con el Mar Negro.[7]

Tarso era una ciudad económicamente fuerte y de un cultural floreciente. Jenofonte la elogia como, "ciudad grande y feliz"; varios filósofos, retóricos y poetas tuvieron éxito en la ciudad.[8] Tarso, además, era considerada un centro de la filosofía estoica. Cerca del año 140 a. C. Antípatus de Tarso fue el principal

---

[1] Schnabel, *Paul the Missionary*, 40.

[2] Ben Witherington, *New Testament Rhetoric: An Introductory Guide to the Art of Persuasion in and of the New Testament* (Eugene: Cascade Books, 2009), 99.

[3] Schnabel, *Paul and the Early*, 923-26.

[4] Hengel, *The Pre-Christian*, 3.

[5] Coutsoumpos, *Paul, Corinth*, 89.

[6] Schnelle, *Apostle Paul*, 58.

[7] Hengel, *The Pre-Christian*, 1-6.

[8] Xenophon, *Anathasis* 1.2.23.

maestro de la escuela estoica. Según Estrabo, "los habitantes (de Tarso) exhibían un celo tan grande por la filosofía y la educación en general que, a este respecto, superaron, incluso, a Atenas, Alejandría y cualquier otro lugar".[9] Así que, Tarso podía considerarse en todo aspecto como un área metropolitana. Centro de la cultura helenista.

El libro de Hechos menciona, sin embargo, que Pablo nació en Tarso, en Cilicia. El apóstol menciona la provincia de Cilicia junto con Siria en Gál. 1:21.[10] Veremos este asunto en detalle en la sección doce. Sabemos que era de Tarso, en Cilicia, porque Lucas lo dice.[11] Es decir, Tarso era un ciudad romana en los días de Pablo que venía de una piadosa familia judía (de la Diáspora en la ciudad de Tarso en Cilicia) y pertenecía al movimiento fariseo.[12]

Vale la pena notar que, Cilicia y Siria se convirtieron en las más prominentes para la actividad del apóstol Pablo por los próximos 13 años, hasta su segunda visita a Jerusalén para el Concilio Apostólico.[13] En el relato de Lucas, el apóstol dice que era judío nacido en Tarso, en Cilicia (Hechos 22:3)[14] En contraste, en las epístolas paulinas, no existe referencia a esta ciudad.

Jerónimo, el padre de la iglesia del siglo IV, argumentó que el apóstol Pablo nació en Giscala, la Alta Galilea, y llegó a Tarso con su familia cuando era niño.[15] Por su parte, Jerome contradice a Hechos 22: 3, al afirmar que la familia de Pablo lo llevó a Tarso

---

[9] Strabo, *Geogr.* 14.5.13.

[10] Longnecker and Still, *Thinking Through Paul,* 22.

[11] Hengel and Schwener, *Paul Between Damascus,* 171.

[12] Gal. 1:13-14; Phil. 3:5-6; 2 Cor. 11:22-23; Rom. 11:1; Acts 9:11, 30; 21:39; 22:3. Ver también Murphy-O'Connor, *Paul,* 32-70. Hengel and Schwener, *Paul Between Damascus,* 171-77.

[13] Hengel and Schwener, *Paul Between Damascus,* 157.

[14] Wolter, *Paul,* 11.

[15] Jerome, *De viris inlustribus,* 5.

cuando era joven.[1] ¿Cómo llegó a vivir la familia de Pablo en Tarso? Podrían haber venido allí como prisioneros, después de la invasión de Jerusalén por Pompeyo (63 a.C) o, quizás incluso antes, durante el reinado de Antíoco IV Epifanés (175-163 a.C).

Dadas las propias declaraciones de Pablo sobre sus compromisos y preocupaciones antes de ser convertido, parece posible que hubiera recibido su formación religiosa en Jerusalén en lugar de Tarso.[2] Pero para algunos estudiosos, Tarso también es una buena posibilidad. Este tema es el de la sección doce a continuación y lo estudiaremos en detalle. La pregunta a considerar aquí es: ¿Fue Pablo educado formalmente en Jerusalén o en Tarso?

En el caso de su familia farisea, uno debe preguntarse si era probable encontrar un fariseo como residente de Tarso, dado el caso de su entrenamiento por Gamaliel, si el Pablo de las epístolas muestra signos suficientes de aprendizaje farisaico para hacer creíble tal afirmación. Tarso era llamada "ciudad grande y rica" por Jenofonte en el siglo IV, descripción que se mantuvo mucho más allá de la época de Pablo.[3] Dio Crisostomo afirma y le habla al tarsano: "Tu hogar está en una gran ciudad y ocupas una tierra fértil, porque encuentras que las necesidades de la vida son más abundantes y profusas, porque tienes este río que fluye a través del corazón de tu ciudad".[4]

Tarso tenía una historia extensa, antes de que Antíoco IV Epifanés (175-164 a. C) en 171 a.C le confiriera el estatus de ciudad-estado griega, gobernada por sus propios magistrados erigidos y emitiendo su propia moneda.[5] En otras palabras,

---

[1] Wedderburn, *A Histroy,* 220.

[2] Longnecker and Still, *Thinking Through Paul,* 26.

[3] Xenophon, *Anathasis,* I, 2.23.

[4] Dio Chrysostom. *Discourses,* 33.17; cf. 34.7.

[5] Murphy-O'Connor, *Paul,* 33.

Tarso era una ciudad-estado independiente y se encargaba de sus propios asuntos administrativos. Además, Pompeyo ganó Cilicia para los romanos en el 67 a. C. A la vez, nombró a Tarso capital provincial. Como fuese, siendo una metrópolis grecorromana, Tarso habría tenido un sistema educativo similar al de los greco-romanos. Retóricos y filósofos, a menudo visitaban la ciudad de Tarso, pero no sabemos si el apóstol Pablo alguna vez visitó, vio o escuchado a alguno de ellos.[6]

El método de enseñanza y la forma de discusión del apóstol eran o parecen haber sido muy similares a los de los filósofos de las escuelas filosóficas greco-romanas de la época.[7] Estas similitudes entre Pablo y los filósofos populares de su época se han enfatizado hasta el punto de que algunos lo ven como un tipo de filósofo helenista.[8] Algunos estudiosos han llegado tan lejos, al punto de comparar a Pablo con los cínicos, así como compararlo con los eminentes, tales como Aelius Aristides y Dio Crisostomo. Y que tuvo una educación helenista, es bastante probable, dado el hecho de que vivió en una cultura y ambiente greco-romanos. Pero, existen algunas aparentes dificultades al asumir que era un ciudadano de la ciudad en la que nació. Si tenía la ciudadanía en la ciudad con sus padres, como tal vez se deduzca de Hechos 21:39, debe quedar abierto, así como cuánto tiempo vivió en esa ciudad.[9]

Pablo se describe a sí mismo como judío y "de Tarso de Cilicia ... un ciudadano de una ciudad no ordinaria" (Hechos 21: 37-39).[10] También afirma ser ciudadano de Tarso (Hechos 21:39; 221: 3), un ciudadano romano (Hechos 22: 25-8). En contraste,

---

[6] Porter, *The Apostle Paul*, 9-16. "La educación Greco-romana es un tema de gran discusión en la erudicción actual del Nuevo Testamento".

[7] Coutsoumpos, *Paul, Corinth*, 92-93.

[8] Coutsoumpos, *Paul, Corinth*, 92.

[9] Wolter, *Paul*, 13.

[10] Wedderburn, *A Histroy*, 81-82. Ver también, Coutsoumpos, *Paul. Corinth*, 88.

muchos tienen algunas dudas con respecto a ambas afirmaciones y rechazan los intentos de Lucas de exaltar el estatus social de Pablo en el mundo greco-romano.[1] Que el apóstol viniera originalmente de Tarso, pocos lo han dudado, y sería muy difícil explicar la tradición.

Como se vio anteriormente, Tarso fue una de las ciudades más importantes del Imperio Romano debido a su situación geográfica económica y política en Asia Menor. La pregunta es, ¿cómo debemos entender los términos "Tarseus" y "polites". Hay similitudes para el uso del término 'ciudadano' en un sentido más inferior y más amplio, para denotar a alguien que vivía en la ciudad. Sin embargo, si Pablo se hubiera mudado a Jerusalén, entonces es difícil ver cómo se habría calificado de "ciudadano de Tarso" incluso en este sentido.[2]

Por lo tanto, tales opiniones podrían ser meras especulaciones. Si bien está claro que Pablo era un ciudadano romano (*civis Romanus*),[3] que le otorgaba ciertos derechos y privilegios que los ciudadanos comunes del Imperio Romano podrían esperar. En el tiempo del Imperio Romano, el derecho de un ciudadano podía comprarse en Tarso por quinientas dracmas,[4] por lo que los padres de Pablo pudieron haberlo comprado y él pudo haberlo heredado.[5] Es muy probable que recibió el derecho de nacimiento a través de su padre.

Era muy difícil para los extranjeros obtener la ciudadanía romana. Es muy probable que, desde su nacimiento, Pablo fuera miembro de la comunidad judía en Tarso, lo cual, como en otros

---

[1] Wedderburn, *A Histroy, 81.*

[2] Coutsoumpos, *Paul, Corinth,* 88-89.

[3] Coutsoumpos, *Paul, Corinth,* 89.

[4] Dio Chrysostom, *2 Tars,* 21-23. Longnecker and Still, *Thinking Through Paul,* 26.

[5] Hengel, *The Pre-Christian,* 6.

lugares, tenía ciertos privilegios, pero no la ciudadanía plena.[6] Por un lado, no está claro, que tuviera ciudadanía plena en Tarso,[7] ya que *polites* (ciudadano, Hechos 21:39) puede significar ciudadanía oficial o solo el lugar de origen. Por otro lado, Hechos presenta al apóstol Pablo como ciudadano de Tarso y del Imperio Romano (Hechos 21:39; 22: 25-29; 23:27).[8] Lucas presenta a Pablo como un ciudadano romano, pero él nunca se refiere a sí mismo como ciudadano romano. No obstante, varios eruditos paulinos dudan de su historicidad, mientras que otros consideran que el libro de los Hechos está correcto en ese punto. Se ha afirmado que "pocos estudiosos dudan de que Pablo nació en Tarso, una ciudad importante en la región de Cilicia (Hechos 21:39; 22: 3).

Jeronimo afirma que Pablo nació en la ciudad de Gischala en Galilea y se mudó a Tarso cuando era muy joven. Jerome no da evidencia de su afirmación con respecto al nacimiento de Pablol en Galilea en lugar de Tarso, aunque los que están a favor de Jerome suponen que tenía buenas razones para declarar lo que él hizo.[9] Pablo fue llevado a la corte romana en lugar de a Judea por su propia solicitud y sólo los ciudadanos podían apelar al emperador (Hechos 25:11).[10] Es su posesión de la ciudadanía tarsana (o lo mismo que sucedió con la ciudadanía romana) lo que se considera cuestionable, ya que habitualmente era el derecho de preservación de la élite social y un privilegio que solo pocos judíos disfrutaban. Como algunos eruditos dudan del estatus social de Pablo, las preguntas son: ¿Era Pablo ciudadano de nacimiento, o tenía la ciudadanía romana por herencia de sus padres?

---

[6] Hengel, *The Pre-Christian*, 1-6.

[7] Heike, Omerzu, *Der Prozess des Paulus: Eine exegetische und rechtshistoriche Untersuchung der Apostelgeshichte* (Berlin: de Gruyter, 2002), 34-36.

[8] Boring, *An Introduction*, 182.

[9] Strabo, *Geography* 14.5.13. Ver también, Porter, *The Apostle Paul*, 9.

[10] Pliny the Younger, *Letters* 10.96.

X. PABLO EL CIUDADANO
DE ROMA

Es importante tener en cuenta que, para entender a Pablo como ciudadano de Roma, debemos entender un poco acerca de la estructura social, la autoridad y el poder de los romanos. El Imperio controlaba el territorio y la gente alrededor de la región mediterránea.[1] Las sociedades antiguas en el mundo grecorromano se estructuraban en torno a sus ciudades.[2] El gobierno de la ciudad y la ciudadanía desempeñaban un papel importante en el Imperio. Las colonias romanas eran nuevos establecimientos o ciudades en las que se añadían los colonos romanos. Según Polibio, los romanos continuaron con un título de ciudad; Flamininus en 196 a.C declaró que las ciudades griegas eran libres de vivir bajo sus leyes y de la base militar romana y de impuesto.[3] Las ciudades sin derechos especiales se llamaban *stipendariae* (pagadores de tributo). Mantenían sus propias constituciones, como en Asia, y continuaron con su rol de ciudadanía local organizadas en tribus.

El imperio era muy jerárquico, con enormes desigualdades de poder y riqueza. Era un imperio aristocrático.[4] Esto significa que una pequeña élite de aproximadamente 2 a 3 por ciento de la población gobernaba. Formaron la élite social que ejerció el poder, controló la riqueza y disfrutó de un alto estatus. El poder romano de élite se aseguró a través de los militares a expensas de las noblezas.[5] El imperio romano era agrario.

[1] Warren Carter, *The Roman Empire and the New Testament: An Essential Guide* (Abingdon Press, 2006), 3-7. Ver también, Coutsoumpos, *Paul, Corinth*, 38-42.

[2] G. L. Thompson, "Roman Administration," in *Dictionary of New Testament Background*. Editors: C. A. Evans & S. E. Porter (Downers Grove: InterVarsity Press, 2000), 962.

[3] Polybius, *Hist.* 18.46.5.

[4] Thompson, "Roman Administration," 959.

[5] Carter, *The Roman Empire,* 3.

La riqueza y el poder de la gente estaba basada en la tierra. Cabe señalar que la élite no gobernaba por elecciones democráticas. Muchas de las principales ciudades y pueblos más grandes estaban situadas en carreteras, cruces de ríos y cerca a los puertos.[6] En cierto sentido, estaban conectadas y controlaban directa o indirectamente las reglas y el poder romanos. Por ejemplo, Roma gobernó entre 60 y 70 millones de personas de diferentes culturas y etnias. El imperio no era solo el resultado del poder militar y político[7]. A. Winn dice claramente: "Si bien estas dos realidades ciertamente tuvieron su lugar, la estabilidad y el poder del imperio se apoyaban en gran medida en los amplios hombros de las instituciones sociales, culturales y cívicas de Roma. El gobierno romano en sus muchas provincias se facilitó en gran medida a través de la relación intrincada entre patrón y cliente".[8] Por lo tanto, el patrocinio era una parte importante de la vida cotidiana en la sociedad romana.

Había una relación social entre la élite de las ciudades provinciales y Roma; eran clientes del imperio y de su emperador. Es interesante observar que la estabilidad de Roma estaba ligada a la estabilidad de la unidad familiar. En el mundo greco-romano, la estabilidad general estaba relacionada con la estabilidad de las familias y el éxito del imperio. La unidad familiar se estableció alrededor de los *paterfamilias*, o "padre de la familia".[9] Así, en la estructura social del imperio, la familia era un núcleo muy importante. El patrocinio, como se mencionó antes, era una conexión entre un cliente superior y otro inferior.

---

[6] Coutsoumpos, *Paul, Corinth*, 34.

[7] Adam Winn, "Striking Back at the Empire: Empire Theory and Responses to Empire in the New Testament," in *An Introduction to Empire in the New Testament*. Editor Adam Winn (Atlanta: SBL, 2016), 8-12.

[8] Winn, "Striking Back at the Empire," 8.

[9] Aristotle, *Pol.* 1.1.5-9. Cicero, *Off.* 1.54

¿Cómo se establecía una conexión de patrocinio? En general, la parte que necesitaba algo del superior lo iniciaba. Un usuario podía hacer un favor para establecer una nueva relación con el cliente. Se debe mencionar que el patrocinio[1] involucró más que el poder económico, pero también, poder social, honor y vergüenza. Además, para las instituciones culturales de la familia y el patrocinio, el sistema legal romano y su administración de justicia también eran vistos como el principal fundamento del poder y la estabilidad romanos[2]. El imperio romano era un imperio legionario; los emperadores necesitaban legiones y soldados leales para imponer la sumisión e intimidar a quienes consideraran una posible revuelta.[3] Estas características de la ideología imperial romana no pueden exagerarse, ya que se encuentran en el corazón del propio proyecto imperial. La mayoría de las ciudades y ciudadanos de todo el Imperio adoptaron las leyes y costumbres romanas.[4] Roma requería lealtad de parte de sus ciudadanos, en particular, cada su ciudadano en todo el imperio.

Los emperadores gobernaron en relación con las familias ricas, tanto en Roma como en las principales ciudades provinciales.[5] El Imperio Romano hizo un pacto con los reyes clientes, como el rey Herodes, quien gobernó con la autorización de Roma y promovió el interés de Roma. Iustitia, (la justicia) era fundamental para la virtud romana. Cicerón observa que la justicia es "la prestigiosa gloria de las virtudes".[6] La justicia era impartida por tribunales o consejos cívicos en los que magistrados locales, figuras designadas directa o indirecta-

---

[1] Witherington III, *The Paul Quest,* 48-49.

[2] Winn, "Striking Back at the Empire," 10.

[3] Carter, *The Roman Empire,* 24-25.

[4] Winn, "Striking Back at the Empire," 10-11.

[5] Coutsoumpos, *Paul, Corinth,* 36-37.

[6] Cicero, *Off.* 1.20.

mente por las autoridades romanas, escuchaban y resolvían disputas legales. Otro tema importante para Roma fue el de los impuestos. No pagar impuestos se consideraba rebelión porque rechazaba el reconocimiento de la soberanía de Roma sobre la tierra, el mar, el trabajo y la producción. La represalia militar de Roma era inevitable y despiadada.[7]

Todos los ciudadanos romanos, como Pablo, debían comparecer y apelar a la justicia por cualquier delito. Sin embargo, ser un ciudadano romano, permitía que el apóstol Pablo apelara al Cesar por justicia. La ciudadanía romana también traía beneficios tales como penas más ligeras en casos judiciales.[8] Según varios escritores antiguos, no era fácil conseguir o ser un ciudadano romano. Como se mostró anteriormente, Lucas menciona, que Pablo era ciudadano por nacimiento (Hechos 22:28). Entonces, está claro que la ciudadanía romana de Pablo le permitía derechos y oportunidades que no eran accesibles a la mayoría de los provinciales. Cabe señalar que los ciudadanos romanos no podían ser indagados bajo tortura.[9]

Otro encuentro del apóstol Pablo con los magistrados muestra procesos bastante comunes de la ley romana en el primer siglo. Se puede ver en su reunión con Gallio, Lysias, Félix y Festus. Por ejemplo, en Hechos 18: 12-17, cuando Gallio fue procónsul de Acaya, un grupo de judíos lo acusó de persuadir a la gente a adorar a Dios en contra de la ley. En la mayoría de los casos contra Pablo, él siempre apeló a César. En otras palabras, apelaba al sistema judicial romano para sus juicios. Su declaración aquí es vista como el mejor ejemplo del derecho de un ciudadano romano.[10] Otro caso contra él fue el juicio

---

[7] Carter, *The Roman Empire*, 4.

[8] Coutsoumpos, *Paul, Corinth*, 35.

[9] Thompson, "Roman Administration," 988.

[10] Thompson, "Roman Administration," 988-89.

ante Félix. En Hechos 23: 3-35, Ananías y algunos ancianos lo acusaron de agitador y una amenaza para el gobierno; y Pablo pidió apelar a las preocupaciones de Roma con respecto a su seguridad personal. En todo caso, el apóstol rechazó los cargos y Félix pospuso una decisión sobre el asunto hasta que llegó Lisias (Hechos 24:22).[1] Después de varias apariciones en la corte y el juicio, Festo decidió enviar al apóstol Pablo a la ciudad de Roma.

Además, no se puede enfatizar demasiado que el apóstol Pablo vivió (primer siglo en el Imperio Romano) en una sociedad y un mundo democráticos. Con esto en mente, podemos continuar discutiendo su estatus legal social. En cuanto a éste, como se mencionó antes, era un judío privilegiado de la Diáspora (Hechos 16: 37-38; 22:35; 23:27) para poseer ciudadanía romana, que podría haber recibido por nacimiento. Algunos han cuestionado la exactitud de la cuenta de Jerome, favoreciendo poner al padre de Pablo, más probablemente en Tarso en un período anterior.[2]

El apóstol tenía doble ciudadanía. Según el libro de Hechos, era ciudadano tanto romano (Hechos 22:25) como de Tarso (21:39). Sin embargo, está claro que Hechos 22: 25-28 expresa una declaración similar con efecto igual, y aquí en el texto nos enteramos de que nació como ciudadano romano. En todo caso, que el padre de Pablo o un antepasado más lejano hubiera obtenido la ciudadanía, no era muy complicado el asunto.[3]

El libro de Hechos dice que el apóstol Pablo apeló al emperador, pasando sobre la cabeza del procurador local en Judea, y este es un privilegio que el ciudadano tenía en el tiempo

---

[1] Winn, "Striking Back at the Empire," 10.

[2] Longnecker and Still, *Thinking Through Paul*, 25-26.

[3] Muphy-O'Connor, *Paul*, 40.

del apóstol Pablo.[4] En general, Pablo no insistía en sus derechos, pero esto demuestra que presuponía que tenía derechos como cualquier ciudadano romano normal. De hecho, los estudios recientes, como se señaló antes, revelan escepticismo hacia estas dos afirmaciones de Lucas. Las razones mencionadas para contrarrestar el relato de Lucas son varias y diversas[5]. Sin embargo, las razones que se han presentado recientemente en contra, no son del todo convincentes. El estudio en detalles del relato de Lucas está fuera del alcance de este libro.

Basta decir que el relato de Lucas es más como una historia de los eventos que sucedieron, por ejemplo, en la vida de Pablo. Omerzu afirma que, también, la ciudadanía se podía obtener o comprar liberándose de la esclavitud, de ser un prisionero de guerra, exonerado después del servicio militar, adopción o aceptación en una asociación de ciudadanos.[6]

En el caso del nacimiento de un niño, el ciudadano romano estaba obligado a registrar el nacimiento de sus hijos dentro de los treinta días anteriores ante el funcionario romano, y recibía un certificado de madera grabando la declaración, que hacía las veces de certificado de ciudadanía por el resto de su vida.[7] Esto era parte de un deber civil de cualquier ciudadano en el Imperio Romano. Ser ciudadano de Tarso no era un preludio de ser también ciudadano romano, porque en los días de Pablo ya no eran estrictamente excluyentes.[8] Cabe destacar que hay dos problemas con respecto a la relación de Pablo con el Imperio Romano y la naturaleza de su ciudadanía.

---

[4] Ben Witherington III, The Paul Quest: La búsqueda renovada del judío de Tarso (Downers Grove: InterVarsity Press, 1998), 69-73. "Finalmente, el trato indulgente de Pablo registrado en Hechos 28:16 sugiere fuertemente que él es una persona de considerable estatus; tal respeto y cortesía eran normalmente dados a los ciudadanos romanos ".

[5] Longnecker and Still, *Thinking Through Paul*, 25.

[6] Omerzu, *Der Prozess des Paulus*, 29.

[7] A. N. Sherwin-White, *The Roman Citizenship*. 2 ed. (Oxford: Clarendon Press, 1973), 6.

[8] Schnelle, *Apostle Paul*, 60.

La cuestión de si era un ciudadano romano se complica por dos hechos: 1) cómo se definía la ciudadanía; y 2) los reclamos de Pablo a la ciudadanía romana aparecen solo en el libro de Hechos, nunca en sus epístolas.[1] Además, hay una duda sobre la historicidad del relato de Lucas por los siguientes argumentos:[2] 1) La apelación a la ciudadanía romana en Hechos 16: 37-38 y 22: 25ff, parece notablemente tardía en la narrativa. 2) La apelación a César (Hechos 25: 9; 26:31; 28: 17ff), y su traslado a Roma no presupone, necesariamente, la ciudadanía romana, la cual Lucas no menciona en el contexto.[3] 3) Según 2 Cor. 11: 24-35, Pablo sufrió cinco veces el castigo de la sinagoga—ser azotado. Si Pablo hubiera sido ciudadano romano, solo habría necesitado decirlo para evitar ese castigo.[4] 4) Su vocación no apunta a un estatus social de élite, porque no era posible que heredara la ciudadanía romana de sus padres ni la obtuviera por cuenta propia.

De cualquier forma, él había heredado la ciudadanía romana de la generación anterior por sus padres que la habrían recibido como esclavos judíos liberados (Hechos 22:28). Con todo, podemos aventurar teorías con probabilidades relativas de cómo sus padres adquirieron la ciudadanía romana.[5] Aunque está claro que pudo haberla obtenido de su padre o de su abuelo.

Como se dijo antes, el apóstol tenía doble ciudadanía. Filón informa sobre los judíos que residían en Roma, la mayoría de los cuales eran libertos y ciudadanos romanos.[6] Además, hubo varios esclavos judíos liberados que regresaron a Palestina y

---

[1] Porter, *The Apostle Paul*, 16-17.

[2] Wolfgang Stegemann, "War der Apostel Paulus eine römischen Bürger?" *ZNW* 78 (1987): 220-29. Ver también, Hengel, *The Pre-Christian*, 6-14.

[3] Stegemann, "War der Apostel Paulus," 213.

[4] Schnelle, *Apostle Paul*, 61.

[5] Hengel, *The Pre-Christian*, 11.

[6] Philo, *Embassy*, 155.

que habían obtenido la ciudadanía romana. Como se señaló antes, el privilegio de la ciudadanía (romana) entre los judíos que vinieron de Palestina, fue la emancipación de los esclavos judíos por parte de los romanos, incluso si todavía existían ciertas restricciones a la ciudadanía de los *libertus* en la primera generación.[7] Entre los privilegios de los ciudadanos romanos estaba el derecho a recibir una educación adecuada. ¿Fue educado Pablo en Jerusalén o en Tarso? ¿Su educación fue judía o greco-romana? ¿Acaso Pablo se apoyó en la retórica formalmente, o tomó parte de su contexto cultural?[8] ¿Cuál fue realmente el contexto educativo de Pablo?

XI. LA EDUCACIÓN DE PABLO Y EL CONTEXTO GRECORROMANO

El contexto educativo preciso de Pablo se ha convertido en un tema de intensa investigación.[9] Los estudiosos muestran un renovado interés en la alfabetización y la educación en el mundo antiguo. En parte, este interés refleja el énfasis en la historia social en los estudios del Nuevo Testamento. Se sabe que Pablo y, al menos parte de su audiencia, fueron personas educadas, letrados, capaces de leer y apreciar una buena carta y responderla.[10]

Como fuese, su educación adicional no habría sido posible si él no hubiese aprendido a leer y escribir desde niño. Las escuelas primarias grecorromanas y judías eran accesibles donde esas habilidades fundamentales se enseñaban desde

---

[7] Wedderburn, *A History*, 81.

[8] David E. Aune, *The Westminster Dictionary of New Testament & Early Christian Literature & Rhetoric* (Louisville: Wesminster John Knox Press, 2003), 343.

[9] Coutsoumpos, *Paul, Corinth*, 66.

[10] Witherington, *New Testament Rhetoric*, 99.

la edad de cinco o seis años.[1] Según Murphy-O'Connor, "la población judía de Tarso era ciertamente lo suficientemente grande como para apoyar, al menos, a una escuela judía, y el profundo conocimiento de Pablo sobre su fe sugiere que fue así que asistió".[2]

Josefo[3] y también Filón[4] observan que en el sistema educativo grecorromano la educación del niño (particularmente el niño romano) era tomada en serio. Además, las escuelas judías también tenían que educar a sus estudiantes para que vivieran en el mundo grecorromano. En particular, en Tarso era importante poder hablar al menos dos idiomas y hablar el griego con fluidez. En otras palabras, los niños judíos, como Pablo, habrían usado y leído las Escrituras en la LXX (Septuaginta).[5]Para Pablo, la educación no se detuvo a nivel elemental—once o doce años. El nivel secundario, además de ampliar el alcance de la lectura del estudiante en los clásicos griegos, se concentraba en la composición literaria. A este nivel, a los estudiantes se les enseñaba a escribir. De acuerdo con Marrou, se esperaba que los escritos del estudiante incluyeran un agente narrativo, acción, lugar de tiempo, modo y causa, aunque fuesen breves, claros, probables y gramaticalmente correctos.[6] La formación y los estudios de Pablo fueron rigurosos y sin esto no progresaría a estudios de tercer nivel donde, muy probablemente, asistió a las conferencias de un orador y aprendió con él el arte de

---

[1] Henri I. Marrou, *Histoire de l'éducation dans l'anquité* (Paris: Seuil, 1948), 200-22.

[2] Murphy-O'Connor, *Jesus and Paul,* 35.

[3] Josephus, *Against Appion* 2.178.

[4] Philo, *Legatio ad Gaium 210.*

[5] Murphy-O'Connor, *Jesus and Paul,* 35.

[6] Marrou, *Histoire de l'éducation,* 240.

la elocuencia.[7] A medida que los alumnos aumentaban sus conocimientos, también practicaban la composición literaria.[8]

Cabe señalar que, la educación en la antigüedad, era orientada hacia la repetición y la memorización. Los estudiantes en el primer nivel eran enseñados con líneas sin espacio y sin puntuación. Recitaban en voz alta y tenían que leer su texto hasta que lo hicieran exactamente y sin tropezar.[9] En las epístolas de Pablo podemos decir que él podía hacer eso. Sin embargo, su referencia, sin excepción, proviene de las Escrituras, no de Homero, Eurípides o Platón. De hecho, "Pablo seguramente aprendió ciertos métodos de debate o persuasión, de argumentar, por ejemplo, de la experiencia actual a la prueba de las Escrituras en forma de Midrashic (ver 1 Cor. 9: 7-14) o usar una forma de lo que podría ser pesher o incluso alegoría, para hacer un punto (Gálatas 4: 22-31)".[10]

Sin embargo, con respecto al lugar de su educación, Lucas menciona que Pablo recibió educación básica, no en Tarso, sino en Jerusalén (Hechos 22: 3). Según Hengel, "la extraordinaria educación greco-judía de Pablo también indica un origen social superior al promedio".[11] A la vez, Pablo aprendió a leer y a escribir, no sólo en griego, sino también en la lengua sagrada hebrea, y probablemente en arameo. Sin embargo, está claro que parte de su formación lingüística y la alfabetización pudieron haber sido adquiridas en el hogar,[12] pero sin duda, estas habilidades

---

[7] Murphy-O'Connor, *Jesus and Paul*, 36.

[8] Murphy-O'Connor, *Paul*, 48. "Murphy-O'Connor, Paul, 48. "El enfoque de la educación helenística no fue el desarrollo de un espíritu crítico, sino la transmisión de toda una cultura en las obras de escritores como Homero, Eurípides, Menandro y Demóstenes".

[9] Sanders, *Paul*, 71-72. "La repetición naturalmente llevó a una buena cantidad de memorización, pero la memorización fue un bien en sí mismo".

[10] Witherington, *New Testament Rhetoric*, 100.

[11] Hengel, *The Pre-Christian*, 17.

[12] Ben Witherington III, *The Paul Quest: The Renewed Search for the Jew of Tarsus* (Downers Grove: InterVarsity Press, 1998), 95.

mejoraron en su educación fuera del hogar. El apóstol Pablo no era en modo alguno, un ignorante del pensamiento griego, pero en las epístolas existentes nunca cita directamente a un autor o filósofo griego.[1]

Además, en la antigüedad, una buena educación, sobre todo griega, no se podía tener por nada; por regla general presuponía algún apoyo material. Por lo tanto, podríamos decir que el apóstol recibió una buena educación de acuerdo con el estándar del sistema educativo greco-romano. Sin embargo, en este punto, parece difícil saber con exactitud el alcance de la exposición de Pablo a este sistema educativo.[2] Que sus epístolas, sin embargo, podrían traicionar a una persona que había pasado por la secuencia curricular de la educación grecorromana, queda por corroborar con pruebas suficientes.

Por otro lado, los intérpretes argumentan que Pablo podría haber recibido una educación greco-romana en Tarso, pero también podría haber recibido una capacitación retórica completa.[3] ¿Qué más se puede decir de su educación? Su educación formal es un tema difícil de estudiar y lo es por varias razones.[4] Primero, el apóstol no dice nada con respecto a su educación temprana, ni siquiera cuando escribe de sus días de juventud (Fil. 3: 5-6). Y segundo, consciente de sí mismo, parece rehusar a incluir la sabiduría mundana en su predicación apostólica (1 Cor. 2: 1-4) e incluso se consideró un profesional poco profesional en lo que respecta a la retórica (2 Cor. 11: 6).

Un tema importante pero problemático de Pablo como orador y escritor es el grado en que fue educado en retórica.[5]

---

[1] Sanders, *Paul*, 72.

[2] Porter, *The Apostle Paul*, 11.

[3] Witherington III, *New Testament Rhetoric*, 103.

[4] Ronald F. Hock, "Paul and Greco-Roman Education," in *Paul in the Greco-Roman World: A Handbook.* Edited by J. Paul Sampley (Harrisburg: Trinity Press International, 2003), 198.

[5] Coutsoumpos, *Paul, Corinth*, 72.

Como se señaló antes, según A. W. Pitts, muchos eruditos tienden a ver al apóstol en medio de la élite social de los retóricos helenistas bien educados.[6] Por un lado, en el mundo greco-romano de la lectura de Pablo, normalmente era una proclamación oral.

Para Pablo y sus contemporáneos, una carta era una comunicación oral en forma escrita, un discurso en forma de epístola. Por otro lado, el arte de escribir cartas se enseñó como un arte retórico de una manera básica en cualquier escuela de retórica.[7] Aristóteles definió la retórica como esencialmente el arte de la persuasión. Para él también, la filosofía y la retórica no eran independientes entre sí.[8] El problema es cómo estos aspectos retóricos deben ser aclarados y evaluados, en particular, el debate sobre si Pablo fue educado o no y la capacitación en retórica. El punto principal del debate es que Pablo aprendió todos estos elementos retóricos en la escuela de Jerusalén o en la grecorromana en Tarso.

Últimamente, parece explicarse un acuerdo o una diferencia. El contraste entre el judaísmo helenista y palestino, sin embargo, ya no puede mantenerse.[9] Para algunos estudiosos hay pruebas suficientes de que el conocimiento del griego era extenso entre los palestinos en el primer siglo. Según Pitts, "esto hace que la existencia de escuelas helenistas elementales en Jerusalén durante el tiempo de Pablo fueran una posibilidad muy factible".[10] Además, hay pruebas de que los niños judíos de

---

[6] A. W. Pitts, "Hellenistic Schools in Jerusalem and Paul's Rhetorical Education," in *Paul's World.* Edited by S. E. Porter (Leiden: Brill, 2008), 44.

[7] Demetrius, *On Style* 223-224.

[8] Aristotle, *Rhetorica* 2.19.26.

[9] Pitts, "Hellenistic Schools," 19.

[10] Pitts, "Hellenistic Schools," 19-20.

élite social, además del estudio de la Torá, también aprendían a leer algunos Clásicos griegos tales como Homero.[1]

Hengel también observó que la instrucción retórica puede haber estado accesible en Jerusalén.[2] Es decir, la instrucción retórica era conocida entre varios estudiantes judíos en Palestina. De hecho, la comunidad académica ahora acepta la capacidad retórica de Pablo. Está abierto a discusión si é fue considerado un experto en retórica o no.[3] Pero a pesar de que si no lo estudió en verdad, no podría haber escapado a su propagada influencia. Además, el uso de categorías retóricas para el estudio de las cartas de Pablo no es la única manera que nos permite entender mejor al apóstol y sus escritos.[4] Para muchos estudiantes como Pablo, que estaban entrenados en la retórica era imposible no ser expuesto a la especulación filosófica. Su dominio de la figura del estilo y la estructura retórica de su epístola solo pueden haber sido fruto de un estudio largo y concentrado y de una práctica constante. Pablo sí tuvo algo de formación filosófica, lo que parece bastante claro por su manejo de ideas sofisticadas sobre la naturaleza del cambio en su tratamiento del tema de la resurrección en 1 Corintios 15.[5]

Varios capítulos individuales de su epístola se caracterizan por elementos retóricos, como antítesis, preguntas, ironía, comparaciones, tipologías y cadenas de inferencia, aforismos, ejemplos y discursos complementarios.[6] Si el objetivo de la retórica es, como afirma Quintilian, "hablar a las personas de tal

---

[1] Witherington III, *New Testament Rhetoric,* 101.

[2] Hengel, *The Pre-Christian,* 34.

[3] Christopher Forbes, "Comparison, Self-Praise, and irony: Paul's Boasting and the Conventions of Hellenistic Rhetoric." *NTS* 32 (1986): 23.

[4] Coutsoumpos, *Paul, Corinth,* 78.

[5] Murphy-O'Connor, *Jesus and Paul,* 36.

[6] Schnelle, *Apostle Paul,* 78.

manera que hagan lo que el autor quiere",[7] entonces Pablo hace uso de su entrenamiento y capacidad retórica. En contraste, sus epístolas pastorales no necesariamente encajan perfectamente en un solo género epistolar.[8]

Para algunos estudiosos, él muestra algunas similitudes con los filósofos estoicos. ¿Se presentó Pablo, en términos relacionados, con los filósofos populares moralistas estoicos? Parece haber algunas similitudes entre él y el moralista estoico Musonius Rufus, aunque con algún énfasis y diferentes interpretaciones. ¿Fue Pablo entrenando en retórica en Tarso o en Jerusalén? Tarso era considerada un centro de estudio del arte de la persuasión y la filosofía estoica.[9] Como se señaló antes, era un centro de filosofía estoica; y Antipartrus de Tarso fue el principal instructor en la escuela estoica. Sin embargo, Estrabo menciona que "los habitantes [de Tarso] exhibían un celo tan grande por la filosofía y la educación en general, que a este respecto, superaron a Atenas, Alejandría y todo otro lugar.[10] Por lo tanto, Tarso podría considerarse en todos los aspectos, un centro metropolitano de cultura helenista. La cuestión del significado que Tarso y su cultura helenista dominante tenían para Pablo, puede ser expresada solo superficialmente. Aparte del hecho de que, por buenas razones, podemos suponer que el apóstol pasó sus días de juventud en Tarso. La forma lingüística de su epístola sugiere que aprendió griego como lengua materna.[11] Se podría decir que escribía en un idioma perfecto, pero no en un griego estilísticamente espléndido.

Como ya se mencionó, el estándar de la educación retórica y la capacidad retórica de Pablo es un tema de disputa. La

[7] Quintilian, *Inst* 2.15.10.

[8] Longenecker and Still, *Thinking Through Paul*, 54-55.

[9] Coutsoumpos, *Paul, Corinth*, 78-79.

[10] Wolter, *Paul*, 13. Strabo, *Geogr* 14.5.13.

[11] Wolter, *Paul*, 13.

cuidadosa forma literaria de su epístola, no obstante, muestra que le gustaba, al menos, una buena educación gramatical y retórica.[1] Dos razones principales hablan en contra de esta opción: 1) Sin instrucciones singulares, él podría haber aprendido algunas habilidades retóricas como uno de los elementos de su contexto cultural. 2) Su admisión en 2 Cor. 11: 6[2] que no tenía habilidad para hablar, pero no en el conocimiento, relativiza la importancia de los elementos retóricos en su argumentación.

Es interesante notar que para cualquier judío que intentara vivir, tanto en el mundo judío como en el greco-romano,[3] enfrentaba una tensión continua entre demandas en conflicto. Como ciudadano greco-romano, Pablo fue educado de manera formal en el sistema educativo greco-romano; esa educación, más el entrenamiento farisaico judío (bajo el rabino Gamaliel), le dieron las herramientas y habilidades para convertirse en uno de los teólogos más respetados y un escritor en el primer siglo. Escribió muchas cartas a las diferentes iglesias y comunidades en todo el mundo mediterráneo y el Imperio Romano.

XII. PABLO, TEÓLOGO, ESCRITOR Y JUDÍO

Habiendo examinado brevemente los antecedentes educacionales de Pablo, estamos en condiciones de reflexionar sobre la mente detrás de las cartas. Se puede decir que el apóstol fue un ávido y articulado corresponsal. Como se sabe, sus cartas fueron escritas en griego, el lenguaje normal de su época. M. J. Gorman dice acertadamente que, "su griego no es el mundano

---

[1] Tor Vegge, *Paulus und das antike Schulwesen.* BZNW 134 (Berlin: de Gruyter, 2006), 343-75.

[2] Witherington III, *New Testament Rhetoric,* 109.

[3] Murphy-O'Connor, *Jesus and Paul,* 37.

ni esquivo de un comerciante alfabetizado o el más exaltado y complejo de un literato, aunque a veces se eleva hasta la elocuencia".[4] Su escritura y las habilidades lingüísticas pueden ser conocidas a través de sus cartas. ¿Qué tipo de pensador, o mejor aún, qué tipo de teólogo es el apóstol?

Su discurso teológico nos muestra una mente de notables recursos e ingeniosa, que exige respeto y admiración.[5] Pablo era judío y un teólogo en verdad. ¿Pero, es posible describirlo como tal? A veces, su rica herencia judía está oculta debido a su trabajo misionero entre los gentiles.

Después de todo, se considera a Pablo como un apóstol judío (a pesar de que su proclamación a los gentiles se hizo en griego)[6]. Como teólogo pionero, creó algunas dificultades tanto para su propio pueblo como para los gentiles. Después de su experiencia en Damasco, fue llamado y comisionado a proclamar el Señor resucitado a los gentiles. Entonces, podría ser la primera pregunta que haríamos con respecto a sus propios antecedentes: ¿Fue él más influenciado por Tarso que por Jerusalén? Al considerar sus ideas y su interpretación teológica, sin embargo, el carácter difícil del antiguo mundo greco-romano debe tomarse en seria consideración.

Porter afirma que, "este mundo no era uno en el que las culturas judaica y greco-romana se mantenían como iguales".[7] Es claro, no obstante, que entre estos dos mundos existía mucha diferencia. Además, para comprender la vida y teología de Pablo, se debe considerar que su ministerio estaba rodeado

---

[4] Gorman, *Apostle of the Crucified,* 92-93.

[5] Longnecker and Still, *Thinking Through Paul,* 299-300.

[6] Porter, The Apostle Paul, 73. "Después de todo, el griego era el idioma de comunicación, incluso, del judaísmo de la diáspora durante el período helenístico ... Algunos judíos de la diáspora pudieron haber sido capaces de adorar en hebreo o arameo, pero la gran mayoría también adoraba en griego".

[7] Porter, *The Apostle Paul,* 70.

por un complejo de tradiciones escolares. El apóstol, por supuesto, un destacado teólogo de su tiempo, desarrolló una nueva teología que tuvo un impacto poderoso.

A la vez, ambos provenían de una tradición escolar judía y él mismo fundó una nueva escuela.[1] De acuerdo a Filón, como fariseo, había desarrollado su fe y su teología dentro de la tradición fariseica de una escuela en particular,[2] y esta influencia continuó a lo largo de su vida. Antes de su experiencia de Damasco aceptó a un grupo cuyo propósito especial consistía en defender la Torá como la norma fundamental de la vida judía.[3]

Para Pablo, esto significaba que aceptaba el valor de los convenios que Dios había hecho con Israel, como se encuentra en la Torá, los profetas y los salmos.[4] Sin embargo, estaba claro que sólo hay un Dios, creía Pablo, y Jesús reveló una nueva dimensión y realidad de ese único Dios. El monoteísmo, para Pablo implicaba más que lo que una persona cree; viene a la vida exclusivamente en cómo se adora.[5] Es claro que él adoraba a sólo un Dios.

Por un lado, sus cartas muestran que, en su contexto del judaísmo de la Diáspora, incluyó un gran volumen de material helenista en su desarrollo educativo y que estaba familiarizado con la antigua escuela filosófica.[6] Por otro lado, existen similitudes claramente identificables entre estas escuelas

---

[1] Schnelle, *Apostle Paul*, 146-147.

[2] Philo, *Spec. Law* 2.61-62.

[3] Wolter, *Paul*, 16. "Este esfuerzo sirvió, sin embargo, sin en su propio perfeccionamiento y disociación en contra de la mayoría de los israelitas. Más bien, un reclamo normativo lo acompañó y se extendió al pueblo judío en su totalidad".

[4] Puskas and Reasoner, *The Letters*, 4.

[5] D. B. Capes, R. Reeves and E. R. Richards, *Rediscovering Paul: An Introduction to His World, Letters and Theology* (Downers Grove: InterVarsity Academic, 2007), 258.

[6] Schnelle, *Apostle Paul*, 147.

(judía y grecorromana) y la de Pablo.[7] No obstante, sus epístolas, aunque revelan evidencia de una sólida educación clásica (grecorromana), no pueden clasificarse, por ejemplo, con la letra de Cicerón u otro autor de las escuelas clásicas.[8] En contraste, su enfoque no está en el desarrollo del carácter individual, sino en el desarrollo de comunidades en las que la gracia divina se activa.

Pablo no se convirtió en cristiano simplemente como individuo, sino después de su conversión en la misión de Antioquía y fue introducido en los puntos principales de la fe cristiana judía. Ocasionalmente, los académicos han estrechado prematuramente el campo de la teología paulina, cambiando cierta epístola como necesariamente no paulina, porque su autenticidad parece poco clara y controvertida.[9] Sin embargo, la carta de Pablo contiene esencialmente sus actos de persuasión, sus argumentos que intentan condenar y corregir a su audiencia a su punto de vista sobre varios asuntos.[10] Fueron escritas para usarse en público (Col. 4:16); a este respecto, fueron epístolas. Comprender sus epístolas y su teología, sin embargo, implica el equilibrio apropiado entre contingencia y coherencia. Longenecker y Still afirman que, "En cualquier punto dado, se debe prestar atención, tanto a la dimensión situacional de la teologización de Paul, como a la matriz más amplia de sus convicciones teológicas".[11]

Para algunos eruditos, es visto como un teólogo sistemático. Pero Sanders observa claramente que es un pensador coherente,

---

[7] Thomas Schmeller and Christian Cebulj, *Shulen in Neuen Testament? Zu Stellung des Urchristentums in der Bildungwelt seiner Zeit* (Freiburg: Herder, 2001), 46-92.

[8] Jerome Murphy-O'Connor, *Paul the Letter-Writer: His World, His Options, His Skills* (Collegeville: The Liturgical Press, 1995), 44.

[9] Witherington III, *The Paul Quest*, 280.

[10] Witherington III, *New Testament Rhetoric*, 109.

[11] Longenecker and Still, *Thinking Through Paul*, 301.

pero no un teólogo sistemático. El alcance y el enfoque de este libro no permiten más comentarios. Basta con decir que Pablo es un teólogo contextual en lugar de uno sistemático. Los puntos de vista de este tipo no son infrecuentes al considerar las complejidades del discurso de Pablo sobre temas como la Torá (ley), el pueblo de Israel o el orden imperial romano. Las cartas escritas por él fueron en algunos casos para abordar problemas ocasionales en las comunidades (especialmente la comunidad de la iglesia en Corinto romana) o solicitarlas, de las cuales él era responsable.[1] Por lo tanto, difieren bastante en el contenido y desde el punto de vista de la forma; también exhiben un patrón generalizado consistente.[2] Los escritores paganos abrían sus cartas con una expresión de agradecimiento a las deidades. Por ejemplo, la mayoría de las cartas grecorromanas terminaban con una serie de saludos. Y es muy probable que algunas de sus cartas siguieran patrones similares de estilo greco-romano del primer siglo.[3] A la luz de las técnicas de aquel momento, podríamos ver más claramente su estilo de comunicación, cuál es el argumento central que quiere probar en cada epístola, y podemos entender mejor cómo éstos son, también, intentos ingenuos de persuasión y comunicación. Es claro que, el mundo helenístico en el que se movió, era una amalgama de culturas. No había nación o estado griego.[4] Es decir, la influencia griega se sentía en todo el mundo mediterráneo de su época, particularmente en el primer siglo.

Después de terminar una carta, la escritura de cartas antiguas, a menudo incluía otro breve mensaje de salud para la persona que recibía la carta.[5] En cierto sentido, vemos un patrón

---

[1] Murphy-O'Connor, *Paul the Letter-Writer*, 42.

[2] Murphy-O'Connor, *Paul the Letter-Writer*, 44.

[3] Horrell, *An Introduction*, 53. "La crítica retórica ciertamente puede afirmar que nos ayuda a comprender mejor la estructura y los objetivos de las cartas de Pablo".

[4] Puskas and Reasoner, *The Letters*, 15.

[5] Capes, Reeves and Richards, *Rediscovering Paul*, 58-60.

similar al antiguo escritor en algunas de las cartas de Pablo. El apóstol demuestra la capacidad de dar su propia interpretación y adaptación de todos esos elementos en la escritura de una carta desde una perspectiva greco-romana.[6]

Es difícil averiguar el alcance del contacto de Pablo con este sistema educativo. De cualquier modo, su pensamiento revela que tenía alguna educación griega, no obstante, existe la posibilidad de que también hubiese recibido ésta en la ciudad de Jerusalén, ya que Palestina pertenecía al mundo greco-romano.[7] Vale la pena observar que las reglas en la escuela rabínica eran compatibles con el sistema educativo griego. Además, la capacidad de la oratoria era muy importante para el avance en una cultura esencialmente verbal. La obtención de tal habilidad se clasifica en tres secciones:[8]

1. Lo fundamental, que era la teoría del discurso e incluía la escritura de cartas.

2. La segunda era un poco más práctica en la medida en que involucraba el estudio de los discursos de los grandes maestros de la retórica.

3. La final era la redacción de discursos prácticos, en su mayoría dedicados a temas más que útiles.

Como se vio antes, el sistema educativo judío también tenía dos fases principales.[9] A partir de los cinco a doce años de edad, el estudiante comenzaba el estudio de las Escrituras y luego, el de la tradición legal. Según Josefo, la ley y las tradiciones se

---

[6] Puskas and Reasoner, *The Letters,* 14-15.

[7] Porter, *The Apostle Paul.* 11.

[8] Murphy-O'Connor, *Paul,* 50.

[9] Davies, *Paul and Rabbinic,* 23-32.

enseñaban en todas las ciudades a los niños judíos.[1] A la edad de trece años, el niño llegaba a ser un *bar mitzvah*, o "hijo del mandamiento" y asumía plena responsabilidad de la ley. Los estudiantes judíos más prometedores eran enviados a Jerusalén para estudiar con un maestro más avanzado.[2] La escuela secundaria griega solía durar un año o dos más.[3]

¿Se formó Pablo en las técnicas mencionadas antes? Su posición social lo afirma, pero él parece negarlo.[4] Sin embargo, es en este contexto que el apóstol habría llegado a conocer la Septuaginta, la Escritura de los judíos de habla griega. También debe haber aprendido hebreo y / o arameo. Se sugiere que, tal vez, fue educado, en gran medida, sobre la base de su argumento y el uso de dispositivos retóricos.[5]

En contraste, el método común busca colocar sus epístolas entre grupos retóricos, y luego, permitir que éstos sirvan de indicaciones de cómo leer sus epístolas. Sus cartas nos son conocidas, si del todo, como de la Biblia, y se encontraban en los servicios religiosos o en la sección de estudio y se leían en su propio idioma.[6] Como se dijo, se escribieron en el idioma griego y se enviaron como comunicaciones entre el apóstol y las iglesias a quienes él las envió.

Parece más lógico ver primero si una epístola agrega algo a la discusión y evalúa la consistencia de su material con las

---

[1] Josephus, *Against Apion* 2.8.

[2] Porter, *The Apostle Paul.* 12.

[3] Murphy-O'Connor, *Paul,* 49.

[4] Murphy-O'Connor, *Paul,* 50.

[5] Murphy-O'Connor, *Paul,* 47.

[6] Horrell, *An Introduction,* 49. "Algunas de las cartas del período se conservaron porque formaban parte de la correspondencia entre los administradores de alto rango y los gobernantes del Imperio Romano, como las cartas (en latín) enviadas por Plinio al emperador Trajano. cuando Plinio fue gobernador de la provincia de Bitinia a principios del siglo II d.C".

cartas de Pablo que no se disputan. Entonces, uno podría hacer juicios críticos correctos. Es un error descartar la posibilidad de poder aprender algo con respecto a la forma de teología de Pablo, que examina los discursos, por ejemplo, en el libro de Hechos. Además, nuestra principal fuente para comprender y evaluar la teología de Pablo deben ser sus propias epístolas.[7]

Para algunos eruditos, sin embargo, parece sus epístolas han estado siguiendo el principio rector de los antiguos manuales retóricos en el primer siglo.[8] El hecho de que Pablo estuviera familiarizado con el contexto más amplio del estilo de vida y la literatura greco-romanos es evidente por su uso de los conceptos griegos y por sus menciones ocasionales a los poetas y filósofos griegos.[9] Como se ha visto antes, en comparación con las cartas de su tiempo. Las epístolas (cartas) de Pablo son mucho más largas que las estándar. De hecho, el tamaño normal de una carta en el primer siglo E.C. fue aproximadamente del tamaño de la epístola de Pablo a Filemón,[10] alrededor de trescientas palabras.

Por lo tanto, podríamos ver sus cartas a la luz de las categorías y técnicas retóricas de su tiempo, pero a la vez, su propio estilo característico y el contexto misionero deben tomarse en cuenta. Por un lado, los estudiantes judíos en Tarso tenían que aprender cómo funcionar en el mundo helenista del que forman parte. El griego que aprendían en casa tenía que ser refinado en la capacidad de leer y escribir. Por otro lado,

---

[7] Puskas and Reasoner, *The Letters,* 18.

[8] George A. Kennedy, *New Testament Interpretation through Rhetorical Criticism* (Chapel Hill: University of North Carolina, 1984), 141-36. Ver también Puskas and Reasoner, *The Letters,* 17.

[9] Coutsoumpos, *Paul, Corinth,* 67.

[10] Puskas y Reasoner, *The Letters,* 28-29. "La mayoría de sus cartas en el Nuevo Testamento, por lo tanto, son más extensas que las cartas normales de la época. Si las cartas de Pablo se leen en voz alta a las iglesias locales, es probable que sus audiencias las consideren desafiantes tanto para seguir como para comprender por completo, debido a la longitud y complejidad de las ideas".

su currículo esencial habría sido el de los niños paganos de su edad.[1]

Allí el apóstol aprendió a seguir las cartas y, finalmente, a escribir. Es claro, entonces, que hay evidencia de que su intención era que sus cartas se leyeran en voz alta en las reuniones de la iglesia. Es claro que sus cartas se leyeron en casi toda la comunidad de la iglesia que él fundó y ministró.[2]

Pablo estaba más preocupado por la predicación de la cruz que por una frase brillante que estimulara el aplauso. Pero, necesitamos hacer varias preguntas importantes: ¿Cómo usó él su secretaria? ¿Confió en los co-autores? ¿Cómo funcionó la coautoría en la práctica?[3]

Como diremos más adelante, el apóstol usó y adoptó las convenciones epistolares contemporáneas. Escribió la mayoría de sus cartas. Sin embargo, la mayoría de los escritores en la antigüedad usaban secretario profesional y el apóstol no fue el único ni la excepción.[4] Cabe destacar que, a veces, Cicerón decía al principio de una carta que no fue él quien la escribió, sino que fue dictada.[5]

El apóstol Pablo nunca hizo tales declaraciones, pero el hecho está fuera de discusión. Como se mencionó antes, no fue la excepción de la regla ni la costumbre de la escritura de cartas greco-romanas de la época.[6] A la vez, las cartas de Cicerón y del

---

[1] Murphy-O'Connor, *Paul,* 48.

[2] Coutsoumpos, *Paul, Corinth, 79.* "Además, un importante e influyente comentario sobre 1 Corintios y la retórica, Ben Witherington explica que el apóstol Pablo escribió sus epístolas como sustitutos de la comunicación oral".

[3] Jerome Murphy-O'Connor, *Paul the Letter-Writer: His World, His Options, His Skills* (Collegeville: [The] Liturgical Press, 1995), 33.

[4] Murphy-O'Connor, *Paul the Letter-Writer,* 6.

[5] Cicero, *Att* 5.17.1.

[6] Witherington III, *New Testament Rhetoric,* 109-20.

apóstol Pablo (en comparación, tanto en términos de longitud como de fuerza), son la excepción, no la regla.[7] Varias de estas cartas no carecen de pasión e interés personal. A la vez, el apóstol se encontró con muchos opositores en los diferentes lugares a los que iba y en las diferentes iglesias que estableció alrededor de Asia Menor. Con esto en mente, procederemos a estudiar brevemente sus oponentes e introduciremos las cartas paulinas.

XIII. LOS OPOSITORES DE PABLO A SU MENSAJE Y APOSTOLADO[8]

La investigación moderna de los opositores de Pablo comenzó con los escritos de F. C. Baur, quien los clasificó en dos principales grupos: el Partido Paulino y el Partido Petrino; y caracterizó a los oponentes como judaizantes que reclamaban lealtad a la iglesia de Jerusalén y a los apóstoles.[9] No hay muchos estudiosos del Nuevo Testamento que desaprueban las opiniones de Baur en este momento. Sin embargo, según J. L. Sumney, "un legado de Baur ha sido una comprensión del movimiento cristiano primitivo que presupone este tipo de simple oposición de dos, y solo (o principalmente), el tipo de cristianismo".[10] Más allá de estas ideas de los dos esquemas de partidos de Baur, parece que hay pocos estudiosos que

---

[7] Witherington III, *New Testament Rhetoric,* 109.

[8] En la siguiente sección, me ocupo de algunas de las cartas Paulinas y el tema de los oponentes de Pablo. Es posible que podamos encontrar algunos hechos que se repiten sobre el mismo tema. Para una encuesta de los opositores de Pablo en 2 Corintios y otras cartas, vea la sección a continuación con respecto a los opositores de Pablo el apóstol. Ver también Coutsoumpos, Paul, Corinth, 143-44. Puskas y Reasoner, The Letters, 99-100. Porter, *The Apostle Paul.* 256-59.

[9] Coutsoumpos, *Paul, Corinth,* 142. Ver también J. L. Sumney, "Studying Paul's Opponents: Advances and Challenges," in *Paul and His Opponents.* Edited by S. E. Porter (Leiden: Brill, 2005), 7.

[10] Sumney, "Studying Paul's Opponents," 9.

han continuado apoyándolo. Por otro lado, se ha intentado encontrar un terreno común para los opositores de Pablo o un grupo de oponentes para el mayor número de sus cartas.

Más reciente, además de F. C. Baur, G. Lüdemann y M. Goulder encontraron una forma de judaizantes como sus oponentes, mientras que los que defienden el gnosticismo son W. Schminthals y K. Rudolph. La evidencia de una influencia gnóstica no es fuerte; sin embargo, se sabe que el gnosticismo fue un movimiento del siglo II.

Las similitudes en terminología y concepto entre los libros del Nuevo Testamento y el gnosticismo desarrollado, no son suficientes para concluir un gnosticismo del primer siglo.[1] La mayoría de los eruditos tienen la tendencia de estudiarlos (opositores de Pablo) carta por carta.[2] Por ejemplo, G. Lüdemann en su estudio de 1983 usa el libro de Hechos y Gálatas 2 para sugerir un partido de oposición a Pablo en Jerusalén, que cuenta con Santiago entre los partidarios.[3] Hay algunos estudiosos (como C. K. Barrett) que apoyan la idea de un Partido Cefa en Corinto que se oponía a Pablo.[4] A pesar del hecho de que aparentemente se conocía a Pedro en la comunidad de Corinto, no hay indicios obvios de que visitara la ciudad de Corinto.[5]

---

[1] Coutsoumpos, *Paul, Corinth,* 143.

[2] Stanley E. Porter, *Linguistic Analysis of the Greek New Testament: Studies in Tools, Methods, and Practice* (Grand Rapids: Baker Academic, 2015), 309. "Sin embargo, hay algunos que no encuentran oponentes del todo---a posición rara." See also J. Munck, *Paul and the Salvation of Mankind* (London: SCM, 1959), 135-67.

[3] G. Lüdemann en su estudio de 1983 usa los libros Hechos y 2 Gálatas para sugerir un partido anti-Paulino en Jerusalén, que cuenta a Santiago como uno de sus aliados.

[4] Charles K. Barrett, *Essays on Paul* (Philadelphia: The Westminster Press, 1982), 28-38. Cefas no se menciona en 2 Corintios, pero su nombre aparece en 1 Corintios. Como se vio antes, aunque su nombre aparece en 1 Corintios, sin embargo, no hay pruebas de que tenga visitas y tenga una conexión con la congregación en Corinto.

[5] Coutsoumpos, *Paul, Corinth,* 142.

Otro tema en el que los intérpretes se han concentrado es la clasificación de la historia de las religiones de los oponentes de Pablo.

Hay varias preguntas que pueden surgir: ¿Quiénes eran? ¿Cómo podemos describirlos? ¿Cómo podemos reconocerlos y representarlos? Porter afirma: "Por varias razones, la tarea de determinar y discutir a los oponentes de Pablo no es una de ensayo. Un obstáculo es la definición de lo que significa ser un oponente".[6] Algunos eruditos afirman que los cristianos judíos de Jerusalén siguieron a Pablo de lugar en lugar.[7] Por un lado, los estudiosos han dedicado mucho tiempo a identificar a sus oponentes.[8] Por otro lado, dondequiera que el apóstol Pablo iba a predicar el evangelio de Jesucristo, encontró oposición. Según S. Porter, "hay algunas cartas en las que Pablo aparentemente no se enfrenta a los oponentes en un sentido estricto, como el libro de Romanos, Filemón y posiblemente Filipenses".[9] Hay algunas preguntas importantes que abordamos en definir lo que uno quiere decir por oponentes de Pablo.[10] En primer lugar, ¿cómo se define la noción de oponentes? Los estudiosos han sido desafiantes con el tema de la oposición de Pablo.

Esta oposición ha llegado a ser descrita en términos de su oposición. Además, las características de los oponentes de Pablo han llevado a los estudiosos a diferentes puntos de vista con respecto a su identidad. Como resultado, se podría decir

---

[6] Coutsoumpos, *Paul, Corinth,* 142.

[7] Porter, *Linguistic Analysis,* 307-309.

[8] Roetzel, *The Letter of Paul,* 124-26.

[9] Coutsoumpos, *Paul, Corinth,* 141-42.

[10] Stanley E. Porter, "Exegesis of Pauline letters, including deutero-Pauline letters", en A Handbook to the Exegesis of the New Testament. Edited by S. E. Porter (Leiden: Brill, 1997), 512. "La situación es difícil porque, a pesar de la abundancia relativa de evidencia disponible, hay muchas cosas que simplemente no se expresan ni se conocen, y la exégesis de las letras requiere una reconstrucción histórica y teológica. proporcionar un marco interpretativo apropiado ".

que el apóstol Pablo a menudo se enfrentó a la oposición en varios lugares durante su trabajo misionero en Asia Menor.[1] De hecho, una de las situaciones más difíciles de examinar es la que enfrentó en Corinto.

Es claro que el apóstol había establecido una congregación en Corinto en lo que se conoce como su segundo viaje misionero (como se menciona a continuación, alrededor del c. 50-52 dC) (cf. Hechos 18: 1-18), y permaneció allí durante un año y medio.[2] Existe un consenso entre los estudiosos de que incluso en el momento de escribir 1 Corintios, el apóstol tuvo muchos oponentes cuando predicaba el evangelio a los gentiles. J. Munck afirma que, además de sus opositores en Corinto, sus opositores eran miembros de la comunidad de la iglesia de Galacia. En palabras de Munck, el apóstol mencionó a los problemáticos como "aquellos que están siendo circuncidados" (Gál. 6:13).

Sería desafortunado, si a lo que el apóstol quiere referirse es a los judíos de Jerusalén, que habían sido circuncidados hacía algún tiempo.[3] Cabe señalar que Munck tiene un partidario de su opinión, L. Gaston, quien ha demostrado que había gentiles judaizantes en Asia Menor. Es difícil conciliar la opinión de Munck con las referencias a la adoración de espíritus de los elementos en Galacia.[4] Los opositores de la carta a los gálatas se han convertido en un importante punto de atención entre los estudiosos del Nuevo Testamento. La mayoría de los eruditos identifican a los opositores de Gálatas como emisarios de la

---

[1] Porter, *Paul and His Opponents*, 1.

[2] Roetzel, *The Letter of Paul*, 125.

[3] Porter, "Exégesis of Pauline", 313. "Durante este tiempo, probablemente alrededor del 50-51 dC, compareció ante el procónsul romano Gallio, quien desestimó los cargos presentados por los judíos en su contra, y pudo haber ayudado, a través de su veredicto, a para garantizar la seguridad de Pablo en Corinto (1 Cor. 3: 6; 2 Cor. 1:19)".

[4] Johannes Munck, *Paul and the Salvation of Mankind.* Translated by F. Clarke (Richmond: John Knox Press, 1959), 87-134.

iglesia en Jerusalén que rechazaban al apostolado de Pablo y requerían que los gentiles conversos observaran la Torá.[5] Estos maestros afirmaban que tal observancia era necesaria para la salvación.

Sin embargo, en Corinto se cuestionó su apostolado porque, entre otras razones, el apóstol Pablo nunca había visto al Señor; si sus oponentes mencionaban al Jesús temprano o al Jesús resucitado[6]. Pero por la experiencia de Pablo en el camino a Damasco, él afirmaba haber visto al Señor resucitado. El apóstol menciona por primera vez su experiencia en Damasco en 1 Cor. 9: 1. Sin embargo, no hace esto por su propia iniciativa, sino porque fue la disputa de Corinto acerca de su apostolado la que lo obligó a hacerlo.

Recientemente, la mayoría de los eruditos ha tenido la tendencia de ver la oposición a Pablo como procedente de un pequeño grupo de la iglesia (1 Cor. 4: 18-19), aunque es particularmente influyente y enérgico. Como se vio anteriormente, debe notarse que sus opositores afirmaban que él nunca había visto al Señor; no está claro si se referían al Jesús terrenal o al resucitado.[7] Como se dijo, él afirmó que había visto al Señor resucitado en el camino a Damasco. Para él lo que sucedió en Damasco fue la confirmación de Dios y de su apostolado. Al mismo tiempo, nunca mencionaba voluntariamente el incidente en el camino a Damasco; siempre mencionaa el tema solo cuando era provocado por sus oponentes.[8]

Cabe señalar que estos oponentes, posiblemente fueron predicadores itinerantes. Atacaban a Pablo por su falta de

---

[5] Roetzel, The Letter of Paul, 124-25.

[6] Sumney, "Studying Paul's Opponents," 17.

[7] Schnelle, Apostle Paul, 88.

[8] Coutsoumpos, Paul, Corinth, 141.

elocuencia, experiencias visionarias y poder milagroso.[1] También lo acusaban de insensatez (1 Co. 11: 16-19) y deshonestidad (1 Co. 12: 11-12). A primera vista, 2 Corintios 10-13 nos dice una situación diferente con respecto a los oponentes.[2] B. J. Oropeza afirma: "Si 2 Corintios fue originalmente una o varias cartas, no parece haber un cambio importante de oponentes en su forma final; aunque, Pablo señala a sus rivales de una manera mucho más pronunciada en los capítulos 1-9 y 10-13 ".[3] Esta última correspondencia, sin embargo, se centra en los opositores que reclaman un legado judío y convencen a algunos miembros de la iglesia a que abandonen el respeto a la autoridad del apóstol (2 Cor. 11:22).

En 2 Corintios 11: 5, 12:11, los opositores son aquellos a quienes el apóstol se refiere sarcásticamente como "súper apóstoles" y luego los condena como "falsos apóstoles", obreros engañosos, disfrazándose de apóstoles de Cristo. En contraste, E. Käsemann sostiene que los oponentes en 2 Corintios son oradores viajantes que tienen un entendimiento diferente del apostolado que Pablo.[4] Estos predicadores afirman que tienen una medida especial que imparte el Espíritu Santo. Son los que rechazan la afirmación de Pablo de ser un apóstol debido a su negativa a adoptar un comportamiento de poder y dominio.[5] El único punto teológico sobre el cual Pablo considera necesario discutir con ellos es el de su imagen correcta, ministerio y autoridad.[6]

---

[1] Schnelle, *Apostle Paul*, 93.

[2] Puskas and Reasoner, *The Letters*, 99.

[3] Francis Watson, *Paul, Judaism, and the Gentiles: Beyond the New Perspective* (Grand Rapids: Eerdmans, 2007), 152.

[4] Oropeza, *Jew, Gentiles*, 113. "Jerry Sumney muestra de manera convincente que los oponentes en los capítulos 1-9 y 10-13 son los mismos". La idea de Sumney es debatible.

[5] Ernst Käsemann, "Die Legitimität des Apostle," *ZNW* 41 (1942): 33-71.

[6] Sumney, "Studying Paul's Opponents," 17.

Por lo tanto, el apóstol Pablo se opone fervientemente al falso apóstol de 2 Corintios 10-13, mientras que parece que no tenía ningún desacuerdo fundamental con ellos. Parece que a menudo había alguien que estaba en contra de sus puntos de vista y teología. La predicación de la cruz fue su mensaje doquiera que se internó en el mundo greco-romano. Es probable que sus oponentes lo siguieran doquiera iba. Además, los opositores en Gálatas se habían convertido en un importante foco de atención entre los intérpretes del Nuevo Testamento dedicados a repensar la conexión entre la iglesia y la sinagoga.

Como resultado, los oponentes del apóstol se podían encontrar en diferentes frentes y lugares en Asia Menor. Su apostolado parecía ser atacado por sus oponentes debido a su falta de elocuencia y sabiduría.[7] C. L. Roetzel observa: "Los intentos de socavar la autoridad de Pablo y complementar su evangelio evocaron su réplica de fuego. En lugar de la cálida y amistosa acción de gracias, Pablo abrió esta carta con una expresión de asombro. (Gal. 1: 6).[8]

Está claro que Pablo advirtió a los que lo atacaban, que realmente, se oponían a Cristo (Gál. 6: 7). Al mismo tiempo, la defensa de su apostolado y su evangelio era natural, porque en su mente y la de sus lectores, ambos eran indivisibles.

Plutarco observa que la persona sabia tiene la superioridad e influencia tan codiciada por los demás, y esta superioridad en estatus y honor provoca celos en la personalidad ambiciosa de los hombres.[9] Su ministerio y autoridad, a menudo, fueron desafiados por varios de sus oponentes, y esto es obvio en la mayoría de las cartas que escribió. La pregunta que surge de esta discusión sobre los numerosos problemas en la iglesia de

[7] Oropeza, *Jew, Gentiles,* 9.

[8] Coutsoumpos, *Paul, Corinth,* 144.

[9] Roetzel, *The Letter of Paul,* 126.

Corinto es: ¿Qué pudo haber causado el problema principal para este tipo de tensión dentro de la congregación?[1] Las opiniones (hipótesis) son muchas y diversas. Para el apóstol Pablo, estos oponentes, aparentemente, eran conocidos en la congregación en Corinto y lo estaban atacando.[2]

Como se vio antes, algunos de los opositores de Pablo parecían cuestionar su autoridad y apostolado en la congregación de Corinto, así como en la carta a los filipenses. Desde el momento de su creación, la congregación de los filipenses tuvo una historia crítica. Sin embargo, los forasteros, perturbadores y opositores siguieron a la congregación en Filipos y también al apóstol (Fil. 1: 29-30).[3] Los intérpretes normalmente han argumentado que Filipenses, principalmente el capítulo 3, se opone a los maestros que quieren imponer a los cristianos gentiles la circuncisión, las leyes de comida judía y el sábado.[4] Además, algunos intérpretes encuentran el problema principal en lo que sería la escatología cumplida o presente de los oponentes, no la escatología futurista del apóstol.

Cabe señalar que el apóstol Pablo y la congregación de los filipenses continuaron con una relación cálida, solidaria y afectuosa. La iglesia de los Filipenses, por otro lado, ayudó a la misión de Pablo en Tesalónica (4:16) y probablemente también en Corinto (2 Cor. 11: 9).[5] Sobre la base de Filipenses 3:12, se ha argumentado que estos perturbadores (oponentes) eran gnósticos que creían que la resurrección de los muertos era una realidad presente. Los oponentes de Filipos en Fil. 1: 27-28 no son los oponentes de Pablo en Fil. 1: 15-18. Pero, por otro

---

[1] Plutach, *Moralia,* 485 A-486D.

[2] Porter, *The Apostle Paul.* 255.

[3] Coutsoumpos, *Paul, Corinth,* 145.

[4] Roetzel, *The Letter of Paul,* 128. "Algunos allá predicaron el evangelio por respeto y amor a Pablo; otros predicaron por asocio (1:15-17).

[5] Sumney, "Studying Paul's Opponents," 25.

lado, "los que proclaman a Cristo con motivos poco sinceros, teniendo conflictos, envidia, ambición egoísta y rivalidad hacia Pablo todavía estaban predicando el evangelio (Fil. 1: 15-18)".[6] Como quiera que sea, en Filipenses 3 El apóstol expresa su ansiedad de que los alborotadores gálatas pudieran extender su actividad a otras iglesias.[7] Si la carta a los filipenses se escribió desde Roma, entonces Pablo todavía estaría preocupado por la amenaza de los cristianos judíos.[8]

Curiosamente, la identidad de estos oponentes (alborotadores o adversarios) también parece ser diferente del grupo contra el que Pablo escribe en Filipenses 3: 2, que muestra que está promulgando la enseñanza de la circuncisión. Esta sería una referencia a los misioneros de la cuestión de la circuncisión. Se ha dicho que estos oponentes no son exactamente lo que el apóstol tiene en mente en Filipenses 1: 15-18, pero estas personas no son gentiles incrédulos ni necesariamente los oponentes descritos en el capítulo 3.

Según F. Watson, "Las primeras y segundas referencias plurales en vv. 15-16 muestran que este es un asunto puramente interno".[9] También se debe tener en cuenta que este grupo en Filipenses 1: 15-18, posiblemente no sea el mismo conjunto de cristianos gentiles identificados en Filipenses 2:21. Sin embargo, el apóstol dice que el miembro de la iglesia en Filipos debía estar atento a tales intrusos y tener cuidado con ellos (Fil. 3: 2).[10] Por lo tanto, Filipenses 3: 18-19 denuncia a las mismas personas que aparecen en Fil.3: 2.

---

[6] Roetzel, *The Letter of Paul,* 128-29.

[7] Oropeza, *Jew, Gentiles,* 208.

[8] Watson, *Paul, Judaism,* 137-42.

[9] Watson, *Paul, Judaism,* 137.

[10] Watson, *Paul, Judaism,* 144. Ver también, Oropeza, *Jew, Gentiles,* 209.

En contraste, en Filipenses 3: 2, parece describir otro tipo de oponentes y comienza con algunas advertencias firmes contra los falsos maestros y tiene muchas declaraciones que se han visto para denunciarlos. Han surgido varias opiniones con respecto a las presupuestas identidades de los oponentes en este pasaje.[1]

Varias de las identidades son probables. Incluyendo a cristianos judíos, judíos no cristianos, gnósticos judíos o algún otro grupo de culto.[2] Sin embargo, no hay evidencia de que fuesen gnósticos o antinomianos (los que niegan la vigencia de lay de Dios); ni tampoco han aparecido entre la iglesia en Filipos. Para ellos, el evangelio de Pablo era solo un ingrediente entre muchos en una mezcla religiosa.[3] Pero la proclamación de la cruz fue el mensaje principal de Pablo dondequiera que iba en el mundo greco-romano.[4] Por lo tanto, sus opositores aparecen, como se ve arriba, en la mayoría de sus cartas.

XIV. Una breve introducción a las cartas de Pablo[5]

A lo largo del siglo pasado y más allá, los intérpretes se han tomado el tiempo para estudiar la epistolografía antigua, el estudio de las cartas antiguas. Según C. R. Holladay, "Muchos eruditos bíblicos han contribuido a esta investigación para obtener una mejor apreciación de las cartas del NT,

---

[1] Oropeza, *Jew, Gentiles,* 208-11. "La identidad de estos oponentes también parece ser diferente de la del grupo contra Pablo escribe en 3:2 que parecen estar promulgando la doctrina de la circunsición".

[2] Puskas and Reasoner, *The Letters,* 182.

[3] Oropeza, *Jew, Gentiles,* 209.

[4] Watson, *Paul, Judaism,* 146.

[5] Coutsoumpos, *Paul, Corinth,* 143-44.

especialmente de las de Pablo".[6] Estos estudios también se han beneficiado del descubrimiento de papiros egipcios a fines del siglo XIX y principios del XX.

Otro componente de las características comunes que se encuentran en las cartas greco-romanas, aparecen en la carta de Pablo como son, alabanza, culpa, admonición, consolación, acusación y defensa.[7] Como se sabe, él usa algunas de las características de la escritura de cartas antiguas y al mismo tiempo da su propia variación separada de ellas. Sin embargo, estas cartas, muchas de las cuales están fechadas anterior a la de Pablo, nos permiten vislumbrar la vida cotidiana de la gente del mediterráneo (Imperio Romano) en el primer siglo.

Antes de que esas cartas surgieran y que los eruditos comenzaran a estudiarlas de cerca, había una tendencia a leer las cartas del NT como tratados teológicos.[8] Como las de Pablo fueron las primeras, y algunas de ellas son complejas, las convenciones epistolares que se encuentran en ellas pueden darnos un contexto para examinar las fórmulas epistolares cristianas tempranas.

Estas cartas tienen tres elementos principales: la fórmula epistolar de apertura y cierre, la sección central más amplia y el cierre, que constan de doxología, saludos y bendiciones.[9] Cabe destacar que todas las cartas de Pablo, excepto Gálatas

---

[6] Para un estudio más complete e Introducción a las cartas de Pablo, vea, C. K. Barrett, *Paul: An Introduction*, 27-54, 144-161, Puskas and Reasoner, *The Letters*, 66-200; Schnelle, *The History and Theology*, 43-150; 276-380; Gorman, *Apostle of the Crucified*, 188-652; Klauck, *Ancient Letters*, 304-337; Boring, *An Introduction*, 208-316; 329-433, Porter, *The Apostle Paul*, 181-409; Longenecker and Still, *Thinking Through Paul*, 57-261; Capes, Reeves and Richards, *Rediscovering Paul*, 103-256. Murphy-O'Connor, *Paul: A Critical Life*, 102-119, 158-317, 323-332. Roetzel, *The Letter of Paul*, 97-147, 163-191. See also, J. D. G. Dunn, editor, *The Cambridge Companion to St Paul*, 51-155.

[7] Holladay, *Introduction*, 394.

[8] Udo Schnelle, *The History and Theology of the New Testament Writings* (Minneapolis: Fortress Press, 1998), 35.

[9] Holladay, *Introduction*, 396.

y segunda de Corintios, contienen una oración de bendición inmediatamente después del saludo (Rom. 1: 8-17; 1 Cor. 1: 4-9; Fil. 1: 3-11).[1] En la siguiente sección veremos brevemente una introducción a las características principales de las cartas antiguas.

A. Características básicas de las cartas antiguas

Las características principales del género de letras han cambiado poco en la historia. Las cartas son una forma de comunicación escrita entre dos personas cuando el contacto de persona a persona es imposible o inapropiado. Cuando se envía una carta, se presuponen un remitente y un destinatario, todos los demás son terceros o externos.[2] Las cartas son, a menudo, espontáneas; escritas en reacción a un incidente.[3] Hubo seis tipos esenciales de cartas en la antigüedad:

1. La carta de persona a persona: de amor, de amistad, de negocios privados, de recomendación o presentación entre familiares o amigos.

2. La carta de negocio: una carta que trataba de impuestos comerciales, testamentos y tierras (por ejemplo, facturas y quejas sobre negocios, se encuentra entre los papiros egipcios).

3. La carta oficial: de líderes políticos o militares hasta electores, subordinados y superiores.

4. La carta pública: La literaria, pública y tratados filosóficos.

---

[1] Aune, *The Wsstminster Dictionary*, 268. "Estas oraciones de bendición empiezan con la frase, "Le doy gracias a Dios siempre por vosotros' (*eucharistein el verbo Griego que significa* "dar gracias")*el cual llego a ser una expresión técnica para la Santa Cena.*"

[2] Roetzel, *The Letters of Paul*, 70-73.

[3] Holladay, *Introduction*, 396.

5. La Carta ficción que pretendía venir del cielo; cartas novelísticas o seudónimas.

6. La carta discursiva o ensayo. La exposición de la enseñanza, la monografía.

Sin embargo, hay algunas características comunes de las categorías anteriores del arte de escribir cartas. Por ejemplo, había una carta personal de funcionarios romanos escrita a amigos y familiares.[4] De hecho, las cartas de ficción de tipo novelístico incluyen las de Temístocles y Chion a Heraclea. Las cartas ficción pueden atribuirse a personas famosas, como la Carta de Jeremías, Aristeas, quizás 2 Pedro y 2 Clemente.[5] El contenido de algunas de estas cartas cambia significativamente.

En las cartas de Pablo podemos encontrar elementos de la correspondencia oficial que tienen co-remitentes, y un extenso cuerpo que incluye la explicación de los asuntos pertinentes a ser discutidos y la suscripción de cierre, incluye una notación de autógrafos (1 Cor. 16:21; Gal. 6: 11; Phil 19]).[6] El siguiente esquema es la forma principal de muchas cartas del Nuevo Testamento:

1. Apertura (remitentes, co-remitente, destinatarios, saludo)

2. Agradecimiento (a menudo con una oración intercesora y un final escatológico)

3. Cuerpo (apertura formal, antecedentes, explicación de negocios, a menudo mencionando planes de viaje y un final escatológico)

---

[4] Puskas and Reasoner, *The Letters,* 29.

[5] Klauck, *Ancient Letters,* 83-101.

[6] Puskas and Reasoner, *The Letters,* 30.

4. Parénesis (exhortación ética)

5. Clausura (saludos, notación de autógrafos, doxología, bendición).

Particularmente, sin embargo, en 2 Cor. 1: 3-7 hay una bendición donde se espera un agradecimiento o acción de gracias.[1] Es interesante observar que en la época de Pablo, recibir una carta era un evento importante. De hecho, "esas cartas sustituían la presencia por la ausencia, resolvían las distancias entre el receptor y el remitente, servían de vehículo para la instrucción, la exhortación, la alabanza o la culpa, ofrecían consuelo y aliento, y a menudo eran de autodefensa".[2] La mayor parte de la carta de Pablo sigue el principio y la forma anteriores en el arte de escribir cartas en el primer siglo. Sin embargo, qué sistema usó el apóstol es imposible de determinar con precisión.[3] Cabe mencionar que, de acuerdo con R. Richards, la única carta que se escribió a la velocidad del discurso ordinario es la Epístola a los Romanos.[4]

El Nuevo Testamento tiene catorce cartas atribuidas al apóstol Pablo— algunos eruditos afirman que son trece. Está claro, sin embargo, que "la tradición cristiana ha asignado catorce cartas canónicas a Pablo: Romanos, 1 y 2 Corintios, Gálatas, Efesios, Filipenses, Colosenses, 1 y 2 Tesalonicenses, 1 y 2 Timoteo, Tito, Filemón, Hebreos".[5] Sin embargo, existen numerosos problemas y contrariedades relacionados con el Corpus Paulinum, incluida la cuestión de la autenticidad de

---

[1] Por ejemplo, la correspondencia oficial de Josefo, Josephus, *Life* 216-18; *Ant* 13.127; Demosthenes, *Or* 18; *Oxyrhynchus Papyrus* 2108. Ver también, on the imperial letter of Claudius to the Alexandrians. Ver también, Klauck, *Ancient Letters,* 83-101.

[2] Klauck, *Ancient Letters,* 310.

[3] Roetzel, *The Letters of Paul,* 69.

[4] Murphy-O'Connor, *Paul the Letter-Writer,* 34.

[5] Richards E. Randolph, *The Secretary in the Letters of Paul* (Tübingen: Mohr-Sibeck, 1991), 171.

cada carta.[6] Pablo no creó la forma de la carta. Los primeros cristianos nacieron en un entorno donde se escribían cartas. Pablo y el cristianismo primitivo adoptaron esta costumbre de escribir cartas de los romanos en el primer siglo.[7]

Es ampliamente aceptado que Pablo fue un escritor conocido a través de las epístolas que escribió, y sus cartas teológicas son responsables por la influencia perpetua dentro de la iglesia cristiana primitiva en el primer siglo.[8] De hecho, "El período helenístico fue una época en que se escribieron cartas, y Pablo fue un escritor de cartas. Es sin duda una de las grandes figuras de la literatura griega debido a la importancia de sus cartas".[9]

La prueba, tal como la tenemos desde el primer siglo, sugiere que, aparte de un escritor de cartas largas confirmado como Cicerón, Pablo tenía pocos socios, sin embargo, y ningún superior en la escritura de cartas largas.[10] Sin embargo, publica su carta personal, la más indiscutible de todas las cartas, la dirigida a Filemón, es más larga que la mayoría de las cartas personales antiguas de la época.

De hecho, sus cartas cortas eran largas según los estándares antiguos. ¿Cómo entendemos que él dependa de nuestra interpretación de sus escritos? Comenzando con la epístola a los romanos, se le atribuyen catorce cartas, con Hebreos como parte de las epístolas o cánones paulinos.[11] Sus cartas

---

[6] Boring, *An Introduction,* 196.

[7] Aune, *The Wsstminster Dictionary,* 344.

[8] Boring, an Introduction, 197. "Tenemos más de 14, 000 ejemplos de letras antiguas. La mayoría son breves cartas privadas recuperadas de las arenas secas de Egipto, pero cientos son de colecciones de cartas literarias que circularon en el mundo antiguo, fácilmente disponibles para todas las personas educadas. Ver también, Hans-Josef Klauck, Ancient Letters and the New Testament: Una guía de contexto y exégesis (Waco: Baylor University Press, 2006), 352-53.

[9] Horrell, *An Introduction,* 44.

[10] Porter, *The Apostle Paul,* 136.

[11] Witherington III, *New Testament Rhetoric,* 109.

nos dan información valiosa sobre su vida y antecedentes.[1] Todas parecen estar escritas para una situación y necesidad implícitas. Y, de hecho, escribió cartas sobre las diferentes circunstancias y la vida social de las comunidades eclesiales de todo el mundo mediterráneo. Además, las cartas paulinas muestran el proceso tradicional que encontramos en otras partes del Nuevo Testamento. De hecho, su carta, a menudo, no se divide en grupos diferentes; en cambio, a veces combinan muchos géneros.[2]

Por otro lado, como se vio anteriormente, también se escribieron en comunidades eclesiales particulares en Asia Menor y en todo el mundo greco-romano. Además, el apóstol dirigió estas cartas casi definitivamente a toda una comunidad, no a individuos especiales.[3] La excepción, por supuesto, sería la carta a Filemón. Mientras tanto, las situaciones son, por supuesto, diferentes; no debemos olvidar que cada epístola que Pablo escribió es diferente de las demás.[4]

Como se dijo antes, la mayoría de sus cartas en el Nuevo Testamento, por lo tanto, son más extensas que el estilo de las cartas comunes de esa época. A pesar de que el apóstol, sin embargo, siguió el patrón normal de la escritura de cartas antiguas en el primer siglo. De hecho, se sabe que Pablo escribió catorce cartas a diferentes comunidades alrededor del mundo mediterráneo. A continuación, veremos algunos de los caracteres individuales de cada carta en particular, y también

---

[1] La mayoría de los estudiosos no consideran que el apóstol Pablo escribió la epístola a los hebreos sobre la estructura del lenguaje y otros temas. Por el contrario, podemos ver que Hebreos también incluye numerosos temas examinados en otras cartas de Pablo. Discutiremos estos temas en la sección de Hebreos a continuación. Ver también, Lee M. McDonald y James A. Sanders, The Cannon Debate (Peabody: Hendrickson Publishers, 2002), 284-85.

[2] Pablo escribió las epístolas, especialmente, a las Iglesias en las comunidades de Galacia Corinto, y Filipo.

[3] Holladay, *Introduction,* 400.

[4] Gorman, *Apostle of the Crucified,* 95.

la parte particular y principal de la estructura y el argumento de cada carta paulina.

B. La carta de Pablo y sus escenarios.

Pablo escribió a personas específicas en lugares particulares en un punto específico en el tiempo con respecto a temas específicos.[5] Es importante notar que la era helenista fue un tiempo para escribir cartas, y el apóstol Pablo fue un escritor de cartas.[6] La estructura de su carta es similar a la de muchos papiros egipcios escritos en Egipto.

Las cartas egipcias siempre empezaban con un saludo y terminaban con una bendición que es comparable a lo que encontramos en las cartas del apóstol Pablo.[7] Lo que él escribió, ¿son cartas o epístolas? El tema ahora puede parecer sin sentido, pero cuando A. Deissmann lo preguntó en 1895, generó un debate que mejoró la comprensión de Pablo. Se sabía que las cartas eran la mitad de una conversación con imágenes, incluidas las de carácter individual y personales en su naturaleza.[8] Deissmann describió una diferencia entre epístolas, que entendió como escritos formales o ensayos en forma de epístolas, y cartas reales que reflejaban el contexto de la vida cotidiana.

Está claro que su estudio impulsó a varios intérpretes del siglo veinte a examinar las cartas paulinas a la luz de las antiguas costumbres de escribir cartas.[9] Sin embargo, hasta cierto punto, estos esfuerzos académicos buscan alejarse de la lectura de

---

[5] Coutsoumpos, *Paul, Corinth,* 79. Horrell, *An Introduction,* 28.

[6] Longenecker and Still, *Thinking Through Paul,* 54.

[7] Porter, *The Apostle Paul,* 136.

[8] Holladay, *Introduction,* 396.

[9] Adolf Deissmann, *Light from the Ancient East.* Translated by L. R. M. Strachman (New York: Haper, 1927), 184-90.

las cartas de Pablo como un simple tratado teológico. Como resultado, las cartas se pueden interpretar desde la perspectiva literaria, social e histórica (*Siz im Leben*).

Para Deissmann, "La carta es un pedazo de vida, la epístola es un producto del arte literario".[1] Una epístola, por otro lado, era una literatura de trabajo consciente, diseñada para interesar al público más amplio posible, en el presente y el futuro.[2] Por ejemplo, Séneca normalmente comienza con un hecho concreto, pero esto es puramente un recurso literario, un comienzo atractivo para lo que inmediatamente se convierte en un tratado filosófico.[3] El discurso normal utilizado por las generaciones de Pablo fue breve en extremo. Como se mencionó anteriormente, algunas de las cartas de Pablo fueron más largas que las normas habituales de la época.

El ejemplo se puede encontrar en Hechos 23:26: "Claudio Lysias a su Excelencia el gobernador Félix, saludo". En este ejemplo del libro de Hechos se encuentran los dos elementos principales, los nombres del remitente y el destinatario. El apóstol Pablo escribió muchas cartas, sin embargo, la mayoría de ellas de carácter pastoral. Para el apóstol, sin embargo, enviar una carta era parte de su manera de ser un pastor: "un pastor (en el sentido de ovejas), guía, líder y director espiritual. Por lo tanto, una carta paulina era una carta pastoral".[4] Y para él enviar estas cartas a muchas de las comunidades eclesiales en Asia Menor, se convertía en un asunto muy personal y signo de la forma en que se preocupaba por todas estas comunidades.

---

[1] Holladay, *Introduction*, 396-97.

[2] Deissmann, *Light from Ancient*, 183.

[3] Murphy-O'Connor, *Paul the Letter-Writer*, 42.

[4] Seneca, *Ep.* 73. 83.85. Ver también, Murphy-O'Connor, *Paul the Letter-Writer*, 45. No es sorprendente, por lo tanto, que una carta deba reproducir las características básicas de un encuentro en el que un saludo y un permiso de salida ofrecen un intercambio de información".

Además, escribió su carta a personas individuales e iglesias. Cada carta se envió a la comunidad de la iglesia para que la leyeran en voz alta, y después de leerla, una persona, tal vez, la que podía proporcionar un lugar de reunión para los miembros de la iglesia,[5] la conservaba. En diferentes grados, la mayoría de las cartas del apóstol Pablo se consideran ocasionales. De hecho, todas parecen haber sido escritas para una circunstancia y situación específica. Como estas situaciones eran diferentes, debemos recordar que cada una de sus cartas es considerablemente diferente de las demás.[6]

Y muchas de estas cartas se enviaron para cubrir asuntos familiares y de negocios, y también abordaban diferentes temas y algunas circunstancias particulares. Sin embargo, algunas parecen dirigirse a una ocasión muy inmediata, como la carta de Pablo a Filemón que le solicita aceptar de vuelta a su esclavo fugitivo; o secciones de 1 Corintios en las que le dice a su audiencia que excluya al hombre que duerme con la esposa de su padre y que dejen de demandarse mutuamente en tribunales públicos.[7] Además, la carta del apóstol también tiene un carácter oficial que incluye a los co-remitentes (por ejemplo, Timoteo, Silvano, Sóstenes), una larga carta que involucra asuntos de negocios a ser discutidos, y un cierre que, quizás tenga una notación de autógrafo (1 Cor. 16). : 21; Gál. 6:11; Fil. 19).[8]

El apóstol Pablo también agrega y amplía varias secciones al patrón de cartas persona a persona referidas antes. ¿Qué tipo de cartas escribió Pablo? En dos ejemplos de las cartas indiscutibles de Paul encontramos una diferencia de géneros que podrían verse como extremos en una variedad.[9] Como ya

---

[5] Gorman, *Apostle of the Crucified,* 95.

[6] Sanders, *Paul,* 132.

[7] Horrell, *An Introduction,* 44,

[8] Puskas and Reasoner, *The Letters,* 28-48.

[9] Klauck, *Ancient Letters,* 83-93.

se dijo, Pablo escribió varias cartas, están organizadas en dos cuerpos: el *Corpus Paulinum* con catorce cartas (incluyendo Hebreos)[1] y la Epístola Católica con siete cartas.

Si estas cartas son todas auténticas en términos de su género, es otra pregunta. Las preguntas de autenticidad, datación y composición se dirigen solo en la medida en que son significativas para la epistolografía. Como resultado, las cartas de Pablo siguen una estructura básica.[2] En aras de claridad, seguiremos el orden canónico de sus cartas. Lo que sigue, entonces, es una introducción y presentación concisa[3] de todas sus cartas.

C. Las cartas paulinas

Cabe señalar que las cartas de Pablo son ocasionales. Todas parecen estar escritas para una circunstancia indicada. Ya que estas circunstancias se están completando de manera diferente, nunca debemos olvidar que cada una de sus cartas es muy diferente de las demás.[4] Algunas parecen estar dirigidas a una ocasión muy inmediata, como la carta a Filemón que le pide (vea a continuación la sección sobre Filemón y 1 Corintios y Romanos) que acepte a su esclavo de regreso la pista o secciones de 1 Corintios en las que le dice a su audiencia para excluir al hombre que duerme con la esposa de su padre y dejar de demandarse en la corte.

---

[1] Holladay, *Introduction*, 396-97.

[2] Boring, *An Introduction*, 182. Ver también Klauck, *Ancient Letters*, 299.

[3] Longenecker and Still, *Thinking Through Paul*, 55.

[4] Para una discusión más amplia ver a C. K. Barrett, *Paul: An Introduction*, 27-54, 144-161; Puskas and Reasoner, *The Letters*, 66-200; Holladay, *Introduction*, 429-750; Schnelle, *The History and Theology*, 43-150; 276-380; Gorman, *Apostle of the Crucified*, 188-652; Klauck, *Ancient Letters*, 304-337; Boring, *An Introduction*, 208-316; 329-433, Porter, *The Apostle Paul*, 181-409; Longenecker and Still, *Thinking Through Paul*, 57-261; Capes, Reeves and Richards, *Rediscovering Paul*, 103-256. Murphy-O'Connor, *Paul: A Critical Life*, 102-119, 158-317, 323-332. Roetzel, *The Letter of Paul*, 97-147, 163-191. Ver también, J. D. G. Dunn, editor, *The Cambridge Companion to St Paul*, 51-155.

Hay evidencia de que el apóstol está abordando problemas específicos o situaciones en Roma de las que ha sido informado.[5] En otras palabras, parece que estuvo involucrado en varias controversias; sin embargo, tenía muchos oponentes a lo largo de todas sus cartas. En la mayoría de los casos, intentaban socavar su autoridad y apostolado. En contraste, Roetzel afirma: "Una mirada casual a estos escritos revelará que eran cartas reales que trataban asuntos de vida o muerte y no simplemente tratados dogmáticos abstractos".[6] De hecho, la carta de Pablo satisfacía la necesidad de muchos de los miembros de la comunidad de la iglesia. Ellos las enviaban. En la siguiente sección seguiremos el orden canónico de las cartas paulinas, tal como se encuentran en las Escrituras.

Preguntas para reflexionar

1. ¿Fue Pablo considerado como el misionero y teólogo de la iglesia primitiva?

2. ¿Cuál fue la influencia y los mensajes de Pablo a las diferentes iglesias en Asia menor?

3. ¿Fue Pablo además de teólogo un maestro y pastor?

4. ¿Fueron sus cartas y mensajes dirigidas a las diferentes iglesias para solucionar problemas locales?

5. ¿Fue Pablo considerado un filósofo y experto en retórica al estilo de la filosofía de la cultura Greco-Romana en el primer siglo de la era cristiana?

---

[5] Horrell, *An Introduction,* 28.

[6] Puskas and Reasoner, *The Letters,* 28-29.

6. ¿Fue Pablo, el judío verdaderamente ciudadano del Imperio Romano?

7. ¿Era importante ser ciudadano romano en la época de Pablo?

Libros para lectura y estudio adicional

David E. Aune, *The Westminster Dictionary of New Testament & Early Christian Literature & Rhetoric*. Louisville: Westminster John Knox Press, 2003.

Charles K. Barrett, *Paul: An Introduction of His Thought*. Louisville: Westminster John Know Press, 1994.

Panayotis. Coutsoumpos, *Paul, Corinth, and the Roman Empire*. Eugene: Wipf and Stock, 2015.

Michael J. Gorman, *Apostle of the Crucified Lord: A Theological Introduction to Paul & His Letters*. Second Edition. Grand Rapids: Eerdmans, 2017.

Klaus. Haacher, "Paul's Life," in *The Cambridge Companion to St Paul*. Edited by James D. G. Dunn. Cambridge: Cambridge University Press, 2003.

Jerome, Murphy, O'Connor, *Paul: A Critical Life*. Oxford: Oxford University Press, 1997.

Hans-Josef. Klauck, *Ancient Letters and the New Testament: A Guide to Context and Exegesis*. Waco: Baylor University Press, 2006.

David G. Horrell, *An Introduction to the Study of Paul*. Second Edition. London: T & T Clark, 2006.

Ben. Witherington III, *New Testament Rhetoric: An Introductory Guide to the Art of Persuasion in and of the New Testament*. Eugene: Cascade Books, 2009.

Udo., Schnelle, *Apostle Paul: His Life and Theology*. Translated by M. E. Boring. Grand Rapids: Baker Academic, 2003.

CAPÍTULO 4

La carta a los Romanos

Se sabe que el apóstol Pablo escribió una carta a los romanos, a una congregación que él no fundó. Sin embargo, escribió a esta iglesia con la seguridad de que sus miembros sabían o estaban familiarizados con la doctrina cristiana.[1] La epístola a los romanos nos ofrece un desafío exclusivo debido a su longitud y complejidad que se desprenden de sus diversas perplejidades.

Estas perplejidades ayudan a dar cuenta de su poder inmarcesible.[2] El apóstol Pablo escribió la carta a los romanos en aproximadamente el año 56-57 d.C, desde la ciudad de Corinto. Aparentemente, Febe, diácono en la comunidad cercana de la iglesia de Cencreas, entregó la carta (Rom. 16: 1-2).[3] Sin duda, ningún erudito respetado en estos días tiene reservas en que el apóstol Pablo escribió la Carta a los Romanos.[4]

---

[1] Roetzel, *The Letters of Paul,* 69.

[2] Heinz, Hiestermann, *Paul and the Synoptic Jesus Tradition.* Arbeiten zur Bibel und Ihrer Geschichte. Vol. 58 (Leipzig: Evangeliche Verlagsanstad, 2017), 148.

[3] Holladay, *Introduction,* 523. "Aunque los romanos no siempre figuraron primero entre las cartas paulinas en la antigua lista canónica, eventualmente lo hicieron, en parte debido a su longitud, pero principalmente debido a su gran poder teológico".

[4] Schnelle, *Apostle Paul*, 305.

Sin embargo, es una de las cartas más influyentes (Carta a los Romanos)[1] escrita por Pablo, que resume gran parte de su enseñanza y teología mencionadas en sus escritos anteriores. R. Jewett afirma: "Desde la perspectiva de la retórica clásica, Romanos es un mensaje" embajador "en el género demostrativo que busca fomentar un espíritu particular en la audiencia para que apoyen un proyecto que Pablo tiene en mente".[2]

Romanos no es un ensayo de cartas o una diatriba para servir a los propios intereses de Pablo; sin embargo, más bien, la Epístola a los Romanos es una carta meticulosamente creada por él para la comunidad de la iglesia en la ciudad de Roma, escrita para dar instrucciones a un conjunto específico de circunstancias y asuntos a resolver en Roma. Por un lado, según E. Boring "No sabemos cuándo, cómo o por quién se inició la iglesia en Roma".[3] Sin embargo, lo cierto es que cuando Pablo escribió y llegó como prisionero a Roma, ya existía una comunidad eclesial fundada en la ciudad.

Por otro lado, su carta a los romanos es conocida por los temas de la justificación por la fe, la promesa a Abraham, la Torá y el lugar actual del pueblo de Israel en el plan de Dios.[4] Aunque la justificación y rectitud es uno de los temas más notorios de los romanos, aparece como uno de los más inciertos y controvertidos. Sin embargo, recientemente algunos intérpretes han tratado

---

[1] Thomas R. Schreiner, *Romans.* Baker Exegetical Commentary on the New Testament (Grand Rapids: Baker Academic, 2006), 2.

[2] La mayoría de los estudiosos están de acuerdo en que la carta a los romanos es una de las cartas más significativas de todo el Nuevo Testamento. Ver también Puskas y Reasoner, The Letters, 66-67. "La influencia subsiguiente de los romanos se puede ver tanto en el Nuevo Testamento (NT) como en la historia del cristianismo. En el NT, encontramos temas comunes que pueden indicar cierta relación con los romanos ".

[3] Robert Jewett, "Romans," in *The Cambridge Companion to St Paul.* Edited by J. D. G. Dunn (Cambridge University Press, 2004), 91.

[4] Boring, *An Introduction,* 290.

de llevar el debate más allá de la discusión sobre la reforma interpretando la justicia de Dios en términos más activos.[5]

Visto de esta manera, la justicia de Dios no es principalmente una acción forense o incluso una cualidad divina, sino un don divino. Sin embargo, la justicia de Dios produce su propia fuerza creadora, ya que efectúa la salvación y le permite al creyente reconocer el señorío de Cristo. Un tema como la justificación por la fe inspiró a muchos autores desde los primeros padres a la reforma y también a la época moderna.

Pablo, como hemos visto en sus cartas, era un pensador en blanco y negro y una persona bien informada.[6] Sin embargo, es muy probable que él la haya dictado allí a un escriba llamado Tertius, nombre que aparece en Rom. 6:22 con un saludo final. Por ejemplo, Cicerón ocasionalmente hace referencias al comienzo de una carta que está dictando.[7]

Al mismo tiempo, la mayoría de los redactores de cartas en la antigüedad (mundo greco-romano del primer siglo) utilizaban un secretario profesional y Pablo no era una excepción a la regla.[8] Por lo tanto, está claro que él escribió una carta a los romanos que indica que estaba al tanto con una misión distinta a la suya que había llegado a la capital (Roma)[9] del Imperio, antes que él.

A. La ciudad de Roma

La ciudad de Roma era una gran metrópolis y, con toda probabilidad, alrededor de un millón de personas.[10] Tal vez,

---

[5] Puskas and Reasoner, *The Letters,* 66.

[6] Holladay, *Introduction,* 540.

[7] Cicero, *Letters to Atticus* 2:23.1; Ver también a Sanders, *Paul,* 666.

[8] Cicero, *Letters to Atticus* 2:23.1; 4:16.1; 5:17.1.

[9] Murphy-O'Connor, *Paul the Letter-Writer,* 6-7.

[10] Barrett, *Paul,* 42.

de estas, cuarenta a cincuenta mil eran de origen judío, lo que se considera una concentración bastante alta en Roma. Según S. Porter, "los judíos vinieron por primera vez a Roma aparentemente con el general romano Pompeyo cuando los trajo como esclavos de su conquista de Palestina en 65 a. C".[1] Sin embargo, el origen y el desarrollo de las iglesias en Roma no están claros. Se sabe que su existencia era bien conocida por el apóstol Pablo (Romanos 1: 8), aunque para el tiempo de escribir la carta no había estado en Roma.[2]

Parece que fue durante el reinado de Claudio que muchos de los judíos que vivían en Roma fueron expulsados de la ciudad, porque fueron acusados de crear disturbios y conflictos. Tácito describe la situación y dice: "Pero todos los esfuerzos humanos, todos los espléndidos dones del emperador y las proposiciones de los dioses no eliminaron la siniestra creencia de que la conflagración (para culpar a los cristianos) fue el resultado de una orden del emperador mismo".[3] En cualquier caso, después de la muerte de Claudio (54 EC), tal vez, se levantó la prohibición contra los judíos y Aquila y Priscila pudieron regresar a Roma (Rom. 16 : 3).[4] Es claro que Lucas, en el libro de Hechos también mencionó la expulsión de los judíos de Roma.

Pablo encontró a Aquila y Priscila en Corinto, porque Claudio había ordenado a todos los judíos que se fueran de Roma (Hechos 18: 1-2). Suetonio, el historiador romano, también observa, "Ya que los judíos constantemente causaron disturbios por instigación de Chrestus, los expulsó de Roma".[5]

---

[1] J. S. Jeffers, *Conflict at Roman: Social Order and Hierarchy in Early Christianity* (Minneapolis: Fortress Press, 1991), 830.

[2] Porter, *The Apostle Paul,* 294.

[3] Puskas and Reasoner, *The Letters,* 69.

[4] Tacitus, *Annals* 15.44.

[5] Peter Lampe, *From Paul to Valentinus: Christians at Rome in the First Two Centuries* (Minneapolis: Fortress Press, 2003), 11-16.

Si la "instigación de Chrestus", se refiere a la predicación de Cristo, y no a un agitador judío llamado " Chrestus ", tal vez indique que hubo una iglesia romana antes del 49 EC cuando la expulsión tuvo lugar en Roma.[6] Con respecto a la fecha de la expulsión de los judíos, hay dos razones principales. Por ejemplo, Suetonius no da ninguna pista, y otros eruditos se han basado en la evidencia del libro de Hechos y de V. Orosius, historiador del siglo V para sugerir el año 49 CE.[7] Según Hechos 18:11, 12, la expulsión de los judíos de Roma significa que este evento tuvo lugar aproximadamente dos años antes del proconsulado de Galio en Asia.

Esta interpretación de la causa de la expulsión es cuestionada, y no tenemos claro cómo se impuso y a cuántos judíos incluyó.[8] De hecho, hay tres problemas conflictivos sobre este evento: su causa, su fecha exacta y la fecha en que se levantó la orden de expulsión.[9] La carta fue escrita, no solo por una persona, sino también a personas (la comunidad de la iglesia) en Roma. En intentos de descubrir su ocasión y propósito, estudiosos recientes han identificado a Romanos como un manifiesto de la profunda convicción teológica del apóstol y su claro sentido de la misión.

B. La ocasión de la carta a los Romanos.

La carta de Pablo a los romanos parece haber sido escrita en la ciudad de Corinto o Cencreas, un puerto de Corinto, antes de su viaje a Jerusalén con una colecta para los pobres (Rom. 15:25, 31; 16: 1-2; c. f 1 Corintios 16: 1-3). La congregación en Roma, de hecho, estaba compuesta, principalmente, de cristianos judíos que negaban la legitimidad de la misión de Pablo a los gentiles.[10]

---

[6] Suetonius, *Claudius,* 25.4.

[7] Puskas and Reasoner, *The Letters,* 68-69.

[8] Suetonius, *Claudius,* 25.4. See also Watson, *Paul, Judaism,* 170.

[9] Longenecker and Still, *Thinking Through Paul,* 172-73.

[10] Murphy-O'Connor, *Paul,* 9.

Sin embargo, se sabe que hubo un cierto conflicto y hostilidad entre los judíos y gentiles en la iglesia de Roma. Romanos 16 describe una comunidad de iglesia predominantemente gentil que consistía de iglesias en casas independientes de la sinagoga.[1] El apóstol Pablo dice en Romanos 1: 13-15 que quería venir a Roma y que estaba ansioso por anunciarles el evangelio, aunque había estado predicando en la parte oriental del Mediterráneo.[2]

Este tiempo puede corresponder con su estadía de tres meses en Acaya según el libro de Hechos 20: 2-3.[3] La fecha es meses antes de Pentecostés (junio) del 57 EC, la llegada de Pablo a la ciudad de Jerusalén. Como consecuencia, Pablo quería que los cristianos en Roma entendieran que, en lugar de producir el caos en la comunidad,[4] su evangelio realzara esas comunidades, ya que es "el poder de Dios lo que trae la salvación a todos los que creen" (Rom. 1: 16).

C. El propósito de la carta a los Romanos.

En cuanto al propósito de Romanos, existen varias razones que explican por qué el apóstol la escribió. Los estudiosos hacen hincapié en las circunstancias particulares que rodeaban a Pablo,[5] mientras que otros hacen enfatizan en las circunstancias que rodeaban la comunidad cristiana en Roma. F. Watson, F. C. Baur fueron los primeros eruditos en observar que la carta a los romanos fue una respuesta a los problemas dentro de la congregación.

---

[1] Watson, Paul, Judaism, 163. "Al enterarse de las tensiones entre la mayoría judía en la iglesia Ronan y la minoría gentil, Paul escribió una larga defensa del universalismo cristiano frente al particularismo judío".

[2] Watson, *Paul, Judaism,* 164.

[3] Porter, *The Apostle Paul,* 302.

[4] Puskas and Reasoner, *The Letters,* 68.

[5] Longenecker and Still, *Thinking Through Paul,* 170.

Argumentan que "es impensable que el apóstol, sin las circunstancias definidas presentes en la congregación romana, ... se hubiera sentido obligado a escribir una carta con ese contenido a esa congregación".[6] Porter también afirma: "El propósito o la motivación para escribir Romanos no son tan claros y suscitó un inmenso debate".[7]Sin embargo, el debate es que Pablo, como escritor de cartas, abordaba cada carta como un conjunto singular de situaciones; merecía una respuesta a esas circunstancias particulares.

Algunos eruditos han observado que la carta, para propósitos de los romanos, es algo compleja.[8] Pero es apropiado afirmar que Pablo hablaba de propósitos (plural). Uno de los propósitos principales era su deseo de visitar la ciudad y continuar con el viaje misionero a España.[9] Con respecto a la misión y el viaje a España, esperaba que la iglesia en Roma fuera la base de operaciones para una misión occidental (Rom. 15: 22-25, 28).

¿Fue Pablo a España? Si fue o, no es un tema debatido.[10] Algunos han interpretado *Primera de Clemente 5.7* como que lo hizo, pero esto no es cierto, particularmente en lo que se menciona en su viaje, como se representa en las Epístolas Pastorales. Otro asunto es si el apóstol hablaba latín, ya que la parte occidental del Imperio Romano se había convertido en latín en el primer siglo antes de Cristo.[11] Además, Romanos refleja la extensa experiencia misionera de Pablo que había durado unos veinte años o más.[12] Por lo tanto, para el apóstol

---

[6] Paul B. Fowler, *The Structure of Romans: The Argument of Paul's Letter* (Minneapolis: Fortress Press, 2016), 2-3.

[7] Francis Watson, *Paul, Judaism, and the Gentiles: Beyond the New Perspective.* Revised and Expanded Edition (Grand Rapids: Eerdmans, 2007), 169.

[8] Porter, *The Apostle Paul*, 302-303.

[9] Alexander, J. M. Wedderburn, *The Reasons for Romans* (Edinburgh: T & T. Clark, 1988), 1

[10] Murphy-O'Connor, *Paul*, 329-31.

[11] Sanders, *Paul*, 616-18.

[12] Porter, *The Apostle Paul*, 302.

Pablo, su misión a Roma tiene un doble propósito: conocer más de la iglesia y prepararse para su viaje misionero a España y continuar proclamando el evangelio allá.

De hecho, el trabajo misionero de Pablo era impulsado por su propio sentido de vocación apostólica, que le exigía sacrificar su vida por el bienestar de la iglesia. Además, asegurar la ayuda para su misión y su viaje a España, era lo que Pablo tenía intención de describir y su proclamación de Cristo como un rival de la propaganda del "evangelio" del Imperio Romano. Puskas y Reasoners afirman: "La propaganda imperial usaba los "evangelios" (plural) cuando proclamaba noticias de las conquistas de nuevos territorios por Roma, o en la retórica política preferida, de llevar la paz a otros pueblos".[1] Sin embargo, la propaganda romana se sentía y se ponía en práctica a lo largo del imperio.

Por ejemplo, el propagandista Calpurnius Siculus, que escribía para el Emperador Nerón en los años 50, celebraba la noción de que la paz del reinado de Nerón era tan esperada y generosa que Nerón era capaz de deshacerse de su espada y ya no necesitaba usarla.[2] Es correcto suponer que el propósito de Pablo era, también, obtener apoyo para su misión de lograr la obediencia de la fe entre los gentiles.[3] Para él, el objetivo era llegar a los gentiles (con su proclamación) en Roma y en todo el mundo greco-romano.

En consecuencia, Romanos es una carta, que también debe entenderse como un documento escrito para una ocasión y lectores específicos dentro de una cronología específica, proyectando un mundo narrativo específico.[4] El argumento de

---

[1] Holladay, *Introduction*, 526.

[2] Puskas and Reasoner, *The Letters*, 72.

[3] Calpurinius Siculus, *Eclogue* 1.42-48.

[4] Fowler, *The Structure of Romans*, 3.

Pablo en la carta a los romanos también está profundamente vinculado a la tradición anterior de la iglesia cristiana.

Por lo tanto, aunque a menudo se ha leído a Romanos como un resumen completo de la teología de Pablo, es solo una declaración parcial, aunque rica, de ciertas dimensiones de su pensamiento. Estas dimensiones e ideas seguramente están en el objetivo, pero también debemos preguntarnos si estos eran sus objetivos finales. También está claro que la epístola a los romanos fue una carta de presentación para Pablo, que escribía para expandir su misión.

D. Estructura literaria y esbozo de Romanos.

Ha habido numerosos intentos de identificar el carácter literario o el género de la Carta a los Romanos. Algunos eruditos están convencidos de que el apóstol Pablo empleó la retórica greco-romana para clasificar a los romanos de varias maneras.[5] Algunos nombraban a los romanos como aficionados a la epidéictica (peritos en la oratoria), un género en el que el autor elogia los valores comunes con el lector. Otra clasificación de la carta es como protréctica (discurso para instruir y persuadir), un género que trata de persuadir a los lectores. Hay un consenso general de que el apóstol usa un estilo diatriba en Romanos.[6] En su argumentación usa el estilo dialógico de la diatriba. Esta forma socrática de discusión fue empleada por maestros en escuelas filosóficas para censurar la falsa noción de estudiantes y guiarlos a la verdad.[7] Al exponer estos errores,

---

[5] Boring, *An Introduction*, 292.

[6] Schreiner, *Romans,* 23.

[7] Stanley K. Stowers, *Letter Writing in Greco-Roman Antiguity.* Library of Early Christianity (Philadelphia: Westminster Press, 1986), 114. See also A. J. Guerra, *Romans and the Apologetic Tradition: The purpose, Genre, and the Audience of Paul's Letter* (Cambridge: Cambridge University Press, 1995), 22-42. See also Aune, *The Westminster Dictionary,* 127. Afirma: "Después del trabajo de Wendland y Bultmann a fines del siglo 19 y principios del siglo 20, la diatriba fue ampliamente considerada como un género literario que refleja el estilo de predicación oral de los filosósofos errantes cínicos y estoicos".

el maestro podía guiar a sus lectores a una comprensión más correcta. De hecho, Pablo podía usar efectivamente la forma de diatriba para indicar ideas falsas y guiar a sus lectores a una mejor comprensión de sus enseñanzas, filosofía y vida.[1] El estilo dialógico de diatribas hace uso frecuente de oponentes imaginarios, objeciones hipotéticas y conclusiones falsas. Para Paul, este era el tipo de técnica común, ya que parecía estar entrenado en eso.

Sin embargo, la clasificación de la carta como epidéictica o protréctica no ha sido probado por un estudio exegético cuidadoso de la carta.[2] Además, los intérpretes están de acuerdo en que, identificar el género de una pieza de literatura es una gran ayuda en la interpretación. Por el contrario, tales categorías parecen estar obligadas a la información de la carta, los estándares de la retórica oral no se aplicaron esencialmente a epistolar. Todas las características anteriores se encuentran en el estilo de diatribas de varios de esos maestros filosóficos. El estilo de diatriba juega un papel importante en la enseñanza de Romanos 1-11.[3] Como se vio antes, Pablo pudo usar con éxito la forma de diatriba para acusar ideas falsas contra sus oponentes.[4]

E. Esquema de la carta a los Romanos[5]

A. Apertura (1: 1-7)
1. Remitente (1: 1-6)
2. Destinatario (1: 7a)
3. Saludo (1: 8-17)

---

[1] Puskas and Reasoner, *The Letters*, 84-85.

[2] Puskas and Reasoner, *The Letters*, 85.

[3] Schreiner, *Romans*, 24.

[4] Puskas and Reasoner, *The Letters*, 86.

[5] Aune, *The Westminster Dictionary*, 128.

B. Bendición (1: 8-17)

1. Los puntos de vista de Pablo para la congregación romana (1: 8-15)
2. Declaración de conclusión para la bendición, justificación, Santificación y reconciliación igual (1: 16-19)

C. Cuerpo de la carta (1: 18-11: 36)

1. Dificultad humana revelada (1: 18-3: 20)
2. La justificación como solución al pecado (3: 21-4: 25)
3. Reconciliación como cumplimiento de la justificación y la santificación (5: 1-21)
4. Santificación para el creyente (6: 1-8: 36)
5. La fidelidad de Dios a pesar del rechazo de Israel (9: 1-11: 36)

D. Consejo (Paraenesis) de la Carta (12: 1-15: 33)

1. Conducta individual (12: 1-13: 14)
2. Conducta de grupo (14: 1 = 15: 13)
3. Apariencia apostólica (15: 14-33)

E. Terminación de la Carta (16: 1-27)

1. Elogio y saludos (16: 1-16
2. Advertencia de cierre (16: 17-21)
3. Saludos personales (16: 21-23)
4. Doxología (16: 24-27)

Las cartas del apóstol Pablo muestran una forma identificable que es más o menos consistente a través de todas sus cartas (y la carta a los romanos no es la excepción), una forma que consiste en la transformación de la carta helenista convencional de Pablo.[1] Es bien sabido que las cartas en el mundo helenista estaban formadas por tres partes esenciales: introducción, cuerpo y conclusión.[2] Esto es equivalente a lo que otros eruditos llaman los elementos básicos en las cartas antiguas: las fórmulas epistolar de apertura y cierre, y la sección central más grande que ponían entre corchetes. Muchas de estas características provienen de, o tienen paralelos con las convenciones epistolares greco-romanas y judías.

F. Mensaje teológico esencial de Romanos.[3]

El mensaje teológico de Romanos es uno de los temas teológicos más importantes de todo el Nuevo Testamento.[4] Hay varios temas teológicos en Romanos, y cada uno de ellos se considera el más importante, que también afectará o mostrará la noción profunda del mensaje fundamental de cada una de las cartas del apóstol Pablo. En otras palabras, el argumento teológico de la Carta a los Romanos está relacionado con la situación a la que se dirigía la carta y el acuerdo que Pablo quería trabajar con la iglesia en Roma. Su argumento teológico parece ser, para algunos teólogos, el problema; en la forma en que la lógica o presentación de sus ideas, lo cual evidentemente condujo a malentendidos y alegatos.

---

[1] Holladay, *An Introduction*, 294-95. Porter, *The Apostle Paul*, 317. A partir de ahora seguiremos el modelo de Porter (y otros autores) y la combinación del resumen de cada una de las cartas paulinas.

[2] Boring, *An Introduction*, 202.

[3] Aune, *The Westminster Dictionary*, 268.

[4] De ahora en adelante también seguiremos el mensaje teológico básico en, Schnelle, *The History and Theology*, 124-27.

Como resultado, la lucha de Pablo en Romanos 9-11 con la cuestión de Israel se desprende de su doctrina de la justificación por la fe.[5] Porter afirma que, "Para muchos, esta noción paulina central era el concepto de justificación por la fe, pero otros han sugerido una variedad de otras ideas".[6] Por ejemplo, en Romanos 4, el apóstol ilustra el Antiguo Testamento como el núcleo principal de su doctrina de la justificación mostrando la figura de Abraham. En Romanos 9-11, el tema teológico principal proviene, tanto de la doctrina paulina de la justificación, como de la situación específica con la congregación romana.[7] ¿Cómo se convirtió Abraham en aceptable para Dios? Él fue declarado justo por Dios, sin embargo, fue sobre la base de su fe, no sobre la base de su propio logro. De todos modos, Abraham fue declarado justo incluso antes de ser circuncidado y de haber cumplido la ley.[8]

También quiere mostrar la fidelidad de Dios frente a la infidelidad de Israel. Proclama la fe en el único Dios que justifica a los impíos. Todos son culpables como están ante el juicio de Dios (Rom. 2: 1). Se ha dicho que "el corazón de la teología de Pablo en Romanos está contenido en la frase" la justicia de Dios".[9] Enfatiza su importancia, incluso en la forma en que estructura su carta. En primer lugar, reflexiona sobre el conocimiento de Dios. Simplemente, en el evangelio de la salvación está la justicia de Dios confirmada a todos aquellos que creen en Jesucristo, ya sean judíos o gentiles.[10] Para ambos, judíos y gentiles, la ley es parte de lo que Dios usa para

[5] Gorman, *Apostle of the Crucified*, 399. See also Schnelle, *The History and Theology*, 124-27. Boring, *An Introduction*, 308-12. Schnelle, *Apostle Paul*, 309-18.

[6] Schnelle, *Apostle Paul*, 306-07.

[7] S. E. Porter, "Is There a Center to Paul's Theology? An Introduction to the Study of Paul and His Theology," in *Paul and His Theology*. Edited by S. E. Porter (Leiden: Brill, 2006), 1.

[8] Boring, *An Introduction*, 300-01.

[9] Boring, *An Introduction, 300*.

[10] Longenecker and Still, *Thinking Through Paul*, 174.

medir: están de pie y condenados por la ley. Cabe señalar que dondequiera que el tema de la justificación por la fe es el tema, Pablo siempre habla también de la ley.[1]

Sin embargo, cuando habla de la obediencia a la ley, la ley no salva, porque en realidad la ley no conduce a la vida sino al conocimiento del pecado. Durante la reforma, la interpretación de la "justicia de Dios" se estableció para cambiar. Martín Lutero encontró que la frase significaba algo mucho mayor que lo que él había sido educado para imaginar.[2] Reaccionando al legalismo de la iglesia de su época, estuvo muy cerca de entender la noción de Pablo de la gracia amorosa de Dios.[3] Sin embargo, en contraste con la situación humana, de la cual no hay escapatoria, el acto de salvación de Dios ahora muestra, cuya justicia ha sido revelada en Jesucristo, ρχως νόμου aparte de la ley (Rom. 3:21).

Preguntas para reflexionar

1. ¿Es Romanos una de las cartas más importantes de Pablo?

2. ¿Fue Romanos escrita en Corinto y reconocida como una de las cartas genuinas?

3. ¿Por qué es importante entender el concepto de la justificación por la fe como lo enseña Pablo?

4. ¿Cómo entender a Pablo cuando habla en Romanos 9-10 sobre la importancia de Israel?

---

[1] Schnelle, *The History and Theology,* 124.

[2] Wolter, *Paul; An Outline,* 342.

[3] Longenecker and Still, *Thinking Through Paul,* 174-75.

5. ¿Cómo motiva Romanos a la iglesia a creer y tener esperanza como cristianos?

Libros de lectura y estudio adicional

Panayotis Coutssoumpos, *Paul of Tarsus: An Introduction to the Man, the Mission and his Message.* Eugene: Wipf and Stock, 2018.

Paul B Fowler,. *The Structure of Romans: The Argument of Paul's Letter.* Minneapolis: Fortress Press, 2016.

Carl R. Holladay, *Introduction to the New Testament.* Reference Edition Waco: Baylor University Press, 2017.

J. S. Jeffers, *Conflict at Roman: Social Order and Hierarchy in Early Christianity.* Minneapolis: Fortress Press, 1991.

Robert. Jewett, "Romans," in *The Cambridge Companion to St Paul.* Edited by J. D. Dunn. Cambridge University Press, 2004.

Stanley E. Porter, *The Apostle Paul: His life, Thought, and Letters.* Grand Rapids: Eerdmans, 2016.

Charles B. Puskas, and Reasoner, M. Mark *The Letter of Paul: An Introduction.* Collegeville: Liturgical Press, 2013.

Thomas R. Schreiner, *Romans.* Baker Exegetical Commentary on the New Testament. Grand Rapids: Baker Academic, 2006.

Carter, Warren. *The Roman Empire and the New Testament: An Essential Guide.* Abingdon Press, 2006.

Alexander J. M. Wedderburn, *The Reasons for Romans.* Edinburgh: T. & T. Clark, 1988.

CAPÍTULO 5

La correspondencia
de Corintios

El significado de las cartas primera y segunda de Pablo a los corintios no puede tomarse a la ligera. Entre las escritas por él, está el registro más extenso y seguido de la expansión de una comunidad cristiana que poseemos. Las cartas a los corintios proporcionan una visión de la vida cotidiana y la experiencia de los problemas por parte de una iglesia primitiva y su líder fundador.[1] A la vez, 1ra. y 2da. de Corintios dan una breve descripción de la ciudad, la congregación y las visitas y cartas a Corinto y discusiones sobre el género y la estructura. Como se menciona a continuación, Pausanias y Strabo describen la ciudad de Corinto como bulliciosa en la encrucijada del comercio y los viajes.[2] La historia del establecimiento de la iglesia en Corinto proviene de 1ª. Corintios y el libro de Hechos (Hechos 18). Algunos estudiosos dudan de que el apóstol

---

[1] Schnelle, *The History and Theology,* 125. "La justicia que proviene de Dios y que es apropiada por la fe se revela solo en el evento de Cristo, de modo que un ser humano es justificado ante Dios solo por gracia, lo que elimina cualquier significado soteriológico de la Ley ".

[2] Puskas and Reasoner, *The Letters,* 89.

escribió la primera carta a los corintios. Con esto en mente, seguiremos para estudiar 1 y 2 Corintios.

1. La primera carta a los Corintios.

Pablo llegó a Corinto desde Atenas, tal vez, por tierra y alrededor del año 53-5 CE, donde, al principio, discutió en la sinagoga judía (Hechos 18: 4), pero luego se mudó a la casa de Tito Justo, un gentil.[1] Durante su estada en Corinto, Aquila y Prisca lo ayudaron a establecerse allí. Eran judíos cristianos refugiados de Roma.[2] El significado de la primera y la segunda carta a los corintios no se puede subestimar.

Lo que conocemos como 1 y 2 Corintios es parte de una correspondencia más grande o su compilación. Uno de los principales problemas en la interpretación de estas cartas es determinar cuál.[3] En todo caso, cuando leemos estas cartas, nos unimos a un diálogo entre el apóstol Pablo y los corintios. Está preocupado, obviamente, por la integridad de la comunidad corintia, por su unidad en la diversidad. No está menos preocupado por la distinción de la comunidad.[4]

¿Son 1 y 2 Corintios una recopilación de la extensa correspondencia de Pablo con la congregación o una recopilación de las muchas cartas que les escribió?[5] La respuesta podría encontrarse si leemos cada carta como una composición literaria única y unificada, o como una colección de unidades literarias más pequeñas editadas de manera desigual. Las primeras listas

---

[1] Pausanias, *Descr.* 2. Ver también Strabo, *Georg.* 2.1.5-7.

[2] Robert M. Grant, *Paul in the Roman World: The Conflict at Corinth* (Louisville: Westminster John Knox Press, 2001), 9. "Se llevó consigo a Crispo, el oficial de la sinagoga, (quien) se convirtió en un creyente en el Señor, junto con toda su familia".

[3] Roetzel, *The Letters of Paul*, 105-06.

[4] Holladay, *Introduction*, 452.

[5] Raymond F. Collins, *First Corinthians*. Sacra Pagina. Vol 7 (Collegeville: The Liturgical Press, 1999), 21.

canónicas hablan de solo dos cartas paulinas a los corintios.[6] Mientras que los intérpretes argumentan que 2da. Corintios se envió como una sola carta para abordar numerosas inquietudes dentro de la congregación; muchos se inclinan a pensar que es una recopilación de varias cartas más pequeñas escritas durante un período de varios meses, incluso años.[7]

El apóstol Pablo fue impresionado a escribir (recibió noticias de un conflicto en la iglesia por Cloe) 1 Corintios en respuesta a noticias alarmantes de la congregación en Corinto.[8] Sin embargo, él escribió tantas cartas a los corintios, más que cualquier otra de sus cartas a otras iglesias.[9] Cabe señalar que la historia de la ciudad de Corinto es muy importante. Como ciudad estado griega, floreció antes y después de los años dorados de la ciudad de Atenas (5 º C. B. C.).[10] De hecho, son el registro más extenso y continuo del crecimiento de la iglesia cristiana primitiva en la ciudad de Corinto.[11]

Cabe señalar que los corintios que escucharon a Pablo, se hicieron creyentes y se bautizaron durante el año y medio que él permaneció en Corinto. ¿Eran ex judíos?[12] Al parecer, no lo eran, pero solo durante la búsqueda de Pablo a los creyentes gentiles. Sin embargo, el hecho es que fundó una nueva congregación cristiana en la ciudad de Corinto romana.

---

[6] Porter, *The Apostle Paul,* 268.

[7] Holladay, *Introduction,* 453.

[8] Holladay, *Introduction,* 454.

[9] Coutsoumpos, *Paul, Corinth,* 19.

[10] Murphy-O'Connor, *Paul,* 252.

[11] Gordon D. Fee, *The First Epistle to the Corinthians.* Revised Edition (Grand Rapids: Eerdmans, 2014), Puskas and Reasoner, *The Letters,* 85. 1-5.

[12] Puskas and Reasoner, *The Letters,* 85.

A. La ciudad de Corinto

En la época del apóstol Pablo, la ciudad de Corinto estaba llena de vida en la encrucijada del comercio y los viajes.[1] Se encontraba a ambos lados del istmo estrecho que separa el mar Egeo y el Adriático; su ubicación estratégica como una encrucijada de Oriente y Occidente creó una ciudad grande, próspera y sofisticada. Aunque, según Cicerón, los romanos destruyeron la ciudad en 146. AEC. y no lo reconstruyeron hasta que Julio César decidió comenzar una colonia romana allí en el año 44 a. C., en el primer siglo EC.[2]

Corinto disfrutaba de buen negocio y comercio. En el tiempo de Pablo, era más romana que griega. Por un lado, la ciudad era una de las ciudades comerciales más grandes e importantes del Imperio Romano, clasificada por algunos después de Roma y Alejandría.[3] El historiador griego Estrabón escribió: "La ciudad de Corinto siempre fue grande y rica".[4] Pausanias viajó a pie desde Atenas a Corinto y contó lo que vio. Sin embargo, también afirma que las fuentes de esa riqueza fueron, primero, los ingresos generados por el paso de bienes a través del istmo, tanto de mar a mar como de entrada y salida del Peloponeso, y segundo, el dinero que se gastaba en las vastas multitudes que venían para los juegos Istmianos.[5] En la cercana Isthmia se encuentran los restos de un gran templo a Poseidón, dios del mar.

Por otro lado, Corinto era, en ese momento, una metrópolis internacional bien conocida por el comercio, la industria, el

---

[1] Grant, *Paul in the Roman,* 10.

[2] Pausanias, *Descr.* 2. See also Strabo, *Geogr.* 2.1.5-7.

[3] Boring, *An Introduction,* 238-39. "Los romanos destruyeron la ciudad en el año 146 BCE, cuando Corinto se unió a una coalición que atacó a Esparta, y su aliado, coma".

[4] Plutarch, *Mor.* 831A. See also Coutsoumpos, *Paul, Corinth,* 35-36.

[5] Strabo, *Geography,* 8.6.26.

lujo y la inmoralidad.[6] Ya en la época de Homero, se conocía como "Corinto rica".[7] En las reservas naturales, la ciudad poseía numerosos beneficios. Sin embargo, debido a su ubicación estratégica, no simplemente tenía el beneficio del comercio y los viajes por mar hacia el este y el oeste.[8]

Ubicada en la provincia de Acaya, en el istmo que unía la Grecia continental con la austral, estaba el Peloponeso.[9] Achaia se convirtió en una provincia del Imperio Romano en el año 46, aunque algunos datan el otorgamiento de estado provincial más temprano.[10] Con su ciudad portuaria de Cencreas, atrajo a diferentes tipos de personas y, por lo tanto, fue una ciudad diversa en términos de etnias y diferentes tipos de religiones.[11] Los colonos vinieron de varias naciones: Grecia, probablemente también Roma, Siria, Judea y Egipto. De hecho, la ciudad de Corinto subió de nuevo a una posición prominente.[12]

Porter afirma que, "Existe un amplio desacuerdo sobre qué tipo de prácticas de religión se pueden basar en Corinto durante el período romano. Lo que se sabe es que la población incluía una mezcla de razas y, con ella, una mezcla de religiones, prácticamente todas paganas".[13] En la época del apóstol Pablo, la ciudad de Corinto tenía alrededor de 200,000 habitantes. Era la capital de la provincia romana de Acaya, un

---

[6] Pausanias, *Description of Greece*, 2.1.1-5.5.

[7] Coutsoumpos, *Paul, Corinth*, 35.

[8] Homer, *Iliad* 2.570.

[9] Grant, *Paul in the Roman*, 10.

[10] Gorman, *Apostle of the Crucified*, 274.

[11] Gene L. Green, "Achaia," in *The World of the New Testament: Cultural, Social, and Historical Contexts.* Edited by J. B. Green and L. M. McDonald (Grand Rapids: Baker Academic, 2013), 546.

[12] Donald Engels, *Roman Corinth: An Alternative Model for the Classical City* (Chicago: University of Chicago Press, 1990), 1-6.

[13] Sanders, *Paul*, 226.

centro urbano romano completo que alentaba y adoraba la imagen del emperador y el crisol de la cultura mediterránea.

Además, las excavaciones arqueológicas de la Corinto romana del primer siglo han mostrado un mercado bullicioso con varias tiendas, un impresionante sistema de calefacción y enfriamiento, templos de Apolo, Poseidón, Deméter y Asclepio, un teatro, un gimnasio y un tribunal de *bema* o tribunal.[1] Como ya se dijo, antes de su muerte prematura, Julio César ordenó reconstruir la ciudad de Corinto como colonia romana en el año 44 a.[2] Al mismo tiempo, en los primeros tiempos, libertos, veteranos y comerciantes urbanos poblaron la Corinto romana.[3]

En consecuencia, Corinto fue convincentemente la ciudad más importante de la provincia de Acaya. Creció en una fama similar a la de Atenas, Alejandría y Roma. Como se vio antes, era una metrópolis floreciente, multicultural, multilingüe y comercial.

En contraste, existe una controversia con respecto a la población de Corinto después de que fue fundada como colonia romana. ¿Estaba la colonia primitiva compuesta por todas estas diferentes personas? Según S. Friesen, los veteranos no tenían presencia significativa en la colonia porque se fundó por su posición comercial estratégica en un área relativamente estable.[4] En cambio, la primera colonia fue controlada por libertos del este griego que demostraron un claro compromiso y lealtad al Imperio Romano.[5] La lealtad fue un elemento clave para mantener una buena relación con el imperio.

---

[1] Porter, *The Apostle Paul*, 247.

[2] Murphy-O'Connor, *St. Paul's Corinth*, 27-32.

[3] Green, "Achaia," 550.

[4] Porter, *The Apostle Paul*, 246.

[5] Steven Friesen, "Introduction: Context, Comparison," in *Corinth in Context: Comparative Studies on Religion and Society*. Edited by S. J. Friesen, D. N. Schowalter, and J. C. Walters (Leiden: Brill, 2010), 2-3.

El ambiente social altamente competitivo que era normal en el mundo romano, sin embargo, alimentó aún más la energía natural de estas personas en Corinto.[6] En este contexto, sin embargo, la iglesia en Corinto se desarrolla en varias iglesias en casas como parte de la comunidad que el apóstol Pablo fundó y se quedó aproximadamente un año y medio. Su partida puede ser fechada por su encuentro con el procónsul Gallio a fines del verano del 51 d.C (Hechos 18:12).[7]

B. Las iglesias en Corinto

Según Hechos 18 y 1 Corintios, había algunas iglesias fundadas por el apóstol en Corinto. Es significativo notar que la iglesia allí, era parte del pluralismo cultural, religioso y social de la ciudad. Además, el pluralismo de la población se reflejaba en el grupo de los nuevos conversos.[8] Muchos de los miembros de la iglesia eran gentiles convertidos de religiones paganas (cf. 1 Co. 12: 2; 8:10; 10:27).[9]

También había una pequeña comunidad de judíos, y el relato que aparece en Hechos sobre la conversión de Crispo, un funcionario de la sinagoga (Hechos 18: 8; 1 Cor. 1: 22-24; 7:18; 9:20; 10:32: Rom. 16:21). Los temerosos de Dios y los prosélitos, estaban entre los miembros de la iglesia que se unían a la comunidad (cf. Hechos 18: 7), la cual incluía parte de las clases sociales más bajas en Corinto (cf. 1 Co. 1:26; 7:21; 11: 26b).

Las iglesias de Corinto se organizaron en varias iglesias en casas, no sabemos el tamaño de la iglesia (1 Cor. 14:23).[10]

---

[6] Grant, *Paul in the Roman,* 18-19.

[7] Gorman, *Apostle of the* Crucified, 275.

[8] Jerome Murphy-O'Connor, "1 and 2 Corinthians," in *The Cambridge Companion to St Paul.* Edited by J. D. G. Dunn (Cambridge: Cambridge University Press, 2003), 75.

[9] Boring, *An Introduction*, 238.

[10] Schnelle, *Apostle Paul,* 194-95.

Sin embargo, está claro que solo podemos especular sobre el tamaño de toda la congregación; quizás consistió de alrededor de cien miembros o menos. Otro tema importante encontrado en la congregación corintia fue la perspectiva social de la comunidad. Pablo nota la presencia de no muchos sabios, no muchos poderosos, no muchos nobles (1 Co. 1:26).[1]

Varios intérpretes han observado que, si bien estos términos tienen un matiz filosófico, también reflejan realidades político-sociales. En la sociedad griega y romana, sin embargo, había una gran disparidad entre las diferentes clases sociales y el habitante en el Imperio Romano. Otro tema es el respeto a la autoridad romana. El apóstol declara que todo ciudadano debe estar subordinado a las autoridades, particularmente la de Roma[2] Una es designar autoridad o superioridad en posición, rango u orden. Por ejemplo, Polibio se refiere a los gobernantes o autoridades que tienen un rango superior.[3] Y también Pausanias habla de honrar las cosas de fuerza superior.[4] En cierto sentido, las autoridades, en especial la autoridad romana, debían ser obedecidas.

J. Meggitt afirma que había entre los cristianos en Corinto un grupo de miembros de la iglesia que eran pobres.[5] Hay una diferencia entre W. A. Meeks[6] y Meggitt, que gira en torno a la idea de la antigua economía. Meggitt también observa que el problema es cómo interpretar los datos y los enfoques de

---

[1] Schnelle, *Apostle Paul,* 194.

[2] Grant, *Paul in the Roman,* 27.

[3] Stanley E. Porter and C. L. Westfall, *Empire in the New Testament* (Eugene: Pickwick Publications, 2011), 187-89.

[4] Polybius, 289.4.9.

[5] Polybius, 289.4.9.

[6] Justin Meggitt, *Paul, Poverty and Survival.* Studies of the New Testament and Its World (Edinburgh: T & T Clark, 1998), 41-51.

la economía antigua.[7] En todo caso, "esto termina como una oposición entre minimalistas y maximalistas. La mayoría de los académicos tiende a encontrar que la visión reflejada por Meeks es una descripción más precisa de la antigua economía romana y, con ello, la estratificación social del cristianismo primitivo.[8] "En otras palabras, los académicos han estado divididos por estos temas durante mucho tiempo y parece que no hay un acuerdo al respecto.

Tan pronto como Pablo llegó a la ciudad, trabajó con Priscila y Aquila como fabricante de carpas o peletero (1 Cor. 16:19, Hechos 18: 1-3).[9] Pablo también practicó este oficio nuevamente cuando estaba en Éfeso con Priscila y Aquila (1 Co. 16:19). A pesar de que este tipo de trabajo manual, sin embargo, se consideraba inferior,[10] Pablo trabajó en este oficio por la autosuficiencia (1 Cor. 4:12; 9: 6; 1 Tessa. 2: 9). En algún momento, parece que bautizó a varias personas como Crispo, el gobernante de la sinagoga, y Gayo (1 Co. 1:14; Rom. 16:23). Por lo tanto, es muy probable que tuviera algún tipo de relación cercana con los corintios, pero al mismo tiempo, encuentró tensiones y oposición.

C. Tensiones en la iglesia en Corinto y los opositores de Pablo

La iglesia en Corinto experimentó varias tensiones debido a cuestiones teológicas, éticas y sociales. Había tensión y conflicto en la congregación de los corintios. Pablo, como Plutarco, tiene poco uso para aquellos que promueven la lucha (1 Cor. 1:11), las

---

[7] W. A. Meeks, *The First Urban Christians: The Social World of the Apostle Paul* (New Haven: Yale University Press, 1983), 9-75.

[8] Meggitt, *Paul, Poverty*, 41-42.

[9] Porter, *The Apostle Paul*, 26-27.

[10] Roland F. Hock, *The Social Context of Paul's Ministry: Tentmaking and Apostleship* (Philadelphia: Fortress Press, 1980), 10=15.

divisiones (1 Cor. 11:18) o el sectarismo (1 Cor. 11:19). Contra estos apela a la lógica y a la evidencia empírica.[1] Una discusión completa sobre la relación de Pablo y las comunicaciones con la comunidad de la iglesia en Corinto debe esperar nuestra sección de 2 Corintios. Aquí esbozamos brevemente algunos de los eventos que condujeron a las diferentes crisis en Corinto. ¿Qué pudo haber proporcionado la base para este tipo de tensiones dentro de la congregación?

Comprensiblemente, Pablo trata primero estos temas cruciales. Parece que hay suficiente evidencia dentro de la carta sobre un grupo de Apolo en Corinto.[2] El apóstol enumera a "Apolos" inmediatamente después de su propio nombre en 1 Corintios 1:12. En 1 Cor. 1-4, contiende con el tema de la pertenencia a partidos teológicamente motivados, vinculados a la comprensión específica del bautismo, que había dejado una facción y división dentro de la iglesia.[3] Él bien pudo haber deseado reconsiderar que no había bautizado a nadie, por el tema de quién bautizó a quién en la congregación (1 Co. 1: 13-14).[4]

Por varias razones obvias, algunos tipos de divisiones siguieron varias líneas. Para Pablo había un tema más importante que pertenecer a un partido: la unidad de la comunidad. Sin embargo, estos eran temas difíciles que tenían consecuencias importantes para la lectura de 1 a 2 Corintios, por lo que se debe intentar reconstruir los eventos inmediatos.[5] Algunos quizás criticaron a Pablo, mientras que otros se unieron a su grupo.

---

[1] Aelian, *Var. hist* 2.1.

[2] Grant, *Paul in the Roman,* 28-30.

[3] Puskas and Reasoner, *The Letters,* 94.

[4] Schnelle, *Apostle Paul,* 196.

[5] Gorman, *Apostle of the* Crucified, 279-83.

También hubo una fiesta paulina en la iglesia de Corinto. Otros quizás rechazaron todas las lealtades humanas ("Yo pertenezco a Cristo") pero contribuyeron al faccionalismo en la comunidad de la iglesia.[6] Además, su insistencia en que esas fiestas eran una señal de la disfunción e inmadurez de la iglesia. Algunos cristianos en Corinto se habían enamorado de una espiritualidad de poder y enriquecimiento que, aunque provenía del poder del evangelio, sin embargo, estaba en peligro de socavar ese evangelio.[7]

Es muy probable que Pablo tuviera un problema en la iglesia y un problema real con oponentes externos (adversarios). Al mismo tiempo, habían surgido escándalos morales en la comunidad de la iglesia en Corinto. La naturaleza exacta de las facciones o fiestas en la comunidad de la iglesia en Corinto 1 Cor. 1: 10-13; 3: 5-9; 21:23) era difícil controlar, aunque es posible que algunos de los miembros de la congregación mantuvieran lealtades hacia el maestro que debían respetar. [8]

No es una sorpresa, por lo tanto, que la característica central y más importante de la comunidad de la iglesia en Corinto, para el apóstol, debía ser la unidad completa. Murphy-O'Connor afirma: "Tenía que ser la antítesis de la sociedad (Gálatas 3:28) para que fuera un instrumento de salvación. Estaba profundamente conmocionado por el fracaso de los corintios en comprender esta verdad fundamental".[9] De alguna forma, los corintios tenían que entender qué era la iglesia.

---

[6] Porter, *The Apostle Paul,* 255.

[7] Gorman, *Apostle of the* Crucified, 279.

[8] Longenecker, and Still, *Thinking Through Paul,* 112-116.

[9] Collins, *First Corinthians,* 16. Ver también, Bruce Winter, *After Left Corinth: The Influence of Secular Ethics and Social Change* (Grand Rapids: Eerdmans, 2001), 31-43.

D. Integridad literaria de la carta a los Corintios

La integridad literaria de 1 Corintios ha sido cuestionada por algunos estudiosos. Mientras que la mayoría de ellos consideran a 1 Corintios como unidad compositiva.[1] Un número ha argumentado a favor de una teoría de partición, basada en la desigualdad en la composición. Pero algunos han propuesto que la carta es una combinación compleja de dos cartas, o incluso tres.

En contraste, la gran mayoría de los intérpretes acepta que 1 Corintios es una carta unida con varias cartas pequeñas, pero hay dos temas textuales involucrados: el primero lo mencionan J. Hurd y T. Trobish, y dicen que 1 Corintio está compuesto de un documento de numerosas unidades paulinas más pequeñas[2], y el segundo problema es que una serie de pasajes, tal vez, no formen parte del conjunto original de cartas. Además, hay una especulación sobre la integridad textual de 1 Corintios; fue la percepción de las diferencias en el tono entre los pasajes que son de naturaleza restrictiva y los que tienen un carácter más compasivo.[3] Por lo tanto, 1 Corintios es una carta extremadamente larga, enmarcada por fórmulas epistolares típicas paulinas.

E. Esquema de 1 Corintios[4]

A. Apertura (1: 1-3)

1. Remitente (1: 1)
2. Destinatario (1: 2)
3. Saludo (1: 3)

---

[1] Murphy-O'Connor, "1 and 2 Corinthians," 76.

[2] Murphy-O'Connor, "1 and 2 Corinthians," 76.

[3] John Hurd, *The Origin of 1 Corinthians* (New York: Seabury Press, 1965), 43-47.

[4] Porter, *The Apostle Paul*, 251.

B. Bendición (1: 4-9)

C. Cuerpo: unidad de la iglesia (1: 10-4: 12)
1. Problema de desunión (1: 10-17)
2. El evangelio contradice la sabiduría humana (1: 18-2: 5)
3. La sabiduría de Dios viene por el Espíritu (2: 6-16)
4. División (3: 1-13)
5. Pablo como siervo de Cristo (4: 1-21)

D. Consejo (Paraenesis) (5: 1-6: 12)
1. Problema de la moralidad (5: 1-6: 20)
2. Problema del matrimonio (7: 1-40))
3. Problema de comida ofrecida a ídolos (8: 1-11: 1)
4. Problema de adoración (11: 2-34))
5. Problema de los dones espirituales (12: 1-14: 40)
6. Problema de la resurrección (15: 1-58)

E. Cierre (16: 13-24)
1. Admoniciones (16: 13-18)
2. Saludos (16: 19-20)
3. Firma de Pablo (16:12)
4. Maldición sobre los incrédulos (16:22)
5. Bendición final (16: 23-24)

F. Mensaje teológico esencial de 1 Corintios[1]

El tema teológico principal que concernía al apóstol Pablo era la visión de la unidad de la iglesia fundada en Jesucristo. Es muy probable que los corintios tuvieran serias dificultades para entender el concepto de unidad de Pablo. En palabras de Coutsoumpos, I. H. Marshall observa que la carta de Pablo a los corintios cubre muchos temas, como teológico, ético y pastoral.[2] Pero en esta sección nos interesan los temas teológicos en 1 Corintios.

Por un lado, en 1 Corintios 1:13, el apóstol introdujo la noción de la iglesia como el cuerpo de Cristo para aclarar que no es la posesión del Espíritu por parte de varios individuos la que da la seguridad de la unidad de La iglesia,[3] pero es algo que solo puede ser hecho por el mismo Jesucristo. Por otro lado, en 1 Corintios 1: 18, criticó la conciencia individualista de los corintios de su propia realización con su teología de la cruz. Para él, el criterio de la verdad del Evangelio no se encontraba en la sabiduría humana; anclaba la identidad de la fe en la cruz de Cristo. Hablando teológicamente, la cruz rompía toda supuesta seguridad y vencía la sabiduría humana por la necedad de Dios. Se debe recordar lo que él dijo en 1 Corintios 1:25, "Porque lo necio de Dios es más sabio que los hombres".

Otra cuestión teológica importante para Pablo era el concepto de iglesia como el cuerpo de Cristo, y el apóstol usó

---

[1] Fee, *The First Epistle*, 33-46. Porter, *The Apostle Paul*, 259-60. See also Puskas and Reasoner, *The Letters*, 11-12.

[2] Para una descripción detallada de la teología Paulina en 1 Corinthians ver, Victor Paul Furnish, *The Theology of the First Letter to the Corinthians*. New Testament Theology (Cambridge: Cambridge University Press, 1999), 28-48. See also Coutsoumpos, *Paul, Corinth*, 160-190. Fee, *The First Epistle*, 17-20. Gorman, *Apostle of the Crucified*, 320-37. Longenecker, and Still, *Thinking Through Paul*, 116-18. Schnelle, *Apostle Paul*, 197-203, 219-22.

[3] Coutsoumpos, *Paul, Corinth*, 164-66.

la palabra griega *ekklesia* para explicarlo.[4] Introdujo la noción de iglesia como cuerpo de Cristo para aclarar que no era la posesión del espíritu por parte de varios individuos lo que garantizaba la unidad. Aclaró la noción principal de la unidad de la iglesia (como un cuerpo) que domina 1 Corintios usando los dones espirituales como ejemplo (1 Cor. 12-14).[5] Para Pablo, la diversidad y la cantidad de dones espirituales era manifestación de la unidad de la iglesia. Valoró los dones, pero le daba a los corintios un modo aún más excelente: el amor de Dios.[6] Otro tema teológico importante era la resurrección y el regreso de Cristo. Dado que el malentendido de la resurrección en el corintio también se basaba en una sobrevaloración de los dones espirituales (cf. 1 Co. 15:46), Pablo estaba tratando de aclararlo. Por lo tanto, para él, el punto teológico principal era que Cristo es el fundamento, el arquitecto, el Señor actual y la meta de la iglesia cristiana.

---

[4] Schnelle, *The History and Theology,* 70-71.

[5] Barrett, *Paul,* 119-30.

[6] Furnish, *The Theology,* 36.

CAPÍTULO 6

La segunda carta a los Corintios

La autoría paulina de 2 Corintios no es seriamente desafiada. Fue escrita en el año 57 C.E. En Hechos 18: 1-11, Lucas menciona que la iglesia en Corinto se formó como resultado de la predicación de Pablo en la sinagoga local. R. P. Martin afirma: "Sin embargo, es probable que sea correcto suponer que la mayoría de los miembros de la iglesia eran gentiles, convertidos a Cristo de un medio pagano".[1] El estilo griego en 2 Corintios se aproxima al que la crítica literaria contemporánea llamaría "asianismo".[2]

Porter menciona que, al igual que con 1 Corintios, W.E. Kümmel dice: "La autenticidad de 2 Corintios en su conjunto es incuestionable".[3] Sin embargo, es posible comprender 2 Corintios,[4] si los eventos entre la escritura de 1 Corintios y 2 Corintios se toman en consideración. Pablo menciona un tercer

---

[1] Schnelle, *The History and Theology*, 71.

[2] Ralph P. Martin, *2 Corinthians*. World Biblical Commentary. Second Edition (Grand Rapids: Zondervan, 2014), 31-32. Aune, *The Westminster Dictionary*, 115.

[3] Aune, *The Westminster Dictionary*, 115.

[4] Porter, *The Apostle Paul*, 268.

viaje a Corinto, y nosotros, por lo tanto, debemos hacer una visita a la ciudad entre las dos cartas.

Por ejemplo, en 2 Corintios 1: 15-16, Pablo menciona que había planeado hacer un viaje a Corinto, luego a Macedonia, de Macedonia a Corinto, y de allí a Judea. Estos eventos necesitarían más de seis meses y posiblemente 2 Corintios se escribió a fines del otoño del año 55 E.C en Macedonia (cf. 2 Cor. 7: 5; 8: 1; 9: 3-4). A pesar de que, tal vez, sea una recopilación de material de varios, se ajusta al formato de las cartas escritas en el mundo mediterráneo de la época de Pablo con remitente, destinatarios y saludos enumerados en la apertura (2 Cor. 1: 1-12), luego una bendición (2 Cor. 1: 3-7), seguida por el cuerpo de la carta (2 Cor. 1-13), y una breve aplicación (2 Cor. 13:11).[1]

Sin embargo, es claro que la reconstrucción de los eventos que sucedieron en la conexión entre Pablo y los miembros de la iglesia en Corinto, llevó a escribir la carta, lo cual es una tarea muy compleja.[2] Por lo tanto, 2 Corintios refleja la historia de una relación muy conflictiva entre Pablo y su congregación.[3] De hecho, cuando leemos 2 Corintios, encontramos pasajes que hacen surgir preguntas sobre la relación de los corintios con el apóstol. Y en particular, el tema de la unidad de la carta.

A.   La unidad 2 Corintios

La unidad de 1 Corintios nunca ha sido cuestionada persuasivamente. Sin embargo, hay un amplio acuerdo en que 2 Corintios 1-9 y 2 Corintios 10-13 no pueden haber pertenecido a la misma carta. Entonces, 2 Corintios 1-9 es la carta A y 2 Corintios 10-13 es la carta B.[4] Algunos de los que aceptan la

---

[1] Schnelle, *Apostle Paul,* 235.

[2] Puskas and Reasoner, *The Letters,* 113-14.

[3] Gorman, *Apostle of the* Crucified, 342.

[4] Sanders, *Paul,* 228.

división de 2 Corintios en dos cartas afirman que la carta B fue escrita antes de la carta A porque su tono severo sugiere que debería identificarse con la carta dolorosa, ahora perdida, que es 2 Cor. 2: 4 y 2 Cor. 7: 8.

La cuestión de la unidad, sin embargo, de 2 Corintios gira en torno a algunos textos significativos.[5] Se han propuesto muchas soluciones posibles con respecto a la relación de 2 Cor. 1-9 y 2 Cor. 101-3. Sin embargo, varios intérpretes han concluido que 2 Corintios es una mezcla de muchas cartas. Pero para algunos estudiosos, los datos obligan a concluir que 2 Corintios se compone de cartas separadas más pequeñas que se enviaron a los Corintios.[6]

Se ha sugerido que un editor tardío compuso fragmentos de numerosas cartas del apóstol Pablo a los corintios. La mayoría de los estudiosos están de acuerdo, además, en que hay diferentes piezas para 2 Corintios: capítulos 1-7, 8-9 y 10-13.[7] Por lo tanto, la unidad literaria de 2 Corintios todavía es defendida por los estudiosos que ven los capítulos 10-13 como un apéndice a la carta original en la mano del apóstol.

Recientemente, Kümmel, Borse, Hydahl y Wolf se han decidido a favor de la unidad de 2 Corintios. Kümmel asume que el apóstol Pablo no dictó 2 Corintios en una sola sesión, y que la desigualdad debe explicarse sobre la base de las interrupciones.[8] Siguiendo a J. S. Semler, A. Hausrath vio en los capítulos 10-13 parte de la "carta dolorosa".[9] El único problema es si los capítulos 10-13 se escribieron más tarde y se enviaron después de los capítulos 10-13 como parte de la más antigua

---

[5] Murphy-O'Connor, "1 and 2 Corinthians," 83.

[6] Porter, The Apostles Paul, 269.

[7] Martin, 2 Corinthians, 41.

[8] Gorman, Apostle of the Crucified, 343.

[9] Schnelle, The History and Theology, 85.

"carta dolorosa"[1]. "La segunda variación significativa de la hipótesis de partición también tiene que ver con los capítulos 10-13 como parte de una carta aparte, pero no considera que haya sido parte de la" carta dolorosa.

En cambio, se considera que los capítulos 1-9 representan una etapa intermedia en las relaciones de Pablo con la iglesia en Corinto. El argumento es que 2 Corintios 1-9 es más importante, porque considera los capítulos 8 y 9 como cartas separadas. Además, no solo son diferentes en tono y contenido del capítulo 1-7, sino que también parecen ser independientes entre sí.[2] Sin embargo, un tema que debe aclararse es una evaluación de las muchas hipótesis sobre 2 Corintios; es si los capítulos 10-13 podrían haber sido parte de la "carta dolorosa".

Además, los enfoques literarios que forman hasta seis cartas diferentes en 2 Corintios toman, por ejemplo, la disculpa en 2 Cor. 2: 14-7: 4 como una carta de independencia y reconoce en los capítulos 8 y 9 dos colecciones de cartas separadas.[3] Antes de escribir estas palabras, entonces, el apóstol parece haber hecho una visita personal a la iglesia en Corinto que le causó dolor.

Un miembro de la iglesia en Corinto ofendió a Pablo, y de repente regresó a Éfeso y le envió la carta.[4] Otros también le estaban causando problemas y desafiando su autoridad. Y esos eran conocidos como sus oponentes (desafiaban su apostolado) y que iban cada vez que él recorría el mundo mediterráneo.[5] ¿Quiénes eran los oponentes de Pablo en 2 Corintios?

---

[1] Schnelle, *Apostle Paul*, 238.

[2] Klauck, *Ancient Letters*, 310.

[3] Puskas and Reasoner, *The Letters*, 106.

[4] Klauck, *Ancient Letters*, 310.

[5] Longenecker, and Still, *Thinking Through Paul*, 142.

B. Los oponentes de Pablo en 2 Corintios

La labor de identificar al oponente de Pablo en la iglesia de Corinto se complica más por el problema relacionado con la integridad literaria del documento. Los eruditos continúan la investigación y encuentran oposición al apóstol en cada carta que encuentran.[6]

Hay cuatro categorías o puntos de vista sobre los opositores, que son: 1) un grupo que apoya a los gentiles que adoptan las leyes de la circuncisión, el sábado y los alimentos; 2) un grupo que apoya a los gnósticos; 3) un grupo que apoya a los "hombres divinos"; 4) y los que apoyan la idea de la neumática.[7] Algunos estudiosos no encuentran oponentes en el sentido de maestros o apostolado. Surge la pregunta: ¿Es probable que se descubra más sobre estos falsos apóstoles (predicadores) de manera más concluyente?

Muchos estudiosos se han involucrado en un debate interminable, muchas veces enfocándose en 2 Cor. 11, particularmente 11: 4. Por ejemplo, por un lado, C. K. Barrett y J. Gunther describen a éstos y a los judaizantes.[8] El problema en la iglesia de Corinto era grave y el apóstol no parecía responder al mismo tipo de oponentes que se encontraba en Gálatas.

R. Bultmann y W. Schminthals los describen como gnósticos. Es bien sabido que no hay rastro de gnosticismo en la carta de Pablo. Sin embargo, en algún momento, después de que escribió 1 Corintios, llegaron a Corinto algunas personas que decían ser auténticos apóstoles (2 Corintios 11: 5; 12: 1), y

---

[6] Puskas and Reasoner, *The Letters*, 99-100. Como antes mencionado, "Estos oponentes fueron probablemente predicadores itnenerantes".

[7] Jerry L. Sumney, "Studying Paul's opponents: Advances and Challenges," in *Paul and His Opponents*. Edited by S. E. Porter (Leiden: Brill, 2005), 14-17.

[8] Para una hipótesis de investigación más larga de los oponentes en 2 Contios, vea también J. L. Summeny , *Identifying Paul's Opponents: The Question of Method in 2 Corinthians* (Sheffield: Sheffield Academic Press, 1990), 15-67.

Pablo, irónicamente, los llama "súper apóstoles". No está claro quiénes eran, ni sus intereses y motivos. La identidad de este grupo de opositores, como se los llama, ha sido muy debatida, con varias propuestas que veremos más adelante.[1]

No todos los intérpretes consideran a los oponentes de Pablo en 1 Corintios como los que están detrás de 2 Corintios. La idea de que los opositores en 2 Corintios eran cristianos judíos con métodos de propaganda helenista, se ha propuesto recientemente,[2] pero si esto fuera así, su creencia no permitiría su explicación como gnósticos.[3] Sin embargo, como es bien sabido, el gnosticismo era un fenómeno del siglo II y más allá, y hay pocos estudiosos que respaldan el tema gnóstico en las cartas de Pablo.

Se ha observado que los opositores en 2 Corintios no eran judaizantes sino palestinos que mantenían su superioridad sobre el apóstol con respecto al contacto con el Jesús primitivo,[4] su herencia judía, su espiritualidad y las cartas de recomendación. Estos oponentes desafiaban al apóstol dondequiera que iba, y esto es obvio en la mayoría de la epístola que escribió. Estos "súper apóstoles" eran quizás cristianos judíos (2 Cor. 11:22) que podían jactarse de vivir experimentados estados exaltados de existencia espiritual. El tema de importancia vital aquí es si Pablo usa los términos "falso apóstol" y "súper apóstol" para referirse al mismo grupo, o dos grupos diferentes.

La mayoría de los eruditos identifican a los "falsos apóstoles" con el "súper apóstol".[5] La explicación más probable de los

---

[1] Porter, *The Apostles Paul*, 280.

[2] Gorman, *Apostle of the Crucified*, 345.

[3] Dieter Georgi, *The Opponents of Paul in Second Corinthians* (Philadelphia: Fortress Press, 1986), 84-91. See also Puskas and Reasoner, *The Letters*, 99-100.

[4] Coutsoumpos, *Paul, Corinth*, 143-44.

[5] Roetzel, *The Letters of Paul*, 93.

oponentes es que este grupo de "falsos predicadores" vino de Palestina, probablemente como emisarios de los líderes de Jerusalén.[6] Por un lado, la combinación de sentimientos anti-paulistas de fuera y dentro del grupo de Jesús fue una fusión que, al menos durante un cierto período, amenazó la legitimidad de Pablo y su evangelio. Por otro lado, sus oponentes se podían encontrar en diferentes frentes y lugares en Asia Menor.[7]

Además, como se vio antes, la disputa entre Pablo y los oponentes que habían invadido la congregación corintia también se refería a la naturaleza y la autoridad de su apostolado. Está claro que, los oponentes hicieron acusaciones personales contra él (2 Cor. 10: 1-18) y contrastaron su aparente debilidad y sus propias capacidades neumáticas.[8]

Dada la probabilidad de que 2 Corintios conste de dos o más cartas, los académicos, a menudo, quieren determinar el propósito y el destino de cada carta original o fragmentos de cartas.[9] Por ejemplo, los capítulos 10-13, probablemente fueron escritos por Pablo para defenderse de los ataques de los "súper apóstoles" (2 Cor. 11: 5). En todo caso, la carta compuesta ya no podía dirigirse a los problemas, situaciones, oponentes o audiencia originales a los que se dirigieron las partes originales.[10] De este modo, los nuevos opositores se habían afianzado en la iglesia de Corinto, desde su visita fundadora y su salida de la ciudad.

---

[6] Charles K. Barrett, *A Commentary on The Second Epistle to the Corinthians* (New York: Harper & Row Publishers 1973), 30. "El principal argumento en favor de la identificación está basado en xi. 5, donde, de inmediatamente seguido habla de uno que viene y proclama otro Jesús que nosotros no proclamamos".

[7] Porter, *The Apostles Paul,* 281.

[8] Coutsoumpos, *Paul, Corinth,* 144.

[9] Schnelle, *The History and Theology,* 91.

[10] Klauck, *Ancient Letters,* 311.

La opinión de que los capítulos 1-13 surgieron por un ataque a la autoridad apostólica de Pablo por parte de los opositores (intrusos)[1] judaizantes, es un tema que nunca se evoca en lo que el apóstol dice de la carta dolorosa. Como sea, la dolorosa experiencia de su segunda visita resultó en la decisión de no regresar a Corinto.[2] En cambio, fue a Éfeso una vez más, no a Macedonia como se esperaba. Por lo tanto, el dolor que el apóstol sufrió durante esa visita parece haber ensombrecido su relación con los corintios.

C. El género de 2 Corintios

La investigación retórica de la segunda cartas a los corintios es difícil porque, primero, debe determinarse qué partes pueden tomarse con seguridad como unidades completas, como 1 Corintios, 2 Corintios que contienen retórica judicial y deliberativa. Los capítulos 10-13 se han tomado seriamente en consideración, no solo por su ironía, que se intensifica hasta convertirse en un sarcasmo abierto.[3] Por ejemplo, 2 Corintios 8 y 9 han sido considerados deliberativos. Un erudito afirma, "una teoría retórica de la argumentación dinámica", para defender la unidad de 2 Corintios. En los capítulos 8-9 de 2 Corintios, se utiliza la retórica deliberativa para instar a los Corintios a completar la colecta para la iglesia de Jerusalén que habían comenzado el año anterior.

Los académicos normalmente se acercan a 2 Corintios como una composición epistolar debido al marco epistolar formado por la apertura (2 Cor. 1: 1-2) y los saludos de cierre (2 Cor. 13: 11-13).[4] Entre los que usan la retórica antigua, hay un acuerdo

---

[1] Aune, *The Westminster Dictionary*, 116.

[2] Murphy-O'Connor, *Paul*, 254.

[3] Longenecker, and Still, *Thinking Through Paul*, 143.

[4] Klauck, *Ancient Letters*, 311.

de que 2 Corintios se explica mejor en términos retóricos como una "disculpa". Cuando intentamos determinar qué tipo de disculpa encaja con el caso, la opinión está dividida. Algunos lo dicen o lo consideran como deliberativo, retórico o forense. Por lo tanto, esta clasificación ayuda a comprender la teología de la carta.[5]

D. Esquema de la carta a 2 Corintios[6]

A. Apertura (1: 1-2)
1. Remitente (1: 1a)
2. Destinatario (1: 1b)
3. Saludo (1: 2)

B. La Carta de bendición (1: 3-7)

C. Cuerpo: el ministerio de Pablo (1: 8-9: 15)
1. Apertura formal (1: 8-11)
2. Aclaración de Pablo sobre su comportamiento (1: 12-2: 13)
3. El ministerio apostólico de Pablo (2: 14-7: 16)
4. Colecta para Jerusalén (8: 1-9: 15)

D. Consejo (Parénesis) de la Carta (10: 1-13: 10)
1. Llamado personal de Pablo con respecto a su autoridad (10: 1-12: 10)
2. Itinerario de viaje de Pablo (12: 11-13: 4)
3. Exhortación final (13: 5-10)

---

[5] Martin, *2 Corinthians*, 85.

[6] Martin, *2 Corinthians*, 93.

E. Cierre (13: 11-14)
1. Llamado a la unidad (13:11)
2. Saludos finales (13: 12-13)
3. Bendición final (13:14)

E. Mensaje teológico esencial de 2 Corintios.[1]

En la segunda carta a los corintios, el apóstol Pablo revela a los lectores la formación de su propia teología con respecto a su existencia como apóstol. El apostolado y la autoridad eran temas importantes para él. De hecho, la validez y el carácter principal de su apostolado son el tema teológico básico que abarca toda la carta de 2 Corintios.[2] Si su apostolado pudiera parecer débil y no estimulante a los ojos de otros, a los ojos de Dios era inspirado.[3] Además, su entendimiento sobre ser un ministro del nuevo pacto, cuya gloria eterna se solidifica en Jesucristo, más bien es una cuestión de libertad hecha realidad en la gloria del nuevo pacto como el ministerio de justicia y justificación. Para Pablo, de hecho, el segundo pacto es realmente nuevo y no sólo renovado.[4]

Por un lado, como apóstol llamado por Dios para proclamar el mensaje teológico de la reconciliación (cf. 2 Cor. 5: 11-21).[5] ¿La muerte de Cristo en sí misma tuvo el efecto de reconciliar a los seres humanos con Dios? Por otro lado, en este proceso, según Pablo, "Dios nos reconcilió consigo mismo" (2 Cor. 5:18). Todo lo que Dios puede hacer es hacer posible o ayudar efectivamen-

---

[1] Porter, *The Apostles Paul*, 282. Ver también a Puskas and Reasoner, *The Letters*, 115.

[2] Para el mejor estudio de la teología Paulina en 2 Corinthians vea a, Jerome Murphy-O'Connor, *The Theology of the Second Letter to the Corinthians.* New Testament Theology (Cambridge: Cambridge University Press, 19096), 29-34. Martin, *2 Corinthians,* 116.

[3] Gorman, *Apostle of the Crucified,* 353.

[4] Longenecker, and Still, *Thinking Through Paul,* 152.

[5] Schnelle, *Apostle Paul,* 254.

te a elegir la justicia y reconciliarse con Él. Para aclarar el tema de la visión teológica de Pablo sobre la reconciliación, Porter afirma que "Dios estaba haciendo esto de dos maneras", dice Pablo. Este primero es sin contar las transgresiones humanas en contra de entonces, y el segundo, al colocar o confiar la palabra de reconciliación a los creyentes.[6] "El apóstol Pablo proclama el acto de reconciliación de Dios en Cristo, para que su ministerio se convierta en una parte y elemento integral de la obra de reconciliación de Dios. Dios hace que esta nueva realidad sea posible por su acto de reconciliación en Jesucristo. En otras palabras, el ministerio de reconciliación se basa en este acto de reconciliación (2 Cor. 5: 18b). Claramente, el acto reconciliador de la cruz hace posible la proclamación del mensaje de reconciliación, y la reconciliación con Dios tiene lugar junto con esta proclamación. Segunda Corintios 5:21, una vez más, enfatiza el corazón y el núcleo del acto salvador de Dios por la reconciliación. Además, es Dios quien habla a través de su testimonio y llama a las personas a aceptar el mensaje de reconciliación mediante el cual se reconcilian con Dios. La justicia de Dios está dirigida a hacer justos a los convertidos y creyentes en Jesucristo.

Preguntas para reflexionar

1. ¿Fue la iglesia de Corintios fundada por Pablo o sus colaboradores?

2. ¿Hubo conflictos y divisiones en la comunidad en Corinto?

3. ¿Cuál es la importancia de la Cena del Señor en Corintios?

---

[6] Murphy-O'Connor, *The Theology*, 62.

4. ¿Eran los mismos sus oponentes en 1 y 2 de Corintios?

5. ¿Muchos de los problemas éticos y pastorales en Corinto son similares en nuestra época?

Libros de lectura y estudio adicional

Andrew. Clarke, *Secular and Christian Leadership in Corinth: A Socio-historical and Exegetical Study of 1 Corinthians 1-6.* Leiden; Brill, 1993.

Panayotis. Coutsoumpos, *Paul, Corinth, and the Roman Empire.* Eugene: Wipf and Stock, 2015.

Raymond F. Collins, *First Corinthians.* Sacra Pagina. Vol 7 (Collegeville: The Liturgical Press, 1999.

Alvaro P. Delgado,. *De Apostol a Esclavo: El Exemplum de Pablo en 1 Corintios 9.* Analeta Biblica. Roma: Gregorian & Biblical Press, 2010.

Gene L. Green. "Achaia," in *The World of the New Testament: Cultural, Social, and Historical Contexts.* Edited by J. B. Green and L. M. McDonald. Grand Rapids: Baker Academic, 2013.

Grant, Robert M. *Paul in the Roman World: The Conflict at Corinth.* Louisville: Westminster John Knox Press, 2001.

Dieter. Georgi, *The Opponents of Paul in Second Corinthians.* Philadelphia: Fortress Press, 1986.

Ralph P. Martin, *2 Corinthians.* World Biblical Commentary. Second Edition. Grand Rapids: Zondervan, 2014.

Jerome. Murphy-O'Connor, "1 and 2 Corinthians," in *The Cambridge Companion to St Paul.* Edited by J.D. G. Dunn. Cambridge: Cambridge University Press, 2003.

B. J. Oropeza, *Jews, Gentiles, and the Opponents of Paul: The Pauline Letters.* Eugene: Cascade Books, 2012.

CAPÍTULO 7

La carta a los Gálatas

Es importante observar que la carta a los gálatas se caracteriza como respuesta a la controversia y una razón para una mayor controversia.[1] Además, un argumento similar aparece en la carta a los romanos[2] y en forma introductoria en Gálatas. El argumento de la carta a Gálatas está condicionado por la circunstancia específica; se convierte en una forma de presentar las preguntas que se centran en los principios principales en Romanos. A la vez, en Romanos la argumentación es más reflexiva y la presentación de la prueba para apoyar el argumento es más rigurosa.

Porter afirma que, "El gálata está atrapado en discusiones sobre una serie de problemas críticos importantes. El más desconcertante es quizás, el de su destino y, por lo tanto, con su fecha de composición ".[3] Sin embargo, no se supone que la Carta a los Gálatas sea la más antigua de Pablo o la segunda

---

[1] Stanley E. Porter, "Paul's Concept of Reconciliation, Twice More," in *Paul and His Theology*. Edited by S. E. Porter (Leiden: Brill, 2006), 138.

[2] Puskas and Reasoner, *The Letters*, 121.

[3] Schnelle, *The History and Theology*, 94.

más antigua (después de 1 Tesalonicenses), sino que pertenece al período entre el fin de la correspondencia de los corintios y los escritos de Romanos, alrededor del 55-56 d. C.[1]

¿Cuándo se fundaron las iglesias en Galacia? Según Hechos 16: 6 y 18:23, desde el inicio de los viajes misioneros segundo y tercero, el apóstol Pablo viajó por toda la "región de Galacia".[2] Para muchos estudiosos, sin embargo, el tema del lugar y el momento de la composición se ha convertido en una cuestión de debate.

A. Lugar y tiempo de composición de Gálatas.

Hay dos posibilidades que debemos considerar del momento y lugar de la composición de la Carta a los Gálatas: 1) Gálatas fue escrita durante la parada de Pablo en Éfeso, y antes o después de 1 Corintios; 2) Escribió Gálatas durante su viaje a través de Macedonia (cf. Hechos 20: 2) o la escritura de la correspondencia de Corintios y antes de Romanos.[3] Gálatas presenta dos preguntas interesantes difíciles: ¿quiénes eran los destinatarios y dónde vivían?[4] La carta fue enviada a la iglesia cristiana en Galacia que no era solo la provincia romana de ese nombre, sino también la región de la cual la provincia mucho más grande tomaba su nombre.

De hecho, Pablo se dirigió a sus lectores como, "Gálatas" en Gál. 3: 1, que parece decidir el asunto a favor de la región como el lugar de las "iglesias en Galacia".[5] Por un lado, R. Jewett observa que las ciudades de Perssinus, Germa y Ancyra como el área

---

[1] Porter, *The Apostles Paul*, 185.

[2] Klauck, *Ancient Letters*, 313.

[3] Schnelle, *Apostle Paul*, 268.

[4] Schnelle, *The History and Theology*, 94.

[5] Sanders, *Paul*, 443.

del ministerio del apóstol Pablo en la región de Galacia.[6] Por otro lado, no se da ninguna justificación, y quizás uno asuma que él simplemente enumeró las tres ciudades conocidas para justificar las "iglesias" en dirección a los Gálatas.

Sin embargo, la región de Galacia y su designación, son problemáticas, ya que puede referirse tanto a la región étnica del norte central de Anatolia,[7] donde los galos se asentaron después de emigrar de Europa central en el siglo III a.C, y pudo haber sido visitada por Pablo de acuerdo con Hechos 16: 6 y Hechos 18:23.[8] Que él pasó por la región de Galacia, también está respaldado por el libro de Hechos; dos veces describe a Pablo pasando por el distrito de Galacia (Hechos 16: 6; 18:23).[9]

Las ciudades donde estaban ubicadas esas iglesias no se conocen; tal vez incluyen Iconio, Listra y Derbe (Hechos 14), si la carta fue dirigida a la provincia de Galacia. Según U. Schnelle, "La Carta a los Gálatas podría escribirse a las iglesias en la región de Galacia (la hipótesis del norte de Galacia / región) o en la parte sur de la provincia romana de ese nombre (hipótesis del sur de Galacia / provincia).[10] "Los argumentos para las dos hipótesis han sido discutidos recientemente por varios eruditos.[11]

Como sea, no hay necesidad de cuestionar la autenticidad de esta epístola, ya que, como se ha demostrado, ha sido la menos contendida de las cartas del apóstol Pablo.[12] En la carta

---

[6] De Boer, *Galatians*, 4.

[7] Sanders, *Paul*, 444.

[8] Aune, *The Westminster Dictionary*, 191-94.

[9] Schnelle, *The History and Theology*, 95-96.

[10] De Boer, *Galatians*, 4-5.

[11] Schnelle, *The History and Theology*, 95.

[12] Para un examen aceptable de los argumentos, vea Porter, *The Apostle Paul*, 187-93. Schnelle, *The history and Theology*, 95-98. Sanders, *Paul*, 443-450. Puskas and Reasoner, *The Letters*, 138-141.

a los Gálatas obtenemos una vista previa de él en un reflejo de impulso de talante, reuniendo argumentos teológicos para influir en la iglesia de Galacia.

En algún momento dejó la congregación para predicar el evangelio en otra parte. Recibió noticias de que un grupo de predicadores judíos cristianos influyó en la comunidad de Gálata al apoyar un evangelio que difería del suyo. Para él, sin embargo, esos oponentes (adversarios) eran perturbadores o agitadores (Gál. 1: 7; 5:10).[1] Por lo tanto, podemos concluir que la carta a los gálatas fue escrita después de la correspondencia de los corintios y antes de la carta a los romanos. Con esto en mente, podemos discutir brevemente el tema de la ocasión y el propósito de la carta a los Gálatas.

B. Ocasión y propósito de la carta a los Gálatas

Se puede suponer que Pablo plantó las iglesias y les envió la carta en el segundo viaje misionero y las visitó nuevamente en el tercer viaje. El mensaje principal de esta compleja carta es la libertad, y por esa razón se la ha llamado "la carta de la libertad cristiana". Aprendemos que cuando los gálatas aceptaron la proclamación del evangelio de Pablo, recibieron el Espíritu y que Dios obró milagros entre ellos (Gál. 3: 2-5).[2]

Gálatas exhibe una distintiva variación epistolar común en su apertura y cierre que el apóstol Pablo había adoptado por su carta dirigida a las iglesias.[3] En este sistema, la carta a los gálatas llegaría al clímax del desarrollo, y la colocaría al final de la misión en la región Egea, justo antes de Romanos.

---

[1] Guthrie, *Galatians*, 7.

[2] Bruce Longenecker, "Galatians," in *The Cambridge Companion to St Paul.* Edited by J. D. G. Dunn (Cambridge: Cambridge University Press, 2003), 64.

[3] Sanders, *Paul*, 450.

Además, es significativo notar la similitud entre Gálatas y Romanos, no solo en su estructura y temas comunes, sino incluso, en su vocabulario.

C. Comparación de la estructura de Gálatas y Romanos: [4]

Gál. 1: 15-16	Rom. 1: 1-5 Apartado como apóstol
Gál. 2: 15-21	Rom. 3: 19-28 La justicia por la fe.
Gál. 3: 6-25, 29	Rom. 4: 1-25 Abraham
Gál. 3: 26-28	Rom. 6: 3-5 Bautismo
Gál. 4: 1-7	Rom. 8: 12-17 Esclavitud y libertad
Gál. 4: 21-31	Rom. 9: 6-13 Ley y promesa
Gál. 5: 13-15	Rom. 13: 8-10 Liberado para amar
Gál. 5:17	Rom. 7: 115 Conflicto entre disposición.
Gál. 5: 16-26	Rom. 8: 12-27 La vida en el espíritu

El tren de pensamiento que se encuentra en Romanos ya aparece en forma inicial en Gálatas. En la carta a los romanos, la argumentación es más reflexiva, la introducción de evidencia para apoyar el argumento es más difícil. [5]Además, hay muchas ideas diferentes con el motivo de que el apóstol escribiera su carta a los gálatas. Sin embargo, la carta a los gálatas,[6] se refiere fundamentalmente a los problemas eclesiológicos.

Por un lado, es posible que la ira o la agitación que él demuestra en la dura carta a los corintios (2 Cor. 10-13) se

---

[4]Aune, *The Westminster Dictionary,* 191.

[5] Schnelle, *The History and Theology,* 94.

[6] Boring, *An Introduction,* 278.

explique en parte por la posibilidad de que las noticias de Galacia llegaron a él cuando aún estaba trabajando en la crisis en Corinto. Por otro lado, cuando escribió a "las iglesias de Galacia",tal vez, había hablado con las congregaciones en el área del distrito más pequeño o en cualquier otro lugar de la provincia más grande.[1]

De acuerdo con Hechos 13-14, acompañado por Bernabé, predicó primero en la sinagoga local, trayendo a muchos judíos a la fe en Cristo (Hechos 13:43; 14: 1).[2] Sin embargo, no hay validación de esta imagen en la carta a los Gálatas. El apóstol se describe a sí mismo en Gálatas como el apóstol a los gentiles (Gálatas 1: 15-16), y los gálatas a los que describe como cristianos gentiles (Gálatas 4: 8-9). Por lo tanto, Pablo fue informado de una crisis que causó muchas dificultades en la iglesia de Galacia.

D. La crisis en Galacia[3]

Gálatas es una carta impulsada por una grave crisis dentro de un grupo de iglesias fundadas por Pablo en Asia Menor. La estructura de la carta a los Gálatas ya indica que la relación crítica entre Pablo y la congregación estaba llegando a un punto crítico. El principal problema era causado por los oponentes (forasteros), que estaban tratando de convencer a los gálatas de adoptar una visión del cristianismo, que era completamente diferente de la del apóstol.[4] Sin embargo, categóricamente

---

[1] Puskas and Reasoner, *The Letters,* 122.

[2] Sanders, *Paul,* 444.

[3] De Boer, *Galatians,* 5.

[4] Para una mejor discusión del tema, vea Watson, *Paul, Judaism,* 100-35. Porter, *The Apostles Paul,* 187-92. Oropeza, *Jews, Gentiles,* 9-17. Boring, *An Introduction,* 275-76, Gorman, *Apostle of the Crucified,* 228-32. Holladay, *Introduction,* 502-07. ""Sea lo que sea, Gálatas es una carta provocada por una grave crisis dentro de un grupo de iglesias paulinas ubicadas en algún lugar de Asia Menor"."

él puso en juego su autoridad, ya que había algunos intrusos (oponentes) que la cuestionaban.[5]

¿Quiénes eran los oponentes o intrusos? ¿De dónde vinieron? Parece que muchos de los eruditos se inclinan por Jerusalén, pero difieren en la conexión de éstos con las autoridades de la iglesia en Jerusalén. Por un lado, es muy probable que los oponentes salieran de Antioquía.[6] Cuando el apóstol fundó las iglesias en Galacia, había sido un agente activo en Antioquía.[7] Como se vio antes, es suficiente decir que fue y fundó varias iglesias en esa región en Asia Menor. En cualquier caso, si su carta fue dirigida a las iglesias de la región (norte de Galacia) o la provincia (sur de Galacia) no es seguro.

Como ya se dijo, según Hechos 13-14, Pablo fundó iglesias en Antioquía de Pisidia, Iconio, Listera y Derbe, ciudades ubicadas en la provincia romana de Galacia.[8] Gorman afirma que éstas se contaban entre las ciudades, según Hechos,[9] que él visitó durante sus viajes a través de Galacia. Galacia fue primero un territorio y luego una provincia romana oficial.[10] Geográficamente, la ciudad era más grande que Éfeso. Cabe señalar que existe una conexión entre el relato de Hechos y la carta paulina. Para algunos estudiosos, sin embargo, los datos conflictivos han causado una variedad de problemas interpretativos y teológicos.

---

[5] Murphy-O'Connor, *Paul*, 193-98. ""En la antigüedad a los adversarios nunca se les daba publicidad gratuita. El claro indicio de que estos últimos eran extraños está confirmado por el verbo que usa de su actividad; "Perturbar, desestabilizar, confundir" (Gál. 1: 7; 5:10) ".

[6] Schnelle, *Apostle Paul*, 271-77.

[7] Murphy-O'Connor, *Paul*, 193.

[8] La iglesia en Antioquía bajo presión de algunos judaizantes de la ciudad de Jerusalén, sin embargo, parece que la congregación de Antioquía decidió por una versión del cristianismo completamente judaizada, que el apóstol Pablo no pudo aceptar (Gálatas 2: 11-21) .

[9] Holladay, *Introduction*, 502.

[10] Gorman, *Apostle of the Crucified*, 229.

Hechos informa que Pablo viajó por el distrito de Frigia y Galacia al comienzo de los llamados, segundo y tercer viaje misioneros (Hechos 16: 6; Hechos 18:23). ¿Qué sucedió en la comunidad de la iglesia en Galacia después de la primera visita de Pablo?[1]

Había un grupo judío en la comunidad de la iglesia en Galacia. En la opinión del apóstol, estas personas eran perturbadores y agitadores que causaban muchos problemas en la congregación (Gál. 1: 7; 5:10).[2] Esos agitadores se pueden describir de la siguiente manera:

1) Eran, posiblemente, retóricos altamente dotados con una habilidad impresionante en la interpretación de las escrituras de Israel.

2) Bien podrían haber exigido el apoyo de la iglesia de Jerusalén, la iglesia madre.

3) Predicaban una especie de cristianismo que demostraba que los descendientes de Abraham estaban relacionados con la ley del pacto de Moisés.

En vista de este perfil, lo más probable es que el tema que el apóstol estaba tratando en la carta a los Gálatas era la cuestión de la observancia de la Ley Mosaica.[3] En palabras de F. Watson, "La mayoría de los cristianos judíos no estaban listos a abandonar el sueño original de que el pueblo judío en su conjunto pronto se uniría en su expectativa de la venida de Jesús como el Mesías".[4] En contraste, Pablo parecía estar

---

[1] Gorman, *Apostle of the Crucified,* 228.

[2] Watson, *Paul, Judaism,* 112.

[3] Longenecker, "Galatians," 64=65.

[4] Longenecker, "Galatians," 65.

predicando a los gentiles la libertad de la ley y algunas de las otras costumbres judías.

Este desacuerdo creaba una controversia principal entre el apóstol Pablo y el maestro judaizante.[5] Porter afirma: "En efecto, su enseñanza era contraria a la justificación por la fe (Gál. 3:21), intentaban hacer de la ley un medio de justificación (3:11), y socavaba la muerte de Cristo (Gál. 2:21)".[6] El apóstol Pablo describe la enseñanza de los oponentes como una perversión del verdadero evangelio (Gál. 1: 7). En contraste, los gálatas eran, en su mayoría, cristianos gentiles (Gálatas 4: 8; 5: 2-3; 6: 12-13) y tal vez pertenecían a la población helenizada de la ciudad.[7]

El apóstol Pablo menciona la llegada de algunos "agitadores" (oponentes) a la iglesia de Galacia. Su respuesta al punto en las iglesias en Galacia es evidente por su pasión por el evangelio (Gál. 1: 7). Ellos habían reemplazado el evangelio verdadero por el falso.[8]

El oyente, o el número de lectores, desempeña un papel importante en la determinación, tanto de la calidad del argumento como de la estrategia del escritor.[9] En este sentido, el oyente era un grupo interesado en el proceso de la comunicación.

Para algunos eruditos, lo que sucedía en Galacia no solo era que los oponentes (agitadores) habían comenzado a crear problemas, sino que también parecían persuasivos para

---

[5] Watson, *Paul, Judaism,* 100.

[6] De Boer, *Galatians,* 5.

[7] Porter, *The Apostles Paul,* 196.

[8] Schnelle, *The History and Theology,* 98.

[9] Porter, *The Apostles Paul,* 196.

muchos de los gálatas (cf. Gálatas 1: 6; 4:21; 5: 7-). 8).[1] El hecho es que en Gálatas 1-2, el apóstol dio su narración de la prehistoria de la presente crisis de Gálata. ¿Quiénes eran los agitadores (perturbadores o intrusos) que el apóstol percibía como oponentes del verdadero evangelio?[2] Como se mencionó anteriormente, la mayoría de los eruditos concluye que los agitadores eran judíos de la iglesia en Jerusalén. De hecho, hubo algunas comunidades judías que estaban bien documentadas en la región sur, pero no en el norte de Galacia.[3]

Esto es consistente con el hecho de que no hay pruebas de ninguna comunidad judía o sinagogas en el norte de Galacia en el primer siglo EC. Sin embargo, considerando todas las cosas, es muy probable que los gálatas a quienes Pablo habla fueran étnicos, gálatas[4] que se habían establecido en la región norte de la provincia romana de Galacia. Los alborotadores judíos parecían haber disfrutado de un éxito considerable al persuadir a los gentiles conversos de la necesidad de ser circuncidados. Estaban tratando de imponer esas prácticas judías sobre los cristianos gentiles en Galacia.[5]

¿Cuál podría ser la estrategia de Pablo, ya que la carta venía del oeste y los judaizantes del este?[6] Para él, su primera reacción fue proteger el evangelio que proclamó a los gálatas. Sin embargo, está claro que en Gálatas 2: 4 él se refiere a "falsos hermanos traídos en secreto, quienes se filtraron para espiar nuestra libertad que tenemos en Cristo Jesús".[7] Además, su

---

[1] B. C. Lategan, "The Argumentative Situation of Galatians," in *The Galatians Debate*. Edited by M. Nanos (Peaboby: Hendrickson Publishers, 2002), 383.

[2] Watson, *Paul, Judaism,* 113.

[3] Dunn, *The Theology of Paul,* 8.

[4] Klauck, *Ancient Letters,* 313-314.

[5] De Boer, *Galatians,* 5.

[6] James D. G. Dunn, *The Theology of Paul's Letter to the Galatians.* New Testament Theology (Cambridge: Cambridge University Press, 2004), 8-12. DeBoer, *Galatians,* 5.

[7] Murphy-O'Connor, *Keys to Galatians*, 118.

deseo era presentar estos criticones anteriores u opositores, como antecedente a la situación actual en la comunidad de la iglesia en Galacia. Y aunque había una crisis, el apóstol pudo ministrar a la congregación.

E. Esquema de la carta a los Gálatas[8]

A. Apertura (1: 1-5)
1. Remitente (1: 1-2a)
2. Destinatario (1: 2b)
3. Saludo (1: 3-4)
4. Doxología (1: 5)

B. Bendición (ninguna)

C. Cuerpo: en defensa de Pablo (1: 6-5: 12)
1. Apertura del cuerpo: un contrario (1: 6-9)
2. La autoridad de Pablo (1: 12-2: 13)
3. La protección de Pablo (2: 15-4: 31)
4. El acercamiento del cuerpo a la libertad cristiana (8: 1-9: 15)

D. Consejo (Paraénesis) de la Carta (5: 13-6: 10)
1. El amor cumple la ley (5: 13-15)
2. El Espíritu vence la carne (5: 16-26)
3. La ley de Cristo es para ayudarse unos a otros (6: 1-10)

---

[8] Watson, *Paul, Judaism,* 103.

E. Cierre de la Carta (6: 11-18)

1. La autoridad de Pablo (6: 11-17)
2. Bendición (6:18)

F. Mensaje teológico esencial de Gálatas[1]

De las cartas de Pablo, Gálatas es probablemente la más polémica y problemática, y en muchos aspectos la más teológica (en comparación con la carta a los romanos). En todo caso, podemos suponer que una teología más amplia de Pablo está realmente detrás de Gálatas. Dunn afirma que "la teología de Gálatas es como una cuenca de agua extraída de una cisterna más grande".[2] Cabe señalar que Pablo cambia la discusión del papel de la Ley para los cristianos en el plan de salvación de Dios.

La tesis principal de la carta al Gálatas es la doctrina de la justificación que se presenta la primera vez en Gal. 2:16.[3] Sin embargo, según Pablo, está claro que ningún ser humano será justificado ante Dios por las obras de la Ley (Gálatas 2:16) y que nadie es capaz de cumplir todos los requisitos de la Ley. Para él, ninguna señal externa como la circuncisión dará salvación. El interés de los gálatas, sin embargo, era si los creyentes gentiles en Jesucristo deberían ser circuncidados como parte de su dedicación al Dios de Israel.[4] Otro tema relacionado con lo mencionado anteriormente es el tema de la salvación por la fe. La salvación es por la fe en Jesucristo,[5] no por las obras de la ley,

---

[1] Ver a, Boring, *An Introduction,* 280-81. Porter, *The Apostles Paul,* 200. See also Puskas and Reasoner, *The Letters,* 115.

[2] See James D. G. Dunn, *The Theology of Paul's Letter to the Galatians.* New Testament Theology (Cambridge: Cambridge University Press, 2004), 25-28.

[3] Dunn, *The Theology of Paul.* 34.

[4] Schnelle, *The History and Theology,* 104.

[5] Longenecker and Still, *Thinking Through Paul,* 90.

porque si la salvación se hacía disponible por la ley, entonces Cristo murió en vano.

Pablo explica en el siguiente capítulo por qué la ley es ineficaz con respecto a la salvación y la justificación; nadie podía observarla en su totalidad (Gálatas 3:10). En este punto, el apóstol invita a los gálatas a recordar su experiencia personal del evangelio. Les enseñó que la salvación era tanto para ellos como para los judíos.[6] Los judíos rastreaban su descendencia hasta Abraham y se consideraban a sí mismos como los sucesores legítimos de la promesa de Abraham. Por lo tanto, su descripción de la palabra de Dios a Abraham era como evangelio, porque prometió bendición a todas las naciones (Gálatas 3: 8). El mensaje teológico principal del apóstol Pablo a los gálatas fue que la gracia y la promesa de Dios a Abraham cubren a toda la humanidad como parte del mismo pacto para él y sus descendientes. En otras palabras, la proclamación y recepción del evangelio en Galacia no era simplemente una operación cerebral, sino un encuentro personal de poder profundo y cambiante.

Preguntas para reflexionar

1. ¿Es Gálatas para algunos eruditos una de las cartas paulinas más conflictivas?

2. ¿Geográficamente hablando, donde se cree que Pablo envió esta carta a los Gálatas?

3. ¿Cuál es la naturaleza del conflicto que aparece en Gálatas 2 y también en Hechos 15?

---

[6] Greg W. Forbes, "The Letter to the Galatians," in *All Things to all Cultures: Paul, Among Jews, and Romans*. Editors, M. Harding and A. Nobbs (Grand Rapids: Eerdmans, 2013), 250-52.

4. ¿Es la carta a los Gálatas considerada genuina de Pablo?

5. ¿Es el tema de las obras de la ley o la fe importante en la teología de Gálatas?

Libros para lectura y estudio adicional

Hans Dieter. Betz, *Galatians: A Commentary on Paul's* Letter to the Churches in Galatia. Philadelphia: Fortress Press, 1979.

Martinus C. De Boer, *Galatians: A Commentary.* Louisville: Westminster John Knox Press, 2011.

James D. G. Dunn, *The Epistle to the Galatians.* BNTC. Peabody: Hendrickson Publishers, 1993.

Greg W. Forbes, "The Letter to the Galatians," in *All Things to all Cultures: Paul, Among Jews, and Romans.* Editors, M. Harding and A. Nobbs. Grand Rapids: Eerdmans, 2013.

David G. Horrell, David G. *An Introduction to the Study of Paul.* Second Edition. London: T & T Clark, 2006.

Bruce W. Longenecker, and Still, T. D. "Galatians," in *The Cambridge Companion to St Paul.* Edited by J. D. G. Dunn. Cambridge: Cambridge University Press, 2003.

Dieter. Lührmann, *Galatians.* A Continental Commentary. Translated by O. C. Dean, Jr. Minneapolis: Fortress Press, 1992.

Jerome. Murphy-O'Connor, *Keys to Galatians: Collected Essays.* Collegeville: Liturgical Press, 2012.

Udo, Schnelle, *Apostle Paul: His Life and Theology.* Translated by M. E. Boring. Grand Rapids: Baker Academic, 2003.

Francis. Watson, *Paul, Judaism, and the Gentiles: Beyond the New Perspective.* Revised and Expanded Edition. Grand Rapids: Eerdmans, 2007.

CAPÍTULO 8

La carta a los Efesios

La carta a los efesios se escribió para las iglesias paulinas en Asia Menor, en la ciudad de Éfeso, donde puede haberse originado. Se ha sugerido que se escribió para presentar la colección de las llamadas Cartas de la prisión.[1] Mientras que la carta a los efesios tiene la forma de una carta, su destino carece de especificidad.

Para muchos eruditos, la carta a los efesios es un rompecabezas por esta razón: 1) no se sabe quiénes eran los destinatarios; 2) no hay certeza si el apóstol escribió la carta.[2] Es bien sabido que Efesios es parte de lo que se llama "epístolas de la prisión" (Efesios, Filipenses, Colosenses y Filemón)[3]. Los efesios comenzaron en lo que se llama, escuelas paulinas y pudieron no

---

[1] Forbes, "The Letter to the Galatians," 250-51.

[2] Barrett, *Paul: An Introduction,* 154. "Tenemos muy poco conocimiento de las cartas, excepto como una colección. "No tienen historiadores textuales independientes, y los escritores de la iglesia, excepto los más antiguos, si muestran conocimiento de uno, por lo general mostrarán conocimiento de todos o casi todos". Véase también Porter, The Apostles Paul, 329.

[3] Puskas and Reasoner, *The Letters,* 158.

haberse escrito hasta los años 80-90 d.C. Los datos externos, sin embargo, sugieren una fecha entre los años 60 y 90 d.C.

Sin embargo, la falta de pruebas para conocer Efesios hasta Ignatius y Policarpo y ciertos datos internos, sugerirían una fecha al final de esa era.[1] Según lo declarado por Lucas, el apóstol Pablo se quedó alrededor de dos años y tres meses (Hechos 19: 8-10) o tres años (Hechos 20:31) en Éfeso. Murphy-O'Connor afirma: "La última figura es obviamente un redondeo de la anterior, cuya precisión bastante incómoda recomienda su historicidad".[2]

Dado lo que el apóstol hizo mientras estuvo en Éfeso, es claro que el lapso de tiempo, especialmente cuando se compara con lo que logró durante los dieciocho meses que estuvo en Corinto (Hechos 18:11), Lucas menciona en Hechos 19: 9-10 que Pablo trabajó más de dos años en Éfeso. Era conocido por la congregación y estaba familiarizado con algunos problemas y circunstancias en Éfeso.[3] En contraste, Efesios 1:15 y 3: 2 parecen dar la impresión de que Pablo y la iglesia no se conocían en absoluto. Así, el apóstol parece haber tenido más que una relación pasajera con la comunidad cristiana en la ciudad de Éfeso.[4]

A. La ciudad de Éfeso

Éfeso era grande y sobresaliente, con tal vez un cuarto de millón de habitantes. Alcanzó el pináculo de su riqueza e influencia en los períodos helenista y romano. Además, cuando el Imperio Romano asumió el poder en el año 133 a.C bajo los términos del legado de Atalo III, este puerto marítimo

---

[1] Klauck, *Ancient Letters,* 317.

[2] Ernest Best, *Ephesians: A Shorter Commentary* (London: T & T Clark, 2003), xxx.

[3] J. Murphy-O'Connor, *St. Paul's Ephesus: Text and Archaeology* (Collegeville: Liturgical Press, 2008), 201.

[4] Schnelle, *The History and Theology,* 302.

rico estaba abierto a la explotación por parte de funcionarios despiadados. [5]Fundada alrededor del año 1000 a.C y reubicada ligeramente más de una vez a lo largo de los siglos, se convirtió en un centro de culto imperial y recibió el título de "la primera y la mejor metrópolis de Asia".[6]

De hecho, fue el centro del culto imperial de Asia bajo el gobierno de Augusto. Éfeso tenía un puerto muy importante y una ubicación estratégica en las rutas comerciales por tierra. Strabo también menciona de la influencia religiosa de Éfeso en las otras ciudades del Mediterráneo occidental. El templo de Artemisa de Éfeso en los pueblos fundados por Marsella. Una estatua de Artemisa se menciona en la historia de la fundación de Marsella.[7]

Se sabe que Artemisa fue la madre y el alma de todos los aspectos de la vida en y alrededor de Éfeso. Según Hechos 19, sin embargo, el evangelio de Pablo y la adoración de Artemisa entraron en seria disputa.[8] Sin lugar a dudas, Artemisa dominó la vida de los efesios, incluida la magia y otras formas de devoción religiosa, en la ciudad de Éfeso.[9] Es claro que no importa cuál sea su relación exacta con esta carta, la ciudad de Éfeso era estratégica en el ministerio de Pablo, que funcionaba para él en Asia como lo hizo Corinto en Acaya. También es importante notar que continuó siendo un centro muy importante a principios del siglo II, y más tarde fue uno de los sitios del consejo de la iglesia.

---

[5] Rymond F. Collins, *Letters that Paul Did not Write; The Epistle to the Hebrews and the Pauline Pseudepigrapha* (Wilmington: Michael Glazier, 1988), 140.

[6] Colin J. Hemer, *The Letters to the Seven Churches of Asia in their Local Setting* (Sheffield: Sheffield Academic Press, 1989), 36.

[7] Gorman, Gorman, *Apostle of the Crucified*, 575.

[8] Strabo, *Geography*, 3.4.6. See also Murphy-O'Connor, *St. Paul's Ephesus*, 6.

[9] Gorman, *Apostle of the Crucified*, 578.

B. Tiempo y lugar de composición de Efesios

La dirección, lugar, tiempo y propósito de la carta están vinculados. La ubicación precisa donde se redactó ya no se puede determinar, pero la gran familiaridad con la carta a los Colosenses apunta a Asia Menor. Los argumentos a favor o en contra, para una ubicación más exacta son dignos de consideración. Efesios también es caracterizada como la más general de las cartas paulinas.[1] Se enviaron varias cartas similares a diferentes iglesias, cada una con un nombre y mensaje individual. Esta fue la práctica común que podemos encontrar en el mundo antiguo.[2] El argumento es que Efesios pertenecen a un tipo de carta griega que sustituye un discurso público por una conversación privada;[3] el propósito epistolar era superar la separación y establecer contacto entre el remitente y los destinatarios.

Algunos la han calificado como "casera", otros como un tratado teológico sobre el tema, "Cristo y la iglesia". Otro tema es la omisión de su destino. Se ha argumentado que la carta era una epístola circular a las iglesias en un área considerable. Asia Menor habría sido la ubicación perfecta ya que la carta tiene una conexión literaria con Colosenses.[4] Si la carta a los efesios no fue escrita a la comunidad de la iglesia en Éfeso, entonces, ¿a quién fue escrita? Parece más probable que fue escrita a los laodicenses. Algunos estudiosos argumentan que hay evidencia en Col. 4:16 alentando a la comunidad en Colosa a leer la carta. El enemigo de Tertuliano de Marion mencionó a "Efesios" como "laodicense".[5]

---

[1] Hemer, *The Letters to the Seven,* 44.

[2] Andrew T. Linoln, "Ephesians," in *The Cambridge Companion to St Paul.* Edited by J, D. G. Dunn (Cambridge: Cambridge University Press, 2003), 133.

[3] Ernest Best, *Essays on Ephesians* (Edinburgh: T & T Clark, 1997), 11.

[4] Aune, *The Westminster Dictionary,* 158.

[5] Puskas and Reasoner, *The Letters,* 159.

Como se vio antes, la carta a los efesios se escribió como circular para el creyente en Asia Menor occidental. La carta era conocida y aparentemente bien leída en la iglesia primitiva. De hecho, algunos eruditos confían en los primeros padres de la Iglesia, ya que Clemente e Ignacio se hicieron eco de esta carta en sus propios escritos a las iglesias en Asia Menor.[6]

Otro tema considerado por algunos eruditos es la presencia de los judíos en Éfeso. ¿Pudo influir la presencia de los judíos en la iglesia y en la ciudad? Según Hemer, "No cabe duda de la gran fuerza del judaísmo en Éfeso, aunque las implicaciones del hecho de que la iglesia era mucho más problemática. Hay abundantes testimonios sobre el gran número de judíos en Asia ".[7]

Es bien sabido de la población judía en toda la región de Asia Menor. Es importante notar que la primera llegada del evangelio a la ciudad de Éfeso no está escrita. Pero, según Hechos 2: 9, los judíos que vivían en Asia Menor estaban presentes en el día de Pentecostés. Podemos tomar en consideración, aunque con cautela, la evidencia de Josefo [8] de que la población judía de Éfeso incluía un cuerpo de ciudadanos del Imperio Romano. Éfeso, es bien sabido, era la primera de las siete comunidades eclesiales mencionadas en Apocalipsis 2: 1-7.

C. Relación de Efesios y Colosenses

Hay un tema complejo y una discusión en la actualidad sobre la relación entre Efesios y Colosenses.[9] Está claro, sin

---

[6] Tertullian, *Against Marion*, 5.17.

[7] Collins, *Letters that Paul*, 132. "Es casi incontrovertido que Ignacio usó Éfeso en su carta a Policarpo, el obispo de Esmirna (Pol 5: 1), y que Policarpo, a su vez, usó Efesios cuando escribió a la iglesia en Filipos".

[8] Hemer, *The Letters to the Seven*, 37-41.

[9] Josephus, *Antig.* 14.10.13.228-30.

embargo, que existe una conexión literaria entre Efesios y Colosenses.[1] Esta conexión es el factor más crítico a favor de la autoría paulina de Efesios.

Es significativo que Efesios comparta con Colosenses muchas características que distinguen esas dos cartas del resto del cuerpo paulino.[2] Porter afirma: "Sugiere que Pablo escribió una de las cartas, probablemente Colosenses, primero, y luego usó algunas de las mismas ideas, y en ocasiones incluso las mismas palabras, al escribir Efesios".[3] Por ejemplo, Colosenses, como la carta a los Efesios, muestra algunas características estilísticas que la distinguen de otras cartas paulinas. Se puede encontrar una oración compleja larga extraordinaria, generalmente traducida por ediciones griegas y traductores como muchas oraciones cortas.[4]

Hay un estimado de que el 34 por ciento de las palabras en la carta a los Colosenses aparece en Efesios. A pesar de esta importante cantidad de similitud, hay muy pocos pasajes paralelos.[5] Aparentemente, Colosenses sigue el modelo esencial o las cartas de los primeros cristianos. Tiene una sección de bendición que tiene una oración intercesora y termina con una nota escatológica (Col. 1: 3-11).

Es muy probable que el autor de la carta a los Efesios, sin duda, utilizó a Colosenses como una fuente directa, como se puede ver en el gran número de asuntos similares entre las dos cartas: 1) contactos en la macro estructura; 2) contactos en lenguaje y temas; 3) acuerdos en expresiones breves; 4) acuerdos

---

[1] Puskas and Reasoner, *The Letters,* 154.

[2] P Peter T. O'Brien, *The Letter to the Ephesians.* PNTC (Grand Rapids: Eerdmans, 1999), 8- 20.

[3] Boring, *An Introduction,* 346.

[4] Porter, *The Apostles Paul,* 393.

[5] Holladay, *Introduction,* 624-25.

en terminología con diferencia en las ideas concernidas.[6] La carta a los efesios no usó la carta a los colosenses de manera esquemática; más bien, Pablo aprobó solo esas ideas que podrían ser útiles para su propia preocupación. Una mirada más cerca a la carta, sin embargo, muestra algunas diferencias principales en la forma y el contenido.[7]

Por ejemplo, la oración habitual es seguir el saludo de apertura, ya sea una oración de agradecimiento o una bendición. La carta de Efesios tiene ambas, primero una bendición (Ef. 1: 3-14) y luego una oración de agradecimiento (Ef. 1: 15-23). También es significativo que la carta a los efesios integrara las tradiciones litúrgicas cristianas primitivas en su composición.

Tales rudimentos de la tradición posiblemente se vean en Ef. 1: 3-14; 1: 20-23; 2: 4-10; 2: 14-18; 2: 19-22; 5:14. Por un lado, la carta a los colosenses tiene un carácter oficial y público. Los remitentes se identifican como Pablo y su asociado, Timoteo (Ef. 1: 1), por lo que es una declaración autorizada.[8]

Por otro lado, cuando examinamos las similitudes y diferencias entre ambas cartas; las palabras, frases y temas de las dos cartas que se toman en consideración a la luz del hecho de que siguen la misma secuencia, la explicación más probable es que el apóstol Pablo conocía a los efesios y colosenses lo suficientemente bien como para usarlos para la proclamación del Evangelio.[9] El espacio no permite una respuesta completa, pero algunos comentarios son muy importantes y esenciales:

---

[6] Porter, *The Apostles Paul,* 394.

[7] Schnelle, *The History and Theology,* 308.

[8] Holladay, *Introduction,* 624.

[9] Puskas and Reasoner, *The Letters,* 154-55.

1. La mayor parte de la liturgia cristiana más antigua y la tradición teológica tienen los títulos de Cristo y Dios (Señor, Salvador) y su participación en la salvación.

2. Difícilmente es inesperado o quizás inapropiado cambiar de imagen para que Cristo, el Señor, sea llamado "cabeza" de la iglesia.

3. Simplemente no es verdad que la iglesia no es "local" en Efesios. La característica de Efesios está en poner la iglesia local, con todas sus actividades y miembros dotados.[1]

Por supuesto, estas observaciones no pueden responder a todas las aclaraciones de los efesios que contribuyen a su supuesta distancia del autor auténtico, el apóstol Pablo. Efesios sí demuestra un Cristo exaltado y una iglesia exaltada, pero estos énfasis pueden explicarse dentro de las circunstancias y la trayectoria de la carta principal de la prisión. La carta de la prisión de Pablo muestra un fuerte énfasis en Cristo como Señor, frente a todos y cada uno de los poderes. Estos temas no faltan en otra carta anterior.

D. Esquema de la carta a los Efesios[2]

A. Apertura (1: 1-2)
1.   Remitente (1: 1a)
2.   Destinatario (1: 1b)
3.   Saludo (1: 2)

B. Bendición (1: 3-14)

---

[1] Linoln, "Ephesians," 135.

[2] Gorman, *Apostle of the Crucified,* 582.

1. Oración y bendición (1: 13-14)
2. Intercesión (1: 15-23)

C. Cuerpo: Unidad (2: 1-3: 21)

1. La salvación por gracia (2: 1-10)
2. Aceptación de los gentiles a la fe (2: 11-22)
3. Pablo y el misterio (3: 1-13)
4. Fin de la oración y doxología (3: 121)

D. Consejo (Paraénesis) de la Carta (4: 1-6: 20)

1. Viviendo una vida de valor (4: 1-6)
2. Respondiendo a la Gracia de Dios (4: 7-16))
3. Viviendo la vida como cristiano (4: 17-5: 20)
4. Sumisión a la casa (5: 21-6: 9)
5. Ser ferviente en el Señor (6: 10-17)
6. Orando en el Espíritu (6: 18-20)

E. Cierre (6: 11-18)

1. Tychicus (6: 21-22)
2. Bendición (6: 23-24)

E. Mensaje teológico esencial de Efesios[3]

Varios intérpretes argumentan que hay cambios teológicos importantes entre la carta a los efesios y las otras cartas paulinas, y que ofrecen una crítica contra la autoría de la carta por parte del apóstol. Efesios tiene énfasis altamente teológico y cristológico. Cristo es descrito de varias maneras como

---

[3] O'Brien, *The Letter,* 9-14. Porter, *The Apostles Paul,* 393. See also Boring, *An Introduction,* 351.

superior a todas las cosas.[1] La visión Cristo-teológica de la carta a los efesios se describe en términos de una visión especial del mundo. Pablo enfatiza que Dios, el creador de todo lo que es, y Jesucristo están entronizados sobre todo en el cielo, mientras que el espacio entre el cielo y la tierra está regido por *eones*, ángeles y el poder de los demonios, y el mundo de los seres humanos.[2]

Cabe señalar que, en el contexto de esta imagen del mundo, el apóstol Pablo, desarrolla su visión teológica y cristológica de la exaltación y el señorío de Jesucristo. La otra cuestión teológica importante en la carta a los efesios es el concepto de poder que se encuentra en toda la carta. Pablo está enfatizando que el poder de la resurrección por el cual todas las cosas que incorporan el principado y el poder, se ponen bajo Cristo (Efesios 1: 19-22).[3]

Una teoría atractiva, que el apóstol enfatiza, es la iglesia como la plenitud de Cristo. Barrett afirma que, "La vida obediente de Cristo da gloria a Dios; la vida obediente de la iglesia da gloria a Dios. [4]La iglesia es el cuerpo de iglesia, no como un organismo inferior, que está bajo su control. Cristo es la cabeza de la iglesia, que se eleva sobre todas las cosas, lo que ha incluido a la iglesia en su iglesia cósmica.

La carta a los efesios, los fieles en Cristo Jesús, fue escrita para "el pueblo santo de Dios en la ciudad de Éfeso" (Ef. 1: 1b).[5] Al mismo tiempo, la iglesia es el reino de la salvación abierto por Cristo, y ocupado y gobernado por él (Efesios 1: 22-23).

---

[1] Ver la discusión teológica en O'Brien, *The Letter,* 21-24. Y también Schnelle, *The History and Theology,* 311-13.

[2] O'Brien, *The Letter,* 21.

[3] Schnelle, *The History and Theology,* 311.

[4] Ian Smith, "The Later Pauline Letters," 319.

[5] Barrett, *Paul,* 155.

[6]Por lo tanto, no hay iglesia sin Cristo y, en consecuencia, no hay Cristo sin la iglesia. Además, en el bautismo, los conversos ya están salvos por gracia (Ef. 2: 5, 6, 8), se levantan y se ponen en los lugares celestiales (Ef. 2: 6). Como conciudadanos de los santos y miembros de la casa de Dios (Efesios 2:19), están listos para compartir la redención a través de la sangre de Cristo (cf. Efesios 1: 7). Desde un punto de vista teológico, y como se vio antes, en virtud de su nueva identidad en Cristo, los conversos gentiles ya no eran extranjeros y extraños, sino residentes legales con el pueblo de Dios.

Preguntas para reflexionar

1. ¿Cuál es el tema principal de la carta a los Efesios?

2. ¿Fue la idolatría uno de los problemas más grandes que enfrento Pablo en Éfeso?

3. ¿Fueron los temas de unidad y madurez en Efesios 4 importantes para el apóstol Pablo?

4. ¿Fue la iglesia de Éfeso una de las mayores preocupaciones de Pablo?

5. ¿Cuál es el rol fundamental de la iglesia en la teología de Pablo?

Libros para lectura y estudio adicional

Ernest. Best, *Essays on Ephesians.* Edinburgh: T & T Clark, 1997.

Carl R. *Introduction* Holladay, *to the New Testament.* Reference Edition Waco: Baylor University Press, 2017.

---

[6] Longenecker and Still, *Thinking Through Paul,* 242.

Bruce W. Longenecker, and T. D. Still. *Thinking Through Paul: A Survey of His Life, Letters, and Theology*. Grand Rapids: Zondervan, 2014.

Jerome. Murphy-O'Connor, *St. Paul's Ephesus: Text and Archaeology*. Collegeville: Liturgical Press, 2008.

Peter T. O'Brien *The Letter to the Ephesians*. PNTC. Grand Rapids: Eerdmans, 1999.

Stanley E. Porter, *The Apostle Paul: His life, Thought, and Letters*. Grand Rapids: Eerdmans, 2016

E. J. Schnabel, *Early Christian Mission: Paul and the Early Church*. Downers Grove: InterVarsity Press, 2004.

Udo. Schnelle, *The History and Theology of the New Testament Writings* Minneapolis: Fortress Press, 1998.

Alexander J. M. Wedderburn, *A History of the First Christians*. London: T & T Clark International, 2005.

Michael. Wolter, *Paul: An Outline of His Theology*. Translated by R. L. Brawley. Waco: Baylor University Press, 2015.

CAPÍTULO 9

La carta a los Filipenses[1]

L a carta a los filipenses es también una inspiración para que los destinatarios continúen en la verdad del evangelio. Es parte de lo que se llama "epístolas de la prisión" (Filipenses, Colosenses, Filemón y Efesios). Filipenses, en contraste, con las otras cartas paulinas se llaman "cartas de amistad". El punto a destacar es que la carta a los filipenses también se considera "formal".[2] Por ejemplo, Cicerón considera que "las cartas amistosas como las que se ven en los papiros, no son dignas de correspondencia entre los verdaderos amigos,[3] ya que las otras cartas tratan de asuntos mundanos.

Es importante tener en cuenta que, como en la mayoría de las sociedades antiguas, la amistad desempeñó un papel principal en las relaciones sociales básicas en el mundo greco-romano,

---

[1] Schnelle, *The History and Theology,* 311.

[2] Ver la discusión sobre el tema en Ben Witherington III, *Paul's Letter to the Philippians: A Socio-Rhetorical Commentary* (Grand Rapids: Eerdmans, 2011), 9-11. "Hay problemas importantes para cualquiera de las sugerencias no tradicionales sobre la procedencia de la carta".

[3] Gordon D. Fee, *Paul's Letter to the Philippians.* NICNT (Grand Rapids: Eerdmans, 1995), 3-5

incluida la política y los negocios.[1] Sin embargo, las preguntas principales se discutirán a continuación, seleccionando todas las "cartas de prisión" como un grupo de cartas genuinas de Pablo escritas en Roma mientras estaba en arresto domiciliario.[2] ¿Escribió el apóstol Pablo cartas a sus iglesias desde la prisión en Roma?

Según Schnelle, "La carta a los filipenses se escribió mientras Pablo estaba en prisión (Fil. 1: 7, 13, 17) pero, en una situación que no le impedía tener una actividad misionera vigorosa (Fil. 1: 12). 13).[3] "El libro de Hechos nos informa que Pablo dejó Asia Menor para comenzar su viaje misionero en Europa (Hechos 16: 11-12).[4] Se dice que la ciudad de Filipos fue la primera de Europa en ser evangelizada por él.

Llegó a la ciudad a fines del verano o principios de otoño del año 48 d. C., caminando por la región occidental de Turquía, desde la ciudad de Galacia.[5] Según Hechos 16:12, no pasó ningún tiempo en este puerto, sino que siguió al interior de Filipos. Está claro, sin embargo, que dio una pista de que sus primeros conversos vinieron de Filipos.[6] Filipo II de Macedonia estableció la ciudad de Filipos alrededor del año 356 a. C.[7] En el 42 a. C. se inició el asentamiento romano intensivo, que ganó gran impulso en el 31 a. C.[8] Por lo tanto, la carta a los filipenses fue encontrada probablemente en Roma alrededor del 60 d.C.

---

[1] Cicero, *Fam.* 2.4.1. "La escritura de cartas se inventó solo para que pudiéramos informar a esas personas a distancia si existiera algo que fuera importante para nosotros o que deberíamos saber."

[2] Fee, *Paul's Letter,* 4.

[3] O'Brien, *The Letter,* 68. Porter, *The Apostle Paul,* 329.

[4] Schnelle, *Apostle Paul,* 366.

[5] Sanders, *Paul,* 575.

[6] Murphy-O'Connor, *Paul,* 211.

[7] *Philippians* 4:15.

[8] Schnabel, *Paul and the Early,* 1150.

En este punto de la carrera de Paul, parece que no había hecho planes para seguir estableciendo más iglesias,[9] pero algunas preguntas críticas sobre la carta a los filipenses, a veces ocupan a eruditos, en lugar de considerar un mensaje positivo y alentador del apóstol a una amada comunidad de iglesia en Filipos.

Es obvio que hubo una buena relación entre Pablo y la iglesia en Filipos. Y estas expresiones de amistad se ven aún más por el hecho de que, en esta carta Pablo evita cuidadosamente cualquier indicio de una relación de "patrón-cliente", que se puede ver con frecuencia en sus otras cartas.[10] Por lo tanto, varias de las características de las cartas de amistad, son claramente evidentes en Filipenses, no solo en algunos de los asuntos "formales", sino aún en los puntos principales a través de la carta. Además, la carta fue, obviamente, escrita por el apóstol Pablo a la comunidad de la iglesia en Filipos.

A. La ciudad de Filipos[11]

Es bien sabido que Filipos era una ciudad antigua en los tiempos de Pablo, establecida alrededor del año 356 a. C. por Filipo II de Macedonia, padre de Alejandro Magno. Filipos se situaba en la Vía Egnatia, la principal arteria de tráfico del este y oeste del Imperio Romano.[12] Estaba situada en el extremo oriental de una enorme y fértil llanura en el centro de Macedonia, a 16 kilómetros hacia el interior y en una cordillera baja desde el puerto marítimo de Neapolis (la moderna Kavala). También estaba sobre una antigua carretera real que era una arteria

---

[9] Schnelle, *The History and Theology,* 133.

[10] Porter, *The Apostle Paul,* 329.

[11] Fee, *Paul's Letter,* 6-7.

[12] Para una discusión mas completa sobre el tema en la carta a los Filipenses vera a Ralph P. Martin, *Philippians.* The New Century Bible Commentary (Grand Rapids: Eerdmans, 1980), 2-58.

importante para el tráfico del este al oeste.[1] Cuando el apóstol llegó a la ciudad en el 49 d.C. (Hechos 16: 11-15), Filipos era el centro político urbano del este de la llanura. Los habitantes eran romanos y griegos; y aunque el latín era el idioma oficial, el griego era el idioma comercial y de la vida cotidiana.[2]

Filipo muestra la variedad típica de las religiones helenistas, incluidos los antiguos dioses de la fertilidad de la población nativa tracia, además del culto imperial romano que era fuerte en la ciudad.[3] Por lo tanto, esta influencia religiosa afectó algunas de las relaciones en la comunidad de la iglesia en Filipos.

El octaviano llegó a ser el deificado César Augusto, y Filipos se convirtió, con orgullo, en una colonia romana que fue el punto focal del patriotismo y la religión expresada en el culto al César. Filipos se convirtió en una colonia romana y avanzada militar. Como colonia, disfrutó de los beneficios del *ius Italicum*, que otorgaba a la gente derechos económicos y legales similares a los de los italianos.[4]

Como se mencionó antes, la mayoría de los residentes de la ciudad de Filipos eran ciudadanos romanos, con el mismo estatus legal que si vivieran en la misma ciudad de Roma. Así, la ciudad de Filipos era muy importante, con un lugar especial en el Imperio Romano.[5] Hay dos preguntas importantes en el estudio de Filipenses: ¿Dónde estuvo Pablo encarcelado? ¿Dónde encajan los filipenses en la secuencia del resto de la correspondencia?

---

[1] Boring, *An Introduction,* 216-17.

[2] Sanders, *Paul,* 576.

[3] Fee, *Paul's Letter,* 26.

[4] Martin, *Philippians,* 4-7.

[5] Puskas and Reasoner, *The Letters,* 181-82.

B. Tiempo, lugar y composición de los Filipenses.

Como se mencionó antes, el apóstol Pablo escribió la carta a los filipenses cuando estuvo encarcelado en Roma (Fil. 1: 7, 13, 17). Hay un debate, sin embargo, de si fue en Roma o no.[6] El punto de vista tradicional, que quizás tenga más que decir, es que Filipenses fue escrita desde Roma, durante los dos años de prisión (Hechos 28:30). Pero no importa dónde fue el lugar de origen. El hecho es que estaba marcado por problemas para el apóstol Pablo.[7]

Pero las ubicaciones probables del encarcelamiento de Pablo, tal vez, incluya a Cesarea (muy poco probable), Éfeso[8] y Roma. Por el bien de la discusión, digamos que el apóstol Pablo escribió desde la prisión en Éfeso, como se supondría por las indicaciones en sus cartas y Hechos; luego la carta a los filipenses se creó en una relación temporal con Galacia.[9] Si, por otro lado, la carta fuese escrita, aun si el apóstol hubiese estado bajo la custodia de Roma, vendría después de la carta a los romanos, alrededor del 60 E.C.

En este punto, no es necesario revisar la historia antigua de la ciudad de Filipos. Como se vio antes, Filipos de Macedonia fundó la ciudad, pero lo que es más importante para nuestra discusión es que Filipos, en los días de Pablo, era una ciudad de alrededor de 10,000 habitantes y probablemente una colonia romana llamada *Colonia Iulia Augusta Philippensis*.[10]

---

[6] Sanders, *Paul,* 576.

[7] Schnelle, *The History and Theology,* 131.

[8] Barrett, *Paul,* 39-41.

[9] Barrett, *Paul,* 39. "Algunos piensan que fue escrito desde la prisión en el período de Efesios. Que Hechos no menciona un encarcelamiento en Éfeso no es una prueba de que uno (o, como algunos piensan, dos) no tuvo lugar ".

[10] Klauck, *Ancient Letters,* 319.

Es importante señalar que Pablo considera la característica romana de la ciudad cuando llama a sus habitantes filipenses (Fil. 4:15). La dignidad cívica de la ciudad de Filipos, como colonia romana, se menciona particularmente en Hechos 16:12, y es importante para el contexto de la carta. La descripción de Lucas en Hechos es notablemente completa. La ciudad de Filipos se llama "la ciudad principal del distrito de Macedonia y una colonia romana.[1] Sin embargo, según Witherington, esto significa que la ciudad de Filipos tenía leyes romanas que se establecieron y se ejecutaban como si fuera un poco de Roma,[2] siguiendo los principios y tradiciones romanos.

El hecho es que la carta a los filipenses menciona que la controversia puede contar como un argumento para fecharla con Gálatas y Corintios. Otro supuesto es que Filipenses se escribió durante el encarcelamiento de Pablo en Cesarea (Hechos 23: 31-26: 32).[3] Esto es poco probable, pero es poco lo que se puede decir de esta ubicación. En cualquier caso, Watson afirma: "Como 1 Corintios, Filipenses probablemente fue escrita desde Éfeso durante los tres años de estancia allí que comenzaron poco después de su segunda visita a Galacia (Hechos 19: 1-41; 20:31).[4]

Es claro, sin embargo, que el apóstol Pablo no fue encarcelado en Éfeso. La ciudad de Roma es el lugar más probable. La descripción del encarcelamiento romano en Hechos 28: 30-31 encaja muy bien con la forma suave de encarcelamiento reconocida por Filipos.[5] Por nuestra parte, creemos en Roma como el lugar donde el apóstol estaba en arresto domiciliario,

---

[1] Witherington III, *Paul's Letter,* 4-5.

[2] Martin, *Philippians,* 3.

[3] Witherington III, *Paul's Letter,* 5.

[4] Puskas and Reasoner, *The Letters,* 181.

[5] Watson, *Paul, Judaism,* 137-38.

cuando escribía a los creyentes en Filipos.[6] Hay dos razones principales para la opinión anterior:

1) La "guardia de palacio" y la "casa del César", las que el apóstol menciona en la carta a los Filipenses, capítulos 1:13 y 4:22 en consecuencia, concuerdan más con Roma como el lugar para su encarcelamiento.

2) Y también Filipenses 1: 18a-26 coinciden con el final de Hechos. Pablo está anticipando una audiencia ante César y está pensando en los resultados.

Como se vio antes, si Filipenses fue escrita desde Roma, entonces el apóstol Pablo todavía estaría preocupado por un hilo judío cristiano casi una década después de la crisis de Galacia.[7] Por un lado, W. Marxsen considera a los Filipenses (Ver Fil. 4: 10-20) como la primera carta, ya que el apóstol no habría permitido que pasara el tiempo implícito en Fil. 2: 25-30 antes de agradecer a los filipenses por sus regalos. [8] Pero, por otro lado, él podría no haberla escrito hasta que Epafrodito se hubo recuperado de su enfermedad casi fatal (Fil. 2:26).[9] Lo que es incuestionable es que, después de la evangelización inicial en la ciudad, se estableció una comunidad eclesial en una situación que dejó una marca indeleble en la mente de Pablo.[10]

Sin embargo, el hecho es que, como ciudadano romano, tenía tanto el estatus como el prestigio para recibir tal tratamiento no solo en Cesarea sino también en Roma, y la carta a los filipenses también menciona su estatus social.[11] Y tal vez, la

---

[6] Schnelle, *The History and Theology*, 131.

[7] Longenecker and Still, *Thinking Through Paul*, 198.

[8] Watson, *Paul, Judaism*, 138.

[9] Willie Marxsen, *Introduction to the New Testament* (Philadelphia: Fortress Press, 1974), 61.

[10] Watson, *Paul, Judaism*, 138.

[11] Martin, *Philippians*, 9.

consecuencia más importante de identificar la ubicación de su encarcelamiento cuando escribió la carta a los filipenses es, cómo afecta nuestra comprensión de la carta en relación con las otras cartas paulinas.[1]

El argumento asume la unidad literaria de los filipenses, que ha sido cuestionada por la afirmación de que la carta a los filipenses es una colección de dos o tres cartas o fragmentos de cartas. Hay tres razones por las que Filipenses es una carta compuesta:

1) Un cambio abrupto de Fil.3: 1 a Fil. 3: 2, introduciendo una sección polémica de Fil. 3: 2-4: 3.

2) Los versículos de Fil. 3: 1 y Fil. 4: 4 encajan tan bien que parece que se separaron secundariamente.

3) ¿Por qué el apóstol Pablo esperaría hasta el final de la carta (Fil. 4: 10-20) para agradecer a los filipenses por sus ofrendas de apoyo?[2]

Por lo tanto, se puede confirmar que la carta a los filipenses debe entenderse como unidad literaria y teológica. Otro problema que enfrentaba el apóstol, el presente o la venida de algunos oponentes (intrusos o adversarios) en la iglesia de Filipos. Sin embargo, está claro que Filipenses 3: 2-4: 3 comienza con algunas advertencias contra los falsos maestros (oponentes) y contra sus enseñanzas.

---

[1] Martin, *Philippians*, 3.

[2] Holladay, *Introduction*, 567. También agrega: "Si se escribió desde Éfeso durante el período de la misión del Egeo de Pablo en lugar de en Roma hacia el final del período misionero de Pablo y probablemente poco antes de su muerte, los filipenses se compusieron a mediados de los años 50 en lugar de alrededor del 60-61 a. C. "

C. Los opositores de Pablo en Filipenses

Existe una amplia variedad de opiniones sobre la identificación de los opositores de Pablo en Filipenses, tanto en cuanto a
cómo deben clasificarse, desde la perspectiva de la historia de
las religiones, como si representan un frente unido o más de un
grupo.[3] Para Pablo, estas personas que vinieron a la iglesia no son
realmente cristianos sino intrusos con el mensaje equivocado.
Es probable que al igual que los judaizantes que vinieron a la
iglesia de Galacia, así también haya ocurrido algo similar en la
comunidad de la iglesia en Filipos; esto explicaría, sin embargo,
el lenguaje fuerte de Filipenses 3: 2, 18-19. [4]El hecho es que el
apóstol Pablo insultó a sus oponentes como "enemigos de la
cruz" (Fil. 3:18).[5] La evidencia con respecto a la identidad de los
opositores es que eran judíos que abogaban por la observancia
de la Ley Mosaica y la circuncisión (Fil. 3: 2-4: 3).[6]

También se ha argumentado sobre la base de Filipenses
3: 12-16, que estos supuestos misioneros eran gnósticos que
negaban que la resurrección de los muertos era una realidad
presente. Este punto de vista no tiene peso en el tema de la
identidad de los oponentes de Pablo. Y sin embargo esta
posición (W. Schmithals)[7] ha sido virtualmente derrocada.
R. Jewett afirma que los enemigos del apóstol (enemigos del
evangelio) mencionados en Filipenses 1: 27-2: 18 y los de Fil. 3:
18ff son idénticos.[8]

---

[3] Puskas and Reasoner, *The Letters,* 190.

[4] Schnelle, *The History and Theology,* 139.

[5] Schnelle, *Apostle Paul,* 371.

[6] Puskas and Reasoner, *The Letters,* 185.

[7] Puskas and Reasoner, *The Letters,* 183.

[8] Martin, *Philippians,* 14.

Algunos eruditos creen que aquí tenemos un segundo partido de opositores, que están en contra de la Ley Mosaica,[1] o que los verdaderos misioneros judíos cristianos originales se presentan aquí para estar en contra de la Ley Mosaica.[2] Para el apóstol Pablo, los judaizantes eran enemigos de la cruz de Cristo (Fil. 3:18), porque le negaban valor salvífico. Para ellos, Cristo simplemente inauguró el *eschaton* (fin del mundo); la salvación aún estaba condicionada a la observancia de la ley.[3]

Sin embargo, la actitud de Pablo hacia ellos era diferente, lo que de hecho lleva a la conclusión de la carta. Los académicos, recientemente, sugieren en la carta a los filipenses que el conflicto de la iglesia fue con extraños incrédulos (intrusos) y centrados en la convicción cívica. Había un sentimiento de que los creyentes habían sufrido aislamiento social, privación económica y sufrimiento físico por causa de Cristo. G. Fee afirma: "Si bien el sufrimiento no es el motivo dominante en Filipenses, constituye el contexto histórico principal de la iglesia en Filipos y, por lo tanto, subyace en gran parte de la carta".[4] Para Pablo, morir es "ganancia" porque acelera su unión final con el Cristo resucitado.

La fuente y razón de este sufrimiento son menos claras. La evidencia se encuentra con la primera descripción explícita de ella en Filipenses 1: 29-30. Sin embargo, están sufriendo, porque el apóstol Pablo menciona que ellos también han estado involucrados en el mismo conflicto.[5] Les recuerda que su sufrimiento "en nombre de Cristo" ha sido una prueba para los creyentes.

---

[1] Martin, *Philippians,* 14-15. Ver también a Robert Jewett, "Conflicting Movements in the Early as Reflected in Philippians," *Nov T* 12 (1970): 362-90.

[2] Jewett, "Conflicting Movements," 373.

[3] Watson, *Paul, Judaism,* 144.

[4] Murphy-O'Connor, *Paul,* 229.

[5] Fee, *Paul's Letter,* 30.

La mayoría de los intérpretes están de acuerdo en que Pablo tenía en mente a su pueblo judío. Sus competidores seguidores y los de Cristo fueron expuestos cuando instruyó a los filipenses y les advirtió: "Guardaos de los perros, guardaos de los malos obreros, guardaos de los mutiladores del cuerpo" (Fil. 3: 2). [6]Por lo tanto, la iglesia está en una unión y acuerdo más estrechos con Pablo en el punto donde el sufrimiento se cruza (Fil. 1:30).

D. Esquema de la carta a los Filipenses[7]

A. Apertura (Fil. 1: 1-2)
1. Remitente (Fil.1: 1a)
2. Destinatario (Fil. 1: 1b)
3. Saludo (Fil. 1: 2)

B. Bendición (Fil. 1: 3-11)
1. Bendición de manera correcta (Fil. 1: 3-8)
2. Oración e Intercesión (Fil. 1: 9-11)

C. Cuerpo: ejemplo de Cristo (Fil. 1: 12-2: 30)
1. Apertura formal (Fil.1: 12-18)
2. La situación de Pablo (Fil.1: 19-26)
3. Viviendo la vida cristiana (Fil.1: 27-2: 18)
4. El viaje de Pablo (Fil.1: 19-30)

D. Consejo (Paraénesis) de la Carta (Fil.3: 1-4: 19)
1. Introducción y salvaguardia (Fil.3: 1)

---

[6] Fee, *Paul's Letter,* 31.

[7] Longenecker and Still, *Thinking Through Paul,* 200.

2. Los oponentes de Pablo (Fil.3: 2-6)
3. La teología de Pablo (Fil.3: 7-11)
4. Lucha de la perfección (Fil.3: 12-4: 1)
5. Exhortación a la unidad (Fil.4: 2-9)
6. Palabra de agradecimiento (Fil.4: 10-19)

E. Cierre (Fil.4: 20-23)
1. Doxología (4:20)
2. Saludos (Fil.4: 21-22)
3. Gracia bendición (Fil.4:23)

E. Mensaje teológico esencial a los Filipenses[1]

Filipenses es una de las cartas más cortas y ricas del apóstol Pablo en el concepto teológico y poderoso de Cristo.[2] En la carta a los filipenses, él habla de la paradoja de la vida cristiana. El punto teológico de énfasis es su gratitud a Dios, cuya fidelidad mantiene a la congregación en Filipos en su fe (Fil. 1: 3-11; 4: 6). [3] Para Pablo, la fe es un elemento importante en la vida cristiana. La comunidad cristiana responde a la bondad de Dios cuando viven sus vidas de tal manera que se corresponden con Jesucristo (Fil. 1: 27-30).[4] Mientras Pablo trata de alentar a los filipenses frente a sus propios conflictos, no se indica la causa y la naturaleza de la falta de fe.

Su preocupación por los filipenses es su propio avance en la fe.[5] Entonces, apela a los filipenses a vivir por el evangelio. Su

---

[1] Fee, *Paul's Letter*, 54-55. Boring, *An Introduction*, 224-25. Porter, *The Apostle Paul*, 348-49.

[2] Para un resumen mas complerto en Philippians' theology ver a, Fee, *Paul's Letter*, 46-53.

[3] Gorman, *Apostle of the Crucified*, 482.

[4] Schnelle, *The History and Theology*, 141.

[5]Longenecker and Still, *Thinking Through Paul*, 199.

relación con los filipenses se describe en términos de participación y asociación en el evangelio. La cuestión teológica central en Filipenses es Cristo. Para Pablo, Cristo es vida, por lo tanto, la muerte es ganancia (Fil. 1:21) porque significa la realización última de la vida, es decir, estar con Cristo (Fil. 1:24). Además, Filipenses 2: 5—11 es considerado uno de los himnos más teológicos y cristológicos de la iglesia cristiana primitiva. Se basa en el himno del siervo, o poema de Isaías 40-55. La obediencia de Cristo es dibujada en Filipenses. La abnegación y humildad de Cristo es la razón en esta narrativa. Se humilla a sí mismo al tomar la forma de un siervo que fue a morir en la cruz. El deseo del apóstol Pablo es mostrar cómo se ve la verdadera 'igualdad con Dios' desde el claro significado de Fil. 7-8. En la humillación de su humanidad, Cristo dejó de ser "igual a Dios". También es representado y exaltado con el título divino de Señor.[6] Por lo tanto, la vindicación completa de la muerte de Cristo al comunicar la semejanza a Dios se encuentra en Filipenses 2: 9-11, donde Dios le da a Cristo el nombre divino, el nombre del "Señor Dios".

Preguntas para reflexionar

1. ¿Cuál es el tema central de la carta a los Filipenses?

2. ¿Es la humildad de Cristo descrita por el apóstol Pablo en la carta a los Filipenses?

3. ¿Cuáles fueron algunos de los desafíos que tuvieron los hermanos de Filipo?

4. ¿Qué importancia teológica tiene Filipenses para la iglesia cristiana de esta época?

---

[6] Fee, *Paul's Letter*, 47.

5. ¿Enfatizo Pablo en Filipenses la importancia del concepto de la cruz y la fe de los creyentes?

Libros para lectura y estudio adicional

John M. G. Barclay, *Pauline Churches and Diaspora Jews* (Grand Rapids: Eerdmans, 2016.

D. B. R. Capes, Reeves and E. R. Richards. *Rediscovering Paul: An Introduction to His World, Letters and Theology.* Downers Grove: InterVarsity Academic, 2007.

Gordon. Fee, *Paul's Letter to the Philippians.* New Testament Commentary of the New Testament. Grand Rapids: Eerdmans, 1995.

Carl R. Holladay, *Introduction to the New Testament.* Reference Edition Waco: Baylor University Press, 2017.

James D. G. Dunn, *The Theology of Paul the Apostle.* Grand Rapids: Eerdmans, 1998.

Ralph P. Martin, *Philippians.* The New Century Bible Commentary. Grand Rapids: Eerdmans, 1980.

Stanley E. Porter, *The Apostle Paul: His life, Thought, and Letters.* Grand Rapids: Eerdmans, 2016.

Udo, Schnelle, *Apostle Paul: His Life and Theology.* Translated by M. E. Boring. Grand Rapids: Baker Academic, 2003.

Ben. Witherington III, *Paul's Letter to the Philippians: A Socio-Rhetorical Commentary.* Grand Rapids: Eerdmans, 2011.

N. T. Wright, *Paul and His Recent Interpreters.* Minneapolis: Fortress Press, 2015.

CAPÍTULO 10

La carta a los Colosenses

Sin embargo, el autor de la carta a los Colosenses, según Col. 1: 1, es el apóstol Pablo y Timoteo como su compañero de trabajo. En la actualidad, la mayoría de los intérpretes considera que la carta a los Colosenses como Deutero-Paulina, una minoría significativa, continúa defendiendo alguna versión de su autoría.[1] Los discursos toman la forma de la primera persona del plural (Col. 1: 3, 9, 28), pero solo en Colosenses 1:24; 2: 1; 4-7, 18 el apóstol pablo habla.

El saludo es escrito con la mano del apóstol y bajo la autoridad apostólica.[2] Porter afirma: "Si Pablo visitó Colosas, no lo sabemos, pero esta carta a los cristianos allí ha jugado un papel importante en la comprensión del pensamiento paulino".[3] Es muy probable que el apóstol Pablo nunca visitó la iglesia, pero la carta también da la impresión de que sus remitentes lo

---

[1] Fee, *Paul's Letter*, 50.

[2] Para mas detalle en relación a la autoria de la carta a los Colocenses, ver a Puskas and Reasoner, *The Letters*, 144-48. Boring, *An Introduction*, 329. Porter, *The Apostle Paul*, 356-64

[3] Schnelle, *The History and Theology*, 282.

encuentran en la cárcel (Col. 4: 3, 10, 18). Para algunos, la carta a los Colosenses tiene una relación cercana con la carta a los Efesios y también a Filemón.

Sin embargo, está claro que Colosas fue considerada la ciudad menos importante a la que el apóstol le envió una carta.[1] Los colosenses parecen haber tenido copia, sin embargo, su estructura de carta paulina es de las más antiguas.[2] La carta a los Colosenses también muestra características epistolares encontradas en otras cartas de Pablo. La forma y el contenido del saludo de apertura (Col. 1: 1-2) están fechados con Pablo, al igual que la bendición (Col. 1: 3-8), y ésta no lo es tanto (Col. 4:18).[3] Sin embargo, una mirada más cerca a Colosenses, demuestra algunas características que la distinguen de las otras cartas paulinas.

A. La ciudad de Colosas.

La ciudad de Colosas estaba ubicada cerca del valle del río Lycus en el sudoeste de Asia Menor, cerca de Hierápolis (Col. 4:13) y Laodicea (Col. 2: 1; 4:13, 15-16). Fue establecida por el apóstol Pablo y compañero de trabajo Epafras según Colosenses 1: 7.[4] Es importante señalar que en el Nuevo Testamento se mencionan tres de las ciudades del valle de Lycus: Laodicea, Hierápolis y Colosas. En Colosenses 4:13, en particular, a Laodicea y Hierápolis se las menciona juntas por tener iglesias en la carta dirigida a la tercera ciudad.[5]

Además, la carta a los Colosenses es una de las cuatro cartas escritas por Pablo y referidas como Epístolas de la Prisión. Es

---

[1] Porter, *The Apostle Paul,* 354.

[2] Porter, *The Apostle Paul,* 354-56.

[3] Holladay, *Introduction,* 598.

[4] Holladay, *Introduction,* 598.

[5] Klauck, *Ancient Letters,* 321.

muy probable que se haya escrito a los colosenses durante el encarcelamiento de Pablo entre los años 61 y 62.[6] Parece, en cualquier caso, que el área había sido evangelizada por los cristianos dentro de los veinticinco años después de la muerte de Cristo, tiempo de Pablo.[7]

De acuerdo con Hemer, la ciudad de Colosas, "Laodicea la eclipsó cada vez más, y puede que nunca se recuperó por completo del severo terremoto del 60 d. C".[8] En todo caso, podemos asumir que durante la estancia del apóstol en Éfeso, Epafras (su compañero de trabajo) llevó el evangelio al valle de Lycus, principalmente en Laodicea (Col. 1: 6, 7).

Para la época de Pablo, Colosas era más pequeña y menos influyente que sus vecinas del valle del río Lycus.[9] Sin embargo, en Colosenses 2: 1, las palabras de Pablo significan que, en la fecha de escribir la carta, no había visitado a Laodicea ni a Colosas en persona. La carta también coloca a Epafras con Pablo en el momento de escribir (Col. 4:12). Por lo tanto, el autor actual asume la autoría paulina. Los académicos que poseen una autoría no paulina tienen una variedad de opciones presentadas, pero un motivo insignificante para el acuerdo o la evidencia. Además, las dos ciudades estaban a solo 16 kilómetros una de la otra, y Colosenses 4 implica comunicación normal entre ellas.

Está claro, sin embargo, que la ciudad de Colosas tenía un número de personas diferentes con diferentes antecedentes culturales. La población judía en Colosas se originó en algún momento a principios del siglo II antes de Cristo cuando los judíos de Babilonia fueron traídos a la zona, aunque es posible

---

[6] Hemer, *The Letters to the Seven*, 181.

[7] Porter, *The Apostle Paul*, 364.

[8] Porter, *The Apostle Paul*, 356.

[9] Hemer, *The Letters to the Seven*, 182.

que algunos se establecieran allí un poco antes. De hecho, un siglo y medio después, los habitantes judíos eran considerables. Sin embargo, en el 62 a.C, el distrito del cual Laodicea era la capital, tenía al menos 11,000 judíos.[1] Estos colonos judíos-babilonios bien pudieron haber venido o sido enviados como tropas militares.[2] A la vez, es difícil determinar de dónde vinieron los habitantes cristianos de Colosas.

B. Lugar, tiempo y propósito de Colosenses

Colosenses no da información sobre su lugar de composición. El hecho es que no ofrece ninguna indicación del lugar o el momento de su composición. La única manera de averiguar su lugar en el corpus Paulinum es compararla con las otras cartas de Pablo.[3] Según Colosenses 4: 3, 10, 18, el apóstol estaba en prisión. En cualquier caso, la carta a los colosenses se originó en el área del suroeste de Asia Menor.[4] La información sobre el misionero que estableció la iglesia, Epafras (Col. 1: 7; 4-12), también se debe considerar como apropiada, ya que la comunidad de la iglesia mencionada conocía la historia de su propia iglesia.[5]

Para autenticar la ocasión de la carta al colosense, es necesario estudiar el tema de la autoría. Pero este problema no lleva a ningún acuerdo académico. Porter afirma: "Si la carta no es paulina y, por lo tanto, probablemente escrita a fines del

[1] Longenecker and Still, *Thinking Through Paul*, 221.

[2] Murphy-O'Connor, *Paul*, 232. La presencia de una comunidad judía con sus raíces en Babilonia es crucial para comprender el problema que Pablo y Epafras tuvieron que enfrentar".

[3] Josephus, *Jewish Antiquities*, 12.147-53. Quien dijo que para entender la carta a los colosenses tenemos que ver todos los temas y la teología en su relación con la teología de las otras cartas del apóstol Pablo.

[4] Eduard Lohse, *Colossians and Philemon: A Commentary on the Epistles to the Colossians and to Philemon* (Philadelphia: Fortress Press, 1975), 4.

[5] Schnelle, *The History and Theology*, 288.

primer siglo, si no más tarde, es aún más difícil establecer la situación a la que se dirige, ya que poco se sabe de la actual, situación o audiencia ".[6]

Como se mencionó antes, la carta a los colosenses es una estructura muy similar a las otras atribuidas al apóstol Pablo. Pero los eruditos han visto otras diferencias entre la carta a los colosenses y la incuestionable carta de Pablo. También, hay otro ejemplo en el que la redacción en Colosenses se repite ligeramente y modifica el lenguaje de Paul.[7] Curiosamente, algunas cosas están obviamente ausentes en Colosenses, sin embargo, ningún escritor tan versátil como el apóstol Pablo puede usar el mismo idioma todo el tiempo.

C. Los falsos maestros y la "filosofía" Colosenses.[8]

Uno de los principales problemas que llevaron a Pablo a escribir la carta a los Colosenses fue el de los falsos maestros que vinieron a la iglesia en Colosas. ¿Cuál fue la naturaleza de su "filosofía"? ¿Por qué fue una fuente de preocupación para él? La mayoría de los estudiosos están de acuerdo en que, de hecho, había una "filosofía" que el apóstol Pablo estaba tratando de combatir, pero no están de acuerdo sobre la mejor manera de entender y etiquetar el fenómeno espiritual contra la polémica de Pablo.[9] Además, estaban difundiendo una forma de vida que era contraria a la propia posición del autor y, por lo tanto, se consideraba una influencia perjudicial.[10] No está claro hasta qué punto el maestro falso influía en la audiencia del apóstol Pablo.

---

[6] Porter, *The Apostle Paul,* 364. Holladay, *Introduction,* 597.

[7] Porter, *The Apostle Paul,* 364.

[8] Holladay, *Introduction,* 601.

[9] Para una discusión reciente sobre la herejía colosenses vea, Gorman, *Apostle of the Crucified,* 546-49. Boring, *An Introduction,* 340-42. Holladay, *Introduction,* 604-66. Porter, *The Apostle Paul,* 364-70.

[10] Longenecker and Still, *Thinking Through Paul,* 223.

Él advirtió claramente a los colosenses del peligro en el mundo religioso de Colosas.[1]

De acuerdo con la tradición, esta filosofía ha sido llamada la "herejía colosense". Pocos intérpretes han sugerido que la carta a los colosenses es un ataque defensivo; la mayoría piensa que la herejía o la filosofía ya están presentes en Colosas.[2] La identidad de los falsos maestros es muy debatida, pero la carta a los Colosenses sí describe algo sobre su "filosofía" (Col. 2: 8). ¿Quiénes eran estos falsos maestros?[3] En Hechos 17:18, los filósofos epicúreos y estoicos se mencionan en relación con la filosofía colosense. Josefo también mencionó de cierto grupo judío que enseñaba creencias erróneas con respecto a la adoración de ángeles y la filosofía de la vida ascética.

También estaban enseñando que al lograr una relación adecuada con los poderes cómicos, uno ganaría alguna experiencia mística o plenitud divina (*pleroma*).[4] Esta "filosofía" también practicaba el ascetismo o negación del mundo. En cualquier caso, es problemático mencionar cuál era la situación precisa en Colosas.[5] El apóstol Pablo parecía estar interesado no solo en exaltar la posición de Cristo, sino también en confirmar que no existía ninguna creencia o práctica en la iglesia de Colosenses que pudiera, en cualquier forma, anular el papel correcto de Cristo.

---

[1] Puskas and Reasoner, *The Letters,* 150.

[2] Lohse, *Colossians and Philemon,* 3.

[3] Gorman, *Apostle of the Crucified,* 546.

[4] Puskas and Reasoner, *The Letters,* 150-54.

[5] Josephus, *JW* 2.119; *Antig* 18.11.

D. Esquema de la carta a los Colosenses[6]

A. Apertura (Col.1: 1-2)
1. Remitente (Col.1: 2a)
2. Destinatario (Col.1: 2b)
3. Saludo (Col.1: 2b)

B. Bendición (Col.1: 3-12)
1. Bendición (Col.1: 3-8)
2. Intercesión (Col.1: 9-12)

C. Cuerpo: la superioridad de Cristo (Col.1: 13-2: 15)
1. Apertura formal (Col.1: 13-14)
2. Cristo el ser supremo (Col.1: 15-23)
3. La obra de Cristo (Col.1: 24-2: 50)
1. Cristo es el Señor (Col.2: 6-15)

D. Consejo (Paraénesis) (Col.2: 16-4: 9)
1. No regulaciones falsas (Col.2: 16-23
2. Viviendo una vida santa (Col.3: 1-17)
3. La casa cristiana (Col.3: 18-4: 1)
4. Comportamiento de un cristiano (Col.4: 2-60)
5. Diario de viaje de Tíquico (Col.4: 7-9)

E. Cierre (Col.4: 10-18)
1. Saludos (Col.4: 10-17)
2. Bendición (Col.4:18)

---

[6] See Schnelle, *The History and Theology*, 290. Gorman, *Apostle of the Crucified*, 552.

E. Mensaje teológico esencial de Colosenses[1]

Se sabe que la carta a los colosenses desarrolla su teología en el argumento de la filosofía opuesta. Por tradición, esta filosofía ha sido llamada la "herejía colosense".[2] Los oponentes de Pablo afirmaban una relación entre la fe cristiana y el servicio al poder cósmico y a los gobernantes, por lo que el apóstol Pablo se oponía a esta visión teológica con el concepto de *solus Christus*. Pablo centra su respuesta teológica a la herejía filosófica colosense en la crucifixión y la resurrección de Jesús.[3] La cruz se menciona como la verdadera circuncisión y el bautismo (Col. 2:11, 12); es el trabajo de Jesús y no los rituales lo que le da importancia y plenitud. Es el trabajo de la cruz, que los poderes del mal sean conquistados y los pecados perdonados (Col. 2:14). De hecho, es la resurrección de la que participa el cristiano en la vida del cielo, en Cristo, y hay esperanza para la renovación de todas las cosas (Col. 1:18; 2:12; 3: 1).[4] Los cristianos deben vivir su vida cristiana inicial para liberarse de los poderes del mal y reconciliarse con Dios. Son, más exactamente, para colocar sus vidas en la revelación futura de la salvación y vivir de acuerdo con esa esperanza.

Como alternativa, "Dios ya ha liberado a los creyentes del reino de las tinieblas (1:13), para que sean enterrados y resucitados con Cristo (2: 12-15), y los alejados ahora están reconciliados (1:22).[5]"Además, Pablo en la carta a los Colosenses dice, que el fin ya se ve a las puertas (Col. 1:28), una forma de escatología realizada. La realidad presente de los creyentes en la salvación es tan completa como el concepto de la potestad de Cristo sobre todo el poder cósmico y los gobernantes. La

---

[1] Fee, *Paul's Letter,* 54-55. Porter, *The Apostle Paul,* 370-71.

[2] See Schnelle, *The History and Theology,* 296.

[3] Gorman, *Apostle of the Crucified,* 546.

[4] Smith, *The Later Pauline Letter,* 317.

[5] Porter, *The Apostle Paul,* 358-59.

vida resucitada es una forma de realidad objetiva.[6] Por otra parte, no es una realidad pública, observable, sino porque está oculta con Cristo en Dios. Sin lugar a dudas, los colosenses ya participaban de una salvación que no se podía perder, pero esta es una manera de fe (Col. 2:12).

Preguntas para reflexionar

1. ¿Cuál es la filosofía que Pablo encontró y que discute en Colosense?

2. ¿Es para Pablo Cristo centro y poder de la sabiduría y filosofía de los Colosenses?

3. ¿Fue Colosa parte del Imperio Romano en el tiempo de Pablo?

4. ¿Colosenses en relación a su estilo y vocabulario, es diferente a las otras cartas paulinas?

5. ¿Es la escatología realizada parte del argumento central de la carta a los Colosenses?

Libros para lectura y estudio adicional

Charles K. Barrett, *Paul: An Introduction of His Thought.* Louisville: Westminster John Know Press, 1994.

Panayotis Coutsoumpos, Paul of Tarsos: *The Man, the Mission and his Message.* Eugene: Wipf and Stock, 2018.

Michael J. Gorman, *Apostle of the Crucified Lord: A Theological Introduction to Paul & His Letters.* Second Edition. Grand Rapids: Eerdmans, 2017.

---

[6] Porter, *The Apostle Paul,* 358.

Colin J. Hemer, *The Letters to the Seven Churches of Asia in their Local Setting.* Sheffield: Sheffield Academic Press, 1989.

Hans-Josef, Klauck, *Ancient Letters and the New Testament: A Guide to Context and Exegesis.* Waco: Baylor University Press, 2006.

Ralph P. Martin, *Colossians and Philemon.* New Century Bible (London: Marshall, Morgan & Scott, 1978.

Charles B. Puskas, and Reasoner, M. Mark *The Letter of Paul: An Introduction.* Collegeville: Liturgical Press, 2013.

Eduard. Lohse, *Colossians and Philemon: A Commentary on the Epistles to the Colossians and to Philemon.* Philadelphia: Fortress Press, 1975.

Bruce W Longenecker,. and T. D. Still. *Thinking Through Paul: A Survey of His Life, Letters, and Theology.* Grand Rapids: Zondervan, 2014.

Calvin J. Roetzel, *The Letters of Paul: Conversations in Context. Sixth Edition.* Louisville: Westminster John Knox Press, 2015.

CAPÍTULO 11

La correspondencia a Tesalónica

Pablo cruzó el mar Egeo durante sus viajes de misión; vino a un mundo diferente. Había viajado a unos 160 kilómetros de Antioquía para visitar las iglesias que fundó en Galacia durante su primer viaje misionero, después de vivir en la provincia de Galacia, sus viajes a través de Asia Menor y más allá. El libro de Hechos menciona que Pablo tenía una visión de ir a Macedonia (Hechos 16: 6-10).[1] Su evangelio parece haber tenido más éxito entre los comerciantes paganos en Tesalónica, capital de Macedonia. Sin embargo, es claro que predicó el evangelio a los tesalonicenses que eran gentiles que, según 1 Tes. 1: 9; 4:11 "trabajaban con sus propias manos". Algunos conversos en Tesalónica abandonaron la sinagoga, soportaron la persecución y dejaron sus dioses paganos, tal vez incluso, negaron su apoyo al culto imperial.

A. La primera carta a los Tesalonicenses

Hechos 17: 1-19 menciona que el viaje principal de la misión del apóstol Pablo a Tesalónica, y que, tal vez, había escrito a

---

[1] Schnelle, *The History and Theology*, 297.

la iglesia en Tesalónica desde la ciudad de Atenas o Corinto (véase Hechos 18: 5; 1 Tes. 1) : 1; 3: 1).[1] Es bien sabido que el Nuevo Testamento tiene dos cartas a los tesalonicenses. Algunos intérpretes argumentan que, "Originalmente fue una, mientras que otros detectan cuatro".[2] Sin embargo, muchos estudiosos consideran que la primera carta a los tesalonicenses es la primera carta cristiana escrita por el apóstol Pablo.[3] Los tesalonicenses muestran algunos de los problemas y ambiciones de una iglesia joven.

Por ejemplo, se cree que I Tesalonicenses fue escrita dentro de los siguientes veinte años desde el ministerio de Jesús, después de la fundación, por el apóstol Pablo, de una comunidad cristiana en Tesalónica, en la región de Macedonia (cf. Hechos 17, 1 Tes. 1: 4-10; 2 : 9-13).[4] Cabe señalar que una característica de cada carta de Paul es la bendición que sigue inmediatamente a la dirección y presenta de manera sutil e indirecta los temas principales de la carta. De hecho, I Tesalonicenses se destaca entre las cartas paulinas en que tiene dos bendiciones.[5]

S. Porter afirma que, "Las dos cartas, tradicionalmente, se han tratado juntas, no solo por su supuesta audiencia y autoría comunes, sino porque también tienen contenidos superpuestos".[6] Sin embargo, I Tesalonicenses se considera entre las indiscutibles cartas de Pablo, incluso si este no ha sido el caso entre los estudiosos. Pablo predicó el evangelio a

---

[1] Capes, Reeves and Richards, *Rediscovering Paul,* 126.

[2] Oropeza, *Jews, Gentiles,* 36.

[3] Murphy-O'Connor, *Paul,* 104.

[4] Aune, *The Westminster Dictionary,* 460. "Es probablemente la más temprana de las cartas paulinas, escrita alrededor del año 49 a. D. Desde Corinto, Pablo tenía la intención de que la carta fuera leída a la congregación (Tes.5:27), y él por lo tanto la compuso para recitación tanto en un contexto oral como litúrgico".

[5] Murphy-O'Connor, *Paul,* 104.

[6] Murphy-O'Connor, *Paul,* 105.

los tesalonicenses (una ciudad llena de ídolos e inmoralidad sexual) para que se volvieran a Dios de sus ídolos.

B.   La ciudad de Tesalónica

La ciudad de Tesalónica fue fundada alrededor del año 315 BCE. Casandro, el hijo de Antípater, estableció a Tesalónica.[7] Nombró la ciudad en honor a su esposa Tesalónica, hija de Felipe de Macedonia y hermanastra de Alejandro Magno. Sin embargo, en la época de Pablo, Tesalónica era una "ciudad libre" bajo los gobiernos romanos.[8] Estaba ubicada en la esquina del Golfo de Thermaic y en la Vía Egnatia, lo cual explica la gran importancia que ha tenido a lo largo de los siglos como una ciudad portuaria y centro de comercio y transporte.[9]

La pregunta que intentaremos responder es: ¿Qué era Tesalónica cuando Pablo la visitó por primera vez? Cabe señalar que había una conexión estrecha entre las actividades "religiosas" y las "políticas" en el primer siglo. Tesalónica era, básicamente, una ciudad griega y la mayoría de los miembros de la congregación estaba formada por gentiles conversos.[10] Pablo fue de Filipos a Tesalónica con Silvano y Timoteo, mencionados en 1 Tesalonicenses 1: 1.

La evidencia sugiere que había muchos cultos y costumbres religiosos que se practicaban en la ciudad. Por ejemplo, uno de esos cultos era "El culto a Dionisio", que epigráficamente está constatado a partir del 187 a.C. Incluida en la evidencia epigráfica se encuentra el famoso "testamento de una sacerdoti-

---

[7] Porter, *The Apostle Paul,* 209.

[8] Longenecker and Still, *Thinking Through Paul,* 60.

[9] Longenecker and Still, *Thinking Through Paul,* 60-61. ""Entre otros privilegios, este estado le dio a la ciudad el lujo de gobernarse a sí misma, acuñando su propio dinero y no teniendo una guarnición romana dentro de su muro".

[10] Schnelle, *The History and Theology,* 44.

sa de Tesalónica".[1] Tesalónica, por lo tanto, estaba llena de adoradores de ídolos y de inmoralidad. Como se mencionó antes, la ciudad era parte de la antigua monarquía macedónica, hogar de Alejando Magno y su padre, Felipe.

Se ha dicho que Tesalónica estuvo en el mismo lugar desde el año 316 a.C. Las ruinas romanas, a diferencia de las de Filipos o Corinto, se encuentran entre y debajo de los edificios modernos. La capital de la provincia romana de Macedonia en el norte de Grecia, era una ciudad portuaria natural.[2] Tesalónica fue, durante el ministerio de Pablo, un gobierno independiente que mantuvo sus costumbres y herencia griegas.

La ciudad parecía estar formada por una población mixta, no atípica de muchas ciudades del Imperio Romano.[3] De hecho, de acuerdo con la Ley Tes.17: 2, había una comunidad judía en la ciudad, pero también de samaritanos,[4] ya que tenían una sinagoga donde adoraban. La iglesia cristiana se estableció durante la misión del apóstol Pablo alrededor de los años 50-52. El apóstol comenzó su ministerio predicando en la sinagoga. Puskas y Reasoner afirman: "La inscripción del siglo tercero antes de Cristo también hace referencia a la sinagoga judía, lo que indica una comunidad judía importante para esa fecha".[5] Sin embargo, en cierto sentido, Tesalónica era cosmopolita, independiente y con su centro administrativo.

---

[1] Heinz, Hiestermann, *Paul and the Synoptic Jesus Tradition.* Arbeiten zur Bibel und Ihrer Geschichte. Vol. 58 (Leipzig: Evangeliche Verlagsanstad, 2017), 103.

[2] Ver Karl Paul Donfried, *Paul, Thessalonica, and Early Christianity.* Grand Rapids: Eerdmans, 2002), 23.

[3] Gorman, *Apostle of the Crucified,* 189.

[4] Porter, *The Apostle Paul,* 210.

[5] Wallace and Williams, *The Three Worlds,* 209.

C. La fecha y lugar de composición de 1 Tesalonicenses

La primera carta a los tesalonicenses se escribió alrededor del año 50 d. C. en la ciudad de Corinto, poco después del establecimiento de la iglesia allí. Para algunos intérpretes se desconoce el lugar de la composición. Sin embargo, suponer que fue escrita en Corinto nos permitiría establecer la fecha de su composición, ya que el apóstol llegó a Corinto en el 50 d. C, y ese año escribió I Tesalonicenses.[6]

El apóstol envió la carta a una comunidad gentil. El corto relato de Hechos es interesante en muchas maneras. Describe al apóstol predicando en la sinagoga, pero encontrando a la mayoría de los creyentes entre los no judíos. Su predicación giraba en torno al Mesías judío, identificado como Jesús, que tuvo que sufrir la muerte y resucitar.[7] Sin embargo, parece claro que el libro de Hechos aduce que el evangelio del apóstol judío y su Mesías también judío, era un asalto al status quo religioso, económico y político.

D. Ocasión y propósito de I Tesalonicenses

Establecer el tiempo y el propósito de la primera carta a los tesalonicenses es muy significativo.[8] Pablo escribió la carta a los tesalonicenses con dos propósitos en mente. Primero, comunicar su satisfacción con los conversos de Tesalónica y segundo, responder a la acusación de que su intención para con la iglesia podría ser dudosa. Es interesante notar que él sentía satisfacción por el propósito de la iglesia cristiana, utilizando la bendición a través de la carta para expresar su agradecimiento a

---

[6] Puskas and Reasoner, *The Letters,* 201.

[7] Schnelle, *The History and Theology,* 44.

[8] Gorman, *Apostle of the Crucified,* 190-91.

Dios por su respuesta a su mensaje.[1] Los creyentes en Tesalónica se habían convertido en ejemplo de todos los creyentes en la región.

Con respecto al tiempo y las circunstancias de la carta, los problemas en Tesalónica obligaban al equipo misionero a retirarse. La predicación de Pablo creó conflictos con la sinagoga, como se menciona en el libro de Hechos y se confirma en su carta (Hechos 13-14, 17-18).

Según Barclay, "Hay suficiente correspondencia entre Hechos y 1 Tesalonicenses para que sea muy probable que, cuando Pablo escribió a los Tesalonicenses en cuestión de semanas (o, como mucho, algunos meses) después de su partida de Tesalónica, ya estaba comprometido en su misión en Corinto".[2] El ataque que causó la salida del apóstol continuó afectando a los nuevos creyentes, quienes sufrieron abusos debido a su nueva fe.[3] Como se vio anteriormente, los tesalonicenses no eran judíos, al menos en su mayoría, que se habían apartado de los ídolos y con gusto recibieron el evangelio, a pesar de las persecuciones (1 Tes. 1: 6; 2:14).

E. Esquema de la primera carta a los Tesalonicenses[4]

A. Apertura (I Tes. 1: 1)
1. Remitente (I Tes. 1: 1a)
2. Destinatario (I Tes. 1: 1b)
3. Saludo (I Tes. 1: 1c)

---

[1] Boring, *An Introduction,* 208-16.

[2] Porter, *The Apostle Paul,* 216-17.

[3] Barclay, *Pauline Churches,* 181-82.

[4] Boring, *An Introduction,* 208.

B. Bendición (I Tes. 1: 2-10)

C. Cuerpo: la conexión de Pablo con los tesalonicenses (I Tes. 2: 1-3: 13)

1. La defensa de Pablo (I Tes. 2: 1-12)
2. Acción de gracias adicional (I Tes. 2: 13-16)
3. La misión de viaje de Pablo (I Tes. 2: 17-3: 13)

D. Consejo (Paraénesis) de la Carta (I Tes. 4: 1-5: 22)
1. Vivir para agradar a Dios (I Tes. 4: 1-12)
2. Venir al Señor (I Tes. 4: 13-5: 11)
3. Exhortación final (I Tes. 5: 12-22)

E. Cierre de la Carta (I Tes. 5: 23-28)
1. Doxología (I Tes. 5: 23-24)
2. Deseo de oración (I Tes. 5:25)
3. Saludos finales (I Tes. 5: 26-27)
4. Bendición final (I Tes. 5:28)

F. Mensaje teológico esencial de I Tesalonicenses[5]

El esfuerzo por desarrollar un marco teológico del Tesalonicenses, al principio pareciera dar una impresión negativa. La teología paulina, sin embargo, se encuentra en términos tales como carne, pecado, vida, así como palabras sobre el concepto de justicia.[6] Cabe señalar que la proclamación del evangelio llegó a Tesalónica alrededor de finales de los años

---

[5] Boring, *An Introduction,* 212. See also Porter, *The Apostle Paul,* 222-223.

[6] Ver la teología de la carta a los tesalonicenses en, Donfried, *Paul, Thessalonica,* 76-90. Ver también a Schnelle, *Apostle Paul,* 177-85.

40 D.C., cuando Pablo, Silas y Timoteo llegaron a la ciudad. A su llegada, parece que Pablo y sus compañeros llevaron a las calles la predicación del evangelio a los gentiles.

El impacto teológico de esta proclamación a los gentiles se sintió en toda la ciudad de Tesalónica y el mensaje fue, "convertíos a Dios de los ídolos para que sirváis al verdadero Dios vivo (Tes. 1: 9). Como resultado de la predicación de Pablo a los tesalonicenses, los gentiles se alejaron de los ídolos y los tesalonicenses creyeron en la predicación de Pablo sobre la ira de Dios antes de su venida.[1] Sin embargo, está claro que Pablo y sus compañeros tuvieron éxito al predicar el concepto de salvación fuera de la sinagoga.[2]

La idea teológica principal de 1 Tesalonicenses es el concepto de elección, su expectativa temporal de la venida del Señor Jesucristo (parusía) en el futuro inmediato.[3] Estos dos conceptos estaban conectados directamente, ya que la elección designaba la realidad presente de la salvación para los tesalonicenses, y la parusía de Cristo era la base de su esperanza. La anticipación de la inminente parusía se muestra en la teología de 1 Tesalonicenses,[4] desde la forma en que se estructura la carta, hasta la forma en que se dan las enseñanzas éticas. No es casualidad que la referencia teológica sobre la parusía aparezca más de cinco veces en 1 Tesalonicenses (2:19; 3:15; 4:15; 5:23).

---

[1] Schnelle, *The History and Theology,* 50-53.

[2] Donfried, *Paul, Thessalonica,* 77.

[3] Smith, "The Thessalonians Correspondence," 272-77.

[4] Schnelle, *Apostle Paul,* 177.

CAPÍTULO 12

La segunda carta a los Tesalonicenses

2 Tesalonicenses muestra un punto cercano de conexión con 1 Tesalonicenses que incluye tanto la estructura como la redacción de pasajes individuales.[1] De hecho, cuando se compara a 2 Tesalonicenses con 1 Tesalonicenses, aparece un tono más formal y oficial.[2] Se ha dicho que muchas de las dificultades que se relacionan con 1 Tesalonicenses también son relevantes para 2 Tesalonicenses, especialmente si 2 Tesalonicenses también puede considerarse escrita por el apóstoles Pablo.

La historia del debate de 2 Tesalonicenses, a menudo gira en torno a su conexión con 1 Tesalonicenses y esto influye en cuestiones como la autoría y la autenticidad.[3] La conexión entre 1 y 2 Tesalonicenses constituye el centro del asunto en el argumento de la autenticidad de este último. Discutiremos

---

[1] Schnelle, *The History and Theology,* 53.

[2] Klauck, *Ancient Letters,* 396. ". "Los paralelismos estructurales van más allá de lo que uno podría atribuir a acuerdos accidentales resultantes del uso de un modelo de carta común".

[3] Puskas and Reasoner, *The Letters,* 209.

brevemente la autoría paulina y la autenticidad[1] de la segunda carta a los tesalonicenses.

A. Autoría y autenticidad de 2 Tesalonicenses

Para muchos estudiosos, la autenticidad de 2 Tesalonicenses es un tema más desafiante.[2] De hecho, 2 Tesalonicenses destaca que está escrita por el apóstol Pablo (2 Tes. 1: 1; 3:17) y tiene algunas pruebas externas e internas para respaldarlas. Sin embargo, en el siglo XIX, F. C. Baur, por varias razones (por ejemplo, ideas poco comunes, diferencias escatológicas y expresiones), concluyó que, tanto la Tesalonicenses 1 como la 2 eran inauténticas. El argumento fue puesto en un nuevo punto de partida por W. Wrede, quien en 1903 estudió la autenticidad de 2 Tesalonicenses y estableció la conexión literaria entre las dos cartas en el tema principal de la autoría.[3] En otras palabras, concentró su atención en la conexión literaria entre 1 Tesalonicenses y 2 Tesalonicenses.

Habiendo organizado las cartas de 1 y 2 de Tesalonicenses en columnas paralelas, también encontró algunas similitudes de secuencia y temas entre las dos cartas.[4] En cualquier caso, la carta que llamamos 2 Tesalonicenses tiene varias cosas en común, y también, una diferencia sustancial con respecto a 1 Tesalonicenses.[5] Esta combinación de semejanzas y diferencias había llevado a algunos intérpretes a cuestionar el orden de escritura de las dos cartas y, más a menudo, la autoría paulina de 2 Tesalonicenses. Sin embargo, es plausible que la explicación más lógica para 2 Tesalonicenses posiblemente no sea un orden

---

[1] Porter, *The Apostle Paul,* 228.

[2] Collins, *Letter that Paul,* 209.

[3] Puskas and Reasoner, *The Letters,* 206.

[4] Schnelle, *The History and Theology,* 316.

[5] Collins, *Letter that Paul,* 212.

de escritura diferente ni su autoría por parte de alguien que no sea el apóstol Pablo.

Como se señaló antes, algunos eruditos atribuyen ambas cartas a Pablo, pero cuestionan el orden, lo que significa que él, en realidad, escribió 2 Tesalonicenses antes de 1Tesalonicenses.[6] Este punto de vista no ha ganado muchos seguidores; se basa en las circunstancias probables respecto de la persecución, las creencias escatológicas y la relación de Pablo con la iglesia de Tesalónica.

En general, donde la autoría de 2 Tesalonicenses es el tema en discusión, la mayoría de los estudiosos pertenecen a uno o dos campos. De hecho, hay quienes sostienen que la carta fue escrita por el apóstol Pablo y los que no lo sostienen esa idea. Sin embargo, hay varios que respaldan la opinión tradicional de que el apóstol escribió 2 Tesalonicenses; tales como (A. L. Moore, (1969); E. Best, (1972); J. M. Reese (1979); F. F. Bruce (1982); L. Morris (1983); y I. H. Marshall. (1983).[7]

Eso, a pesar de que la evidencia anterior muestra que hay algunos estudiosos que encuentran que 2 Tesalonicenses no es paulina. Sin embargo, alguna explicación desea mantener la idea de la autoría de Pablo al tiempo que aborda la diferencia entre las dos cartas.[8] A la vez, el problema parece resolverse invirtiendo el orden de composición de las dos cartas, pero eso solo trae otros problemas.[9]

Las dos cartas cubren gran parte del mismo tema, siendo la diferencia más clara la sección escatológica de 2 Tesalonicenses. Se debe tener en cuenta que Pablo escribió asiduamente sobre

---

[6] Gorman, *Apostle of the Crucified*, 211.

[7] Gorman, *Apostle of the Crucified*, 212.

[8] Collins, *Letter that Paul*, 216-17.

[9] Porter, *The Apostle Paul*, 232.

escatología para construir la comunidad de la iglesia a la que escribe, y lo específico de lo que dice depende de lo que creía que era mejor para la iglesia. Más tradicional, sin embargo, es la opinión de que Pablo no escribió 2 Tesalonicenses.[1]

Por un lado, los estudiosos han argumentado que la estructura y el lenguaje de 2 Tesalonicenses tienen mucho en común con 1 Tesalonicenses; como si el escritor hubiese tenido acceso a la primera carta. Por otro lado, los estudiosos también han argumentado que 1 y 2 Tesalonicenses son muy diferentes en estilo, vocabulario, tono y convicción escatológica.[2] Esto no quiere decir que lo escatológico de las dos cartas sea incompatible. Por lo tanto, los desacuerdos para esta interpretación tienen que ver con forma y substancia y con similitud y diferencias entre las dos.

B. Lugar y tiempo de composición de 2 Tesalonicenses

La evidencia externa de la fecha de composición de 2 Tesalonicenses no nos da un tiempo exacto de la escritura de la carta. La evidencia interna y el problema de la demora de la parusía apuntan al final del primer siglo d. C, con un sujeto comparable que se encuentra en 2 Ped. 3: 1-13. El que apoya la autenticidad de 2 Tesalonicenses fecha la carta en la proximidad inmediata de 1 Tesalonicenses.[3]

Obviamente, surge la pregunta de si se trata de desarrollos independientes o interrelacionados. 2 Tesalonicenses no da más pistas sobre la ubicación del apóstol Pablo cuando la

---

[1] Aune, *The Westminster Dictionary,* 463.

[2] Gorman, *Apostle of the Crucified,* 212-13.

[3] Gorman, *Apostle of the Crucified,* 212. "Entre las observaciones (correctas) de estos estudiosos es que la segunda carta es menos personal y más contundente que la primera. Lo más importante es que se argumenta que en la primera Paul se expresa en una parusía inminente, mientras que en la segunda carta ... "

escribió, a pesar de que Corinto o Éfeso son una posibilidad.[4] Pero Porter afirma: "También se propone que 2 Tesalonicenses fue enviada a otra iglesia en Macedonia, no la de Tesalónica, que recibió 1 Tesalonicenses".[5] Sin embargo, en cierto sentido, 2 Tesalonicenses no ofrece pistas sobre dónde se escribió, pero posiblemente, era el mismo lugar que 1 Tesalonicenses.

C. Ocasión y propósito de la carta a 2 Tesalonicenses

Sin embargo, algunos estudiosos aceptan que la ocasión y el propósito de 2 Tesalonicenses están asociados a los de 1 Tesalonicenses. No todos están convencidos de la disputa de que 1 Tesalonicenses sigue a 2 Tesalonicenses. En cualquier caso, 2 Tesalonicenses se escribió después de 1 Tesalonicenses cuando Pablo escuchó que 1 Tesalonicenses no había sido tan efectiva como él deseaba que fuera,[6] en forma y sustancia, y con las similitudes y diferencias entre las dos letras.

Sin embargo, es claro que el propósito de escribir 2 Tesalonicenses era aclarar algunos malentendidos acerca de la venida del Señor. Exactamente cómo el apóstol tomó conciencia de tal desarrollo, ya sea que estuviesen interconectados o no, no lo sabemos.[7]

Pablo claramente estaba preocupado por revivir la tensión y la ansiedad innecesarias al explicar por qué el Señor todavía no podía haber venido, mientras él mismo alentaba a los tesalonicenses.

---

[4] Schnelle, *The History and Theology*, 318.

[5] Holladay, *Introduction*, 432.

[6] Porter, *The Apostle Paul*, 234. "Las dos cartas fueron enviadas alrededor del mismo tiempo."

[7] Boring, *An Introduction*, 362.

D. Esquema de la segunda carta a los Tesalonicenses[1]

A. Apertura (2 Tes. 1: 1-2)
1. Remitente (2 Tes. 1: 1a)
2. Destinatario (2 Tes. 1: 1b)
3. Saludo (2 Tes. 1: 2)

B. Bendición (2 Tes. 1: 3-12)
1. Fe de los tesalonicenses (2 Tes. 1: 3-12)
2. Dios y el juicio (2 Tes. 1: 5-10)
3. Oración de intercesión (2 Tes. 1: 11-12)

C. Cuerpo: la parusía (2 Tes. 2: 1-12)
1. El tema de la parusía (2 Tes. 2: 1).
2. Palabras de consuelo (2 Tes. 2: 2-4)
3. Señales a ver (2 Tes. 2: 5-7)
4. La victoria de Cristo (2: 8-12)

D. Consejo (Paraénesis) de la Carta (2 Tes. 2: 13-3: 15)
1. Acción de gracias (2 Tes. 2: 13-15)
2. La oración de Pablo (2 Tes. 3: 1-5)
3. Las instrucciones de Pablo (2 Tes. 3: 6-15)

E. Cierre de la Carta (2 Tes. 3: 16-18)
1. Doxología (2 Tes. 3:16)
2. Firma personal (2 Tes. 3:17)
3. Bendición (2 Tes. 3:18)

---

[1] Gorman, *Apostle of the Crucified,* 214.

E. Mensaje teológico esencial de 2 Tesalonicenses[2]

La preocupación teológica principal de 2 Tesalonicenses se afirma en el discurso escatológico didáctico de 2 Tesalonicenses 2: 1-12. En 2 Tesalonicenses, las necesidades de los conversos han cambiado y el apóstol aborda el temor de algunos tesalonicenses con respecto a la proximidad del día del Señor.[3] Esto lleva a Pablo a enfatizar tanto la certeza como la premura (2 Tesalonicenses 5: 1-11) de la parusía. Sin embargo, es claro que la introducción de 2 Tesalonicenses aborda los temas teológicos que han surgido en 1 Tesalonicenses; la venida del Señor Jesucristo evoca 1 Tesalonicenses 4:15, con un lenguaje similar que se encuentra en 1 Tesalonicenses.[4]

La palabra medio técnica, *parusia* aparece en ambas cartas. Pablo desarrolla un aspecto de este concepto teológico de la venida del Señor. El tiempo entre la primera y la segunda venida de Cristo está marcado por la señal de la cruz. En cualquier caso, antes de la parusia del Señor y la salvación o destrucción que conlleva, según 2 Tesalonicenses, vendrá la apostasía y la presencia de crisis y anarquía. La respuesta del apóstol Pablo es la de un pastor-teólogo, que anima a los creyentes a ser fieles hasta el final.

Preguntas para reflexionar

1. ¿Es el tema de la escatología importante en las cartas a los Tesalonicenses?

2. ¿Cuál fue el aspecto del ministerio de Pablo en Tesalónica que impresiono a los creyentes?

---

[2] Boring, *An Introduction,* 366. Porter, *The Apostle Paul,* 239.

[3] Schnelle, *The History and Theology,* 324-25.

[4] Gorman, *Apostle of the Crucified,* 213.

3. ¿Fue la idolatría un punto conflictivo para la comunidad de creyentes en Tesalónica?

4. ¿Es Pablo y sus colaboradores los fundadores de Tesalónica en su segundo viaje misionero?

5. ¿Fue Pablo perseguido en Tesalónica y cual la razón de la persecución?

Libros para lectura y estudio adicional

M. Eugene. Boring, An Introduction to the New Testament: History, Literature, Theology. Louisville: Westminster John Knox Press, 2012.

D. B. Capes, R. Reeves and E. R. Richards. Rediscovering Paul: An Introduction to His World, Letters and Theology. Downers Grove: IntrVarsity Academic, 2007.

Karl Paul Donfried,. Paul, Thessalonica, and Early Christianity. Grand Rapids: Eerdmans, 2002.

Carl R. Holladay, Introduction to the New Testament. Reference Edition Waco: Baylor University Press, 2017.

David G. Horrell, An Introduction to the Study of Paul. Second Edition. London: T & T Clark, 2006.

Hans-Josef. Klauck, Ancient Letters and the New Testament: A Guide to Context and Exegesis. Waco: Baylor University Press, 2006.

Bruce W. Longenecker, and T. D. Still. Thinking Through Paul: A Survey of His Life, Letters, and Theology. Grand Rapids: Zondervan, 2014.

Stanley E. Porter, The Apostle Paul: His life, Thought, and Letters. Grand Rapids: Eerdmans, 2016.

E. P. Sanders, Paul: The Apostles' Life, Letters, and Thought. Minneapolis Fortress, 2015.

Udo Schnelle,. The History and Theology of the New Testament Writings (Minneapolis: Fortress Press, 1998.

CAPÍTULO 13

Las cartas pastorales: 1 y 2 Timoteo y Tito

La descripción "Cartas pastorales" para las cartas de 1 Timoteo, 2 Timoteo y Tito fue quizás creada en el siglo dieciocho por el erudito Halle P. Anton, quien de ese modo expresó correctamente la intención de las tres cartas.[1] Esta descripción, sin embargo, se ajusta a 2 Timoteo sólo en un sentido restringido, no obstante, en los tiempos modernos; los tres son siempre considerados como una unidad. En contraste, Murphy-O'Connor afirma: "Sin embargo, solo para leer las Pastorales, queda claro que no son idénticas a las otras cartas del corpus paulino".[2] La opinión general entre los estudiosos críticos es que la parte principal, o al menos una de estas cartas, no fue escrita por Pablo.

El hecho es que las propias cartas designan al apóstol Pablo como el autor.[3] Se ha sugerido que "las pastorales no se le atribuyen a él por fuentes externas conocidas hasta la segunda

---

[1] Barrett, *Paul,* 150-54.

[2] Schnelle, *The History and Theology,* 326.

[3] Contra Murphy-O'Connor, *Paul,* 356.

mitad del siglo II".[1] Además, tienen más del concepto eclesioló-
gico del apóstol , que lo que tienen Efesios y las otras cartas
paulinas. Ya que hemos enfatizado el hecho de que todas las
cartas de Pablo son de naturaleza pastoral, se requieren algunas
aclaraciones adicionales.

Las cartas de Pablo tienen un carácter pastoral. Con eso
queremos decir que son consideradas como una herramienta
del apostolado del ministerio pastoral, un medio de apostolado
por poder.[2] El apóstol Pablo escribió a individuos sobre cómo
deberían ejercer su ministerio pastoral como líderes de la
iglesia. Para él, el ministerio pastoral fue muy importante.

Las Cartas pastorales se escribieron alrededor del 100 E.C,
y en comparación con las cartas Deutero-paulinas—Efesios,
Colosenses y 2 Tesalonicenses—[3] pueden llamarse trito-Pauli-
nas. Para algunos estudiosos, las Cartas Pastorales habrían sido
escritas por Lucas o Policarpo de Esmirna; es discutible como
lugar u origen. Algunos han sugerido a Asia Menor, particularmente a Éfeso, pero los eruditos también mencionan Roma
como probabilidad. Algunos académicos han tratado de debatir
la autenticidad de uno de estos documentos y no los otros dos;
esto debe ser difícil de vender, ya que hay mucha continuidad
de estilo y vocabulario entre las Cartas Pastorales.[4]

Además, un tema interesante es que las Cartas pastorales
fueron dirigidas a individuos y llenas de detalles personales;

---

[1] Contra Schnelle, *The History and Theology*, 332 "El autor de las Pastorales era un miembro
desconocido de la escuela paulina que escribió y distribuyó las cartas" en el curso de una
nueva edición del corpus anterior "de las cartas paulinas. Se sugiere una conexión entre la
primera colección de cartas paulinas y las pastorales, porque las pastorales probablemente
"se originaron al mismo tiempo y se presentaron al público en forma de un corpus de tres
miembros".

[2] Arland J. Hultgren, "The Pastorals Epistles," in *The Cambridge Companion to St Paul*. Edited
by J. D. G. Dunn (Cambridge: Cambridge University Press, 2003), 141.

[3] Gorman, *Apostle of the Crucified*, 612.

[4] Klauck, *Ancient Letters*, 324.

no se parecen en nada a las cartas Paulinas existentes, que están dirigidas a las comunidades eclesiales y tienen poca o ninguna reseña personal. Al mismo tiempo, tales factores han llevado a algunos eruditos a concluir que, alguien que no era el apóstol, tal vez, utilizando algunas tradiciones paulinas y buscando aplicar sus ideas a nuevas circunstancias, debe haber escrito las Pastorales, en el período post-Paulino.[5] Pero, existen similitudes significativas. De hecho, son las similitudes entre las tres cartas pastorales las que llevaron a los académicos, no solo a agruparlas, sino también a defender su autoría no paulina y su fecha tardía.[6]

La agrupación de las tres cartas bajo un encabezado crea algunos problemas. Como se dijo antes, las tres cartas tienen algo de vocabulario y estilo común, pero 2 Timoteo es bastante diferente de 1 Timoteo y Tito tanto en forma como en sustancia. Por lo tanto, debemos tener cuidado al conectar 2 Timoteo con 1 Timoteo y Tito, ya que sus diferencias son al menos tan importantes como sus similitudes. Pero cada uno de las cartas pastorales refleja una situación histórica diferente. La situación propuesta en 1 Timoteo parece más cercana a Tito que a 2 Timoteo, con la omisión de que el campo del servicio ministerial es Creta en lugar de Éfeso.[7] Con esto en mente, trataremos cada una de las cartas pastorales en la siguiente sección.

1. La primera carta a Timoteo

1 Timoteo está dirigida a Timoteo que, según algunos estudiosos, estaba en Éfeso (1 Tim. 1: 3). ¿Dónde estaba Timoteo cuando el apóstol Pablo escribió 1 y 2 Timoteo? Para aquellos que reclaman la autenticidad de las cartas pastorales, la respuesta es por 'Tychicus a quien he enviado a Éfeso'. Se ha

---

[5] Wintherington III, *The Paul Quest,* 110-114.

[6] Wintherington III, *The Paul Quest,* 111.

[7] Gorman, *Apostle of the Crucified,* 613.

observado que, "si Timoteo había estado en Éfeso con Pablo (1 Tim. 1: 15-18), pero ya no estaba, y Pablo sabía a dónde enviar la carta, parece claro que la habría enviado a otra comunidad ".[1] El apóstol Pablo se fue a Macedonia y planeaba regresar, pero quizás se retrasó (1 Tim. 3:14), por lo que envió instrucciones a Timoteo y esperaba que las llevara en su ausencia.

De acuerdo con el texto, planeó regresar a Éfeso pronto (1 Tim. 3:14; 4:13). En Hechos 19:22, no fue él el que viajó a Macedonia, mientras que Timoteo se quedó en Éfeso; parece lo contrario. Timoteo fue enviado a Macedonia, mientras Pablo se quedó en Éfeso.[2] 1 Timoteo 2: 1-6: 2 está lleno de instrucciones con respecto al orden de la iglesia y la tarea apropiada de las personas en las diferentes estaciones de la vida, típicas de las cartas pastorales.[3] Por lo tanto, 1 Timoteo pretende ser una carta del apóstol Pablo a su compañero cercano y querido amigo en el ministerio, Timoteo.

A. El problema de la autenticidad y el seudónimo de 1 Timoteo

Durante el siglo pasado, el tema de la autenticidad de las Cartas Pastorales ha sido debatido y hasta el momento no se ha llegado a ningún consenso. Para algunos estudiosos, esta carta fue escrita y dirigida a una sola persona. Sin embargo, la naturaleza individual (Cartas pastorales, particularmente 1 y 2 Timoteo) ha sido rechazada; parece que la mayoría de los intérpretes las considera enviadas a una congregación o comunidad. Porter afirma: "Incluso si a las epístolas pastorales se les llama correctamente cartas personales debido a sus ostensivas declaraciones, se plantean muchas dificultades

---

[1] Holladay, *Introduction,* 649.

[2] Murphy-O'Connor, *Paul,* 364-66.

[3] Schnelle, *The History and Theology,* 329.

críticas restantes, y se dice que las dificultades críticas apuntan a ser auténticamente paulinas".[4] Además, M. Dibelius y H Conzelmann mencionaron que, particularmente 2 Timothy, coincide con el carácter de las cartas personales paulinas. Sin embargo, en 1 Timoteo el carácter personal desaparece en el fondo.[5]

Otro tema discutido, es la opinión observada de que hay diferencias entre las Cartas pastorales y las cartas no objetables de Pablo como prueba de que alguien mucho después del apóstol, tal vez a principios o mediados del segundo siglo, las escribió. Por otro lado, otra opción es anotar la continuidad entre las Cartas pastorales y las cartas indiscutibles de Pablo. De hecho, "Cuando se hace esto, la carta pastoral proporciona evidencia de cómo se pueden aplicar las cartas de Pablo en las decisiones cotidianas de la vida de la iglesia".[6] Comparable al otro libro en el NT, las Pastorales salen dentro de una colección de demandas, exhortaciones e instrucciones con respecto a la fe cristiana y la vida.

En profundidad, la investigación del Nuevo Testamento, nos da las diferencias entre ellas y plantea la pregunta, ¿de cuál es el primer significado?[7] En todo caso, las cartas pastorales no están solas, y pocos estudiosos dirían la última palabra sobre todos los temas que éstas abordan. Otro tema claro es que las reclamaciones internas de la carta de la autoría Pauline, son explícitas. El autor se identifica en todas las regulaciones epistolares como *Paulus apostolos*. Según Puskas y Reasoner, "las identificaciones Paulinas, la mención de sus compañeros de

---

[4] Klauck, *Ancient Letters,* 325.

[5] Porter, *The Apostle Paul,* 410-11.

[6] Martin Dibelius and Hans Conzelmann, *The Pastoral Epistle.* Hermeneia (Philadelphia: Fortress Press, 1975), 11.

[7] Puskas and Reasoner, *The Letters,* 221.

trabajo y sus viajes en territorio familiar, dan la impresión de que estas son cartas compuestas por Pablo".[1]

El lenguaje y el estilo es un tema relacionado con la autenticidad de 1 Timoteo. Las Pastorales están llenas de frases Paulinas familiares. Por ejemplo, "Yo digo la verdad, no miento" (1 Tim. 2: 7; cf. Romanos 9: 1; también Gál. 1:20; 2 Corintios 11: 31), y también "el evangelio que me fue confiado" (1 Tim. 1:11; cf. 1 Tes. 2: 4; Gal. 2: 7). [2]Además, otro problema de estilo es la diferencia relacionada con la forma en que se formula la oración a Dios. Normalmente, Pablo introduce la oración de acción de gracias con el verbo *eucharisteo*, "Doy gracias" (1 Tes. 1: 2; 2:13; 2 Tes. 1: 3; 2:13; 1 Cor. 1: 4, 14).

B. Esquema de la carta a 1 Timoteo[3]

A. Apertura (1 Tim.1: 1-2)
1. Remitente (1 Tim.1: 1)
2. Destinatario (1 Tim.1: 2a)
3. Saludo (1 Tim.1: 2b)

B. Bendición (ninguna)

C. Cuerpo: Líder en la iglesia 1 Timoteo.
(1 Tim. 1: 3-4: 16)
1. Apertura formal (1 Tim.1: 3-11)
2. Pablo es fiel (1 Tim.1: 12-20)
3. Instrucciones y orden de la iglesia
(1 Tim.2: 1-3: 16)

---

[1] Hultgren, "The Pastorals Epistles," 154.

[2] Puskas and Reasoner, *The Letters,* 223.

[3] Holladay, *Introduction,* 646.

4.   Timoteo en la iglesia 1 Tim. (4: 1-16)

D. Consejo (Paraénesis) de la Carta (1 Tim. 5: 1-6: 2)
1.   Deberes / hogar (1 Tim. 5: 1-6: 2)
2.   Falsa doctrina (1 Tim. 6: 3-10)
3.   Persecución de la justicia (1 Tim.6: 11-19)

E. Cierre de la Carta (1 Tim.6: 20-21)
1.   Cierre / Timoteo 1 Tim. (6: 20-21a)
2.   Bendición de gracia (1 Tim. 6: 21b)

2.   La segunda carta a Timoteo

Como en el caso de 1 Timoteo, la carta del apóstol Pablo a 2 Timoteo se dirige a Timoteo como una carta personal a su "hijo amado" (2 Tim. 1: 2). Es claro que hubo una relación estrecha entre el apóstol y los discípulos.[4] El tono general de la carta está establecido por el encarcelamiento de Pablo (2 Tim. 1:16; 2: 9) y la posibilidad de su inminente partida (2 Tim. 4: 6), lo que acelera al apóstol a ver su futuro incierto de la vida (2 Tim 4: 7-8).[5]

La segunda carta a Timoteo muestra la siguiente estructura epistolar: [6] un saludo de apertura (2 Tim. 1: 1-2), el cuerpo de la carta (2 Tim. 1: 3-4: 8), teniendo en cuenta las instrucciones (2 Tim. 4 : 9-18); y los saludos finales y la bendición (2 Tim. 4: 19-22).[7] Ciertamente, el propósito de estas cartas (particularmente 2 Timoteo) se describió como para ordenar la disciplina

---

[4] Puskas and Reasoner, *The Letters,* 245. Porter, *The Apostle Paul,* 348-49.

[5] Klauck, *Ancient Letters,* 326.

[6] Holladay, *Introduction,* 665.

[7] Boring, *An Introduction,* 396-98.

de la iglesia, ya a fines del siglo II en la primera lista conservada del canon del Nuevo Testamento. Las tres cartas tienen un vocabulario y un estilo comunes. 2 Timoteo es bastante distinta tanto en forma como en sustancia de 1 Timoteo y Tito. Por lo tanto, debemos tener cuidado al conectar 2 Timoteo con 1 Timoteo y Tito, ya que sus diferencias son, al menos, tan importantes como sus similitudes.

A. Tiempo y lugar de composición 2 Timoteo

La segunda carta a Timoteo se refiere a la situación de la iglesia en Éfeso y, por lo tanto, fue escrita allí. La información en 2 Timoteo plantea problemas con respecto al lugar donde fue escrita por el apóstol y la ubicación del destinatario. ¿Estaba Pablo escribiendo como prisionero en Roma? Está claro que estaba preso y se le acercaba el final de su vida (2 Timoteo 4: 6-8). A pesar de que 2 Timoteo 1: 16-17 asume que Pablo había estado en Roma, no es claro si residía allá como prisionero.[1] Para algunos estudiosos, la relación interna entre la primera colección de cartas y la composición de las Pastorales apunta a la ciudad de Éfeso. Los documentos de finales del siglo I d.C mencionan la existencia de una ubicación de la Escuela Paulina en la ciudad de Éfeso.[2] En cuanto al tiempo de la composición, las Pastorales, fueron escritas alrededor del 100 d. C; esta es la fecha más sonada entre los estudiosos.[3]

B. Contenido, autenticidad y estilo de 2 Timoteo

El problema con el estilo y el contenido es, si la naturaleza de las cartas y su relación con la autoría no paulina, pueden explicar las diferencias en el contenido de las otras cartas

---

[1] Holladay, *Introduction,* 665.

[2] Puskas and Reasoner, *The Letters,* 225.

[3] Schnelle, *The History and Theology,* 333.

de Pablo. Por un lado, S. E. Porter afirma: "El debate sobre el estilo falla esencialmente en dos áreas: vocabulario y estilo propiamente dichos".[4] Por otro lado, L. T. Johnson ha dudado de los temas estadísticos con respecto al vocabulario de las comparaciones; se manejan mejor pensando que las Pastorales deben considerarse como un total indiferenciado.[5]

Sin embargo, hay diferencias entre los irrefutables escritos paulinos y los pastorales. Estas diferencias ocurren en las siguientes áreas: cristología, orden lingüístico, doctrinal y eclesiástica.[6] Se sabe que la forma de 2 Timoteo muestra muchas características del "testamento", evidentemente escrito por Paul, justo antes de su muerte. De hecho, tiene algunas características diferentes en comparación con 1 Timoteo y Tito, para ser exactos, una oración de bendición (2 Tim. 1: 3-5), referencias al sufrimiento y la expresión de inquietudes personales y apelaciones al destinatario.

Anteriormente se vio que el cuerpo de la carta, en forma de "testamento" (2 Tim. 2: 1-4: 8), está cerca de una descripción de la situación de Pablo (2 Timoteo 1: 15-18) y las disposiciones por sus asociados.[7] En cuanto al contenido, las fórmulas epistolares finales incluyen saludos primarios y secundarios (2 Tim. 4: 19-21) y una bendición al final (2 Tim. 4:22). Otro tema del estilo puede ser más indirecto, pero en cierto modo más revelador, pues, involucra muchas partículas, preposiciones y otras formas gramaticales menos prominentes que ayudan como elemento de conexión del lenguaje. Aunque las pastorales tienen una serie de características estilísticas de las cartas

---

[4] Boring, *An Introduction*, 384.

[5] Porter, *The Apostle Paul*, 413.

[6] Luke T. Johnson, *First and Second Letters to Timothy* (New Haven: Yale University Press, 2001), 15-19.

[7] Puskas and Reasoner, *The Letters*, 252.

paulinas, también carecen de algunas de sus formas más típicas de expresión.[1]

C. Esquema de 2 Timoteo[2]

A. Apertura (1: 1-2)
1. Remitente (2 Tim.1: 2a)
2. Destinatario (2 Tim.1: 2b)
3. Saludo (2 Tim.1: 2b)

B. Bendición (2 Tim.1: 3-5)

C. Cuerpo: sirviendo a Cristo (2 Tim.1: 6-4: 18)
1. Apertura formal (2 Tim.1: 16-4: 18)
2. Algunos no tienen fe (2 Tim.1: 15-18)
3. Resistencia para el servicio (2 Tim.2: 1-13)
4. Enseñanza falsa (2 Tim.2: 14-26)
5. Punto culminante de la escatología (2 Tim.3: 1-9)
6. Responsabilidad apostólica (2 Tim.3: 10-4: 18)

D. Consejo (Paraénesis) (2 Tim.ninguno)

E. Cierre (2 Tim.4: 19-22)
1. Saludos (4: 19-21)
2. Bendición (4:22)

---

[1] Aune, *The Westminster Dictionary*, 474.

[2] Holladay, *Introduction*, 646-47.

CAPÍTULO 14

La carta a Tito

A. Introducción

La carta a Tito y 1 Timoteo contienen la mayoría de las formas literarias que se encuentran en las Deutero-Paulinas y las llamadas Epístolas Generales. La carta a Tito es conocida como parte de las Epístolas Pastorales. Si bien Tito y 1 Timoteo pueden entenderse como instrucciones epistolares para un funcionario de la comunidad de la iglesia que es responsable de la instrucción, una situación de comunicación diferente se refleja en 2 Timoteo.[1] En la oración inicial, sin embargo, contiene una descripción abreviada de los contenidos junto al nombre y origen del autor.

Aune afirma: "Si bien la carta está dirigida a" Tito ", el pronombre plural de la segunda persona es la cláusula final en Tito 3:15, indica que las comunidades también se abordan, aunque esta puede ser una interpolación de universalización temprana".[2] Tito y Timoteo, como el mismo Pablo, son prototipos

---

[1] Boring, *An Introduction,* 390. Porter, *The Apostle Paul,* 431-32.

[2] Schnelle, *The History and Theology,* 339.

para ministros de todos los niveles, pues, son modelos para los creyentes y no corresponden a ningún cargo superior en el mundo real de las iglesias al que se dirigen las Pastorales.[1]

Se sabe que Tito se menciona doce veces en el Nuevo Testamento. Según Gálatas 2: 3, era griego y no se circuncidó. Tenía una personalidad más fuerte que Timoteo y, por lo tanto, asumió varias responsabilidades para el apóstol Pablo. Por ejemplo, llevando la "carta severa" y 2 Corintios a la comunidad de la iglesia allí, e informando al apóstol cuando terminó la crisis.[2] Sin embargo, Tito fue uno de los más dedicados y leales a la misión y a Pablo, junto con Timoteo.

B. Esquema de la carta a Tito[3]

   A. Apertura (Tito 1: 1-4)
      1. Remitente (Tito 1: 1-3)
      2. Destinatario (Tito 1: 4a)
      3. Saludo (Tito 1: 4b

   B. Bendición (ninguna)

   C. Cuerpo: liderando la iglesia (Tito 1: 5-16)
      1. Calificaciones para ancianos (Tito 1: 5-9)
      2. Respuesta a falsos maestros (Tito 1: 10-16)

   D. Consejo (Paraénesis) de la Carta (Tito 2: 1-3: 14)
      1. Enseñando la sana doctrina (Tito 2: 1-15)

[1] Aune, *The Westminster Dictionary*, 475.

[2] Boring, *An Introduction*, 379.

[3] Porter, *The Apostle Paul*, 411.

2.   Vivir bajo los gobernantes y la autoridad (3: 1-7)
3.   Evitar divisiones (3: 18-11)
4.   Comentarios personales (Tito 3: 12-14)

E. Cierre (Tito 3:15)

1.   Saludos finales (Tito 3: 15a)
2.   Bendición de cierre (Tito 3: 15b)

C. Mensaje teológico esencial de las cartas pastorales.[4]

El énfasis teológico esencial de las cartas pastorales es su movimiento reflexivo de regreso a Pablo como apóstol y maestro de la iglesia. Pablo, el apóstol de Jesucristo, está autorizado por la voluntad de Dios para proclamar el evangelio (cf. 1 Tim. 1: 1; 2: 7; Tito 1: 1; 2 Tim. 1: 1; 1:11). El evangelio se muestra en las cartas pastorales como un depósito del tesoro más preciado de la iglesia (1 Tim. 6: 20-21, 2 Tim. 1:12, 14).[5]

Hay varias similitudes teológicas con el resto de las cartas paulinas,[6] expresiones como 'Cristo vino al mundo para salvar a los pecadores (1 Tim. 1:15), la salvación por gracia no funciona (2 Tim. 2: 9; Tito 3: 5), justificado por su gracia para ser herederos con la esperanza de la vida eterna (Tito 3: 7). [7] Según Boring, por un lado, muchos de los elementos teológicos en la pastoral están en continuidad con el apóstol Pablo. Por otro lado, "La forma de la carta fomenta una lectura de las pastorales en

---

[4] Gorman, *Apostle of the Crucified,* 654. Puskas and Reasoner, *The Letters,* 242. Porter, *The Apostle Paul,* 432.

[5] Barrett, *Paul,* 157-161. See also Boring, *An Introduction,* 384-89.

[6] Schnelle, *The History and Theology,* 343.

[7] Contra Porter, *The Apostle Paul,* 415. "Con respecto a la teología de las epístolas pastorales, cierta terminología que aparece en los escritos indiscutibles de Pauline se usa supuestamente de maneras diferentes e incompatibles".

continuidad con las cartas auténticas, con las que circularon".[1] De todos modos, las Cartas Pastorales no solo repiten al apóstol Pablo sino que lo presentan adaptando su teología a la situación pos-paulina. Pablo reafirma su concepto teológico de fe y explica que los seres humanos no pueden salvarse a sí mismos haciendo buenas obras. Dios envió a su hijo Jesucristo como el salvador del mundo. Las pastorales se refieren a esta enseñanza teológica principal como la fe, el contenido de la fe es importante para todos los creyentes.

El apóstol Pablo mencionó la palabra fe noventa y una veces y se refiere a *fides quae acreedor*, la fe personal de que el creyente obediente debe tener confianza en Dios.[2] El concepto de vida eterna está presente, pero a la vez, pertenece a la expectativa futura, tal como sucede en la carta a los tesalonicenses. Las pastorales articulan una teología coherente de la epifanía salvadora de Dios.[3] También se debe tener en cuenta que el apóstol Pablo enfatiza la realidad de la voluntad de Dios para la salvación de toda la humanidad (1 Timoteo 2: 4; Tito 2:11), que ahora se ha manifestado por la aparición de Cristo.

Preguntas para reflexionar

1. ¿Fue Timoteo un fiel colaborador de Pablo y fundador de varias iglesias?

2. ¿Son 1 y 2 de Timoteo y también Tito consideradas como cartas escritas por el apóstol Pablo?

---

[1] Puskas and Reasoner, *The Letters*, 228.

[2] Boring, *An Introduction*, 385.

[3] Boring, *An Introduction*, 386. "Esto es cierto incluso con las cuarenta y una instancias en las que Pablo usa πίστις, con el artículo. Para los Pastorales, un importante cambio de énfasis ha tenido lugar. Las declaraciones de Pablo sobre la fe estaban en el contenido de los debates sobre el papel de la Ley en el evento de salvación ".

3. ¿Fueron estas cartas escritas durante el encarcelamiento de Pablo?

4. ¿Estuvo Pablo perseguido por falsos maestros y esa fue la razón por la que escribió a Timoteo que tuviera cuidado?

5. ¿Fue la carta a Tito enviada para fortalecer la comunidad de los creyentes y particularmente a los ancianos?

6. ¿Son las cartas llamadas pastorales parte del desarrollo ministerial y apostólico de Pablo?

7. ¿Cuál es el tema y mensaje principal de las cartas pastorales?

Libros para lectura y estudio adicional

Charles K Barrett, *Paul: An Introduction of His Thought*. Louisville: Westminster John Know Press, 1994.

M. Eugene Boring, *An Introduction to the New Testament:* History, Literature, Theology. Louisville: Westminster John Knox Press, 2012.

Panayotis Coutsoumpos, *Paul of Tarsus: The Man, the Mission and his Message*. Eugene: Wipf and Stock, 2018.

David G. Horrell, *An Introduction to the Study of Paul*. Second Edition. London: T & T Clark, 2006.

Michael J. Gorman, *Apostle of the Crucified Lord: A Theological Introduction to Paul & His Letters*. Second Edition. Grand Rapids: Eerdmans, 2017.

Luke T. Johnson, *First and Second Letters to Timothy* (New Haven: Yale University Press, 2001.

Hans-Josef. Klauck, *Ancient Letters and the New Testament: A Guide to Context and Exegesis*. Waco: Baylor University Press, 2006.

Bruce W. Longenecker, and T. D. Still. *Thinking Through Paul: A Survey of His Life, Letters, and Theology*. Grand Rapids: Zondervan, 2014.

Stanley E. Porter, *The Apostle Paul: His life, Thought, and Letters*. Grand Rapids: Eerdmans, 2016.

Charles B. Puskas, and Reasoner, M. Mark *The Letter of Paul: An Introduction*. Collegeville: Liturgical Press, 2013.

E. P. Sanders, *Paul: The Apostles' Life, Letters, and Thought*. Minneapolis Fortress, 2015.

Udo. Schnelle, *Apostle Paul: His Life and Theology*. Translated by M. E. Boring. Grand Rapids: Baker Academic, 2003.

CAPÍTULO 15

La carta a Filemón

Se sabe que la carta a Filemón es la más corta de las escritas por el apóstol Pablo, y contiene 335 palabras en el idioma griego original.[1] La investigación de las cartas de la prisión de Pablo, Filemón, Filipenses, Colosenses y Efesios, a menudo se ha realizado en pequeña escala. De hecho, Filemón suele coincidir con los colosenses, o de vez en cuando con filipenses, y en ocasiones encontramos Colosenses y Efesios estudiados juntos.[2]

La mayoría de los eruditos, hablando en general, están convencidos de que el apóstol Pablo escribió la carta a Filemón. Se considera, de hecho, como una auténtica carta paulina; es única por dos razones: es la más pequeña de las epístolas de Pablo y es la única dirigida a un individuo. [3] Además, las cartas de cautiverio: Filemón, Colosenses y Efesios son más idénticas

---

[1] Harding, "Pastoral Epistles," 351.

[2] Ralph P. Martin, *Colossians and Philemon.* New Century Bible (London: Marshall, Morgan & Scott, 1978), 144.

[3] Ben Witherington III, *The Letters to Philemon, the Colossians, and the Ephesians: A Socio-Rhetorical Commentary on the Captivity Epistle* (Grand Rapids: Eerdmans, 2007), 1-3.

en estilo y en varias otras formas en contexto.[1] La carta de a Filemón, sin embargo, es un documento corto pero especial, complejo y dramático.

En un nivel, esta carta se refiere al cristianismo primitivo y la esclavitud.[2] Como se mencionó anteriormente, son las únicas epístolas atribuidas al apóstol, que fueron escritas a destino en la región de Asia Menor. De acuerdo con la interpretación tradicional de Filemón, Onésimo, uno de los portadores de la carta a los Colosenses, era un esclavo fugitivo que, después de encontrarse con el apóstol Pablo en la ciudad en la que éste estaba encarcelado, fue enviado de regreso a Colosas.

¿Dónde se había refugiado? Es claro que Onésimo no fue a Roma y, además del largo viaje que involucró dos viajes por mar, fue un asunto costoso. [3]¿Por qué estaba Onésimo con el apóstol Pablo? Como se vio antes, Onésimo se escapó de su amo después de haberle robado algo (cf. Philm. 18), luego se acostumbró con Pablo y fue convertido por él a la fe cristiana (cf. Philm. 10).

A. Fecha y lugar de composición de Filemón

El apóstol Pablo escribió mientras estaba en prisión, y Filemón fue una de las cuatro llamadas cartas de prisión (ver también Filipenses, Colosenses y Efesios), tal vez escritas durante el arresto domiciliario de Pablo en Roma desde los años 61-63. d. C.[4] Sin embargo, dado que Colosas está a solo 193 kilómetros al este de Éfeso, el encarcelamiento en Éfeso

---

[1] Aune, *The Westminster Dictionary,* 354.

[2] Witherington III, *The Letters to Philemon.* "Estoy convencido de que ha faltado algo de gran importancia en el estudio de estos documentos, a saber, su carácter retórico, especialmente a la luz del lugar al que se dirigieron".

[3] Gorman, *Apostle of the Crucified,* 526.

[4] Murphy-O'Connor, *Paul,* 176.

podría tener el mayor sentido de la carta. Como se vio antes, Roma, un destino frecuente para los esclavos que huían de sus amos, también es una opción posible.[5] El tiempo y el lugar de la carta de Filemón parecen ser muy similares a los de la carta a los filipenses, ya que Pablo estaba en prisión (Fil. 1, 9, 13), y Timoteo y otros compañeros de trabajo estaban con él, como en el caso de la carta a los filipenses (fil. 1, 23, 24).

El propósito principal de la carta, por lo tanto, es asegurar que Filemón recibiera de vuelta al esclavo criminal Onésimo (Film. 12-14, 21). Estas situaciones, así como la auto descripción particular del anciano en Filemón 9, apuntan hacia la ciudad de Roma como el lugar donde se escribió Filemón. La ocasión de la carta a Filemón puede ser indirecta de su contenido, aunque algunos detalles son oscuros.

En todo caso, de alguna manera Onésimo había entrado en contacto con el apóstol Pablo, ya fuera como prisionero o porque había buscado refugio en su compañía.[6] Cabe señalar que Filemón es una carta, no una composición sobre la esclavitud o algo similar. Además, "es el ejemplo de despliegue del Nuevo Testamento de la forma de la carta helenista, que se parece más a otras cartas existentes del primer siglo que a cualquier otro documento del Nuevo Testamento".[7]

B. Propósito y argumento de la carta a Filemón

Es interesante notar que, el texto no menciona las circunstancias bajo las cuales Onésimo vino al apóstol Pablo. ¿Era Onésimo un fugitivo, o abandonó a su dueño para buscar al apóstol? Según Puskas y Reasoner, si Onésimo hubiese sido un fugitivo en la ley romana, entonces no está claro por qué

---

[5] Aune, *The Westminster Dictionary,* 354-55.

[6] Gorman, *Apostle of the Crucified,* 527.

[7] Martin, *Colossians and Philemon,* 144.

vino a Pablo, que era amigo de Filemón. De alguna manera, Onésimo había entrado en contacto con el apóstol, ya fuera como compañero de prisión o porque había buscado refugio con él.[1] Por un lado, el apóstol parece haber conocido al dueño del esclavo, como lo demuestra claramente Filemón 9. Por otro lado, el texto no es tan claro en que Onésimo era un esclavo prófugo, pero posiblemente este sea un escenario más probable.[2]

Tal vez lo convirtió y le hubiera gustado tenerlo como compañero. El apóstol lo envió de regreso a Filemón como cartero llevando la carta a Filemón.[3] Porter afirma: "El propósito de Filemón parece relativamente sencillo. Pablo solicita que su amigo a quien convirtió, reciba de vuelta a su esclavo Onésimo. Sin embargo, Filemón debe reconocer que la situación ha cambiado ".[4] Para Pablo, a Onésimo se lo debe tratar como compañero en Cristo y como compañero de trabajo en el ministerio. El llamamiento personal de Pablo a Filemón no solo es individual entre él y Filemón; también se dirige a la congregación, y la apelación de Pablo a Filemón se hace dentro del contexto y en el entendimiento de toda la congregación.

C. Esquema de la carta a Filemón[5]

A. Apertura Carta (Film 1-3).
1. Remitente (Film 1a)
2. Destinatario (Film 1b-2)
3. Saludo (Film 3)

---

[1] Boring, *An Introduction*, 229.

[2] Puskas and Reasoner, *The Letters*, 195.

[3] J. G. Nordling, "Onesimus Fugitive: A Defense of the Runaway Slave Hypothesis in Philemon." *JSNT* 41 (1991): 97-119.

[4] Horrell, *An Introduction*, 47.

[5] Porter, *The Apostle Paul*, 380.

B. Acción de gracias (Film 4-7)

D. Cuerpo: carta del peticionario (Film 8-22)
1. Apertura formal (Film 8-14)
2. Bases para la solicitud (Film 15-21)
3. La presencia de Pablo (Film 12)

E. Consejo (Paraénesis) ninguno

F. Cierre (Film 23-25)
1. Saludos finales (Film 23-24)
2. Bendición de clausura (Film 25)

D. Mensaje teológico esencial de Filemón[6]

En la superficie, la carta a Filemón parece ser un texto teológico insignificante. Independiente de su falta, la carta a Filemón muestra una considerable elegancia d estilo.[7] La carta a Filemón es breve, teológica y cautivadora, difícil y un texto notable. Es importante para los lectores comprenderla en su contexto histórico y teológico, y no imponer una comprensión posterior de la cuestión de la esclavitud.[8]

El apóstol Pablo usa la palabra griega δοῦλος (esclavo) para un miembro de una familia, un miembro de la iglesia (Col. 3:11; cf. Film. 16) un seguidor de Jesús (Col. 4:12) o incluso

---

[6] Gorman, *Apostle of the Crucified,* 654. Puskas and Reasoner, *The Letters,* 242. Porter, *The Apostle Paul,* 432.

[7] Schnelle, *The History and Theology,* 148-50.

[8] Holladay, *Introduction,* 585.

como metáfora para su ministerio (Fil. 1: 1). [1] Particularmente instructivo es cómo Pablo formula su petición a Filemón y lo que muestra acerca de cómo entiende la vida "en Cristo". ¿Dónde está la teología de Filemón? No se encuentra en detalles de credo o incluso en metáforas completamente desarrolladas que expresen la obra salvadora de Cristo. [2] **En otras** palabras, la carta a Filemón puede no ser una carta teológicamente exacta, pero es una carta teológicamente informada.

La libertad cristiana no termina la abolición de las estructuras sociales, pero se da cuenta de lo difícil que es existir en un entorno cristiano. Al mismo tiempo, Filemón nos muestra algo del procedimiento de organización cristiana primitiva de la iglesia hogar.[3] La iglesia hogar, de hecho, era un lugar especialmente adecuado para la práctica de la vida cristiana comunitaria en medio de un entorno difícil. Hablando teológicamente, la iglesia hogar era un centro para muchos de los cristianos para practicar y crecer en la fe.

Preguntas para reflexionar

1. ¿Fue Onésimo el esclavo de Pablo o de Filemón?

2. ¿Estuvo Pablo envuelto en la emancipación de Onésimo?

3. ¿Fue Onésimo enviado desde Colosa para colaborar con Pablo o llego a donde el siendo un esclavo?

---

[1] Es bien sabido que la esclavitud, sin embargo, era una costumbre social aceptada en los días de Pablo en el Imperio Romano. La esclavitud no estaba determinada racialmente en el Imperio Romano; había muchas razones por las cuales algunas personas llegaban a ser esclavos.

[2] Smith, "The Later Pauline Letters," 323.

[3] Holladay, *Introduction,* 588.

4. ¿Es la carta a Filemón enviada desde la prisión en Roma o Filipos?

5. ¿Escribió Pablo la carta a Filemón?

Libros para lectura y estudio adicional

Charles K. Barrett, *Paul: An Introduction of His Thought.* Louisville: Westminster John Know Press, 1994.

Panayotis Coutsoumpos, *Paul of Tarsus: The Man, the Mission and his Message.* Eugene: Wipf and Stock, 2018.

M. Eugene. Boring, *An Introduction to the New Testament: History, Literature, Theology.* Louisville: Westminster John Knox Press, 2012.

Günter. Bornkamm, *Paul.* Translated by D. M. G. Stalker. New York: Harper & Row Publishers, 1971.

D. B. Capes, R. Reeves and E. R. Richards. *Rediscovering Paul: An Introduction to His World, Letters and Theology.* Downers Grove: InterVarsity Academic, 2007.

Michael J. Gorman, *Apostle of the Crucified Lord: A Theological Introduction to Paul & His Letters.* Second Edition. Grand Rapids: Eerdmans, 2017.

Carl R. Holladay, *Introduction to the New Testament.* Reference Edition Waco: Baylor University Press, 2017.

Eduard. Lohse, *Colossians and Philemon: A Commentary on the Epistles to the Colossians and to Philemon.* Philadelphia: Fortress Press, 1975.

Ralph P. Martin, *Colossians and Philemon.* New Century Bible (London: Marshall, Morgan & Scott, 1978.

J. N. G. Nordling, "Onesimus Fugitive: A Defense of the Runaway Slave Hypothesis in Philemon." JSNT 41 1991.

CAPÍTULO 16

La carta a los Hebreos

Se ha argumentado que la carta a los hebreos no tiene saludos epistolares y nada más nos daría una sugerencia clara de la identidad de su autor.[1] La creencia general es que Hebreos es una homilía escrita que se ha adaptado a una forma de carta con la adición de una posdata. En Heb. 13: 22-25 se ilustra cómo pudo haber logrado su forma actual.[2] El reclamo de la carta a los hebreos, que también se escribió en Roma, puede entenderse como evidencia de un punto de origen diferente, tal vez, en la parte oriental del Imperio. Por un lado, la carta se ha convertido en un desafío para los estudiosos modernos, porque el texto sigue resistiéndose a los métodos por los cuales nos hemos acostumbrado a abordar el texto antiguo.[3] Las cuestiones principales de la crítica histórica continúan resistiéndose a las respuestas definitivas: quién las escribió, cuándo, a quién y por qué. Sin embargo, se ha dicho que el tema de quién escribió

---

[1] Schnelle, *The History and Theology,* 149.

[2] Robert P. Gordon, *Hebrews.* Second Edition (Sheffield: Sheffield Phoenix Press, 2008), 10-11.

[3] Schnelle, *The History and Theology,* 368.

la carta a los hebreos se ha convertido en uno de los mayores enigmas[1] en la investigación del Nuevo Testamento.

Boring escribió: "La erudición moderna es virtualmente unánime en que 1) Hebreos no es una carta; 2) Pablo no es el autor; 3) el documento no estaba dirigido a "hebreos".[2] Por el contrario, al menos alrededor de 200 d. C. un grupo oriental importante de eruditos cristianismos creía que la carta era 1) una carta; 2) escrita por el apóstol Pablo; 3) dirigida a los "hebreos". La evidencia proporcionada por el texto se presta a diferentes interpretaciones. Cualquier reconstrucción histórica debe ser propuesta como provisional y experimental en naturaleza.

A. Autoría

Para algunos estudiosos, el autor de la carta a los hebreos es anónimo, y su identidad se ha cubierto desde el primer período de la iglesia en el primer siglo. Se ha propuesto que la autora fue Priscilla, o alguna otra mujer; no obstante, se aconseja referirse al autor como "él" a la luz del final masculino del participio *diegoumenon* en Hebreos 11:32.[3]

El autor se alinea con el apóstol Pablo y con el escritor del Cuarto Evangelio como uno de los tres grandes teólogos del Nuevo Testamento. Por lo tanto, en Hebreos vemos la teología cristiana en proceso de creación, a medida que el escritor (el apóstol Pablo) construye su argumento sobre el significado de la muerte de Cristo.[4]

---

[1] Holladay, *Introduction,* 690.

[2] Schnelle, *The History and Theology,* 366.

[3] Schnelle, *The History and Theology,* 366..

[4] W. L. Lane, "Hebrews," in *Dictionary of the Later New Testament & Its Developments.* Editors: R. P. Martin & P. H. Davids (Downers Grove: InterVarsity Press, 1997), 443.

Se dijo que en el segundo siglo, los autores cristianos de Oriente atribuían la carta a los hebreos a Pablo. El manuscrito completo más antiguo de Hebreos, P46, y la Epístola a los Hebreos colocados después de Romanos en la colección de escritos paulinos, al igual que numerosos manuscritos posteriores. No hay evidencia para apoyar que la carta a los hebreos haya circulado de manera independiente o en otra colección de cartas que no sean las de Pablo.[5]

Eusebio afirma que, en Alejandría, donde Hebreos eran más significativa, los líderes de la iglesia reconocieron el trabajo como de Pablo y trataron de explicar el anonimato del libro. Pantaenus (d. Ca. 190 d. C.) mencionó que el apóstol Pablo omitió su nombre por modestia.[6] Y Clemente de Alejandría también mencionó que, no mencionó su nombre porque como apóstol de los gentiles, crearía sospechas entre los oyentes judíos.[7]

Los escritores antiguos incluían a la Epístola a los Hebreos con las cartas de Pablo; muchos son conscientes del problema en la atribución de la autoría paulina. Hay algunos estudiosos que argumentan que:

1. El griego es sofisticado y se diferencia de las otras cartas paulinas.

2. La diferencia estilista entre Hebreos y las cartas del apóstol Pablo es obvia.

3. Es posible que Lucas tradujera la carta a los hebreos al griego.

---

[5] Barnabas Lindars, *The Theology of the Letter to the Hebrews.* New Testament Theology (Cambridge: Cambridge University Press, 2003), 1.

[6] James E. Thompson, *Hebrews.* Paideia Commentaries on the New Testament (Grand Rapids: Baker Academic, 2008), 4-6.

[7] Eusebius, *Hist.eccl.* 6.14.4.

Aunque Orígenes, entre otros intérpretes, reconoce las diferencias estilistas entre Hebreos y la carta paulina, normalmente citó a Hebreos como carta de Pablo.[1] A pesar de que la autoría paulina se aceptó usualmente durante la Edad Media y la Reforma, la pregunta continuó siendo planteada con respecto a la autoría del libro de Hebreos. Algunos estudiosos destacados, tal vez especulan sobre la identidad del autor. Martín Lutero, por ejemplo, sugirió que Apolos podría ser el autor de la carta a los hebreos.[2]

En la actualidad, los estudiosos parecen estar unidos al concluir que Pablo no fue el autor, y algunos han sugerido a Lucas, Bernabé, Apolos y Priscila. El nombre del autor, sin embargo, para algunos es desconocido. La Epístola a los Hebreos nos brinda abundante evidencia de los antecedentes, la educación, la visión del mundo, la relación con los lectores y el período de actividad del autor.[3] Por lo tanto, Hebreos emerge como una carta paulina y, por lo tanto, encaja en el desarrollo de la tradición de los documentos autorizados.[4]

Sin lugar a dudas, el apóstol Pablo encaja claramente en todas las descripciones mencionadas sobre los antecedentes y el entorno social del autor en el contexto greco-romano. Se sabe que Pablo formó parte de la sociedad greco-romana y de la élite social en el Imperio Romano. Por lo tanto, la cuestión de la autoría no parece relevante para una comprensión teológica de la escritura,[5] ya que el contenido teológicamente importante de la carta a los hebreos habla por sí mismo.

---

[1] Eusebius, *Hist.eccl.* 6.14.3.

[2] Eusebius, *Hist.eccl.* 6.24.11-14.

[3] Thompson, *Hebrews,* 5.

[4] Aune, *The Westminster Dictionary,* 211. "Hebreos contiene 4,942 palabras griegas, con un vocabulario de 1,038 palabras diferentes. El autor tiene, más bien, un vocabulario extenso, y su estilo es el de una persona educada".

[5] W. Wrede, *Das litererische Rätsel des Hebräerbriefs: mit einem Anhang über den literarischen Character des Barnabasbriefs.* FRLANT 8 (Göttingen: Vanderhoeck & Ruprecht, 1906), 39. Schnelle, *The History and Theology,* 367.

B. Dirección de la carta a los Hebreos

La opinión común es que la carta a los hebreos fue escrita para un grupo de judíos conversos que estaba en peligro de recaer en Jerusalén. El autor asume que eran exiliados de Jerusalén, y anhelaban asumir eso en su vida antigua y ministrar una vez más en el templo. En ninguna parte, sin embargo, nos dice que los lectores originales eran hebreos, ni dónde vivían. Que la carta a los hebreos es escrita a los cristianos judíos fue aceptado por unanimidad por los eruditos, sobre la base de la tradición de la iglesia hasta el final del siglo XIX.[6]

Pero, los hebreos nunca se refieren al templo, como se acaba de señalar, y la manera teórica en que éste habla con respecto al tabernáculo y su adoración. Por ejemplo, prácticamente podemos suponer que el autor se aplica a sí mismo para alentar a los cristianos gentiles a que consideren parte del pueblo del pacto de Dios y estén en línea para compartir sus bendiciones.[7] También han perdido su fervor original.[8] El motivo de la carta, ciertamente, es persuadirlos a que permanezcan en la iglesia con una confianza renovada en la fe del cristiano.

C. Fecha y lugar de composición de la epístola a los Hebreos

La fecha de cualquier libro en el Nuevo Testamento, particularmente las cartas paulinas, sobre la base de la evidencia interna, tiende a ser una tarea muy difícil, debido al texto y las traducciones de los tiempos antiguos. En Hebreos hay referencias históricas; sin embargo, ninguna de ellas es lo suficientemente específica como para proporcionar un argumento final para

---

[6] Schnelle, *The History and Theology*, 367.

[7] Donald A. Hagner, *Encountering the Book of Hebrews: An Exposition* (Grand Rapids: Baker Academic, 2002), 23.

[8] Gordon, *Hebrews*, 12.

la fecha de la carta.[1] El hecho de que el formulario tradicional de la carta esté ausente a los hebreos desde el principio de la carta, indica que aquellos a quienes se dirigió, no se indicaban al comienzo del documento, como es el caso de todas las demás cartas de Pablo. También se debe tener en cuenta que el título "a los hebreos" se agregó para identificar la carta. La costumbre de dar títulos a los escritos de los cristianos venerados resultó muy útil, ya que las Escrituras de los cristianos se compilaron y publicaron en forma de pergaminos y códices. Por lo tanto, el título "A los Hebreos" es una adición útil por parte de un indexador del segundo siglo, pero no ofrece una pista real en cuanto a la identidad de aquellos para quienes la epístola fue originalmente dirigida".[2]

La composición en sí, claramente no es una carta y ha sido adaptada al formato de carta con fines epistolares. Además, el autor da algunas pistas sobre las fechas de esta homilía. Dado que el argumento principal se centra en el sistema de sacrificios, muchos intérpretes han intentado correlacionar el argumento con la destrucción del templo de Jerusalén, manteniendo el uso del tiempo presente para las actividades del tabernáculo, que sugiere una fecha antes de la destrucción del templo en d. C. 70.[3]

Se ha argumentado que la carta de Hebreos se escribió entre el 70 y el 90 para asegurarle a la comunidad judía que la expiación era posible sin sacrificios de animales.[4] Los antiguos escritores asumieron que la carta (homilía) a los hebreos fue enviada a los cristianos judíos, como lo indica el título, "A los Hebreos". Algunos eruditos siguen argumentando que la carta fue escrita a cristianos judíos que tuvieron la tentación de

---

[1] Lindars, *The Theology*, 4.

[2] Gordon, *Hebrews*, 29-33.

[3] Rsymond F. Collins, *Letters That Paul Did Not Write: The Epistle to the Hebrews and The Pauline Pseudepigrapha* (Wilmington: Michael Glazier, 1988), 21.

[4] Gordon, *Hebrews*, 22.

regresar a Jerusalén. La opinión tradicional[5] es que la carta fue escrita a un grupo de judíos conversos que estaban en peligro de regresar al judaísmo. Los destinatarios de la carta conocían la identidad del autor; la ausencia del esperado saludo epistolar no es accidental, dado el interés del autor en el discurso divino, tanto para la fe judía como para la cristiana.

D. El propósito de la carta a los Hebreos

Según D. Hagner, el propósito de la carta a los hebreos depende de la forma en que los demás entienden el alcance de sus lectores originales. Al desarrollar el propósito de la carta, el argumento de la Epístola a los Hebreos es para la superioridad de Jesús y la prominencia de su encarnación y muerte.[6] Por un lado, "uno no debe tratar a Hebreos como un apéndice del corpus paulino, pero debe tomar en serio su lugar especial en el Nuevo Testamento, que debe a su teología independiente y lenguaje refinado".[7] Por otro lado, Hebreos 2: 3 implica que el autor dirige la carta a los cristianos de segunda generación. Es muy probable que el propósito fuera advertir y exhortar a la comunidad.

Más que solo una exhortación, Hebreos tenía la intención de enseñar el compromiso con la comunidad cristiana, reafirmar la identidad distintiva a través de la definición de sus límites y legitimar el estado de realidad de la comunidad de la iglesia.[8] Lane afirma: "La función principal de la exhortación es motivar a la comunidad a la acción apropiada. La exhortación enfrenta las implicaciones de obediencia y desobediencia ".[9]

---

[5] Thompson, *Hebrews,* 7.

[6] Lindars, *The Theology,* 4-5.

[7] Daniel J. Harrington, *What Are They Saying About The Letter to the Hebrews?* (New York: Paulist Press, 2005), 20.

[8] Klauck, *Ancient Letters,* 335.

[9] Harrington, *What Are They,* 29.

¿Cuál es el peligro en el que se encuentran los lectores y cómo se aplican los argumentos específicos de la carta a su situación y necesidades? El peligro era que dejaran el cristianismo para volver a la herejía de lo que algunos llamaron "proto-gnosticismo y judaísmo". Además, una opinión común es que algunos estudiosos argumentan que Hebreos fue escrita a cristianos tentados a volver al judaísmo. Se reconoció que Hebreos enfatiza la superioridad del cristianismo al judaísmo para desalentar su regreso a la antigua religión.[1]

Algunos han identificado a los destinatarios como miembros de la iglesia en Colosas.[2] No importa la identidad de los destinatarios, la carta a los hebreos pretende establecer la superioridad incomparable y, por lo tanto, la finalidad de la obra de Dios en Jesucristo.

Otro tema importante de la Epístola a los Hebreos es que el autor tomó su comprensión fundamental del sacerdocio del Antiguo Testamento, aunque su concepto es el del cristiano como sacerdote proléptico. Algunas de estas ideas sobre el sacerdocio se encuentran en algunos de los textos del *Qumran* y en los escritos de Philo.[3] Para comprender la teología de la Carta a los Hebreos y algunos de los temas principales, primero se debe entender el sistema de sacrificio y el concepto de pacto en el Antiguo Testamento.

E. La epístola a los Hebreos y el Antiguo Testamento

La Carta a los Hebreos está llena de citas del Antiguo Testamento, y en gran medida, el autor basa su argumento en ellos. El texto de estas referencias generalmente sigue al de la LXX (Septuaginta), la traducción griega pre-cristiana del

---

[1] Lane, "Hebrews," 453.

[2] Boring, *An Introduction,* 419.

[3] Hagner, *Encountering the Book,* 25.

Antiguo Testamento. La cita aparece en el idioma hebreo y fue traducida al griego. Gran parte de los hebreos y su lenguaje pueden describirse como de contenido cristológico. Es decir, se centra en la persona y obra de Jesucristo. El argumento de la Carta a los Hebreos se dirige a una sucesión de temas y figuras del AT para extraer la continuidad y la discontinuidad del período del cumplimiento en Cristo.[4]

Se ha dicho que, "Más interesante que la cuestión del texto de las citas es la interpretación y el uso de las citas en el argumento del escritor".[5] El uso retórico de estos textos del Antiguo Testamento describe el orden y el argumento de La carta a los hebreos como completa. Hay muchos paralelismos entre el AT y el NT en Hebreos. En algún momento, el autor (el apóstol Pablo) simplemente considera que el Antiguo Testamento menciona directamente a Cristo.

Hebreos también se preocupa por el beneficio de los intérpretes contemporáneos del AT que favorecen las tipologías de un estilo comparativo.[6] Cabe señalar que el autor está tratando con la figura de Moisés que se inclina hacia el estilo contrastivo. Además, la iglesia posiblemente está compuesta tanto de cristianos como de cristianos judíos helenistas, por cuya fe las referencias al Antiguo Testamento y su tradición exegética judeo-helenista fueron claramente de gran valor.[7]

El autor de la carta a los hebreos hace uso del Antiguo Testamento de una manera sin paralelo en el resto de éste. Como se sabe, las citas provienen de la LXX; las desviaciones

---

[4] Harrington, *What Are They*, 72.

[5] Lane, "Hebrews," 454.

[6] Hagner, *Encountering the Book*, 30.

[7] Gordon, *Hebrews*, 25. "Moisés fue un fiel siervo de Dios pero, como se ha dicho, su mismo estado de siervo llega a ser el punto de contraste con Cristo, el divino Hijo en Hechos 3:1-6".

pueden ser descritas por el uso del autor de diferentes códices LXX, o por su recitación de memoria. Según Holladay, "su uso extensivo del argumento conocido en los círculos greco-romanos como un *minore ad maius* y en los círculos judíos como *qal wahomer*," de menor a mayor, "apoya su énfasis en la mejor manera".[1]

En lugar de su lógica, si algo es cierto en una instancia menor, es incluso más cierto en una instancia mayor. Sin embargo, se pueden ver similitudes entre el método hermenéutico del autor y los del antiguo judaísmo.[2] Cerca a la forma en que se interpretó el Antiguo Testamento en los escritos de la sabiduría judía es evidente también en el gran ejemplo de la fe en Hebreos 11. El concepto de ofrenda por el pecado también se encuentra en ambos, Rom. 3:25 y Heb. 2: 17-18. Los hebreos, como Pablo, conocían la antítesis del primer pacto y el nuevo pacto. También se debe tener en cuenta que los preliminares clásicos con respecto a Hebreos son inexplicables.[3]

Sin embargo, en Hebreos, las Escrituras a menudo hablan de Cristo como el sumo sacerdote del tabernáculo en el Antiguo Testamento. Además, en los escritos del Nuevo Testamento, la carta a los hebreos muestra una forma de exégesis mesiánica en la que se ve el Antiguo Testamento a través del cristal de Jesucristo. A la vez, los primeros cristianos fueron transformados por su fe en Cristo al leer las Escrituras para confirmar las doctrinas que ya tenían. Pero, no se puede rechazar tan fácilmente[4] la lectura cristiana de las Escrituras. La carta a los hebreos es uno de esos casos. Sin embargo, una lectura

---

[1] Schnelle, *The History and Theology*, 375.

[2] Holladay, *Introduction*, 689-701.

[3] Schnelle, *The History and Theology*, 375-76.

[4] Klauck, *Ancient Letters*, 337.

superficial de la Epístola a los Hebreos muestra un escritor que estaba completamente inmerso en las Escrituras.

F. Esquema de la carta a los Hebreos

A. Apertura (Heb.1-3)
1. Remitente (Heb.1a)
2. Destinatario (Heb.1b-2)
3. Saludo (e)

B. Bendición (Heb.4-7)

C. Cuerpo: carta del peticionario (Heb.8-22)
1. Apertura formal (Heb.8-14)
2. Bases para la solicitud (Heb.15-21)
3. La presencia de Pablo (Heb.12)

D. Consejo (Paraénesis) ninguno

E. Cierre (Heb.23-25)
1. Saludos finales (Heb. 23-24)
2. Bendición de clausura (Heb. 25)

G. Mensaje teológico esencial de Hebreos[5]

La principal tesis teológica de la Carta a los Hebreos es que el sufrimiento y la muerte de Jesucristo constituían el único sacrificio perfecto para los pecados, y que, como Cristo lo hizo

---

[5] Holladay, *Introduction,* 701.

a sabiendas, puede considerarse como el gran sumo sacerdote.[1] Hebreos se distingue por su alto resultado retórico teológico y poderoso. No debe tratarse como un apéndice porque se ubica entre la teología independiente y el lenguaje refinado.[2] La carta no es un documento teológico abstracto, sino una intención práctica completa.[3] Como muchos otros documentos del Nuevo Testamento, la carta a los hebreos muestra una forma teológica de exégesis mesiánica en la que se ve el Antiguo Testamento a través del cristal de Jesucristo. A la vez, el cristianismo primitivo fue transformado por su fe en Jesucristo al leer las Escrituras.[4] Una lectura superficial de Hebreos muestra a un escritor que estaba completamente inmerso en las Escrituras. La carta a los hebreos proviene de la convicción teológica de que Jesús, el eterno Hijo de Dios, vino a la tierra, sufrió, murió y fue exaltado a la diestra de Dios.[5] De hecho, Jesús sufrió y fue entregado a la tentación del pecado, pero nunca fue vencido por el poder del pecado. La impecabilidad de Jesús no se debe solo a su carácter divino, sino que también es el resultado de su lucha y decisión consciente de morir por toda la raza humana.[6]

Otro tema teológico interesante es que Jesús aparece como el mediador de un pacto restaurado (Heb. 8: 6), el santuario celestial es superior al terrenal en todos los aspectos, porque Jesús no entró en un santuario hecho de mano, sino en el cielo mismo (Heb. 9:23). El sacerdocio de Jesús es uno de los puntos culminantes teológicos de la carta a los hebreos. Lo más que Jesús se compara con el sacerdocio levítico, más distintivo llega

---

[1] Ver para el mejor tratamiento de la teología de la carta a los hebreos, Lindars, *The Theology*, 26-101. Schnelle, *The History and Theology*, 378-80.

[2] Harrington, *What are they Saying*, 64.

[3] Klauck, *Ancient Letters*, 337.

[4] Lindars, *The Theology*, 26.

[5] Holladay, *Introduction*, 701.

[6] Schnelle, *The History and Theology*, 379.

a ser. Jesús recibió su nombramiento sacerdotal a través de un juramento divino, pero el Levítico no (Heb. 7: 20-22).

En realidad, el sacerdocio de Jesús era "para siempre" pero el de ellos era temporario; cuando Jesús murió,[7] su sacerdocio comenzó, pero cuando los sacerdotes levíticos murieron, su mandato terminó (Hebreos 7: 23-24). El sacerdocio de Cristo tuvo prioridad sobre el sacerdocio levítico; sin embargo, Hebreos menciona en Génesis 14 la conexión de Melquisedec como una persona más grande que Abraham.[8] Melquisedec es el primer sacerdote mencionado en la Escritura;[9] Es, incluso, anterior al sacerdocio levítico. El lenguaje teológico del "nuevo pacto" no fue desarrollado por los primeros cristianos, sino que fue tomado de las Escrituras y de la historia judías. Queda claro, entonces, que el lenguaje del "nuevo pacto" se remonta al mismo Jesús. Hebreos ofrece la elaboración teológica más extensa del "pacto" como el término principal de la teología del Nuevo Testamento. Hebreos se mantiene en esta tradición cuando afirma que el "nuevo" pacto es "mejor" y usa continuamente la expresión "mejor" para explicar las realidades de la fe cristiana.

Preguntas para reflexionar

1. ¿Fue Pablo el escritor de la carta a los Hebreos?

2. ¿Cuán importante es el concepto de Jesús como sumo sacerdote?

3. ¿Es Cristo igual o parecido al sacerdote Melquisedec?

---

[7] Holladay, Introduction 701.

[8] Boring, *An Introduction*, 427.

[9] Harrington, *What are they Saying*, 48.

4. ¿El tema de la humanidad de Cristo es descrita en la carta a los Hebreos?

5. ¿Hacia quién fue dirigida Hebreos?

6. ¿Son los ángeles mayores que Jesús en la carta a los Hebreos?

7. ¿Es importante el concepto del Hijo de Dios en la cristología de la carta a los Hebreos?

Libros para lectura y estudio adicional

Charles K. Barrett, *Paul: An Introduction of His Thought.* Louisville: Westminster John Know Press, 1994.

M. Eugene. Boring, *An Introduction to the New Testament: History, Literature, Theology.* Louisville: Westminster John Knox Press, 2012.

Raymond F. Collins, *Letters That Paul Did Not Write: The Epistle to the Hebrews and The Pauline Pseudepigrapha.* Wilmington: Michael Glazier, 1988.

Michael J. Gorman, *Apostle of the Crucified Lord: A Theological Introduction to Paul & His Letters.* Second Edition. Grand Rapids: Eerdmans, 2017.

Donald A. Hagner, *Encountering the Book of Hebrews: An Exposition.* Grand Rapids: Baker Academic, 2002.

Daniel J. Harrington, *What Are They Saying About The Letter to the Hebrews?* New York: Paulist Press, 2005.

Carl R. Holladay, *Introduction to the New Testament.* Reference Edition Waco: Baylor University Press, 2017.

Barnabas Lindars,. *The Theology of the Letter to the Hebrews.* New Testament Theology. Cambridge: Cambridge University Press, 2003.

James W. Thompson, *Hebrews.* Paideia Commentaries on the New Testament. Grand Rapids: Baker Academic, 2008.

Bibliografía

Aune, David E. *The Westminster Dictionary of New Testament & Early Christian Literature & Rhetoric.* Louisville: Westminster John Knox Press, 2003.

Barclay, John M. G. *Pauline Churches and Diaspora Jews* (Grand Rapids: Eerdmans, 2016.

Barclay, John M. G. *"Paul among Diaspora Jews:* Anomaly or Apostate? *JSNT* 60 1995.

Barrett, Charles K. *Paul: An Introduction of His Thought.* Louisville: Westminster John Know Press, 1994.

Barrett, Charles K. *A Commentary on The Second Epistle to the Corinthians.* New York: Harper & Row Publishers 1973.

Best, Ernest. *Ephesians: A Shorter Commentary.* London: T & T Clark, 2003.

Best, Ernest. *Essays on Ephesians.* Edinburgh: T & T Clark, 1997.

Betz, Hans Dieter. *Galatians: A Commentary on Paul's Letter to the Churches in Galatia*. Philadelphia: Fortress Press, 1979.

Betz, Hans Dieter. "Paul," in *The Anchor Bible Dictionary*. Vol. 5. Edited by D. N. Freedman. New York: Doubleday, 1992.

Bird, Michael F. *An Anomalous Jew: Paul among Jews, Greeks, and Romans*. Grand Rapids: Eerdmans, 2016.

Boccaccini, Gabriele. "The Three Paths to Salvation of Paul the Jew," in *Paul the Jew: Rereading the Apostle as a Figure of Second Temple Judaism*. Edited by G. Boccaccini & C. A. Segovia. Minneapolis: Fortress Press, 2016.

Boring, M. Eugene. *An Introduction to the New Testament: History, Literature, Theology*. Louisville: Westminster John Knox Press, 2012.

Bornkamm, Günter. *Paul*. Translated by D. M. G. Stalker. New York: Harper & Row Publishers, 1971.

Capes, D. B. R. Reeves and E. R. Richards. *Rediscovering Paul: An Introduction to His World, Letters and Theology*. Downers Grove: InterVarsity Academic, 2007.

Carter, Warren. *The Roman Empire and the New Testament: An Essential Guide*. Abingdon Press, 2006.

Clarke, Andrew. *Secular and Christian Leadership in Corinth: A Socio-historical and Exegetical Study of 1 Corinthians 1-6*. Leiden; Brill, 1993.

Coutsoumpos, Panayotis. *Paul, Corinth, and the Roman Empire*. Eugene: Wipf and Stock, 2015.

Coutsoumpos, *Panayotis*. "Paul, the Cults in Corinth, and the Corinthians Correspondence," in *Paul's World*. Edited by S. E. Porter. Leiden: Brill, 2008.

Coutsoumpos, Panayotis. *Paul of Tarsus: The Man, the Mission and his Message*. Eugene: Wipf and Stock, 2018.

Collins, Raymond F. *First Corinthians.* Sacra Pagina. Vol 7 Collegeville: The Liturgical Press, 1999.

Collins, Raymond F. *Letters That Paul Did Not Write: The Epistle to the Hebrews and The Pauline Pseudepigrapha.* Wilmington: Michael Glazier, 1988.

Chambers, Chad. "Before I was Born:" Time in Paul's Autobiographical Reflections in Galatians 1 and 2." *JSPL* 5 2015.

Das, A. Andrew. *Paul and the Jews.* Library of Pauline Studies. Peabody: Hendrickson Publishers, 2003.

Davies, W D. *Paul and Rabbinic Judaism: Some Rabbinic Elements in Pauline Theology.* London: S.P.C. K., 1965.

De Boer, Martinus C. *Galatians: A Commentary.* Louisville: Westminster John Knox Press, 2011.

Delgado, Alvaro P. *De Apostol a Esclavo: El Exemplum de Pablo en 1 Corintios 9.* Analeta Biblica. Roma: Gregorian & Biblical Press, 2010.

Dibelius, Martin and Hans Conzelman. *The Pastoral Epistle.* Hermeneia. Philadelphia: Fortress Press, 1975.

Donfried, Karl Paul. *Paul, Thessalonica, and Early Christianity.* Grand Rapids: Eerdmans, 2002.

Dunn, James D. G. *The Theology of Paul the Apostle.* Grand Rapids: Eerdmans, 1998.

Dunn, James D. G. *The Epistle to the Galatians.* BNTC. Peabody: Hendrickson Publishers, 1993.

Dunn, James D. G. *Jesus, Paul and the Law: Studies in Mark and Galatians.* Louisville: Westminster John Knox Press, 1990.

Dunn, James D. G. *The theology of Paul's Letter to the Galatians.* New Testament Theology. Cambridge: Cambridge University Press, 1999.

Eisenbaum, Pamela. "Paul, Polemics, and the Problem with Essentialism." *Biblical Interpretation* 13 2005.

Engels, Donald. *Roman Corinth: An Alternative Model for the Classical City.* Chicago: University of Chicago Press, 1990.

Fee, Gordon. *Paul's Letter to the Philippians.* NTCNT. Grand Rapids: Eerdmans, 1995.

Fee, Gordon. *The First Epistle to the Corinthians.* Revised Edition. Grand Rapids: Eerdmans, 2014.

Forbes, Christopher. "Comparison, Self-Praise, and irony: Paul's Boasting and the Conventions of Hellenistic Rhetoric." *NTS* 32 1986.

Forbes, Greg W. "The Letter to the Galatians," in *All Things to all Cultures: Paul, Among Jews, and Romans.* Editors, M. Harding and A. Nobbs. Grand Rapids: Eerdmans, 2013.

Förster, Niclas. "Sprach Paulus einen kilikisschen koine-Dialect?" *ZNW* 88 1997.

Fowler, Paul B. *The Structure of Romans: The Argument of Paul's Letter.* Minneapolis: Fortress Press, 2016.

Friesen, Steven. "Introduction: Context, Comparison," in *Corinth in Context: Comparative Studies on Religion and Society.* Edited by S. J. Friesen, D. N. Schowalter, and J. C. Walters. Leiden: Brill, 2010.

Gene L. Green. "Achaia," in *The World of the New Testament: Cultural, Social, and Historical Contexts.* Edited by J. B. Green and L. M. McDonald. Grand Rapids: Baker Academic, 2013.

Georgi, Dieter. *The Opponents of Paul in Second Corinthians.* Philadelphia: Fortress Press, 1986.

Gorman, Michael J. *Apostle of the Crucified Lord: A Theological Introduction to Paul & His Letters.* Second Edition. Grand Rapids: Eerdmans, 2017.

Guerra, A. J. *Romans and the Apologetic Tradition: The Purpose, Genre, and the Audience of Paul's Letter.* Cambridge: Cambridge University Press, 1995.

Guthrie, Donald. *Galatians.* The New Century Bible Commentary. Grand Rapids: Eerdmans, 1992.

Grant, Robert M. *Paul in the Roman World: The Conflict at Corinth.* Louisville: Westminster John Knox Press, 2001.

Gruen, Erich S. *Diaspora: Jews amidst Greeks and Roman* Cambridge: Harvard University Press, 2002.

Haacher, Klaus. "Paul's Life," in *The Cambridge Companion to St Paul.* Edited by James D. G. Dunn. Cambridge: Cambridge University Press, 2003.

Haenchen, Ernst. *The Acts of the Apostle: A Commentary.* Oxford: Blackwell, 1971.

Hagner, Donald A. *Encountering the Book of Hebrews: An Exposition.* Grand Rapids: Baker Academic, 2002.

Harrington, Daniel J. *What Are They Saying About The Letter to the Hebrews?* New York: Paulist Press, 2005.

Hengel, Martin. *The Pre-Christian Paul.* Philadelphia: Trinity Press International, 1991.

Hengel, Martin. and Anna M Schemer, *Paul between Damascus and Antioch: The Unknown Years.* Louisville: Westminster John Knox Press, 1997.

Hengel, Martin. *Zur urchristlichen Geschichtsschreihung.* Stuttgart: Calvert, 1979.

Hemer, Colin J. *The Letters to the Seven Churches of Asia in their Local Setting.* Sheffield: Sheffield Academic Press, 1989.

Hiestermann, Heinz. *Paul and the Synoptic Jesus Tradition.* Arbeiten zur Bibel und Ihrer Geschichte. Leipzig: Evangeliche Verlagsanstad, 2017.

Hock, Roland F. *The Social Context of Paul's Ministry: Tentmaking and Apostleship.* Philadelphia: Fortress Press, 1980.

Holladay, Carl R. *Introduction to the New Testament.* Reference Edition Waco: Baylor University Press, 2017.

Horrell, David G. *An Introduction to the Study of Paul.* Second Edition. London: T & T Clark, 2006.

Hurd, John. *The Origin of 1 Corinthians.* New York: Seabury Press, 1965.

Jeffers, J. S. *Conflict at Roman: Social Order and Hierarchy in Early Christianity.* Minneapolis: Fortress Press, 1991.

Jeremias, Jochim. "The Key to Pauline Theology," *Exp Tim* 76 1964/65.

Jewett, Robert. "Romans," in *The Cambridge Companion to St Paul.* Edited by J. D. Dunn. Cambridge University Press, 2004.

Jewett, Robert. "Conflicting Movements in the Early as Reflected in Philippians," *Nov T* 12 1970.

Johnson, Luke T. *First and Second Letters to Timothy* New Haven: Yale University Press, 2001.

Käsemann, Ernst. "Die Legitimität des Apostle," Zietschrift für die neutestamentliche Wissenschaft 41 1942.

Kennedy, George A. *New Testament Interpretation through Rhetorical Criticism.* Chapel Hill: University of North Carolina, 1984.

Kremer, J. "Oraoo" in *Exegetical Dictionary of the New Testament*. Edited by H. Balz and G. Schneider. Vol 2. Grand Rapids: Eerdmans, 1990-93.

Kim, Seyoon. *The Origin of Paul's Gospel*. WUNT 2/4. Tübingen: Mohr-Siebeck, 1981.

Klauck, Hans-Josef. *Ancient Letters and the New Testament: A Guide to Context and Exegesis*. Waco: Baylor University Press, 2006.

Lampe, Peter. *From Paul to Valentinus: Christians at Rome in the First Two Centuries*. Minneapolis: Fortress Press, 2003.

Lane, W. L. "Hebrews," in *Dictionary of the Later New Testament & Its Developments*. Editors: R. P. Martin & P. H. Davids Downers Grove: InterVarsity Press, 1997.

Lidemann, Andreas. *Paulus, Apostel und Lehrer der Kirche: Studien zu Paulus und zum frähen Paulusverständnis*. Tübingen: Mohr-Siebeck, 1999.

Lietzmann, Hans. *Kleine Schriften I-II*. Vols 2. Berlin: Akademie-Verlag, 1958.

Lindars, Barnabas. *The Theology of the Letter to the Hebrews*. New Testament Theology. Cambridge: Cambridge University Press, 2003.

Lohfink, Gerhard. *The Conversion of Paul*. Chicago: Franciscan Herald, 1975.

Lohse, Eduard. *Colossians and Philemon: A Commentary on the Epistles to the Colossians and to Philemon*. Philadelphia: Fortress Press, 1975.

Longenecker, Bruce W. and T. D. Still. *Thinking Through Paul: A Survey of His Life, Letters, and Theology*. Grand Rapids: Zondervan, 2014.

Longenecker, Bruce W. and T. D. "Galatians," in *The Cambridge Companion to St Paul*. Edited by J. D. G. Dunn. Cambridge: Cambridge University Press, 2003.

Longenecker, Richard N. "A Realized Hope, a New Commitment, and a Developed Proclamation: Paul and Jesus." in *The Road form Damascus: The Impact of Paul's Conversion on His Life, Thought, and Ministry*. Edited by R. N. Longenecker. Eugene: Wipf and Stock Publishers, 2002.

Longenecker, Richard N. *Paul, Apostle of Liberty*. Second Edition. Grand Rapids: Eerdmans, 2015.

Lührmann, Dieter. *Galatians*. A Continental Commentary. Translated by O. C. Dean, Jr. Minneapolis: Fortress Press, 1992.

Machen, J. G. *The Origin of Paul's Religion*. London: Hodder & Stoughton, 1922.

Martin, Ralph P. *2 Corinthians*. World Biblical Commentary. Second Edition. Grand Rapids: Zondervan, 2014.

Martin, Ralph P. *Philippians*. The New Century Bible Commentary. Grand Rapids: Eerdmans, 1980.

Martin, Ralph P. *Colossians and Philemon*. New Century Bible London: Marshall, Morgan & Scott, 1978.

Marshall, I. Howard. *The Acts of the Apostles: An Introduction and Commentary*. Downers Grove: InterVarsity Press, 1980.

Marxsen, Willie. *Introduction to the New Testament* Philadelphia: Fortress Press, 1974.

Marrou, Henri I. *Histoire de l'éducation dans l'anquité*. Paris: Seuil, 1948.

Meeks, W. A. *The First Urban Christians: The Social World of the Apostle Paul*. New Haven: Yale University Press, 1983.

Meggitt, Justin. *Paul, Poverty and Survival*. Studies of the New Testament and Its World. Edinburgh: T & T Clark, 1998.

McDonald, Lee M. and James A. Sanders. *The Cannon Debate*. Peabody: Hendrickson Publishers, 2002.

McRay, John. "Damascus: The Greco-Roman Period," in *The Anchor Bible Dictionary*. Vol. 2. New York: Doubleday, 1992.

Munck, Johannes. *Paul and the Salvation of Mankind*. Translated by F. Clarke. Richmond: John Knox Press, 1959.

Murphy-O'Connor, Jerome. *Paul: A Critical Life*. Oxford: Oxford University Press, 1997.

Murphy-O'Connor, Jerome. "Paul in Arabia," *Catholic Biblical Quarterly* 55 1993.

Murphy-O'Connor, Jerome. *Keys to Galatians: Collected Essays*. Collegeville: Liturgical Press, 2012.

Murphy-O'Connor, Jerome. *Jesus and Paul: Parallel Lives*. Collegeville: Liturgical Press, 2007.

Murphy-O'Connor, Jerome. *Paul the Letter-Writer: His World, His Options, His Skills*. Collegeville: The Liturgical Press, 1995.

Murphy-O'Connor, Jerome. "1 and 2 Corinthians," in *The Cambridge Companion to St Paul*. Edited by J.D. G. Dunn. Cambridge: Cambridge University Press, 2003.

Murphy-O'Connor, Jerome. *St. Paul's Ephesus: Text and Archaeology*. Collegeville: Liturgical Press, 2008.

Nordling, J. N. G. "Onesimus Fugitive: A Defense of the Runaway Slave Hypothesis in Philemon." *JSNT* 41 1991.

O'Brien Peter T. *The Letter to the Ephesians*. PNTC. Grand Rapids: Eerdmans, 1999.

Omerzu, Heike. *Der Prozess des Paulus: Eine exegetische und rechtshistoriche Untersuchung der Apostelgeshichte*. Berlin: de Gruyter, 2002.

Oropeza, B. J. *Jews, Gentiles, and the Opponents of Paul: The Pauline Letters.* Eugene: Cascade Books, 2012.

Pervo, Richard I. *The Making of Paul: Constructions of the Apostle in Early Christianity.* Minneapolis: Fortress Press, 2010.

Pitts, A. W. "Hellenistic Schools in Jerusalem and Paul's Rhetorical Education," in *Paul's World.* Edited by S. E. Porter. Leiden: Brill, 2008.

Porter, Stanley E. *The Apostle Paul: His life, Thought, and Letters.* Grand Rapids: Eerdmans, 2016.

Porter, Stanley E.*Paul in Acts.* Library of Pauline Studies. Peabody: Hendrickson Publishers, 2001.

Porter, Stanley E. "Exegesis of the Pauline Letters, Including the Deutero-Pauline Letters," in *A Handbook to the Exegesis of the New Testament.* Edited by S.E. Porter. Leiden: Brill, 1997.

Porter, Stanley E. *Linguistic Analysis of the Greek New Testament: Studies in Tools, Methods, and Practice.* Grand Rapids: Baker Academic, 2015.

Porter, Stanley E. and C. L. Westfall, *Empire in the New Testament.* Eugene: Pickwick Publications, 2011.

Porter, Stanley E. "Is There a Center to Paul's Theology? An Introduction to the Study of Paul and His Theology," in *Paul and His Theology.* Edited by S.E. Porter. Leiden: Brill, 2006.

Puskas, Charles B. and Reasoner, M. Mark *The Letter of Paul: An Introduction.* Collegeville: Liturgical Press, 2013.

Roetzel, Calvin J. *The Letters of Paul: Conversations in Context. Sixth Edition.* Louisville: Westminster John Knox Press, 2015.

Randolph, Richards E. *The Secretary in the Letters of Paul.* Tübingen: Mohr-Sibeck, 1991.

Russell, D. S. *Between the Testaments.* Philadelphia: Fortress Press, 1979.

Saldarini, Anthony J. *Pharisees, Scribes and Sadducees in Palestinian Society.* Wilmington: Michael Glazier, 1988.

Sanders, E. P. *Paul: The Apostles' Life, Letters, and Thought.* Minneapolis Fortress, 2015.

Segal, Allen. *Paul the Convert: The Apostate and Apostasy of Saul Pharisee.* New Haven: Yale University, 1990.

Stemberger, Günter. *Jewish Contemporaries of Jesus: Pharisees, Sadducees, Essenes.* Minneapolis: Fortress Press, 1995.

Stegemann, Wolfgang. "War der Apostel Paulus eine römischen Bürger?" *ZNW* 78 1987.

Stowers, Stanley K. *Letter Writing in Greco-Roman Antiquity.* Library of Early Christianity. Philadelphia: Westminster Press, 1986.

Schmeller, Thomas and Christian Cebulj. *Shulen in Neuen Testament? Zu Stellung des Urchristentums in der Bildungwelt seiner Zeit.* Freiburg: Herder, 2001.

Schnabel, E. J. *Acts.* Exegetical Commentary on the New Testament. Grand Rapids: Zondervan, 2012.

Schnabel, E. J. *Paul the Missionary: Realities, Strategies and Methods.* Downers Grove: InterVarsity Academic, 2008.

Schnabel, E. J. *Early Christian Mission: Paul and the Early Church.* Downers Grove: InterVarsity Press, 2004.

Schnelle, Udo. *Apostle Paul: His Life and Theology.* Translated by M. E. Boring. Grand Rapids: Baker Academic, 2003.

Schnelle, Udo. *The History and Theology of the New Testament Writings* Minneapolis: Fortress Press, 1998.

Schoeps, Hans J. *Paul: The Theology of the Apostle in the Light of Jewish Religious History.* Philadelphia: The Westminster Press, 1961.

Schreiner, Thomas R. *Romans*. Baker Exegetical Commentary on the New Testament. Grand Rapids: Baker Academic, 2006.

Sumney, Jerry L. "Studying Paul's Opponents: Advances and Challenges," in *Paul and His Opponents*. Edited by S. E. Porter. Leiden: Brill, 2005.

Sumney, Jerry L. *Identifying Paul's Opponents: The Question of Method in 2 Corinthians*. Sheffield: Sheffield Academic Press, 1990.

Thompson, James W. *Hebrews*. Paideia Commentaries on the New Testament. Grand Rapids: Baker Academic, 2008.

Vegge, Tor. *Paulus und das antike Schulwesen*. BZNW. Berlin: de Gruyter, 2006.

Wallace, Richard and Wynne Williams. *The Three Worlds of Paul of Tarsus*. London: Routledge, 1998.

Watson, Francis. *Paul, Judaism, and the Gentiles: Beyond the New Perspective*. Revised and Expanded Edition. Grand Rapids: Eerdmans, 2007.

Wedderburn, Alexander J. M. *A History of the First Christians*. London: T & T Clark International, 2005.

Wedderburn, Alexander J. M. *The Reasons for Romans*. Edinburgh: T. & T. Clark, 1988.

Wengst, Klaus. *Didache, Barnabasbrief, Zweiter Klemensbrief, Schrift an Diognet*. Munich: Kösel, 1984.

Wrede, W. *Das literarische Rätsel des Hebräerbriefs: mit einem Anhang über den literarischen Character des Barnabasbriefs*. FRLANT 8 Göttingen: Vanderhoeck & Ruprecht, 1906.

Winn, Adam. "Striking Back at the Empire: Empire Theory and Responses to Empire in the New Testament," in *An Introduction to Empire in the New Testament*. Editor A. Winn. Atlanta: SBL, 2016.

Winter, Bruce. *After Left Corinth: The Influence of Secular Ethics and Social Change.* Grand Rapids: Eerdmans, 2001.

Witherington III, Ben. *New Testament Rhetoric: An Introductory Guide to the Art of Persuasion in and of the New Testament.* Eugene: Cascade Books, 2009.

Witherington III, Ben. *The Paul Quest: The Renewed Search for the Jew of Tarsus.* Downers Grove: InterVarsity Press, 1998.

Witherington III, Ben. *Paul's Letter to the Philippians: A Socio-Rhetorical Commentary.* Grand Rapids: Eerdmans, 2011.

Witherington III, Ben. *The Letters to Philemon, the Colossians, and the Ephesians: A Socio-Rhetorical Commentary on the Captivity Epistle.* Grand Rapids: Eerdmans, 2007.

Wright, N. T. *Paul and His Recent Interpreters.* Minneapolis: Fortress Press, 2015.

Wolter, Michael. *Paul: An Outline of His Theology.* Translated by R. L. Brawley. Waco: Baylor University Press, 2015.

Indice de temas
y autores